o poder americano e os novos mandarins

Noam

Chomsky

o poder americano e os novos mandarins

Tradução de
CLÓVIS MARQUES

EDITORA RECORD
RIO DE JANEIRO • SÃO PAULO

2006

CIP-Brasil. Catalogação-na-fonte
Sindicato Nacional dos Editores de Livros, RJ.

Chomsky, Noam, 1928-
C474p O poder americano e os novos mandarins / Noam Chomsky; tradução Clóvis Marques. – Rio de Janeiro: Record, 2006.

Tradução de: American power and the new mandarins
Inclui bibliografia
ISBN 85-01-07098-X

1. Política internacional – Século XX. 2. Vietnã, Guerra do, 1961-1975 – Opinião pública. 3. Intelectuais – Estados Unidos – Atividades políticas – História. 4. Opinião pública – Estados Unidos – História. 5. Estados Unidos – Relações exteriores – Século XX. I. Título.

CDD – 327.73
06-1539 CDU – 327(73)

Título original em inglês:
AMERICAN POWER AND THE NEW MANDARINS

Direitos exclusivos de publicação em língua portuguesa para o Brasil adquiridos pela
EDITORA RECORD LTDA.
Rua Argentina 171 – Rio de Janeiro, RJ – 20921-380 – Tel.: 2585-2000
que se reserva a propriedade literária desta tradução

Impresso no Brasil

ISBN 85-01-07098-X

PEDIDOS PELO REEMBOLSO POSTAL
Caixa Postal 23.052
Rio de Janeiro, RJ – 20922-970

Aos bravos jovens que se recusam a prestar serviço numa guerra criminosa

SUMÁRIO

PREFÁCIO

Em fevereiro de 2002, Noam Chomsky tomou um avião para Ancara, dispondo-se a depor em defesa de seu editor turco, Fatih Tas, que estava sendo processado por "propaganda contra a unidade do Estado turco". A "propaganda" em questão era um livro, *American Interventionism* [Intervencionismo americano], no qual Chomsky critica os Estados Unidos por fornecerem ao governo turco armas que eram usadas para cometer atos de atrocidade contra a minoria curda que reivindicava autonomia.

Verificou-se que seu depoimento não era necessário, pois o promotor retirou as acusações, sem dúvida porque o comparecimento de Chomsky atraiu a atenção de todo o mundo para o julgamento, e o governo turco não queria que seus atos de violência contra os curdos fossem levados a um tribunal com a presença da imprensa internacional.

Menciono este episódio por ser muito característico de Noam Chomsky afirmar suas convicções mais profundas, expressas em seus escritos, mediante ativa participação nos combates políticos. Antes de viajar para a Turquia, ele estivera em Porto Alegre, no

Brasil, onde 50 mil pessoas de muitos países se reuniram, em protesto contra o controle corporativo da economia global, para declarar: *Um outro mundo é possível.* Pouco antes, acompanhado de sua mulher, Carol, visitara a Índia e o Paquistão para fazer conferências sobre lingüística num dia e política no dia seguinte, como é de seu hábito. Também lá fez questão de ir além do discurso intelectual, juntando-se à escritora Arundhati Roy e outros na crescente campanha pela justiça econômica.

O poder americano e os novos mandarins foi publicado em 1969 pela Pantheon Books, que tinha André Schiffrin como editor. Schiffrin era uma figura destoante no mundo editorial, alguém que, apesar de dirigir uma grande editora, mostrava-se aberto a análises sociais radicais e ousadas investigações históricas. Naquele ano de constante escalada da guerra no Vietnã, ele se dava conta de que Noam Chomsky vinha-se revelando o principal crítico intelectual da política externa americana. E queria que os leitores vivenciassem a força do pensamento de Chomsky.

Os ensaios deste livro tiveram diferentes origens: uma conferência na Universidade de Nova York, artigos na hoje extinta revista radical *Ramparts*, ensaios na *New York Review of Books*. O que têm em comum é o intransigente apego aos princípios igualitários, o implacável empenho de dissecar a crueldade imperial americana e uma devastadora crítica aos intelectuais americanos, os "novos mandarins" que se mostram subservientes, aberta ou sutilmente, aos governantes da sociedade.

Os textos políticos de Noam Chomsky jamais são abstratos, teóricos ou acadêmicos. Estão invariavelmente imersos na realidade da luta social, documentando sua argumentação de maneira tão meticulosa que quase chegam a assoberbar os leitores com informação. É impossível lê-lo sem ficar pasmo com a amplitude de seus conhecimentos.

O mais conhecido de seus ensaios reunidos neste livro é indubitavelmente "A responsabilidade dos intelectuais", que teve origem numa palestra na Universidade de Harvard em junho de 1966 e veio a ser publicado na *New York Review of Books* em fevereiro de 1967. Não se tratava de um exercício acadêmico. "Dificilmente teremos como nos eximir de questionar em que medida o povo americano é responsável pela selvagem agressão americana a populações rurais vietnamitas em grande medida indefesas (...)."

Por que estaria Chomsky, filósofo da linguagem de fama mundial, cuja obra no campo da lingüística costumava ser considerada comparável à de Einstein na física e à de Freud na psicologia, escrevendo sobre a guerra do Vietnã? Porque, como escreveu ele próprio nesse ensaio, "os intelectuais têm a responsabilidade de dizer a verdade e denunciar mentiras".

Esse ensaio foi certamente um dos textos mais importantes que resultaram da guerra no Vietnã. Foi publicado num momento em que a agressão militar americana ao Vietnã entrava num crescendo — em 1966, 200 mil militares estavam a caminho do Vietnã, e os bombardeios tanto do Vietnã do Norte quanto do Vietnã do Sul destruíam aldeias e arrasavam a terra, utilizando as armas mais mortíferas até então criadas para bombardeios aéreos. O interior do país era aterrorizado pelas bombas de fragmentação, que espalhavam chumbo, pelas "Daisy Cutters", que destruíam completamente uma área com 100m de diâmetro, e os pesados bombardeiros B-52.

O povo americano em grande medida ainda apoiava a guerra, mas a imprensa começava a dar notícia da devastação causada pelos bombardeios, e não apenas no Vietnã do Norte, o inimigo, mas também no Vietnã do Sul, que supostamente era defendido pelos Estados Unidos. Charles Mohr escreveu no *New York Times* que "poucos americanos têm noção do que o país está fazendo com seu poderio aéreo no Vietnã do Sul (...) trata-se de bombardeios estratégicos num país amigo e aliado (...) diariamente morrem civis no Vietnã do Sul".

Quando o ensaio de Chomsky foi publicado, já havia em todo o país manifestações de protesto contra a guerra, mas os intelectuais mostravam-se divididos, alguns apoiando o movimento contra a guerra, outros defendendo a guerra e outros ainda em posição incerta, ou, quando contrários à guerra, cautelosos na manifestação de sua oposição. Ao dissecar os argumentos dos apologistas intelectuais da política americana e mostrar, pelo exemplo, o que impunha a integridade, o ensaio de Chomsky representava um forte chamamento à consciência e ao sentido de responsabilidade de observadores que até então se mantinham calados.

Como terá sido o próprio Chomsky chamado a essa responsabilidade? Por que será que, em vez de se contentar com seu prestígio na academia, voltou sua mente e energias para a guerra no Vietnã, o bombardeio de aldeias, as crianças atingidas por *napalm*, os infelizes recrutas mandados para o outro lado do mundo, para morrer por uma causa que ninguém era capaz de explicar racionalmente?

Não se pode explicar categoricamente a evolução moral de uma pessoa por suas primeiras experiências. Mas elas devem ser levadas em consideração, como parte de um complexo mosaico de causas. Noam Chomsky cresceu na Filadélfia nos anos da Depressão, filho de imigrantes, e lembra que, quando menino, "viu policiais espancando mulheres grevistas em frente a uma fábrica de tecidos".

Aos 10 anos, interessou-se pela guerra civil que tinha lugar na Espanha, e escreveu para o jornal de sua escola um editorial sobre a queda de Barcelona. Terá sido talvez a emocionante e inspiradora experiência de Barcelona com o anarquismo, nos primeiros anos da guerra espanhola, que o levou, aos 13 anos, a vasculhar as livrarias em busca de obras sobre o anarquismo, prelúdio de uma identificação que ainda hoje perdura com as idéias anarquistas.

Na Universidade da Pensilvânia, estudou lingüística com Zellig Harris, freqüentou uma muito cobiçada Junior Fellowship em Harvard e, em 1957, aos 29 anos de idade, escreveu seu revolucionário estudo sobre a linguagem, *Estruturas sintáticas,* no qual postulava que existe em todos os seres humanos uma capacidade inata para a linguagem, uma "gramática universal".

A ligação entre o pioneiro trabalho no campo da lingüística e as convicções políticas pode ser encontrada em sua crença de que existe uma "natureza humana fundamental baseada num instinto da liberdade". É esta idéia que está na base de seu já antigo envolvimento nos movimentos pela paz e a justiça social.

Conheci Noam Chomsky em 1966. Eu acabara de chegar ao norte do país, depois de sete anos de ensino no Spelman College em Atlanta e de envolvimento no movimento contra a segregação racial no sul. Noam e eu sentamos lado a lado num vôo para Jackson, Mississippi, integrando uma delegação da Nova Inglaterra que ia investigar detenções em massa de negros em Jackson. Tinha início naquela viagem uma longa amizade.

Ele já começara a protestar contra a guerra do Vietnã, a partir de 1964, o ano em que teve início a intervenção americana em grande escala naquele país. Nos anos subseqüentes, tornou-se um incansável orador em comícios e reuniões em *campus* universitários. Muitas vezes estivemos no mesmo palanque, e logo pude perceber sua incrível capacidade de apreender informações e apresentá-las com grande força e eloqüência.

Mas ele nunca se limitava ao trabalho intelectual — a falar e escrever. Na grande marcha de protesto frente ao Pentágono, em

1967, Noam foi detido, juntamente com muitos outros. Posteriormente, descreveria o episódio ("Da resistência", neste volume) como um exemplo da evolução "da dissidência para a resistência", para a desobediência civil, insistindo, no entanto, em que a resistência à lei era apenas uma dentre várias possíveis reações à injustiça, sendo igualmente necessária a variante menos dramática e mais moderada, a dissensão.

No momento daquela manifestação no Pentágono, Noam viu-se numa cela com Norman Mailer, que, em seu já clássico relato sobre os mesmos acontecimentos, *Os exércitos da noite*, referia-se ao companheiro de cela como "um sujeito magro e de feições angulosas, com uma expressão ascética e um ar de suave mas absoluta autoridade moral", que parecia "incomodado com a idéia de perder as aulas na segunda-feira".

Na primavera de 1971, Noam e eu integramos um "grupo de atividades", o que ainda hoje me parece algo estranho, que viajou para Washington para participar de atos de desobediência civil — o bloqueio das ruas que levam às pontes sobre o Potomac — em protesto contra a guerra. Estavam conosco a historiadora Marilyn B. Young, o ex-assessor governamental Daniel Ellsberg (que ainda não se sabia ter sido o divulgador dos ultra-secretos "Pentagon Papers" [Os documentos do Pentágono]), o biólogo Mark Ptashne, Fred Branfman, que voltava de uma temporada de trabalho nas aldeias rurais do Laos, e alguns outros. Nada fizemos de heróico, pouco conseguimos, mas afirmamos dessa estranha maneira nossos sentimentos a respeito da guerra.

Noam e eu estivemos entre os oradores nessa a que tenho me referido como "a última manifestação universitária" da guerra do Vietnã. Estávamos no fim de abril de 1975, e as tropas americanas já haviam deixado o Vietnã. Mas os Estados Unidos continuavam fornecendo armas ao impopular e corrupto governo do Vietnã do Sul, sitiado por um exército norte-vietnamita. Os manifestantes reunidos na Universidade de Brandeis protestavam contra a continuação da intervenção americana. Lá estávamos, quando um aluno veio correndo pelo corredor, com um despacho noticioso nas mãos, gritando: "Saigon caiu! A guerra acabou!", e o auditório explodiu em vivas.

Depois da guerra, Chomsky não recuou de sua incansável crítica da intervenção americana declarada ou encoberta em diferentes partes do mundo. Quando o governo Reagan impôs o bloqueio do governo revolucionário sandinista na Nicarágua, fomos quinhentos a ocupar o John F. Kennedy Federal Building no centro de Boston, sendo presos em seguida. Noam e eu, assim como os demais, fomos acusados nos termos de um antigo regulamento do estado de Massachusetts: "Recusa de abandonar as instalações." Esta acusação — "recusa de abandonar" — bem poderia resumir a posição de Noam e mesmo todo o movimento de protesto em nosso país.

Desde a primeira publicação de *O poder americano e os novos mandarins*, Noam Chomsky veio a ser reconhecido, através das dezenas de livros que publicou e de centenas de conferências, como o mais destacado crítico intelectual das políticas governamentais, o mais influente porta-voz dos princípios de paz e justiça em nosso país.

Um exemplo, apenas, de seu trabalho pioneiro: foi praticamente sozinho que chamou a atenção do país para os horrores cometidos contra a população da ilha de Timor Leste pelo governo da Indonésia, que utilizava armas fornecidas pelos Estados Unidos. Foi uma campanha que durou anos, conscientizando um número cada vez maior de pessoas para o que acontecia nesse remoto país do Pacífico.

Finalmente, quando já chegavam talvez a mais de 200 mil as vítimas fatais, e persistindo a resistência dos timorenses do leste, que atraía cada vez mais a atenção de todo o mundo, os Estados Unidos retiraram sua ajuda, o governo indonésio aceitou a realização de eleições, e o Timor Leste conquistou a independência.

Neste livro, o leitor poderá ter uma idéia do amplo espectro de interesses políticos e históricos de Noam Chomsky — a Guerra Civil Espanhola, o contexto da guerra com o Japão no Pacífico. Em todos os ensaios, contudo, é persistente a presença da guerra do Vietnã, para a qual ele volta sua capacidade intelectual de maneira a dizer a todos nós: é esta a responsabilidade dos intelectuais, valer-se dos talentos que acaso tenhamos — para expor as mentiras e dizer a verdade — com o objetivo de criar um mundo melhor.

Howard Zinn, 2002

INTRODUÇÃO

Três anos se passaram desde que a intervenção americana na guerra civil no Vietnã transformou-se numa guerra colonial de tipo clássico. Foi uma decisão tomada por um governo americano liberal. Exatamente como os primeiros passos destinados a impor nossa vontade no Vietnã, este foi dado com o apoio de destacados políticos, intelectuais e especialistas acadêmicos, muitos dos quais agora se opõem à guerra por não acreditarem que a repressão americana possa ter êxito no Vietnã, com isto exortando-nos, por motivos pragmáticos, a "assumir posição" em lugares onde as perspectivas sejam mais promissoras. Se a resistência no Vietnã entrasse em colapso, se a situação no país viesse a se equiparar à da Tailândia, da Guatemala ou da Grécia, países em que as forças da ordem, com nossa aprovação e ajuda, exercem razoável controle, esta oposição à guerra do Vietnã também cessaria; como dizia um desses porta-vozes, poderíamos então "estar todos saudando a sabedoria e a habilidade política do governo americano".[1] Se nos virmos obrigados a pôr fim a esta empreitada — numa das duas maneiras cabíveis —, os ideólogos liberais continuarão a nos exortar a organizar e controlar um domínio o mais extenso possível daquilo que consideram "nosso interesse nacional" e no interesse dos elementos de outras sociedades que considerarmos dignos de governar.

Tal como se mostram hoje as coisas, parece improvável que a resistência vietnamita entre em colapso. Os Estados Unidos parecem incapazes de mobilizar a força militar necessária para esmagar essa resistência e garantir a supremacia do governo e das instituições sociais que decidimos considerar adequadas. Existe, portanto, alguma esperança de que as tropas americanas sejam retiradas, permitindo-se que os vietnamitas tentem reconstruir alguma coisa sobre os escombros. O rumo da história pode ser determinado em grau muito significativo por aquilo que o povo dos Estados Unidos tiver aprendido dessa catástrofe.

Três vezes na mesma geração a tecnologia americana arrasou um indefeso país asiático. Em 1945, isto foi feito em nome de uma retidão moral que na época e ainda hoje permanece quase incontestável. Na Coréia, já se manifestou algum remorso. A impressionante resistência dos vietnamitas obrigou-nos no fim das contas a perguntar: que foi que fizemos? Manifestam-se, finalmente, alguns sinais de que estamos acordando para a terrível realidade. Se não chegou a tornar-se uma força significativa, a resistência à violência americana e à militarização de nossa própria sociedade pelo menos já pode ser detectada. Existe a esperança de que a luta contra o racismo e a exploração dentro de casa possa ser vinculada à luta para tirar a pesada bota ianque do pescoço dos povos oprimidos em todo o mundo.

É difícil encarar essas questões com seriedade depois de vinte anos de intensiva doutrinação e guerra fria e setenta anos de mitos a respeito de nosso papel internacional. Há muito lixo intelectual a ser removido. Devem ser examinadas e compreendidas pressões intelectuais tão assoberbantes que até mesmo sua existência era negada. A busca de alternativas, para os indivíduos, para a sociedade americana, para a ordem internacional como um todo, mal começou, e ninguém pode prever aonde levará. É muito possível que não leve a lugar nenhum, solapada pela repressão interna ou por seu "equivalente funcional", para empregar uma das expressões favoritas do atual governo: o domínio de uma tecnocracia liberal cujos membros servirão à ordem social vigente na crença de que representam a justiça e a humanidade, promovendo guerras limitadas em casa e no exterior para preservar a estabilidade, prometendo que o futuro será melhor se os despossuídos pelo menos tiverem paciência e o apoio de uma maioria apática e obediente, com a mente e a consciência obnubiladas por um excesso de bens e por uma nova versão do velho sistema de crenças e idéias. Talvez seja possível eliminar os piores excessos. Talvez seja possível encontrar uma maneira de promover na sociedade americana uma mudança fundamental que hoje dificilmente poderia ser contemplada. Muita gente foi despertada pela tragédia do Vietnã e a crise interna. Verifica-se entre os jovens do país um novo estado de espírito de questionamento e rebelião, uma evolução das mais saudáveis e promissoras, que poucos teriam sido capazes de prever há uma década. O apaixonado envolvimento dos estudantes no movimento dos direitos civis, no movimento pelo fim da guerra, na resistência e na organização comunitária já mudou pelo menos o clima intelectual e moral das universidades. Esses sobressaltos de preocupação e militância dão-nos motivos de esperar que não haveremos de repetir os crimes do passado recente. Uma coisa é certa: não devemos nunca esquecer esses crimes.

Passou-se apenas meio século desde que Randolph Bourne, em seus ensaios extraordinariamente penetrantes, advertiu que "a velha filosofia, o velho radicalismo (...) estabeleceu-se num nível perfeitamente definido, e não há motivos para crer que nele não permaneça. Seu florescimento manifesta-se na organização técnica da guerra por um diligente grupo de jovens liberais, que se orientam internamente por um oportunista programa de socialismo de Estado e, no exterior, por uma coligação de países de benévolo imperialismo". O liberalismo pragmático, "que funcionou quando tentávamos estabelecer para a vida na América bases materiais nas quais fosse possível o florescimento de um estilo de vida mais apaixonado", já não era capaz de "criar novos valores e estabelecer de pronto um amplo padrão que pudesse servir de referência às nações". Ele escreveu sobre o entusiasmo com que os intelectuais liberais aceitaram a guerra, uma vez que a América aderiu, sobre o "excelente ânimo de confiança e auto-satisfação" e a "forte sensação de controle dos acontecimentos".

> A guerra revelou uma *intelligentsia* mais jovem, acostumada às isenções pragmáticas, imensamente disposta ao ordenamento executivo dos acontecimentos, miseravelmente despreparada para a interpretação intelectual ou a concentração idealista em metas. (...) Eles absorveram o segredo do método científico, tal como aplicado à gestão política. São liberais, esclarecidos, conscientes. Mostram-se dotados de inteligência criativa para a solução de problemas políticos e industriais. Constituem uma força inteiramente nova na vida americana, resultado da mudança, nas faculdades, de uma formação que dava ênfase aos estudos clássicos para outra que privilegia os valores políticos e econômicos. Praticamente todo este elemento, dir-se-ia, está alinhado com o serviço à técnica de guerra. Parece ter-se manifestado uma peculiar identificação entre a guerra e esses homens. É como se estivessem esperando um pelo outro. (...) O importante é o fato de ser o aspecto técnico da guerra que lhes inte-

> ressa, e não o aspecto interpretativo ou político. Em sua educação, a formulação de valores e ideais, a produção de pensamento articulado e sugestivo de modo algum fora capaz de se manter em linha com sua capacitação técnica. (...) Os discípulos [de Dewey] imbuíram-se literalmente de uma atitude instrumental diante da vida, e, como são imensamente inteligentes e cheios de energia, vêm-se transformando em eficientes instrumentos da técnica de guerra, acatando sem muito questionamento as metas propostas pelo alto escalão.[2]

Bourne não se refere à "Nova Fronteira", aos "novos mandarins" da década de 1960, mas aos intelectuais liberais e radicais de 1917. Seu ensaio intitula-se "Crepúsculo dos Ídolos". No caso da guerra do Vietnã, o crepúsculo transformou-se em meia-noite.

No mesmo ensaio, Bourne fala com esperança dos "rematados descontentes", com sua

> indignação com as coisas tal como são, revolta com as frustrações e esterilidades da vida americana, profunda insatisfação com eles mesmos e com os grupos que se consideram esperançosos — desse estado de espírito poderiam ser moldados novos valores. Os insatisfeitos seriam homens e mulheres incapazes de tragar a guerra, ou o idealismo reacionário que veio em sua trilha. Estão fartos dos críticos e classicistas profissionais que permitiram com sua incompetência que morressem os valores culturais. Mas esses insatisfeitos não têm qualquer intenção de se transformar em vândalos culturais, apenas para trucidar. Não são bárbaros, antes buscam o que é vital e sincero em todas as coisas.[3]

Ele manifesta a esperança de que "esse clima mais cético, malicioso, desesperançado e irônico possa ser na verdade o indício da fermentação de uma vida mais vibrante e estimulante na América de hoje. (...) A insatisfação pode ser o início de uma promessa". A repressão do pós-guerra praticamente destruiu essa promessa. Hoje, no momento em que a ideologia da guerra fria entra em colapso e o poder americano se mostra incapaz de exercer pleno domínio sobre a Ásia, sente-se mais uma vez no ar o cheiro da repressão. Se alguma coisa podemos aprender com a história, encontraremos uma maneira de evitar a arrogância e a divisão que têm constituído a maldição da esquerda e de nos unirmos para resistir a esta repressão, de concretizar a promessa que pode surgir da insatisfação, de substituir "o fascínio marcial da guerra" e "o fascínio técnico" pelo "fascínio das idéias novas e verdadeiras, da livre especulação, do vigor artístico, dos estilos culturais, da inteligência permeada pelo sentimento e do sentimento dotado de contornos e fibra pela inteligência". Estas palavras de Bourne não são um programa de ação, mas uma exortação a buscar um programa dessa natureza e criar para nós mesmos e os outros o entendimento que lhe possa conferir vida. Houve poucos progressos nessa direção desde que ele escreveu isso. Considerando as atuais realidades do poder americano, o desafio torna-se uma necessidade urgente, desesperada.

Os ensaios aqui reunidos são, em sua maioria, altamente críticos do papel desempenhado pelos intelectuais americanos na concepção e aplicação de políticas, na interpretação dos acontecimentos históricos e na formulação de uma ideologia de mudança social que em parte a falsifica e em parte a restringe e subverte. Em vista dessa atitude crítica, quero deixar logo claro que qualquer impressão de orgulho pessoal terá sido involuntária e, sobretudo, injustificada. Quem quer que tenha se envolvido em atividades contra a guerra ainda em 1965, como eu, não poderá ter motivos de orgulho ou satisfação. Essa oposição manifestou-se com atraso de dez ou quinze anos. Eis uma lição que deveríamos ter aprendido com a tragédia do Vietnã.

Em sua maioria, temos aqui ensaios que constituem desdobramentos de conferências feitas nos últimos anos. Ao longo desses anos, participei de mais conferências, debates, fóruns, palestras e comícios sobre o Vietnã e o imperialismo americano do que seria capaz de lembrar. Devo talvez registrar que fui tomado cada vez mais por uma certa sensação de impostura nesses debates e palestras. Uma sensação que não tem a ver com as questões intelectuais. Os fatos essenciais são suficientemente claros; a avaliação da situação é tão precisa quanto possível. Mas o esforço todo é perturbadoramente falso do ponto de vista emocional e moral. É um sentimento que já me dominou algumas vezes. Por exemplo, lembro-me de ter lido com sombrio fascínio há alguns anos um excelente estudo sobre as políticas de Hitler no Leste Europeu. O autor fazia um enorme esforço para parecer distante, crítico e objetivo, tentando sufocar a única reação humana possível diante de um plano para escravizar e destruir milhões de organismos sub-humanos, para que os herdeiros dos valores espirituais da civilização ocidental tivessem liberdade para desenvolver em paz uma forma superior de sociedade. Preocupados em controlar essa reação humana mais elementar, entramos num debate técnico com a *intelligentsia* nazista: seria tecnicamente viável dispor de milhões de cadáveres? Quais as provas de que os eslavos são seres inferiores? Deverão ser moídos e triturados ou mandados de volta ao hábitat "natural" no Leste, para que essa grande cultura possa florescer, em benefício de toda a humanidade? É verdade que os judeus são um câncer que corrói a vitalidade do povo alemão? E assim por diante. Se não estiver atento, vejo-me arrastado para este pântano de racionalidade insana — inventando argumentos para rebater e demolir os construtos dos Bormanns e Rosenbergs.

Ao entrarmos na arena da argumentação e da contra-argumentação, das táticas e da viabilidade técnica, das notas de rodapé e das citações, ao aceitarmos a presunção de legitimidade do debate sobre determinadas questões, já perdemos nossa humanidade. É o sentimento que acho quase impossível reprimir quando tento estruturar uma argumentação contra a guerra americana no Vietnã. Quem empenha neste sentido uma fração que seja de sua inteligência poderá montar uma argumentação irrespondível; já não pode haver dúvidas a este respeito. Fazendo-o, estaremos nos degradando e insultando além da medida as vítimas de nossa violência e de nossa cegueira moral. Pode ter havido um momento em que a política americana no Vietnã era passível de debate. Mas este tempo há muito já passou. Hoje ela não é mais passível de debate do que a guerra italiana na Abissínia ou a supressão da liberdade na Hungria pelos russos. A guerra é simplesmente uma vergonha, um ato depravado de homens fracos e miseráveis, incluindo nós, que permitiram que ela se prolongasse indefinidamente com interminável fúria e destruição — todos nós que teríamos permanecido calados se a estabilidade e a ordem estivessem asseguradas. Não é agradável dizer coisas assim, mas é o que nos exige a franqueza.

Não dá para acreditar nas coisas que vimos e lemos ao longo desses terríveis anos. Tenho à minha frente uma fotografia da Associated Press publicada no *New York Times*, com a legenda:

> CRIANÇAS SEM-TETO: Uma menina de colo é carregada por sua irmã enquanto tropas sul-vietnamitas atravessam sua aldeia. As crianças foram resgatadas de um *bunker* encontrado sob sua casa, destruída pelo fogo da artilharia de helicópteros americanos contra os vietcongues. O cenário é o delta do Mekong, a sudoeste de Saigon.

Eu não seria capaz de descrever o dramatismo desta cena, ou a expressão no rosto das crianças feridas. Quantas centenas de fotografias como esta teremos de ver para começar a sentir alguma responsabilidade e agir?

Creio ser esta a primeira vez na história em que um país exibe tão aberta e publicamente seus próprios crimes de guerra. Isto mostrará talvez como funcionam bem as nossas instituições livres. Ou será que mostra apenas como nos tornamos imunes ao sofrimento? Provavelmente a segunda resposta é a certa. É pelo menos o que parece, quando observamos a maneira como aumentou nos últimos anos a oposição à guerra. Não resta dúvida de que a causa primordial dessa oposição é o fato de o custo da guerra ser grande demais e inaceitável para nós. É lamentável, mas verdadeiro, que o que mudou a opinião pública americana e a situação política interna não tenham sido os esforços do "movimento pela paz" — e menos ainda as declarações de qualquer porta-voz político —, e sim a resistência vietnamita, que simplesmente não cede ante a força americana. Pior ainda, a atitude "responsável" é que a oposição à guerra por causa de seu custo não é, como disse, lamentável, e sim admirável, de acordo com as tendências próprias da política americana. A política americana é uma política de acomodação que consegue descartar quaisquer considerações de ordem moral. Parece portanto perfeitamente adequado — como mais uma demonstração de nossa superior acuidade — que nossos atos sejam guiados exclusivamente por considerações pragmáticas em questões de custo e utilidade. Quando Martin Luther King foi assassinado, Kenneth Clark declarou que "temos de chorar por este país". Mas será que devemos chorar ou rir quando lemos nas colunas de editoriais de nossos grandes jornais, e em boa parte da imprensa liberal de esquerda, que a saúde de nosso sistema democrático foi confirmada pelo discurso de Johnson no dia 31 de março? Com o colapso de sua política no Vietnã, uma grave crise econômica internacional e a agitação interna ameaçando tornar o país impossível de governar, o presidente fez um gesto "nobre" e "magnânimo" — "o supremo sacrifício pela paz", nas palavras de um senador: anunciou que não buscaria a reeleição. Isto prova a viabilidade da democracia americana. Por semelhantes padrões, uma democracia ainda mais viável era a do Japão fascista do fim da década de 1930, em que mais de uma dúzia de gabinetes caíram em circunstâncias não muito diferentes. A saúde de nosso sistema teria sido demonstrada por uma mudança de política provocada pelo reconhecimento de que o que temos feito no Vietnã está errado, constituindo um crime, e de que uma "vitória" americana teria sido uma tragédia. Nada poderia estar mais distante da consciência política americana. Enquanto assim for, estamos fadados a reviver este horror.

A razão primordial da oposição à guerra é o custo que representa para nós. Um segundo motivo é a sensação de que o custo para suas vítimas é grande demais. À primeira vista, esta reação parece situar-se num patamar moral mais elevado que a primeira, o que no entanto é questionável. O princípio segundo o qual devemos retirar nossas garras quando a vítima sangra demais não é propriamente dos mais elevados. Que tal nos opormos à guerra com o argumento de que não temos o direito de estabilizar nem reestruturar a sociedade vietnamita, nem de promover experiências de "controle de recursos materiais e humanos" que encantam o "teórico da pacificação"? A oposição dessa natureza é mínima, e, na arena política, praticamente inexistente. O estudioso pragmático e responsável de questões contemporâneas não se rebaixa a esse tipo de emocionalismo.

Em março de 1968, o *Boston Globe* publicou uma série de cartas de um membro do Serviço Internacional de Voluntariado (SIV), uma professora de uma aldeia da região de Montagnard, visivelmente uma pessoa de grande coragem e dedicação. Eram quase sempre cartas simpáticas e prolixas sobre a vida no Vietnã e as boas coisas que temos feito pela gente pobre daquele país. Eis aqui alguns trechos de uma dessas cartas:

> Uma coisa estranha no caso do Vietnã é que estamos criando todas essas ilhas de segurança, as populações são deslocadas, transferidas para áreas "pacificadas", mas a maior parte do país é uma terra de ninguém que rapidamente estamos transformando num deserto, com bombardeios, desfoliação etc. (...) Se os americanos conseguirem o que querem, será um país de praias, com algumas ilhas de áreas de segurança (...) e o resto será terra arrasada. Algo realmente estranho a se fazer com um país cujas economia e política estamos pagando para melhorar. Mas o que dizem é que a única maneira de derrotar as forças guerrilheiras é eliminar sua fonte de vida (a terra e o povo), arrasar a terra e concentrar a população em áreas que possamos proteger.[4]

Considero que uma carta como esta nos diz muito sobre o clima de hoje no país. Uma integrante do SIV descobre que o que estamos tentando fazer é "eliminar sua fonte de vida (a terra e o povo)", e passa então, alegre e compenetradamente, a fazer a sua parte, contribuindo para restabelecer o que foi destruído. Mais relevante ainda é que várias centenas de milhares de cidadãos da Grande Boston — a capital cultural dos Estados Unidos, como gostariam de acreditar — também podem ter lido esta carta e passado a fazer a sua parte. Por que não? Não é mais angustiante que dezenas de outras coisas que já viram e leram. Na realidade, cabe duvidar que possamos fazer alguma coisa ao povo do Vietnã (vale dizer, aos comunistas) que seja capaz de provocar mais que um abalo momentâneo.

Algumas semanas antes, os cidadãos de Boston leram no mesmo espaço da página de opinião do *Globe* um artigo do diretor do departamento de ciências políticas da Universidade de Harvard, descrevendo o processo de urbanização no Vietnã do Sul, um interessante fenômeno sociológico que descortina toda uma série de novas possibilidades em matéria de construção nacional.[5] Ele nos poupa dos detalhes sobre a maneira como "os Estados Unidos estão urbanizando o povo do Vietnã", mas o processo já foi descrito por outros — por exemplo, a voluntária do SIV já mencionada. A urbanização, como já sabemos, é aquela "coisa estranha" que estamos fazendo com o povo do Vietnã. É o processo descrito nos seguintes termos por Don Luce, que no fim de 1967 afastou-se da direção do SIV em protesto contra a política norte-americana, depois de nove anos trabalhando nesse campo:

> Aldeões menos "afortunados" [que os das aldeias "pacificadas"] foram deslocados de seus hábitats tradicionais e instalados em campos de refugiados que se amontoam ao redor das cidades. Esses desoladores campos são habitados quase exclusivamente por mulheres e crianças profundamente infelizes por terem sido arrancadas de suas terras de cultivo e de seu modo de vida, das terras onde estão sepultados seus ancestrais e até de seus maridos — que em geral estão com os vietcongues. A aldeia a que pertenciam geralmente passa a fazer parte de uma zona livre para os ataques. Isto significa que os aviões podem largar bombas em qualquer ponto da região, e quem ali for capturado será considerado um vietcongue e fuzilado. Infelizmente, muitos desses refugiados retornam para a colheita do arroz ou para percorrer essas áreas juntando lenha e folhagem. Em Tuy Hoa, um dos membros do SIV foi solicitado a doar sangue no hospital provincial em que trabalhava em regime de tempo parcial. Perguntou então a um velho que ali esperava o que havia acontecido. O velho respondeu com amargura: "Meu filho e quatro outros foram cortar lenha. Quando estavam voltando, um helicóptero americano passou por cima deles. Assustados, eles saíram correndo. Quatro ficaram feridos, um deles foi morto."[6]

Em suma, urbanização é o processo pelo qual é possível "eliminar sua fonte de vida (a terra e o povo), arrasar a terra e concentrar a população em áreas que possamos proteger". Isto qualquer um é capaz de entender. E no entanto mal se chega a ouvir um murmúrio de protesto quando o diretor do departamento de ciências políticas de nossa maior universidade fala do processo sociológico de urbanização, dos benefícios que proporciona aos vietnamitas e das possibilidades que nos oferece de ganhar a guerra.

Esta atitude calma e analítica em relação ao problema de como vencer a guerra pode ser ilustrada com inúmeros exemplos extraídos dos textos de respeitáveis analistas políticos. Para citar apenas um deles, vejamos estas observações de Joseph Harsch sobre as táticas de bombardeio no Vietnã do Norte.[7] O sr. Harsch está falando das frustrações decorrentes de uma política de bombardeios limitados:

> Uma bomba lançada numa floresta verdejante não produz resultados visíveis. Ainda que atinja um caminhão transportando munições, dificilmente o piloto terá a satisfação de saber o que conseguiu. Já acertar numa grande represa hidrelétrica é bem diferente. Ocorre uma gigantesca explosão, que pode ser vista de qualquer ponto de cima. Vê-se quando o dique desaba. É possível ver as águas rebentando e inundando aldeias e gigantescas áreas de terras de cultivo. O piloto que atingiu uma represa hidrelétrica volta para a base com a sensação de missão cumprida. Proezas assim inspiram romances e filmes. (...) A bomba que destrói a represa inunda aldeias, afoga pessoas, destrói colheitas e neutraliza fontes de abastecimento de energia. (...) Bombardear a represa deixaria pessoas feridas. Cada represa destruída representaria mais um motivo para alegar que "o inimigo está infligindo danos". Teoricamente, se ele for suficientemente "danificado", seu governo provavelmente estará mais inclinado a sentar-se na mesa de negociações.

Apesar de todas essas vantagens do bombardeio de represas, Harsch aparentemente considera mais interessante bombardear caminhões.

O motivo é que "não há qualquer indicação de que infligir sofrimento a civis no Vietnã do Norte" tenha de alguma maneira contribuído para convencer seu governo a entrar em negociações. Além disso, o efeito dos bombardeios de efeito moral é pequeno num país não-industrializado. Por isto, prossegue ele, não devemos "ir atrás de alvos espetaculares que em termos militares não se mostram muito capazes de infligir sofrimentos ao povo do Vietnã do Norte", e sim "atrás dos alvos mais discretos capazes de oferecer alguma compensação militar aos soldados envolvidos em combates em terra", embora seja uma pena para os pilotos, que se vêem assim privados da sensação de dever cumprido e satisfação decorrente da inundação de aldeias, do afogamento de pessoas e da destruição de colheitas.

Por coincidência, o mesmo jornal publicou o depoimento de uma testemunha ocular do bombardeio de diques no Vietnã do Norte, poucos dias depois.[8] Relata o correspondente:

> Os diques do fértil delta do rio Vermelho — o celeiro de grãos do Vietnã do Norte — têm sido alvo de ataques aéreos cada vez mais intensos. Os bombardeios americanos parecem destinados não só a desmoralizar e hostilizar a população na região de maior densidade populacional do país, mas também a destruir as colheitas de arroz nas vastas planícies aluviais, com a vulnerabilidade de seus espaços abertos (...) aqui na região do delta, cujos campos de arroz garantem o essencial do abastecimento para 17 milhões de norte-vietnamitas, têm ocorrido ataques quase diários aos diques das numerosas pequenas confluências do rio Vermelho. (...) O padrão observado nos bombardeios do delta parece claro: arrasar a produção agrícola. Nenhum alvo militar pode ser visto nesses diques. As peças de artilharia mais pesadas que pudemos encontrar eram fuzis antiquados das milícias camponesas.

Como referência histórica, cabe lembrar que o alto comissário alemão Seyss-Inquart foi condenado à morte em Nuremberg por ter aberto os diques na Holanda no momento da invasão aliada.[9] Como os editores do *Christian Science Monitor* não consideraram que esta revelação pedia algum tipo de comentário editorial, não sei se concluíram que o sábio argumento de Harsch em favor do bombardeio de caminhões, em vez de represas, como acontece agora, era contrabalançado por outras considerações.

Como última ilustração da insensibilidade da reação americana às revelações nos meios de comunicação, veja-se esta pequena nota publicada em 18 de março de 1968 no *New York Times*, sob o título "Bombardeio simulado de cabana vietnamita vetado em exposição do exército". A nota informa sobre a tentativa do "movimento pacifista" de protestar numa exposição do Museu de Ciência e Indústria de Chicago:

> A partir de hoje, os visitantes não mais poderão entrar num helicóptero para bombardeios simulados com metralhadora contra alvos representados num diorama das planícies centrais do Vietnã. Os alvos eram uma cabana, duas pontes e um depósito de munições, e uma luz se acendia quando um dos alvos era atingido.

Aparentemente, a garotada se divertia à larga, até que esses malditos pacifistas apareceram e começaram uma daquelas manifestações intermináveis, chegando até a ocupar o local da exposição. Segundo o relato do *Times*, "os manifestantes protestaram em especial contra o fato de se permitir que crianças 'atirassem' contra a cabana, embora não houvesse pessoas representadas nesse ponto ou em qualquer outro diorama", o que deixa perfeitamente claro como os pacifistas podem ser irracionais. Embora não seja exatamente uma grande compensação pelo fechamento de uma exposição tão interessante, "os visitantes ainda assim podem continuar testando suas habilidades em outros pontos da exposição, com ataques simulados contra armas antitanques e vários modelos de fuzis".

Que se pode pensar de um país em que o museu de ciências de uma grande cidade apresenta uma exposição onde os visitantes atiram com metralhadoras instaladas num helicóptero contra cabanas vietnamitas, acendendo-se uma luzinha quando um alvo é atingido? Que se pode pensar de um país em que semelhante idéia chega sequer a ser aventada? Resta chorar por um país assim.

Como este, milhares de outros exemplos dão testemunho de uma degeneração moral em tal escala que qualquer conversa sobre "canais normais" de ação e protesto políticos se torna hipócrita e sem sentido. Temos de nos perguntar se o que é necessário nos Estados Unidos é a dissidência — ou a desnazificação. É uma questão a debater. Pode haver divergências entre pessoas esclarecidas. Já o simples fato de que a questão possa ser debatida parece aterrorizante. A mim parece que o que precisamos é de uma espécie de desnazificação. Pior ainda, não existe qualquer força exterior considerável que possa nos obrigar a prestar contas — a mudança terá de vir de dentro.

Estou me referindo aqui apenas a manifestações de opressão no exterior, mas nem é preciso enfatizar que existe uma analogia interna. A reação ao sofrimento imposto a minorias oprimidas no país não é muito diferente da brutal apatia em relação às desgraças que vimos impondo em outras partes do mundo. A oposição à guerra no Vietnã baseia-se em grande medida em seus custos, e na incapacidade do poderio americano de esmagar a resistência vietnamita. É triste constatar, embora seja verdade, que os minúsculos passos destinados a proporcionar liberdade aos americanos negros foram dados em sua maioria por medo. Temos de reconhecer esses fatos e lamentá-los profundamente, mas não podemos ficar paralisados por isto. Raiva, indignação e confissão de terríveis culpas podem constituir uma boa terapia; podem também tornar-se um obstáculo para ações concretas, que sempre podem ser apresentadas como algo sem medida equivalente com a gravidade do crime cometido. Nada é mais fácil que adotar uma nova forma de auto-indulgência, tão debilitante quanto a antiga apatia. O perigo é considerável. Não chega a ser novidade afirmar que a confissão de culpa pode ser institucionalizada como uma técnica para fugir ao que precisa ser feito. É mesmo possível ficar com uma sensação de satisfação simplesmente contemplando a própria natureza maléfica. Não menos insidiosa é a conclamação à "revolução", num momento em que nem sequer existem os germes de novas instituições, muito menos a consciência moral e política que poderia levar a uma modificação fundamental da vida social. Se uma "revolução" vier a ocorrer na América de hoje, será sem dúvida um movimento em direção a algum tipo de fascismo. Devemos encarar com desconfiança qualquer tipo de retórica revolucionária do tipo que poderia levar Karl Marx a incendiar o Museu Britânico simplesmente porque não passava de mais uma manifestação de uma sociedade repressora. Seria criminoso ignorar as graves falhas e insuficiências de nossas instituições, ou deixar de usar o considerável grau de liberdade de que majoritariamente dispomos, no contexto dessas instituições imperfeitas, para modificá-las ou mesmo substituí-las por uma ordem social melhor. Quem quer que esteja minimamente atento à história não se surpreenderá se aqueles que clamam mais alto que precisamos esmagar e destruir vierem mais adiante a se perfilar entre os gestores de algum novo sistema de repressão.

Um dia a guerra no Vietnã acabará, e com ela o novo impulso que deu à auto-análise e à busca de curas e alternativas. Os que se opunham à guerra meramente por seus custos ou suas atrocidades desaparecerão. É possível que uma derrota americana que não possa ser disfarçada ou uma "vitória" que abra caminho para novas selvagerias seja acompanhada por forte repressão interna, deixando pouca energia ou força de vontade para a tarefa de reavaliação e reconstrução ideológica e da vida social. Mas também encontramos sinais encorajadores. É cada vez mais clara a percepção de que seria uma ilusão acreditar que tudo estará bem se pelo menos o herói liberal de hoje puder ser instalado na Casa Branca, assim como a consciência de que indivíduos isolados e em competição raramente podem enfrentar sozinhos instituições repressoras. Na melhor das hipóteses, alguns deles serão tolerados como meros estorvos intelectuais. A massa, mesmo sob a democracia formal, aceitará "os valores que foram inculcados, não raro acidentalmente e não raro de maneira deliberada por interesses adquiridos", valores que assumem a posição de "hábitos inconscientemente adquiridos, mais que escolhas".[10] Numa sociedade fragmentada e competitiva, os indivíduos não são capazes de descobrir seus verdadeiros interesses nem de agir em sua defesa, exatamente como não são capazes de fazê-lo quando impedidos de se associar livremente por controles totalitários. O reconhecimento desses fatos fez com que jovens convergissem em várias formas de resistência, originando as pouco conhecidas mas impressionantes tentativas de organização comunitária em muitas partes do país; ele também serve aparentemente de motivação aos porta-vozes do "poder negro". É interessante notar que idéias clássicas de socialismo libertário abriram caminho na ideologia da "Nova Esquerda". Afirmações como as que se seguem praticamente se tornaram clichês — não podendo, portanto, ser consideradas falsas nem irrelevantes: Nosso sistema social "sacrificou os interesses gerais da sociedade humana em nome dos interesses privados dos indivíduos, com isto minando sistematicamente um relacionamento autêntico entre os homens"; "A democracia, com seu lema de *igualdade de todos os cidadãos perante a lei*, e o liberalismo, com o seu *direito do homem sobre sua própria pessoa*, naufragaram ambos nas realidades da economia capitalista"; "O maior problema de qualquer forma de poder é simplesmente que sempre tenta enfeixar a rica diversidade da vida social em formas definidas, adaptando-a a suas normas particulares";

> Os direitos políticos não se originam nos parlamentos; são, isto sim, impostos a eles de fora. E nem mesmo sua transformação em lei tem constituído por muito tempo uma garantia de sua segurança. Eles não existem por terem sido legalmente registrados num pedaço de papel, e sim a partir do momento em que se tornaram um hábito arraigado de um povo, em que qualquer tentativa de desrespeitá-los esbarra na violenta resistência do populacho. Quando isto não acontece, nenhuma oposição parlamentar nem nenhum apelo platônico à constituição servirá de ajuda. Impomos respeito aos outros quando sabemos defender nossa dignidade de ser humano. Isto não se aplica apenas à vida privada; o mesmo tem sido invariavelmente verdade na vida política também.[11]

A mim parece que o renascimento do pensamento anarquista na "Nova Esquerda" e as tentativas de pô-lo em prática constituem os fatos mais promissores dos últimos anos, e que, se puderem ser consolidados, haverá alguma esperança concreta de que a atual crise americana não se torne uma catástrofe americana e mundial.

Na década da indiferença, Albert Einstein descreveu certa vez nos seguintes termos a importância da Liga de Resistência à Guerra:

> (...) através da união, ela livra os indivíduos corajosos e decididos do paralisante sentimento de isolamento e solidão, proporcionando-lhes dessa maneira apoio moral no cumprimento daquilo que consideram seu dever. A existência de uma elite moral dessa natureza é indispensável para a preparação de uma mudança fundamental na opinião pública, mudança que, nas atuais circunstâncias, é absolutamente necessária para que a humanidade possa sobreviver.[12]

Nos últimos anos, a "elite moral" tornou-se uma força considerável entre os jovens, e vem buscando maneiras de se unir e de agir ao mesmo tempo como força política e moral. Resta saber se isto pode transformar-se numa tradição criativa e auto-sustentável, que não dependa de acontecimentos externos para sobreviver, e se será capaz de se unir a outras forças em nome da mudança construtiva. Se puder fazê-lo, talvez sejamos capazes de enfrentar os problemas que nos afligem. E talvez sejamos igualmente capazes de evitar um destino que — de acordo com uma história muito citada — foi evocado por Einstein em outra ocasião, quando lhe perguntaram que tipo de armas poderia ser usado numa eventual Terceira Guerra Mundial. Ele respondeu que não saberia dizer que armas poderiam ser usadas numa Terceira Guerra Mundial, mas que certamente na Quarta Guerra Mundial seriam empregados porretes e pedras.

Notas

1. Arthur M. Schlesinger, Jr., *The Bitter Heritage: Vietnam and American Democracy* (Boston, Houghton Mifflin Company, 1967), p. 34.
2. "Twilight of Idols", *in The World of Randolph Bourne*, org. Lillian Schlissel (Nova York, E. P. Dutton & Co., Inc., 1965), pp. 198-99.
3. *Ibid.*, p. 202.

4. *Boston Globe*, 13 de março de 1968.
5. Samuel P. Huntington, "Why the Viet Cong Attacked the Cities", *Boston Globe*, 17 de fevereiro de 1968. Ver citações na página 62.

   Desde então, o professor Huntington ampliou essas considerações em "The Bases of Accommodation", *Foreign Affairs*, vol. 46, nº 4 (julho de 1968), pp. 642-56. Ele explica que o Vietnã do Norte é "uma força poderosa que não pode ser afastada de sua base de apoio enquanto esta base continuar existindo". Naturalmente, temos então de garantir que a base de apoio — a população rural — deixe de existir. Um Himmler ou um Streicher teriam apresentado uma solução óbvia. Já este cientista social liberal sugere outra: que desloquemos os camponeses para as cidades à força ("urbanização"), adiando para depois da guerra os "programas governamentais maciços" que "serão necessários para reassentar os migrantes nas áreas rurais ou reconstruir as cidades e promover o emprego urbano em tempos de paz". Esta política pode vir a ser "a resposta às 'guerras de libertação nacional'", uma resposta em que "tropeçamos" no Vietnã, "quase por acaso".

   O professor Huntington contesta a opinião de *sir* Robert Thompson de que a insurgência de origem camponesa está imune "à aplicação direta do poder mecânico e convencional". Não é bem assim: "(...) à luz dos acontecimentos recentes, esta afirmação merece sérias ressalvas. Pois se a 'aplicação direta do poder mecânico e convencional' for promovida em escala tão maciça que gere migração em massa do campo para a cidade, estarão invalidados os pressupostos básicos da doutrina maoísta de guerra revolucionária. A revolução rural de matriz maoísta vem a ser minada pela revolução urbana de patrocínio americano."

   Consideramos útil dispor dessa explicação, por parte de um importante cientista político, sobre os "pressupostos básicos" por trás da doutrina americana de guerra contra-revolucionária.
6. "The Making of a Dove", *The Progressive*, 1968, distribuído por Vietnam Information Project, 100 Maryland Avenue N.E., Washington, D.C. 20002. Este projeto consiste em um grupo de antigos colaboradores do SIV que tentam chamar a atenção do povo americano para certos fatos que vêm acontecendo nas aldeias do Vietnã. São eles, na realidade, os únicos americanos que dispõem de relevantes infor-

mações de primeira mão a este respeito. Contrastam, neste sentido, com os cientistas políticos visitantes, que parecem acreditar que entrevistas com prisioneiros ou desertores são capazes de dar uma idéia justa das atitudes no Vietnã rural. Cabe mencionar que os voluntários do SIV estavam, como grupo, mais ou menos comprometidos com o esforço americano, e, mesmo depois de se afastarem em protesto contra o que haviam visto, não questionaram nosso direito de reestruturar a sociedade vietnamita em termos que nos pareçam apropriados. Ver página 293.

7. "Truck Versus Dam" *Christian Science Monitor*, 5 de setembro de 1967. Ao leitor que desconfie de que se trata de ironia, posso apenas propor que leia o artigo em sua íntegra.
8. Amando Doronila, "Hanoi Food Output Held Target of U.S. Bombers", AP, *Christian Science Monitor*, 8 de setembro de 1967.
9. Ver o memorando de Gabriel Kolko ao Tribunal Russell, citado *in Liberation*, vol. 12 (maio-junho de 1967), p. 13. Eisenhower considerava este ato desprezível "uma mancha na honra militar" do comandante alemão, advertindo que ele e seus cúmplices seriam considerados "violadores das leis de guerra que terão de enfrentar as conseqüências incontornáveis de seus atos".
10. C. Wright Mills, *The Sociological Imagination* (Nova York, Oxford University Press, 1959), p. 194.
11. Todas as citações são de Rudolf Rocker, "Anarchism and Anarcho-syndicalism", em Paul Eltzbacher, org., *Anarchism* (Londres, Freedom Press, 1960), pp. 225-68. Não menos característica do pensamento da "Nova Esquerda" é a avaliação de Kropotkin, citada por Rocker, a respeito da Rússia bolchevique: "A Rússia nos mostrou como o socialismo não pode ser concretizado. (...) O conceito de comitês operários destinados a controlar a vida econômica e política do país é em si mesmo de extraordinária importância (...) mas, enquanto o país for dominado pela ditadura de um partido, os comitês de operários e camponeses naturalmente perdem sua importância. Vêm a ser reduzidos ao mesmo papel passivo que era desempenhado pelos representantes dos proprietários rurais na época da monarquia absoluta." O próprio Rocker comenta que "a ditadura do proletariado não abriu caminho para uma sociedade

socialista, e sim para o mais primitivo tipo de capitalismo burocrático de Estado e uma volta ao absolutismo político há muito abolido pelas revoluções burguesas na maioria dos países".

12. Discurso em Princeton, Nova Jersey, 10 de agosto de 1953. Citado em John H. Bunzel, *Anti-Politics in America* (Nova York, Alfred A. Knopf, Inc., 1967), p. 166.

OBJETIVIDADE E PENSAMENTO LIBERAL

I

Em ensaio recente, Conor Cruise O'Brien fala do processo de "subordinação contra-revolucionária", que representa uma ameaça à integridade do saber em nossa sociedade contra-revolucionária, assim como a "subordinação revolucionária", fenômeno freqüentemente observado e justificadamente deplorado, tem minado a integridade do saber nas situações revolucionárias e pós-revolucionárias.[1] Ele observa que "hoje o poder tem mais inteligência a seu serviço e confere a essa inteligência mais poder de decisão sobre seus métodos que em qualquer outra época da história", dando a entender que semelhante tendência não é de todo auspiciosa, pois nos encaminhamos imperceptivelmente para "uma sociedade

---

Este ensaio foi parcialmente apresentado em forma de conferência na Universidade de Nova York em março de 1968, no Ciclo de Conferências Albert Schweitzer, e será incluído no livro *Power and Consciousness in Society*, organizado por Conor Cruise O'Brien e publicado pela New York University Press. Sou grato a Paul Potter, André Schiffrin e William Watson por suas valiosas observações.

mutilada pela sistemática corrupção de sua inteligência". Segundo ele, "da comunidade intelectual se exige uma vigilância cada vez maior e específica, e não apenas a elaboração de princípios gerais, face ao crescimento de ameaças específicas a sua integridade".

O senador Fullbright abordou questão semelhante num importante e penetrante discurso.[2] Ele trata da incapacidade das universidades de oferecer "um contrapeso eficaz ao complexo industrial-militar através do aumento da ênfase nos valores tradicionais de nossa democracia". Em vez disso, elas têm "aderido ao monolito, aumentando consideravelmente seu poder e influência". Especificamente, ele se refere à incapacidade dos cientistas sociais, "que deviam atuar como críticos responsáveis e independentes das políticas governamentais", e no entanto se tornam agentes dessas políticas. "Enquanto os jovens dissidentes preconizam a ressurreição da promessa americana, seus antecessores continuam a subvertê-la." Com "a rendição da independência, o desamparo do ensino e a distorção dos estudos acadêmicos", a universidade "não só deixa de assumir suas responsabilidades para com os alunos, como trai a confiança pública nela depositada".

Caberia debater o grau dessa traição; mas sua existência, como uma tendência ameaçadora, não pode estar em dúvida. O senador Fullbright menciona uma causa primordial: acesso ao dinheiro e à influência. Outras poderiam ser mencionadas: por exemplo, uma ideologia altamente restritiva e quase universalmente compartilhada, assim como a inerente dinâmica da profissionalização. No que diz respeito à primeira, Fullbright cita em outra passagem a observação de Tocqueville: "Não conheço nenhum país onde haja tão pouca independência de espírito e tão completa liberdade de debates quanto na América."

Certamente estão aí as instituições livres, mas uma certa tradição de passividade e conformismo restringe o seu uso — e o cínico poderia observar aqui que é por isso que elas continuam a existir. O impacto da profissionalização também é perfeitamente evidente. O "intelectual livre-pensador" pode esquadrinhar os problemas em vista de seu inerente interesse e importância, talvez com poucos resultados. Já o profissional tende a definir seus problemas com base na técnica que domina, evidenciando natural desejo de aplicar suas capacitações. Comentando este processo, o senador Clark cita as observações de Harold Agnew, diretor da Divisão de Armas do Laboratório de Los Alamos: "A base da tecnologia avançada é a inovação, e nada é mais capaz de sufocar a inovação do que ver que nosso produto não é utilizado ou vem a ser descartado com base em alegações inconsistentes envolvendo a opinião pública mundial"[3] — "uma afirmação chocante e perigosa", como justificadamente comenta Clark. No mesmo sentido, os cientistas comportamentais que se acreditam na posse de certas técnicas de controle e manipulação tenderão a buscar problemas em que seu conhecimento e suas capacitações se mostrem relevantes, definindo-os como "problemas importantes"; não surpreenderá, assim, que eventualmente manifestem seu desprezo pelas "alegações inconsistentes envolvendo a opinião pública mundial" que restringem a aplicação de tais capacitações. Assim é que encontramos entre os engenheiros os "cultores de armas" que constroem bombas e mísseis, e entre os cientistas comportamentais os técnicos que concebem e aplicam "experiências com métodos de controle populacional e de recursos" no Vietnã.[4]

Esses diferentes fatores — acesso ao poder, ideologia compartilhada, profissionalização — podem ser deploráveis em si mesmos ou não, mas não resta dúvida de que interagem de maneira a representar uma séria ameaça à integridade dos estudos acadêmicos em campos que lutam por encontrar conteúdo intelectual e são portanto particularmente suscetíveis à ação de uma espécie de lei de Gresham. Pior ainda, a subversão do saber representa uma ameaça à sociedade como um todo. O perigo é particularmente grande numa sociedade que estimula a especialização e se mostra cheia de admiração pela excelência técnica. Em tais circunstâncias, são grandes as chances de abuso do conhecimento e da técnica — para ser mais exato, de alegação de que se detém determinado conhecimento ou técnica. Observando esses riscos, é com preocupação que lemos as alegações de certos cientistas sociais de que sua disciplina é essencial para a formação daqueles a que se referem como "os mandarins do futuro".[5] A filosofia e a literatura ainda "têm seu valor", informa-nos Ithiel Pool, mas são a psicologia, a sociologia, a análise de sistemas e a ciência política que proporcionam o conhecimento através do qual "os detentores de poder são humanizados e civilizados". A guerra do Vietnã foi em considerável medida concebida e executada por esses novos mandarins, dando testemunho do conceito de humanidade e civilização que poderão aplicar no exercício do poder.[6]

Seria o novo acesso da *intelligentsia* técnica ao poder um embuste ou uma realidade cada vez mais manifesta? Existem aqueles que identificam o "esqueleto de uma nova sociedade", na qual a liderança estará com "as corporações de pesquisa, os laboratórios industriais, as estações experimentais e as universidades", com "os cientistas, os matemáticos, os economistas e os engenheiros da nova tecnologia de informática" — "não só os melhores talentos, mas, com o tempo, todo o complexo do prestígio e do *status* social estará enraizado nas comunidades intelectuais e científicas".[7] Um exame atento do "esqueleto" dessa nova sociedade, se nova ela é, não chega a ser tranqüilizador. Como assinala Daniel Bell, "é a guerra e não a paz que tem sido em grande medida responsável pela aceitação do planejamento e dos modos tecnocráticos no governo", e nossa atual "sociedade mobilizada" está voltada para a "meta social" da "capacitação militar e bélica". O relativo otimismo de Bell no que diz respeito à nova sociedade deriva da pressuposição de que a universidade é "o lugar em que o conhecimento teórico é buscado, testado e codificado de maneira desinteressada" e de que "as posturas de mobilização da guerra fria e da corrida espacial" são uma aberração temporária, uma reação à agressividade comunista. Em contraste, pode-se argumentar solidamente que a universidade tem traído em grau significativo a confiança pública nela depositada; que as questões de política externa são em grande medida "um reflexo das forças políticas internas", assim como das instituições econômicas (e não "uma avaliação do interesse nacional, envolvendo decisões estratégicas baseadas em cálculos sobre a força e as intenções de um adversário"); que a mobilização pela guerra não é uma "ironia", mas um desdobramento natural, considerando-se nossa atual forma de organização social e econômica; que os tecnologistas que ascendem ao poder são aqueles capazes de prestar um serviço às instituições existentes; e que só se pode esperar uma catástrofe de uma centralização ainda maior das decisões nas mãos do governo e de um estreitamento da base aliada corporativa. A experiência dos últimos anos não nos dá grandes motivos de otimismo neste sentido.

De maneira geral, que fundamento haveria na suposição de que aqueles cuja pretensão ao controle do poder baseia-se no conhecimento e na técnica serão mais benignos em seu exercício do poder do que aqueles cuja pretensão se baseia na riqueza ou na origem aristocrática? Pelo contrário, caberia esperar que o novo mandarim seja perigosamente arrogante, agressivo e incapaz de se adaptar ao fracasso, em comparação com seu antecessor, cuja pretensão ao controle do poder não era comprometida pela franqueza quanto às limitações de seu conhecimento, à falta de tarefas a cumprir ou a seus evidentes equívocos.[8] Na catástrofe do Vietnã, todos esses fatores podem ser detectados. Não teria cabimento generalizar excessivamente, mas nem a história nem a psicologia nem a sociologia nos dão motivos especiais de contemplar com esperança o advento do domínio dos novos mandarins.

De maneira geral, caberia esperar que qualquer grupo com acesso ao poder e à afluência erigisse uma ideologia voltada para a justificação desse estado de coisas com base no bem-estar geral. Por esta simples razão, a tese de Bell de que os intelectuais estão se aproximando do centro do poder, ou pelo menos sendo mais plenamente absorvidos na estrutura decisória, é em certa medida corroborada pelo fenômeno da subordinação contra-revolucionária anteriormente observado. Ou seja, caberia esperar que, à medida que o poder se torna mais acessível, as iniqüidades da sociedade sairão de evidência, o *status quo* parecerá menos precário, e a preservação da ordem tornar-se-á uma questão de importância transcendental. O fato é que os intelectuais americanos cada vez mais alcançam o *status* de uma elite duplamente privilegiada: em primeiro lugar, na qualidade de cidadãos americanos, em relação ao resto do mundo; depois, em vista de seu papel na sociedade americana, que certamente é dos mais centrais, confirme-se ou não a previsão de Bell. Em tal situação, são evidentes os perigos da subordinação contra-revolucionária, tanto na arena interna quanto na internacional. Considero que O'Brien tem toda razão ao apontar a necessidade de uma "vigilância cada vez maior e específica" frente ao risco da subordinação contra-revolucionária, a cujo respeito, como bem observa ele, "quase não ouvimos nada". Gostaria de dedicar este ensaio a alguns exemplos.

Há muitos anos, proclamou-se entusiasticamente que "os problemas políticos fundamentais da revolução industrial foram resolvidos" e que "este triunfo da evolução social democrática no Ocidente põe fim à prática da política interna para os intelectuais que precisam de ideologias ou utopias para motivarem-se à ação social".[9] Durante esse período de crença no "fim da ideologia", até mesmo observadores esclarecidos e informados tendiam a oferecer as mais incríveis avaliações do estado da sociedade americana. Daniel Bell, por exemplo, escreveu que "na economia de consumo de massa, qualquer grupo pode facilmente adquirir os sinais externos de *status* e apagar as demarcações visíveis".[10] Escrevendo em *Commentary* em outubro de 1964, ele sustentava que na realidade já estamos na "sociedade igualitária e socialmente móvel invocada nos últimos cem anos pelos 'intelectuais livre-pensadores' ligados à tradição marxista". Mesmo reconhecendo a evidência de uma generalizada elevação do padrão de vida, parece muito mais acertada no que diz respeito à atual situação a avaliação de Gunnar Myrdal, quando afirma: "A idéia generalizada de que a América é um país imensamente rico e afluente constitui com toda evidência um exagero. A afluência americana é pesadamente hipotecada. A América carrega o peso de uma tremenda dívida para com os seus pobres. O fato de que esta dívida deva ser resgatada não é apenas um desejo dos bem-intencionados. Deixar de pagá-la implicaria um risco para a ordem social e a democracia tal como a conhecemos."[11] Evidentemente, a alegação de que *todos* os grupos podem facilmente integrar a economia de consumo de massa e "apagar as demarcações visíveis" constitui enorme exagero.

Avaliações semelhantes da sociedade americana são encontradas com freqüência nos estudos acadêmicos contemporâneos. Para citar apenas um exemplo, veja-se a análise do conceito marxista de capitalismo oferecida por Adam Ulam: "Não se poderá criticar um observador como Marx pela convicção de que o fanatismo e o orgulho industriais constituíam traços indeléveis do capitalismo. O panorama social inglês das décadas de 1840 e 1850 não dava propriamente a impressão de que o capitalista tornar-se-ia mais humano, de que acabaria cedendo em sua incessante busca da acumulação e da expansão."[12] Mais uma vez, mesmo reconhecendo as importantes mudanças verificadas na sociedade industrial no último século, surpreende ouvir que o capitalista cedeu em sua incessante busca pela acumulação e expansão.[13]

Observações dessa natureza ilustram a incapacidade de apreender a realidade da sociedade contemporânea, que talvez não seja decorrência direta do recém-conquistado (ou pelo menos avidamente buscado) acesso ao poder e à afluência, mas não deixa de ser o que poderíamos esperar da ideologia em gestação de uma nova elite de privilegiados.

Várias manifestações dessa ideologia convergem num recente artigo de Zbigniew Brzezinski,[14] no qual são resumidas — e eu quase diria "parodiadas" — certas concepções e atitudes que se manifestam no pensamento social mais recente. Também Brzezinski enxerga atualmente a manifestação de uma "profunda mudança" na comunidade intelectual, na medida em que "o intelectual dissidente e humanista, que em geral segue uma orientação ideológica e considera ser o seu papel incumbir-se da crítica social, tem sido rapidamente substituído por especialistas, que passam a se envolver em empreendimentos governamentais especiais, ou por generalistas-integradores, que se transformam na realidade em ideólogos de plantão daqueles que ocupam o poder, proporcionando uma integração intelectual global a iniciativas disparatadas". Ele considera que cabe esperar que esses "intelectuais voltados para a organização e a aplicação" introduzam questões mais amplas e relevantes no sistema político — embora exista, como observa, o risco de que "o distanciamento intelectual e a busca desinteressada da verdade" tenham fim, considerando-se o recém-conquistado acesso dos "intelectuais voltados para a aplicação" a "poder, prestígio e benesses da vida". Constituem eles uma nova elite meritocrática, "assumindo o controle da vida americana, usando as universidades, explorando as mais novas técnicas de comunicação, valendo-se o mais rápido possível das mais recentes conquistas tecnológicas". Presumivelmente, seu impacto civilizatório transparece no grande progresso alcançado, nessa nova "era histórica" em que só a América já pôde entrar, no que diz respeito aos problemas que embatucavam os incompetentes dirigentes políticos do passado — os problemas urbanos, de poluição, de desperdício e destrutividade, de exploração e pobreza. Sob a liderança dessa "nova geração de intelectuais políticos", a América tornou-se "*a* sociedade criativa; as outras, consciente ou inconscientemente, são emulativas". É o que constatamos, por exemplo, na matemática, nas ciências biológicas, na antropologia, na filosofia, no cinema, na música, no estudo da história e assim por diante, terrenos em que as outras culturas, irremediavelmente superadas, limitam-se a observar e imitar o que a América cria. Assim é que caminhamos em todo o mundo para uma nova "'supercultura', fortemente influenciada pela vida americana, com sua própria linguagem eletrônica universal", criando-se uma enorme e crescente "defasagem psicocultural" entre a América e o resto do "mundo desenvolvido".

Não parece possível sequer imaginar o que Brzezinski considera uma "linguagem eletrônica universal", ou quais os valores culturais que segundo ele serão gerados pelo novo "tecnetron tecnologicamente dominante e condicionado", o qual, segundo aparentemente acredita, pode revelar-se o verdadeiro "repositório dessa qualidade indefinível que chamamos de humana". Não seria propriamente compensador tentar destrinchar as confusões e equívocos de Brzezinski. O que parece interessante, isto sim, é a maneira como sua confusa noção das atuais tendências na ciência e na tecnologia vem a ser usada para fornecer uma justificativa ideológica do "crescente papel desempenhado em instituições-chave da estrutura do processo de tomada de decisão por indivíduos com capacitações científicas e intelectuais específicas", os novos "intelectuais voltados para a organização e a aplicação" que se instalaram na universidade, "o olho criativo do maciço complexo de comunicações".

Paralelamente à pressuposição de que tudo basicamente corre bem em casa, temos a crença amplamente articulada de que também os problemas da sociedade internacional poderiam ser geridos de forma inteligente, não fossem as maquinações dos comunistas. Um dos aspectos dessa complacência é a crença de que a guerra fria resultou inteiramente da agressividade russa (e posteriormente chinesa). Daniel Bell, por exemplo, descreveu as origens da guerra fria nos seguintes termos: "Quando os russos começaram a incitar a guerrilha grega da EAM [Frente de Libertação Nacional], numa esfera de influência que tacitamente fora atribuída aos britânicos em Teerã, os comunistas inauguraram seu grito de guerra contra o imperialismo anglo-americano. Depois da rejeição do Plano Marshall e do golpe comunista na Tchecoslováquia, em fevereiro de 1948, estava definitivamente instaurada a guerra fria."[15] É evidente que esta dificilmente poderá ser considerada uma avaliação equilibrada e objetiva da origem da guerra fria, mas a distorção nela refletida constitui um elemento inerente do otimismo de Bell no que diz respeito à nova sociedade, já que lhe permite sustentar que nossa atitude na guerra fria é puramente reativa, e que, uma vez controlada a beligerância comunista, a nova *intelligentsia* técnica poderá voltar sua atenção para a construção de uma sociedade mais digna.

Um elemento correlato da ideologia do intelectual liberal é a firme crença na generosidade fundamental da política ocidental em relação ao Terceiro Mundo. Mais uma vez encontramos um exemplo dos mais característicos em Adam Ulam: "Os problemas de uma sociedade internacional que passa por uma revolução econômica e ideológica parecem desafiar (...) a generosidade — ressalvados seus erros e limitações — que tem caracterizado a política das grandes potências democráticas do Ocidente."[16] Até Hans Morgenthau sucumbe a esta ilusão. Ele resume um debate sobre intervenção com essas observações: "Temos interferido nas questões políticas, militares e econômicas de outros países com gastos de muito mais que 100 bilhões de dólares e estamos atualmente envolvidos numa onerosa e arriscada guerra para a construção de uma nação no Vietnã do Sul. Somente os inimigos dos Estados Unidos questionarão a generosidade de tais esforços, que não têm paralelo na história."[17] Seja o que for o que possamos pensar dos 100 bilhões de dólares, parece difícil entender por que alguém levaria a sério a suposta "generosidade" de nosso empenho de construção nacional no Vietnã do Sul, como quaisquer profissões de fé benevolente do mesmo quilate por parte de nossos muitos antecessores em tais empreendimentos. A generosidade nunca foi produto escasso entre as potências inclinadas a estender sua hegemonia.

Outra manifestação da ideologia da nova elite que se manifesta é a preocupação com a ordem, com a preservação do *status quo*, hoje considerada perfeitamente auspiciosa e essencialmente justa. Um excelente exemplo é a declaração de 14 destacados historiadores e cientistas políticos a respeito da política asiática dos Estados Unidos, recentemente publicada pelo Freedom House Public Affairs Institute.[18] Esses intelectuais e acadêmicos se apresentam como "o segmento moderado da comunidade acadêmica". É uma designação adequada; eles estão a meio caminho entre duas variedades de extremismo, aquela que exige que destruamos qualquer um que se poste em nosso caminho e a que pretende que adotemos os princípios de comportamento internacional que cobramos das demais potências mundiais. O objetivo da declaração é "desafiar aqueles entre nós que, assoberbados por complexos de culpa, encontram consolo na afirmação ou na insinuação de que estamos sempre errados, de que nossos críticos estão sempre com a razão e de que as perspectivas são as mais sombrias". Eles consideram nosso histórico na Ásia "extraordinariamente bom", aplaudindo nossa comprovada capacidade de corrigir erros, nosso "talento para o pragmatismo e o auto-exame" e a "saudável maneira como evitamos o nacionalismo estreito", capacidades que nos distinguem "entre as grandes sociedades de nossa época".

Os intelectuais acadêmicos moderados advertem que, "para evitar uma guerra em grande escala na região asiática do Pacífico, é essencial que os Estados Unidos continuem a conter, limitar e contrabalançar o poderio chinês". É verdade que "a China tem mostrado grande prudência no sentido de evitar um confronto direto com os Estados Unidos ou a União Soviética" desde a guerra da Coréia, e é provável que esse país "continue a dar preferência às palavras sobre os atos ao mesmo tempo em que se concentra em questões internas". Mas não podemos ter certeza de que assim será, e devemos portanto dar prosseguimento a nossos esforços para domar o dragão. Um dos problemas mais sérios apresentados pela China é sua política de "fanatismo isolacionista" — que evidentemente constitui uma grave ameaça à paz. Outro perigo é a aterrorizante figura de Mao Tsé-tung, um romântico que se recusa a aceitar "o burocratismo essencial ao ordenamento dessa sociedade extraordinariamente complexa e extremamente difícil". Os acadêmicos moderados poderiam sentir-se muito mais à vontade com o especialista técnico do tipo já conhecido, comprometido com o "triunfo do burocratismo" e que se exime de tentativas românticas de minar o aparato do partido e a disciplina por ele imposta.

Além disso, os intelectuais moderados anunciam seu apoio a "nossa posição básica" no Vietnã. Uma vitória comunista no Vietnã, sustentam, "ameaçaria gravemente as possibilidades de um equilíbrio político na Ásia, prejudicaria seriamente nossa credibilidade e afetaria profundamente o moral — assim como as políticas — dos países neutros e dos nossos aliados na Ásia". Com a expressão "equilíbrio político", não se referem, naturalmente, ao *status quo* que vigorava em 1945-1946 ou, tal como foi estabelecido por acordo internacional em Genebra, em 1954. Eles não explicam por que a credibilidade dos Estados Unidos é mais importante que a credibilidade dos elementos autóctones do Vietnã que se têm empenhado numa guerra de libertação nacional. Como tampouco explicam por que o moral das ditaduras militares da Tailândia e de Formosa precisa ser preservado. Limitam-se a insinuar sombriamente os riscos de uma terceira guerra mundial, riscos dos mais reais e que vêm a ser agravados quando os defensores da mudança revolucionária se defrontam com uma força contra-revolucionária externa. Em princípio, tais riscos podem ser diminuídos sufocando o ardor revolucionário ou retirando a força contra-revolucionária. Esta última alternativa, contudo, é inimaginável, irresponsável.

O pressuposto essencial no programa dos intelectuais moderados é que não devemos estimular "os elementos comprometidos com a tese de que a violência é a melhor maneira de promover a mudança". É importante reconhecer que não é à violência em si que se opõem os intelectuais moderados. Pelo contrário, eles aprovam nossa violência no Vietnã, a qual, como bem sabem, ultrapassa em muito a do inimigo vietnamita. Para deixar ainda mais claro este ponto, eles consideram que nosso maior triunfo no Sudeste Asiático são as "dramáticas mudanças" ocorridas na Indonésia — sendo a mais dramática de todas o massacre de centenas de milhares de pessoas. Mas este massacre, como o extermínio de vietnamitas por nós promovido, não constitui utilização da violência para promover a mudança social, sendo por isso legítimo. Pior ainda, é possível que os massacrados tenham sido em grande parte de etnia chinesa e camponeses sem-terra, e que o "contragolpe" tenha na verdade servido para restabelecer mais firmemente a autoridade tradicional.[19] Neste caso, maiores são os motivos para que não deploremos o uso da violência; e com efeito os intelectuais moderados com muita sensibilidade se eximem de qualquer referência a respeito na análise das dramáticas mudanças ocorridas na Indonésia. Devemos então concluir que, quando esses intelectuais lamentam o emprego da violência para promover a mudança, não é efetivamente a violência, e sim a ação pela mudança social que consideram verdadeiramente perturbadora. A mudança social que se desvia do rumo por nós maquinado não será tolerada. Seria grande demais a ameaça à ordem.

É tamanha a importância da estabilidade e da ordem que até mesmo as reformas do tipo que costuma obter autorização americana muitas vezes devem ser postergadas, frisam os acadêmicos moderados. "Com efeito, muitos tipos de reformas aumentam a instabilidade, por mais indesejáveis e essenciais que sejam a longo prazo. Para quem está sendo atacado, não há nada mais importante que a segurança." A referência, desnecessário dizer, não é à segurança em relação aos bombardeios americanos, mas à segurança em relação às variantes não autorizadas de mudança política e social.

As recomendações de políticas a serem adotadas feitas pelos intelectuais moderados baseiam-se em seu específico viés ideológico, a saber, que um certo tipo de estabilidade — não a estabilidade do Vietnã do Norte ou da Coréia do Norte, mas a da Tailândia, de Formosa ou das Filipinas — é tão essencial que devemos estar preparados para empregar nossos recursos de violência sem equivalente para assegurar que seja garantida. É instrutivo verificar como outros mentores dos novos mandarins descrevem o problema da ordem e da reforma. Ithiel Pool formula da seguinte maneira a questão central:

> No Congo, no Vietnã e na República Dominicana, é evidente que a ordem depende da possibilidade de compelir de certa forma os estratos recém-mobilizados a retornar a um certo grau de passividade e derrotismo do qual se viram recentemente soerguidos pelo processo de modernização. Pelo menos temporariamente, a manutenção da ordem exige o rebaixamento de aspirações e níveis de atividade política recém-conquistados.[20]

É isto o que "aprendemos nos últimos trinta anos de intensivo estudo empírico das sociedades contemporâneas". Pool está apenas descrevendo fatos, e não propondo uma política a ser adotada. Uma versão dos fatos correspondente a esta é bem conhecida no cenário nacional: os operários ameaçam a ordem pública fazendo greve para apresentar suas reivindicações, a impaciência da comunidade negra ameaça a estabilidade do organismo político. Podemos, naturalmente, imaginar uma outra maneira de preservar a ordem em casos como estes: simplesmente atendendo às reivindicações, ou no mínimo removendo as barreiras que foram instaladas, por uma força que pode ser latente e disfarçada, no caminho das tentativas de satisfazer as "aspirações recém-conquistadas". Mas isto talvez significasse que os ricos e poderosos teriam de sacrificar em certo grau seus privilégios, sendo portanto descartado como método de manutenção da ordem. Propostas assim dificilmente merecerão a simpatia dos novos mandarins de Pool.

Vista da posição duplamente privilegiada do intelectual americano, a transcendental importância da ordem, da estabilidade e da não-violência (por parte dos oprimidos) parece absolutamente clara; para outros, a questão não é tão simples. Se nos dispusermos a ouvir, ouviremos vozes como esta, de um economista indiano:

> Não é honesto invocar a "democracia", ou o "respeito às leis" e a "não-violência" para racionalizar a ausência de ação. Pois o fato é que, em tais condições, conceitos carregados de significado tornam-se sem sentido, pois na realidade servem para justificar a generalizada e implacável exploração das massas; ao mesmo tempo uma negação da democracia e uma forma mais sinistra de violência cometida contra a esmagadora maioria através de instrumentos contratuais.[21]

A intelectualidade americana moderada não parece capaz de entender verdades simples como essas.

Seria errado deixar aqui a impressão de que a ideologia da *intelligentsia* liberal traduz-se em ações políticas na forma de chuva de bombas de *napalm* e de fragmentação. Na realidade, os especialistas liberais se têm mostrado consternados com a ênfase dada aos meios militares no Vietnã, sustentando sempre que a chave de nosso envolvimento deveria ser a reestruturação social e a assistência econômica. Da mesma forma, considero que podemos entender com mais clareza as atitudes que vêm se cristalizando entre os novos mandarins se examinarmos os estudos técnicos de pacificação — por exemplo, a pesquisa monográfica de William Nighswonger citada anteriormente (ver nota 4). O autor, hoje professor de ciência política, foi o representante do governo americano na Agência de Desenvolvimento Internacional na província de Quang Nam entre 1962 e 1964. Em sua análise da situação, "os complexos problemas da pacificação estão intimamente entrelaçados com as questões do desenvolvimento político, requerendo — neste momento da história — um profundo envolvimento americano". Assim é que os americanos precisam encarar certas "questões básicas em matéria de valores e obrigações — questões que transcendem os legalismos fáceis da 'autodeterminação' e da 'não-interferência'". Esses legalismos fáceis pouca relevância têm num mundo em que o Ocidente é desafiado pela "metodologia sofisticada e a motivação quase religiosa da insurgência comunista". No interesse da democracia e da liberdade, é nosso dever empregar toda a nossa capacidade na consecução dessas duas metas paralelas: "isolar o inimigo e destruir sua influência e controle sobre a população rural e conquistar o convicto apoio do camponês mediante uma gestão local eficaz e programas de desenvolvimento rural". "Existe o constante pressuposto de que a insurgência deve ser derrotada — em nome dos direitos humanos." Não obstante as "notáveis conquistas em matéria de desenvolvimento econômico e social" na Rússia e na China, "o camponês sul-vietnamita merece coisa melhor", e é o que cabe a nós proporcionar-lhe — como temos feito na América Latina e nas Filipinas —, ainda que para isso seja necessário abandonar os legalismos fáceis do passado e intervir com força militar.

Naturalmente, não será fácil. O inimigo conta com enormes vantagens. Para começo de conversa, "tal como na China, os insurgentes têm explorado no Vietnã os postulados éticos confucianos, tanto em seus ataques à corrupção governamental quanto em seu exemplar comportamento comunista"; e "depois de Genebra, os vietcongues herdaram boa parte do apoio e da simpatia populares até então conferidos aos vietnamitas do sul". Depois da queda de Diem, a situação tornou-se ainda pior: "(...) vastas regiões até então sob controle do governo rapidamente passaram à influência dos vietcongues". Pelo fim de 1964, a pacificação da província de Quang Nam tornara-se "praticamente impossível", e o pior de tudo é que "o governo perdeu a batalha de Quang Nam para forças vietcongues recrutadas em sua maior parte na própria província".[22] Em 1966, o Vietcong parece tão bem entrincheirado nas regiões rurais que "somente uma campanha de contra-insurgência muito abrangente e altamente imaginosa, contando com execução quase perfeita e substancial apoio militar, seria capaz de desalojar um aparato de insurgência tão poderoso e capilarizado".

Uma importante dificuldade por nós enfrentada são os "resultados sociais e econômicos progressistas" alcançados pelos esforços do Vietcongue. O problema é explicado num relatório da AID publicado em março de 1965. Comparando "nossos 'povoados da nova vida'" aos povoados vietnamitas, comenta o relatório:

> A diferença básica é que os povoados do Vietcong são bem organizados, limpos, economicamente autônomos e dispõem de um ativo sistema de defesa. Por exemplo, a fábrica de chalés de determinado povoado era tão grande quanto qualquer outra até então encontrada em qualquer parte da província de Chuong Thien. Novos canais estão sendo escavados, e são cultivados abacaxis. Os vietcongues também têm um programa de realocação de famílias mais jovens. Essas áreas coincidem com as áreas que ficaram de fora da pretendida esfera de influência do GVN. Se as atividades do USOM/GVN não mostrarem bases mais qualitativas [sic], é pouco provável que sejam mudadas as atuais atitudes da população. Por exemplo, em determinada área, a apenas cinco quilômetros de distância da capital da província, a população recusou a assistência oferecida por médicos do ARVN, o exército da República do Vietnã do Sul.

Mas nem tudo está perdido. Embora "a força vietcongue no campo tenha dado um 'salto quantitativo' em relação à situação do início de 1962", existe um fator compensador: "a capacidade de contra-insurgência dos militares foi revolucionada por um considerável aporte de tropas americanas." Isto nos oferece alternativas completamente novas. Por exemplo, podemos aplicar com mais eficácia algumas das "experiências com métodos de controle populacional e de recursos" tentadas pelo USOM e a Polícia Nacional já em 1961, embora com pouco sucesso. Considerando-se as novas possibilidades de "controle populacional e de recursos humanos", podemos até recuperar parte da população — uma questão muito importante: "Considerando-se a enorme quantidade de cidadãos sul-vietnamitas atualmente aliados ao Vietcong (seja qual for a razão), a recuperação desses camponeses para a causa nacional deve ser considerada uma das tarefas centrais do empreendimento de pacificação."

Se quisermos ter êxito na aplicação do "controle populacional e de recursos humanos", precisamos de alguma forma moderar o comportamento do ARVN. De acordo com relatório emitido pela AID em fevereiro de 1965, "a alta incidência de furtos, roubos, estupros e obtenção de refeições grátis nas regiões rurais não fez propriamente com que o ARVN e as Forças Regionais caíssem nas graças da população". E as coisas tampouco melhoraram quando muitos civis testemunharam o episódio em que um líder de companhia do ARVN matou um homem que tentava escapar ao recrutamento, estripou-o, "arrancou seu coração e seu fígado e os mandou cozinhar num restaurante", sendo "o coração e o fígado comidos por soldados". Atos dessa natureza causam grandes dificuldades, especialmente na tentativa de combater um inimigo tão vil que é capaz de assumir "comportamento comunista exemplar".

De uma perspectiva mais geral, "para que a pacificação tenha êxito, é necessário que os sobreviventes sejam pacificados", e, considerando "a pura e simples magnitude das forças americanas, coreanas, australianas e vietnamitas", que tão severamente tem "comprometido o equilíbrio econômico e social da nação", torna-se às vezes difícil assegurar essa condição básica.

Há outros problemas. Por exemplo, "a dificuldade de negar comida ao inimigo" no delta do Mekong; "a fome de propriedade de terra", que, por estranhos motivos, nunca é satisfeita por nossos amigos em Saigon; a corrupção; o eventual bombardeio de uma aldeia "errada"; a disseminada "infiltração da estrutura governamental civil e militar pelos vietcongues"; o fato de que, quando transferimos camponeses para um novo povoado, muitas vezes deixamos "a raposa dentro do galinheiro", em virtude da adoção de métodos policiais inadequados; e assim por diante.

Ainda assim, dispomos de uma boa "teoria da pacificação", que implica três etapas: "eliminação dos vietcongues mediante operações de busca e destruição, proteção e controle da população e de seus recursos por forças militares e policiais e preparação dos camponeses, que tratamos de armar para que defendam suas comunidades." Se raramente chegamos a atingir a terceira etapa, é porque ainda não aprendemos a "compartilhar a urgência da causa revolucionária" ou "alimentar essas atitudes" entre nossos "colaboradores vietnamitas". Assim é que *nós* entendemos que a "verdadeira revolução" é aquela que estamos promovendo, "em contraste com a revolução artificialmente estimulada e controlada de Diem e dos comunistas", mas encontramos dificuldades para comunicar este fato ao camponês vietnamita ou a nossos "colaboradores vietnamitas". Com toda evidência, o que é necessário é um melhor treinamento para os funcionários americanos, além, naturalmente, de uma autêntica dedicação nacional a esta causa humanitária.

De acordo com este cientista político, um grave problema de nossa sociedade é nossa tendência para evitar "um papel americano ativo na promoção de instituições democráticas no exterior". O programa de pacificação no Vietnã representa uma tentativa de cumprir nossa responsabilidade de promover as instituições democráticas no exterior, através de métodos racionais de controle de recursos humanos e materiais. A recusa do cumprimento desta tarefa poderia ser considerada "uma prática mais egoísta e tímida do que generosa e esclarecida",[23] para usar terminologia de outras épocas.

Quando fazemos uma limpeza na terminologia das ciências comportamentais, revela-se a nossos olhos, em obras como esta, a mentalidade do funcionário civil colonial, convencido da benevolência da pátria-mãe e da verdade de sua visão da ordem mundial, e certo de que compreende os verdadeiros interesses dos povos atrasados de cujo bem-estar deve encarregar-se. Na realidade, boa parte dos estudos acadêmicos sobre questões do Sudeste Asiático reflete exatamente esta mentalidade. A título de exemplo, veja-se a edição de agosto de 1967 de *Asian Survey*, toda ela dedicada a um simpósio sobre o Vietnã no qual alguns especialistas oferecem suas idéias sobre o êxito de nosso empreendimento e a melhor maneira de fazê-lo progredir.

O ensaio introdutório de Samuel Huntington, diretor do departamento de ciências políticas de Harvard, intitula-se "A ciência social e o Vietnã". Nele, é enfatizada a necessidade de "desenvolver o entendimento do Vietnã e os estudos acadêmicos a seu respeito", para que nosso "envolvimento" tenha êxito, manifestando o autor a opinião de que os estudos deste volume "demonstram que as questões e temas estritamente associados às políticas governamentais podem ser apresentados e analisados de maneira objetiva e acadêmica".

A contribuição do próprio Huntington ao "entendimento do Vietnã e [aos] estudos acadêmicos a seu respeito" inclui um artigo publicado no *Boston Globe* a 17 de fevereiro de 1968. Nele são descritas "as importantes mudanças verificadas na sociedade vietnamita nos últimos cinco anos", especificamente, o processo de urbanização. Este processo "atingiu diretamente a força e o apelo potencial do Vietcong". "Enquanto a esmagadora maioria da população vivia no campo, o Vietcong podia vencer a guerra conquistando o controle dessas populações — e foi o que quase conseguiu, tanto em 1961 quanto em 1964. Mas a revolução urbana patrocinada pelos americanos minou a revolução rural do Vietcong." Os refugiados provenientes das regiões rurais encontravam não apenas segurança, mas também "prosperidade e bem-estar econômico". "Embora a prosperidade urbana do tempo de guerra tenha prejudicado alguns, a grande massa da população pobre beneficiou-se com ela."

As fontes da urbanização muitas vezes têm sido descritas com clareza, por exemplo, por este porta-voz americano no Vietnã: "Três alternativas têm sido apresentadas ao campesinato. Primeiro, permanecer onde estão; segundo, transferir-se para as áreas controladas por nós; terceiro, afastar-se em direção ao Vietcong no interior. (...) Nossas operações têm sido concebidas para tornar a primeira alternativa impossível, a segunda, interessante, e para reduzir a zero a probabilidade de que alguém opte pela terceira."[24] As vantagens ao alcance dos elementos recém-urbanizados também têm sido amplamente descritas na imprensa, por exemplo, por James Doyle, do *Globe*, em 22 de fevereiro de 1968: Saigon "é uma cidade rica, onde donos de bares, garotas de programa, cambistas e agentes do mercado negro fazem fortuna. É uma cidade pobre, com centenas de milhares de refugiados amontoados em cabanas de sapê e barracões de zinco, mais de dois milhões de pessoas comprimidas em trinta quilômetros quadrados". Ou Neil Sheehan, num artigo já hoje clássico e freqüentemente citado (*New York Times*, 9 de outubro de 1966):

> Um passeio de carro por Saigon deixa clara uma outra maneira de funcionamento do sistema social. Praticamente todas as novas construções são de hotéis, prédios de apartamentos e de escritórios de luxo ou financiados por empresários chineses ou vietnamitas ricos que têm parentes ou amigos ligados ao regime. O objetivo é alugar esses prédios aos americanos. Os trabalhadores de Saigon continuam vivendo, como sempre, em barracos fétidos nas imediações da cidade. (...) Bares e bordéis, milhares de jovens vietnamitas se degradando como prostitutas e garçonetes em bares, bandos de desordeiros e mendigos e crianças vendendo as irmãs mais velhas e cometendo pequenos furtos tornaram-se características onipresentes da vida urbana.

Muitos têm observado a impressionante diferença entre o que a imprensa e os estudiosos em visita descrevem ter visto no Vietnã. Mas não deve causar surpresa. Cada qual trabalha à sua maneira. A função do repórter é descrever o que tem diante dos olhos; muitos o têm feito com coragem e mesmo brilhantismo. O administrador colonial, por outro lado, empenha-se em justificar o que fez e o que espera fazer, e — se acaso for também um "especialista" — montar uma cobertura ideológica adequada, para mostrar que somos justos e corretos no que fazemos, tratando de descartar as dúvidas incômodas. Aquele enxerga degradação moral e habitações fétidas; este, prosperidade e bem-estar — e se vez por outra o Tio Sam bate as cinzas do charuto em alguém por engano, não é motivo para tanto escarcéu.

Voltando à coletânea de estudos acadêmicos e objetivos do *Asian Survey*, o primeiro, de Kenneth Young, presidente da Asia Society, fala de nossa dificuldade de "transferir inovações e instituições para os vietnamitas", exortando os cientistas sociais a ajudar na superação de tais dificuldades. Ele considera que os cientistas sociais deveriam estudar "as dificuldades que efetivamente inibem ou adiam aquilo que os americanos, seja através de políticas governamentais ou da iniciativa de técnicos, querem introduzir na mente de um vietnamita ou numa organização vietnamita". O problema, em suma, é de comunicação. Para este objetivo intelectual, não está em questão o nosso direito de "transferir inovações e instituições para os vietnamitas", se necessário pela força, nem nossa superior capacidade de percepção quanto às inovações necessárias e às instituições adequadas. Da mesma forma, lorde Cornwallis entendeu a necessidade de "transferir a instituição" de uma hierarquia de proprietários rurais para a Índia — como sabe qualquer pessoa dotada de bom senso, tratava-se da única forma civilizada de organização social.

A "objetividade acadêmica" encarecida por Huntington é igualmente demonstrada na contribuição de Milton Sacks, intitulada "A reestruturação governamental no Vietnã do Sul". Na visão de Sacks, existem no Vietnã do Sul duas forças, os "nacionalistas" e os "comunistas". Os "comunistas" são o Vietminh (a Liga pela Independência) e o Vietcong (a Frente de Libertação Nacional); entre os "nacionalistas", ele menciona especificamente o VNQDD e o Dai Viet (assim como os militares). Os "nacionalistas" têm alguns problemas; por exemplo, "foram manipulados pelos franceses, pelos japoneses, pelos comunistas e mais recentemente pelos americanos", e "são muitos os mais destacados generais sul-vietnamitas que combateram ao lado dos franceses contra o povo vietnamita".[25] Nosso problema é a debilidade dos nacionalistas, embora houvesse certa esperança durante o governo do general Khanh, "um esforço dos mais interessantes, pois constituía uma autêntica coalizão de representantes de todos os principais agrupamentos políticos do Vietnã do Sul". Curiosamente, esse governo altamente representativo não foi capaz de aceitar ou sequer de levar em consideração "uma proposta de algo que poderia ser um autêntico governo de coalizão", feita pela Frente de Libertação Nacional em meados de 1964.[26] Segundo Douglas Pike, a proposta não podia ser levada a sério porque nenhum dos "não-comunistas" do Vietnã do Sul, "com a possível exceção dos budistas, se considerava com suficientes força e poder para se arriscar a participar de uma coalizão, temendo que se o fizesse a baleia engoliria o peixinho". Assim, prossegue ele, "não foi possível vender no Vietnã do Sul a idéia de um governo de coalizão com uma FLN fortalecida", nem mesmo a um governo que, segundo nos informa Sacks, constituía "uma autêntica coalizão" de "todos os principais agrupamentos políticos do Vietnã do Sul". Em vez disso, o GVN e seus sucessores continuaram insistindo em que a FLN mostrasse suas boas intenções retirando "suas unidades armadas e seus quadros políticos de território sul-vietnamita" (1º de março de 1965).

Segundo Sacks, "o problema que se apresenta é conceber um esquema institucional que contribua para neutralizar os fatores e forças que levam à instabilidade" que atualmente assola a vida política vietnamita. Trata-se, naturalmente, de um problema que se apresenta a nós. E, na percepção de Sacks, sua solução já está bem encaminhada, com a nova constituição e as eleições que se aproximam (setembro de 1967), das quais "sairão porta-vozes dotados da legitimidade de um mandato popular e capazes de se expressar com autoridade sobre as questões da guerra e da paz, em nome de seu eleitorado". Embora essas "eleições livres (...) ainda devam deixar sem representação aqueles que combatem sob a bandeira da Frente de Libertação Nacional sul-vietnamita e aqueles cujos candidatos não foram autorizados a se candidatar", é preciso afinal entender que nenhuma instituição pode ser perfeita no mundo real. O importante, segundo Sacks, é que, pela primeira vez desde a queda de Diem, haverá eleições que não serão encaradas pelo governo simplesmente "como forma de legitimação do poder de que já dispunha, utilizando a máquina governamental para se legitimar". Deixando de lado a incrível ingenuidade a respeito das próximas eleições, o que chama a atenção é o pressuposto implícito de que temos o direito de prosseguir em nossas tentativas de reestruturar o governo sul-vietnamita, de acordo com o interesse daquilo que nós mesmos definimos como nacionalismo vietnamita. Da mesma forma, os oficiais do exército de Kwantung tratavam 35 anos atrás de apoiar o "autêntico nacionalismo mandchuriano".

Para entender melhor o que está implícito na avaliação de que precisamos defender os "nacionalistas" contra os "comunistas", podemos voltar a examinar o interessante estudo de Pike. Os grupos nacionalistas mencionados por Sacks são o VNQDD e o Dai Viet. O primeiro, depois de ser praticamente destruído pelos franceses, foi reativado pelo nacionalistas chineses em 1942. "Ele se apoiava no banditismo. Executava traidores com grande estardalhaço e em geral seus atos de violência eram concebidos por sua utilidade psicológica." Retornando ao Vietnã "com as forças chinesas de ocupação depois da Segunda Guerra Mundial", ele "teve alguma importância até meados de 1946, quando veio a ser expurgado pelo Vietminh". "O VNQDD nunca chegou a ser um partido político de massas no sentido ocidental. Pelas estimativas de seus próprios dirigentes, reunia no auge de sua influência menos de 1.500 pessoas. Tampouco mostrou-se particularmente forte no centro ou no sul do Vietnã. Não dispunha de uma estrutura formal e não realizava convenções nem assembléias." Quanto ao Dai Viet, estavam entre seus membros "destacados funcionários do governo e personalidades vietnamitas que consideravam o Japão um modelo adequado para o Vietnã [N.B.: o Japão fascista]. A organização nunca fez claramente qualquer gesto de apreço pela democracia ou pelas bases vietnamitas. Provavelmente nunca chegou a ter mais de mil partidários, não se considerando uma organização de massas. Deu as costas ao liberalismo ocidental, embora sua orientação econômica fosse basicamente socialista, em favor do autoritarismo e da obediência cega". Durante a Segunda Guerra Mundial, "mostrou-se todo o tempo fortemente pró-japonesa".

Em contraste com esses autênticos nacionalistas, temos o Vietminh, cuja "guerra era anticolonialista, claramente nacionalista e voltada para *todos* os vietnamitas", e a FLN, que não encarava a população vietnamita rural "simplesmente como um peão numa disputa pelo poder, mas como o elemento ativo da luta", "sustentando que seu confronto com o GVN e os Estados Unidos devia expressar-se em nível político, e que o emprego de maciço poderio militar era em si mesmo ilegítimo", até ser forçada pelos americanos e o GVN "a recorrer à força de reação para sobreviver". Tanto em seus documentos internos quanto em seus pronunciamentos públicos, a FLN insistia desde o início em que sua meta seria "criar um governo democrático de coalizão nacional no Vietnã do Sul; promover a independência, as liberdades democráticas e a melhoria das condições de vida da população; garantir a paz; e alcançar a reunificação nacional sobre as bases da independência e da democracia". "À parte a FLN, nunca houve no Vietnã do Sul um autêntico partido de massas." Ela organizava "a população rural valendo-se do instrumento do autocontrole — a vitória através da arma organizacional", criando toda uma série de "associações funcionais de libertação" para a auto-ajuda, com base numa "disciplina associativa" conjugada com "o direito de livre debate e voto secreto nas reuniões associativas", e gerando "um sentido comunitário, primeiro, através do desenvolvimento de um padrão de pensamento e comportamento políticos adequado aos problemas sociais da aldeia rural vietnamita em ambiente de acentuada mudança social, e, segundo, pelo estabelecimento de bases para a ação em grupo que permitissem ao aldeão individualmente considerado verificar que seus esforços podiam ter relevância e eficácia" (como se vê, um inimigo capaz e traiçoeiro). Isto, naturalmente, foi antes do "advento da ajuda americana maciça e do programa estratégico de povoados adotado pelo GVN". Tomando os Estados Unidos a frente da guerra, a ênfase foi transferida da ação política para a militar, e, em última análise, para o envolvimento e talvez o controle por parte do Vietnã do Norte; "a partir de 1965, grandes contingentes de tropas regulares do Vietnã do Norte passaram a ser enviados ao Vietnã do Sul".

Em suma, o que vemos é o estabelecimento de um contraste entre o Dai Viet e o VNQDD, representando o nacionalismo sul-vietnamita, e a FLN, uma força extrínseca e alienígena. É preciso ter em mente que Sacks certamente aceitaria como exata a descrição factual feita por Pike, mas, tal como ele, consideraria que não prova nada, pois somos nós, em última análise, os árbitros do que pode ser considerado "autêntico nacionalismo vietnamita".

Um interessante contraponto à descrição do confronto entre forças nacionalistas e comunistas feito por Sacks pode ser encontrado na cuidadosa análise de David Wurfel publicada na mesma edição de *Asian Survey*, sob o título "A elite política de Saigon". Ele sustenta que "essa elite não alterou substancialmente o seu caráter nos últimos anos" (ou seja, desde 1962), embora possam ter ocorrido algumas modificações: "Antes, somente os grandes proprietários de terras detinham porções significativas do poder político e econômico; a corrupção em proporções grandiosas pode ter permitido que outros merecessem tal privilégio nos últimos anos." Prosseguindo, "todos os militares dos gabinetes pós-Diem serviram sob Bao Dai e os franceses em funções civis ou militares". Sob os franceses, "os que se sentiam mais à vontade em participar do serviço público eram aqueles cujas famílias já faziam parte da elite burocrático-intelectual. Pelo início da década de 1950, eles encaravam o radicalismo, tal como se manifestava no Vietminh, como uma ameaça a sua própria posição. A atual elite política é um legado desses acontecimentos". Embora, prossegue ele, as coisas possam mudar, "os gabinetes sul-vietnamitas e possivelmente a maior parte do resto da elite política têm sido formados por uma *intelligentsia* altamente ocidentalizada. Embora o povo do Vietnã do Sul pareça estar vivendo em clima revolucionário, a elite dificilmente poderia ser considerada revolucionária". A FLN representa uma "contra-elite", menos ocidentalizada: em seu comitê central, "somente 3 [partidários], num total de 27, afirmam ter estudado na França".

O problema da "reestruturação governamental" também é analisado por Ithiel Pool, em termos que vão ao encontro da contribuição de Sacks a esta coletânea de "estudos acadêmicos e objetivos". Ele começa formulando uma proposição de ordem geral: "Descarto aqui toda uma série de acertos políticos viáveis", a saber, aqueles que envolvem "a inclusão do Vietcong numa coalizão de governo ou mesmo sua persistência como organização legal no Vietnã do Sul". Tais acertos "não são aceitáveis" — para nós, naturalmente. O único acerto aceitável será o que for "imposto pelo GVN apesar da persistência de uma grande força política do Vietcong".

Existe, naturalmente, uma certa dificuldade: " (...) o Vietcong é por demais forte para ser simplesmente derrotado ou eliminado". Segue-se, portanto, que devemos providenciar incentivos para que os militantes vietcongues se juntem a nosso empreendimento. O que, considera ele, não deve ser muito difícil. A liderança do Vietcong consiste essencialmente de tipos burocráticos ainda em processo de definição. A teoria da dissonância cognitiva indica que essa "liderança descontente" tem "o potencial de passar a um rompimento total quando as coisas ficam difíceis demais". Devemos portanto proporcionar-lhes "uma racionalização política para que mudem de lado". O problema é ideológico. Devemos provocar uma mudança na "imagem da realidade" dos quadros do Vietcong, substituindo por uma concepção mais realista a sua "ideologia ingênua", que enxerga no GVN um grupo de "fantoches dos americanos e aliados dos exploradores, os coletores de impostos, os comerciantes, os grandes proprietários fundiários, a polícia e os homens do mal nas aldeias". Podemos fazê-lo dando ênfase às administrações locais nos povoados e impedindo a utilização de forças militares para a coleta de impostos, sugestão que certamente será recebida com entusiasmo em Saigon. A oportunidade de servir como funcionários de um governo central que promove tais políticas atrairá os quadros do Vietcong e portanto resolverá nosso problema, que consiste em excluir do processo político a organização que abriga os verdadeiros líderes políticos.

Outros observadores têm expressado uma avaliação bem diferente da qualidade humana e das motivações desses quadros. Por exemplo, Joseph Buttinger compara a incapacidade do regime de Diem de arrebanhar apoio com o êxito da FLN: "(...) ninguém podia duvidar que era possível encontrar no Vietnã pessoas dispostas a servir a seu país. O Vietminh mostrara-se capaz de mobilizá-las às dezenas de milhares, delas obtendo esforços e sacrifícios sobre-humanos na luta pela independência."[27] Contam-se às dúzias os relatórios militares dando conta do incrível heroísmo e da dedicação dos guerrilheiros. Através da história, contudo, os administradores coloniais têm demonstrado sua dificuldade de compreender ou aceitar este fenômeno.

Em sua análise de nosso dilema no Vietnã, Pool explica certos aspectos de nossa cultura que dificultam um entendimento claro dessas questões. Vivemos numa "cultura da culpa, na qual existe uma tradição da crença na igualdade". Por este motivo, temos dificuldade para entender a verdadeira natureza da redistribuição de terras promovida pelo Vietcong, que consiste basicamente numa "operação paternalista" na qual "camponeses insatisfeitos se unem em bando para vistoriar os vizinhos" e "em seguida recompensar os meritórios membros da cabala".

Esta terminologia evoca certa descrição, encontrada em Franz Borkenau, do "filão de indiferença moral" na história do revolucionarismo russo, que permitia atrocidades como a disposição "de 'expropriar', através do roubo, a propriedade individual de indivíduos da burguesia".[28] O nosso lado, em contraste, reza pela "tradição da crença na igualdade" quando aplicamos a reforma agrária. Por exemplo, o *New York Times* de 26 de dezembro de 1967 informa sobre uma recente conferência de especialistas que estudavam o "sucesso da reforma agrária em Formosa", um dos grandes êxitos do intervencionismo americano. "O governo indenizou os antigos proprietários em parte (30%) com ações de quatro grandes empresas públicas tomadas aos japoneses. O restante foi pago em títulos. (...) Muitos oradores enfatizaram na conferência que a indenização constituía a característica mais perspicaz do programa de Formosa. Ela não só dava aos proprietários um tratamento justo, explicavam, como redirecionava suas energias e seu capital para a indústria", com isto contribuindo para a "completa reestruturação da sociedade" na única direção saudável e humana.

Numa observação à parte, Pool afirma que "nos debates atualmente em curso entre o público leigo, ouvimos com freqüência o comentário de que, por ser antichinês, o comunismo vietnamita seria semelhante ao iugoslavo". Naturalmente, seria ridículo estabelecer semelhante conexão causal, e na realidade nunca pude ouvi-la em "debates entre o público leigo" ou onde quer que seja. Pelo contrário, o que tem sido sustentado por leigos como Hans Morgenthau, o general James Gavin e outros é que o comunismo vietnamita provavelmente será titoísta, no sentido de que lutará pela independência da dominação chinesa. Eles rechaçam, assim, a alegação de que, ao atacar o comunismo vietnamita, estamos de certa forma "contendo o comunismo chinês" — alegação subentendida, por exemplo, na declaração do "Comitê de Cidadãos pela Paz com Liberdade no Vietnã", na qual Ithiel Pool, Milton Sacks e outros, falando em nome de "homens e mulheres compreensivos, independentes e responsáveis que sistematicamente se têm oposto a que sejam recompensados agressores internacionais, de Adolf Hitler a Mao Tsé-tung", advertem que se, "abandonarmos o Vietnã", "Pequim e Hanói, estimuladas pelo sucesso, darão prosseguimento a sua política expansionista através de muitas outras 'guerras de libertação'". Ao reproduzir de maneira enganosa a referência às tendências titoístas, Pool contorna a dificuldade de explicar como um Vietnã do Norte antichinês pode estar servindo como agente da agressão hitlerista promovida por Pequim; referindo-se aos "debates entre o público leigo", seu objetivo, quero crer, é disfarçar a falência da argumentação com uma alegada autoridade de especialista.

Voltando mais uma vez ao simpósio sobre o Vietnã em *Asian Survey*, a contribuição mais importante é certamente a análise de Edward Mitchell sobre seu estudo a respeito do "significado da propriedade fundiária na insurgência vietnamita", realizado para a RAND Corporation. Em levantamento realizado em 26 províncias, Mitchell constatou uma significativa correlação entre "desigualdade na propriedade fundiária" e "alcance do controle governamental [leia-se, americano]". Em suma, "maior desigualdade subentende maior controle". "As províncias parecem mais seguras quando o percentual de terras geridas pelos proprietários é baixo (alto nível de arrendamento); a desigualdade na distribuição de fazendas segundo o tamanho é grande; existe a presença de propriedades grandes anteriormente detidas pelos franceses; e não houve redistribuição de terras." Para explicar este fenômeno, Mitchell recorre à história e à psicologia comportamental. Escreve ele: "Em alguns casos históricos, foi o camponês com melhores condições de vida que se revoltou, enquanto seus irmãos mais pobres apoiavam ativamente ou aceitavam passivamente a ordem vigente." A "explicação comportamental" encontra-se "na relativa docilidade dos camponeses mais pobres e na firme autoridade dos senhores fundiários nas regiões mais 'feudais' (...) o proprietário fundiário pode exercer considerável influência sobre o comportamento de seu rendeiro, prontamente dissuadindo-o de condutas contrárias a seus próprios interesses".

Em entrevista ao *New York Times* (15 de outubro de 1967), Mitchell dá outra explicação para o fato de as áreas mais seguras serem as que permanecem "essencialmente feudais em sua estrutura social": quando a estrutura feudal é eliminada, "ocorre um vazio, o que é ideal para o Vietcong, pois dispõe de uma organização para preencher esse vazio". Esta observação chama a atenção para uma dificuldade com que sempre se defrontou o esforço americano. Como assinala Joseph Buttinger, o regime de Diem também se mostrou incapaz de experimentar com "organizações livremente constituídas", pois elas "teriam sido capturadas pelo Vietminh".[29]

O informativo estudo de Mitchell corrobora uma abordagem da contra-insurgência que foi exposta por Roger Hilsman, em cuja opinião a modernização "não pode ajudar muito num programa de contraguerrilha", pois "inevitavelmente desestabiliza sistemas sociais estabelecidos [e] gera perturbação e tensões políticas e econômicas". Ele considera, assim, que a popularidade do governo, a promoção de reformas e a modernização podem ser "ingredientes importantes", mas que seu papel na contra-insurgência "deve ser medido antes em termos de sua contribuição à segurança física".[30]

Antes de deixar para trás este simpósio sobre as ciências sociais e o Vietnã, devemos levar em consideração o distanciamento acadêmico que permite a alguém *deixar* de fazer certas observações ou tirar certas conclusões. Por exemplo, John Bennett discute a importante questão da "mobilidade geográfica e de trabalho": "Sob o duplo impacto do aumento das oportunidades em outros países e da deterioração da segurança em casa, as pessoas dispõem-se a se mudar com uma facilidade que antes seria inacreditável." Não há nenhum outro comentário sobre esta "disposição", que proporciona novas oportunidades tão interessantes para a reestruturação da sociedade vietnamita. John Donnell analisa o excepcional sucesso da pacificação na província de Binh Dinh, especialmente nas regiões controladas pelos coreanos, que "tendem a correr em pista própria, segundo seus próprios métodos, e eventualmente não têm permitido às equipes enviadas de Saigon a desejada margem de manobra operacional", mostrando-se "muito impressionantes na eliminação da influência da FLN". Mais uma vez, não se pode ler qualquer comentário sobre tais métodos, amplamente relatados na imprensa,[31] ou sobre a importância do fato de os coreanos estarem eliminando a influência da FLN nas aldeias vietnamitas e negando aos quadros do governo vietnamita a margem de manobra desejada.

Mitchell não extrai de seu estudo conclusões de política governamental, mas não faltou quem entendesse a mensagem: basta lembrar as observações dos intelectuais moderados sobre os riscos da reforma social. Outros acadêmicos levaram a análise muito mais longe. Por exemplo, Charles Wolf, economista sênior na RAND Corporation, discute a questão num livro recente.[32] Wolf examina dois "modelos teóricos" para a análise dos problemas de insurgência.

O primeiro é a abordagem da escola "corações e mentes" da contra-insurgência, que enfatiza a importância do apoio popular. Wolf concorda que sem dúvida é "um objetivo desejável" conquistar a "adesão popular a um governo que combate um movimento insurgente", mas este objetivo, sustenta, não é adequado "como arcabouço conceitual para programas de contra-insurgência". A abordagem que apresenta como alternativa tem como "tema unificador" a proposta de "influenciar o *comportamento,* e não as atitudes". Assim, "o confisco de galinhas, a demolição de casas e a destruição de aldeias podem ter um papel a exercer no esforço de contra-insurgência, mas somente se forem promovidos por um motivo forte: a saber, penalizar aqueles que tiverem apoiado os insurgentes. (...) quaisquer que sejam, os rigores impostos pelas forças do governo [devem ser] inequivocamente identificados como conseqüência de comportamentos da população que contribuem para o movimento insurgente". Além disso, cabe notar que "as políticas tendentes a elevar a renda rural mediante o aumento dos preços dos alimentos e os projetos capazes de aumentar a produtividade agrícola através da distribuição de fertilizantes ou cabeças de gado podem ter efeito contraproducente durante um movimento de insurgência (...) pois podem na realidade facilitar as operações guerrilheiras, aumentando a disponibilidade de insumos necessários aos guerrilheiros". De um ponto de vista mais global: "Ao estabelecer programas de desenvolvimento econômico e social, a questão crucial consiste em associá-los às formas de comportamento popular que o governo pretende promover." O princípio consiste em recompensar as aldeias que cooperam e aplicar penalidades ao comportamento que o governo tenta desestimular. "Num nível amplo e conceitual, a principal preocupação dos esforços de contra-insurgência deve ser influenciar o comportamento da população, e não suas atitudes e lealdades"; "a consideração primordial deve ser saber se a medida proposta tem probabilidades de aumentar os custos e as dificuldades das operações insurgentes, ajudando a atrapalhar a organização da insurgência, e não se merece o apoio e a lealdade da população, ou se contribui para uma utilização mais produtiva, eficiente ou equânime dos recursos".

Outros estudiosos desenvolveram a questão das vantagens da "abordagem alternativa" proposta por Wolf, empenhada antes no controle do comportamento que na mística do apoio popular. Por exemplo, Morton H. Halperin, do Center for International Affairs de Harvard, escreve que no Vietnã os Estados Unidos "têm conseguido evitar vitórias vietcongues em grande escala, independentemente das provas de lealdade da população". Temos assim uma comprovação empírica de um certo princípio da ciência comportamental, como observa Halperin:

> Os acontecimentos no Vietnã também ilustram o fato de que a maioria das pessoas não tende a ser motivada por apelos abstratos, mas por sua visão das alternativas de ação que mais provavelmente levarão à própria segurança pessoal e à satisfação de seus desejos econômicos, sociais e psicológicos. Assim, por exemplo, os bombardeios americanos em grande escala no Vietnã do Sul podem ter alienado certas pessoas; mas ao mesmo tempo mostraram a essas pessoas que o Vietcong não era capaz de garantir sua segurança, como fizera antes dos bombardeios, e que a crença numa vitória iminente do Vietcong poderia revelar-se perigosamente falsa.[33]

Em suma, paralelamente ao "confisco de galinhas, à demolição de casas e à destruição de aldeias", também podemos fazer eficiente uso de 50 quilos de explosivos por pessoa, 12 toneladas por quilômetro quadrado, como no Vietnã, como técnica de controle do comportamento, escorando-nos no princípio, já agora mais uma vez confirmado por experiências, de que a satisfação dos desejos constitui uma motivação mais importante do comportamento humano que os apelos abstratos à lealdade. Certamente temos aqui um conselho extremamente sensato. Seria absurdo, por exemplo, tentar controlar o comportamento de um rato conquistando sua lealdade, em vez de recorrer à devida programação de condicionamentos.

Uma vantagem adicional dessa nova e mais científica abordagem é que permitirá "modificar as atitudes através das quais a *contra*-insurgência é vista nos Estados Unidos"[34] (naturalmente, quando nos voltamos para os Estados Unidos, estamos falando de pessoas cujas atitudes devem ser levadas em consideração, e não apenas o comportamento). Ela nos ajudará a superar um dos principais problemas do caráter americano, a "reação emocional" que nos leva a nos posicionar ao lado dos "cruzados em favor do homem comum" e contra qualquer "tirano implacável e explorador" ("não vem ao caso se existe igualmente um elemento de realidade, além de aparências, nessa atribuição de papéis"). Este sentimentalismo "freqüentemente compromete uma avaliação realista das alternativas, inclinando-nos para um ressentimento crítico em nossas relações com o assediado governo que oficialmente apoiamos"; ele pode ser superado se nos concentrarmos no controle do comportamento e não na modificação de atitudes ou na conquista de corações e mentes. A nova abordagem da contra-insurgência, portanto, não só deve mostrar-se eficiente na ampliação do controle dos governos apoiados pelos Estados Unidos como pode ter um efeito benéfico sobre nós mesmos. As possibilidades são impressionantes. Desse modo, talvez possamos até escapar às limitações de nossa "cultura da culpa, na qual existe uma tradição de crença na igualdade".

É extremamente importante, diria Wolf, que desenvolvamos uma compreensão racional da insurgência, pois "a insurgência talvez seja a forma mais provável de ameaça político-militar no Terceiro Mundo, e certamente um dos problemas mais complexos e desafiadores com que se defrontam as políticas e os programas promovidos pelos Estados Unidos". O objetivo primordial da política externa americana no Terceiro Mundo deve ser "o *repúdio* do controle comunista", especificamente, o apoio a países que estão defendendo sua "independência frente ao domínio comunista externo e interno". Este último problema, a defesa da independência frente ao domínio comunista interno, é o problema crucial, particularmente na América Latina. Precisamos enfrentar a ameaça com uma política de promoção do crescimento econômico e da modernização (assegurando-nos, contudo, de que serão evitados os riscos inerentes em tais processos — cf. Mitchell), associada a "um uso responsável da força". Não se levanta qualquer dúvida quanto à adequação de recorrermos à força num país ameaçado pela insurgência. A justificação, acaso fosse levantada a questão, é inerente à pressuposição de que vivemos "num mundo em que a perda da independência nacional freqüentemente é sinônimo de controle comunista, e o comunismo é implicitamente considerado irreversível". Assim, por uma lógica orwelliana, estamos defendendo a independência nacional quando intervimos com força militar para proteger uma elite governante da insurgência interna.[35]

Talvez o aspecto mais interessante de um trabalho acadêmico como este seja a maneira como a retórica da ciência comportamental é usada para conferir uma vaga aura de respeitabilidade. Poderíamos estabelecer uma cadeia de associações como a seguinte. A ciência, como todos sabem, é responsável, moderada, fria e de maneira geral boa. A ciência comportamental diz-nos que só o comportamento e o seu controle estão ao nosso alcance. Portanto, *devemos* nos preocupar apenas com o comportamento e o seu controle;[36] e é responsável, moderado, frio e, de maneira geral, bom controlar o comportamento mediante a adequada aplicação de medidas de recompensa e punição. A preocupação com lealdades e atitudes é algo emocional e nada científico. Como homens racionais, que acreditam na ética científica, devemos nos preocupar em manipular o comportamento numa direção desejada, não nos deixando iludir por idéias místicas de liberdade, necessidades individuais ou vontade popular.

Quero deixar claro que não estou criticando as ciências comportamentais porque elas se entregam a esse tipo de perversão. Sob outros aspectos, a "persuasão comportamental" parece-me carecer de mérito; ela se equivoca gravemente a respeito dos métodos científicos e impõe absurdos rigores metodológicos ao estudo do homem e da sociedade, mas esta é outra conversa. Faz sentido, contudo, investigar em que medida a popularidade dessa abordagem baseia-se em suas comprovadas realizações, e até que ponto seu poder de atração se escora na facilidade com que pode ser remodelada como uma nova ideologia coercitiva, com um leve toque científico. (Cabe mencionar, por sinal, que as mesmas questões podem se levantadas fora da política, especificamente no que diz respeito à educação e à terapia.)

O pressuposto de que a potência colonizadora é benevolente e se empenha pelos interesses dos nativos é tão antigo quanto o próprio imperialismo. Assim, o liberal Herman Merivale, numa conferência em Oxford, em 1840, fazia o elogio da "política britânica de esclarecimento colonial", a qual "contrasta com a de nossos antepassados", que pouco se importavam "com a gestão interna de suas colônias, mantendo-as em estado de submissão para extrair delas supostas vantagens comerciais", ao passo que nós "concedemos-lhes vantagens comerciais e em seu benefício pagamos impostos, para interessá-las em permanecer sob nossa supremacia, para que possamos ter o prazer de governá-las".[37] E em 1898 o nosso John Hay concebia "uma parceria beneficente" que proporcionaria liberdade e civilização a Cuba, ao Havaí e às Filipinas, exatamente como a *Pax Britannica* levara esses mesmos benefícios à Índia, ao Egito e à África do Sul.[38] Mas embora a benevolência do imperialismo seja um refrão bem conhecido, a idéia de que a questão da benevolência é irrelevante, um aspecto inadequado e sentimental, vem a ser uma inovação na retórica imperialista, uma contribuição que talvez pudéssemos esperar dos "novos mandarins" cujo direito de controle do poder seria baseado no conhecimento e na técnica.

Dando mais um passo à frente, veja-se como é perversa toda essa discussão sobre o "arcabouço conceitual" da contra-insurgência. A idéia de que temos de escolher entre o método da "conquista dos corações e mentes" e o da modelagem do comportamento presume, para começar, que efetivamente temos o direito de escolher. Seria conceder-nos um direito que certamente não concederíamos a qualquer outra potência mundial. E no entanto esse direito nos é concedido pela esmagadora maioria dos meios intelectuais e acadêmicos americanos. Por exemplo, William Henderson, ex-diretor-executivo e especialista em Extremo Oriente no Conselho de Relações Exteriores, considera que devemos "promover uma diplomacia construtiva e manipulativa" para enfrentar "a subversão interna, particularmente na forma da guerra de guerrilha ou insurgência de inspiração comunista" — a "agressão interna", como ele a chama, de acordo com a expressão contemporânea.[39] Nossas "tarefas históricas", proclama, "nada mais são que contribuir de maneira decidida e construtiva para o moderno processo de construção nacional no Sudeste Asiático, desviar o curso de uma revolução fundamental para canais compatíveis com os interesses de longo prazo dos Estados Unidos". Fica subentendido que a verdadeira "construção nacional" é o caminho de desenvolvimento compatível com nossos interesses; desse modo, não há dificuldade para a consecução dessas tarefas históricas em conjunto. Existem, todavia, dois obstáculos concretos no caminho da necessária diplomacia manipulativa. O primeiro é "uma grande barreira psicológica". Precisamos aprender a renunciar ao "velho dogma" para promover uma "nova diplomacia" que seja "francamente intervencionista", reconhecendo "que vá contra todas as convenções tradicionais do comportamento diplomático". Haverá quem pergunte se "temos o direito moral de interferir nas questões autônomas de outros", mas Henderson considera que a ameaça comunista justifica plenamente a interferência, exortando-nos a estar preparados para "usar nossas 'forças especiais' quando o sino tocar da próxima vez", sem hesitação ou escrúpulos morais. A segunda barreira está no fato de que "nosso conhecimento revela-se lamentavelmente inadequado". Assim é que ele exorta a comunidade acadêmica, que naturalmente se apressará a atender, a fornecer "o conjunto de conhecimentos e o corpo de especialistas", o saber, os técnicos e os professores, para permitir que conduzamos essa "fértil diplomacia" de maneira mais eficaz.

Voltando-nos para a ala liberal, constatamos que Roger Hilsman oferece uma mensagem bastante semelhante em seu estudo sobre a diplomacia do governo Kennedy, *To Move a Nation*. Ele nos informa que a questão que maior grau de divisão semeava entre os "liberais teimosos e pragmáticos" da equipe de Kennedy era a de saber como os Estados Unidos deviam enfrentar o problema da "moderna guerra de guerrilha, tal como praticada pelos comunistas". O problema é que se trata de uma "guerra *interna*, uma agressão ambígua que evita o ataque direto e aberto que viola fronteiras internacionais" (os grifos são de Hilsman). Aparentemente, os liberais teimosos e pragmáticos nunca se mostraram divididos quanto a nosso direito de violar as fronteiras internacionais em reação a essas "guerras internas". Como exemplo primordial do "tipo de análise crítica e investigativa" que o novo Departamento de Estado, em sua versão liberal e revitalizada, tentava estimular, Hilsman cita um estudo que demonstrava como os Estados Unidos poderiam ter agido de maneira mais eficiente para derrubar o governo de Mossadegh no Irã. De acordo com Hilsman, Allen Dulles estava "fundamentalmente certo" ao considerar que Mossadegh (como Arbenz na Guatemala) chegara ao poder (naturalmente, "através dos processos habituais de governo") com "a intenção de criar um Estado comunista" — afirmação das mais surpreendentes da parte do chefe dos serviços de inteligência do Departamento de Estado; e Dulles estava fundamentalmente certo ao propor que os Estados Unidos apoiassem "elementos anticomunistas leais" no Irã e na Guatemala para enfrentar o perigo, embora, naturalmente, "não houvesse qualquer convite neste sentido por parte do *governo* no poder". Hilsman expressa sucintamente o ponto de vista liberal na distinção que estabelece entre a subversão iraniana e a desastrada tentativa na baía dos Porcos: "Uma coisa (...) é ajudar os partidários do xá do Irã em sua luta contra Mossadegh e seus aliados comunistas, mas outra bem diferente é patrocinar uma invasão militar da Cuba de Fidel, onde não havia uma oposição interna eficaz." Aquele primeiro empreendimento era admirável; já este último, fadado ao fracasso, é "outro bem diferente", do ponto de vista do liberalismo pragmático.

No Vietnã, o intervencionismo liberal não foi adequadamente conduzido, e a situação escapou ao controle. Podemos aprender mais sobre o caráter dessa abordagem das questões internacionais examinando um episódio mais bem-sucedido. O caso da Tailândia vem a calhar, e vamos encontrar uma ilustrativa perspectiva sobre a ideologia liberal americana no cuidadoso e informativo trabalho de Frank C. Darling, um liberal da esfera de influência de Kennedy que foi analista da CIA para questões do Sudeste Asiático e atualmente dirige o departamento de ciências políticas da Universidade DePauw.[40]

Os fatos relevantes nesse debate, tal como apresentados por Darling, são, sucintamente, os seguintes: no fim da Segunda Guerra Mundial, o ex-ministro britânico *sir* Josiah Crosby advertiu que, se o poder das forças armadas tailandesas não fosse reduzido, "o estabelecimento de um governo constitucional estaria fadado ao fracasso, tornando-se inevitável a volta de uma ditadura militar"; no período do pós-guerra, a política americana consistiu em apoiar e fortalecer as forças armadas e a polícia, e a previsão de Crosby se confirmou.

Alguns passos incipientes em direção a um governo constitucional foram dados no período do imediato pós-guerra. Essas primeiras tentativas foram abortadas, contudo, por uma série de golpes militares que em 1948 estabeleceram como primeiro-ministro Phibun Songkhram, que colaborara com os japoneses durante a guerra. A reação americana aos governos liberais fora ambígua e "contemporizadora". Em contraposição, Phibun foi imediatamente reconhecido pelos Estados Unidos. Por quê? "Nessa região cada vez mais turbulenta, a Tailândia era o único país que não tinha uma insurreição comunista dentro de suas fronteiras, e o único que se mantinha relativamente estável e calmo. Num momento em que os Estados Unidos estudavam medidas para conter a agressão comunista no Sudeste Asiático, um regime conservador e anticomunista na Tailândia tornava-se uma alternativa cada vez mais atraente, independentemente de suas políticas internas ou dos métodos adotados para alcançar o poder." Phibun entendeu a mensagem. Em agosto de 1949, "ele declarou que a pressão externa se havia tornado 'alarmante' e que a atividade comunista interna havia 'aumentando vigorosamente'". Em 1950, Truman aprovou uma verba de 10 milhões de dólares em ajuda militar.

Os novos governantes valeram-se da substancial ajuda militar americana para transformar o sistema político numa "forma mais poderosa e implacável de autoritarismo", desenvolvendo um vasto sistema de corrupção, nepotismo e exploração que contribuía para preservar a lealdade de seus adeptos. Simultaneamente, "as corporações americanas chegaram, comprando grandes quantidades de borracha e estanho (...) as remessas de matérias-primas passaram a ir diretamente para os Estados Unidos, e não mais através de Hong Kong e Cingapura".[41] Em 1958, "os Estados Unidos compraram 90% da borracha da Tailândia e a maior parte de seu estanho". Os investimentos americanos, contudo, mantiveram-se em nível baixo, por causa da instabilidade política e também pelos "problemas causados pela maior esfera de ação do planejamento econômico e das empresas públicas". Para melhorar a situação, a ditadura de Sarit (ver adiante) introduziu benefícios fiscais e garantias contra a nacionalização e a concorrência de empreendimentos comerciais de propriedade do governo, finalmente proibindo o comércio com a China e abolindo todos os monopólios, fossem governamentais ou privados, "na tentativa de atrair capital privado estrangeiro".

A influência americana proporcionou "apoio material e moral" à ditadura de Phibun e "desestimulou a oposição política". Fortaleceu o poder executivo e "encorajou os líderes militares a tomar medidas ainda mais fortes na repressão à oposição, valendo-se da desculpa de que todas as atividades antigovernamentais eram de inspiração comunista". Em 1954, Pridi Phanomyong — um intelectual liberal que fora o mais destacado participante na derrubada da monarquia absolutista em 1932, liderara o movimento clandestino Tailândia Livre durante a guerra e em 1946 fora eleito no momento em que a democracia tailandesa chegava "ao seu auge" — apareceu na China comunista; os Estados Unidos estavam apoiando Phibun, "que fora aliado dos japoneses, enquanto Pridi, que corajosamente apoiara o Departamento de Serviços Estratégicos americano durante a Segunda Guerra Mundial, estava em Pequim cooperando com os comunistas chineses". Isto não deixava de ser "irônico".

É difícil imaginar que acontecimentos favorecendo um sistema constitucional e parlamentar poderiam ter ocorrido não fosse a subversão apoiada pelos americanos. Os liberais eram extremamente fracos, especialmente em vista da dominação da economia por empresas ocidentais e chinesas ligadas à corrupta burocracia governamental. O grupo golpista que derrubara o governo "era quase inteiramente composto de homens do povo, muitos dos quais provinham do campesinato e de famílias de militares de baixa patente ou ligadas ao serviço público" e que agora queriam participar da corrupção e do controle autoritário. Os "democratas" da oposição eram em sua maioria "membros da família real ou proprietários fundiários conservadores empenhados em preservar seu papel no governo e sua riqueza pessoal". As possibilidades de desenvolver uma sociedade mais igualitária que acaso existissem desapareceram, contudo, quando a presença americana tornou-se dominante. Qualquer reformista liberal tailandês certamente já tinha consciência de tudo isso em 1950, no rastro dos golpes, da farsa das eleições com cartas marcadas, do assassinato e tortura dos líderes do movimento clandestino antijaponês da Tailândia Livre, da tomada do sistema político e de boa parte do sistema comercial pelos militares — especialmente ao ouvir as palavras do embaixador americano Stanton ao assinar um novo protocolo de ajuda: "O povo americano apóia plenamente este programa de ajuda à Tailândia, em vista de seu profundo interesse pelo povo tailandês, cuja dedicação aos ideais da liberdade e o entusiástico apoio à ONU conquistaram a admiração do povo americano."

"Uma tendência digna de nota nesse período foi a crescente intimidade entre os líderes militares tailandeses e os oficiais militares americanos de mais alta patente", que os ajudaram a conseguir "apoio externo em larga escala, que por sua vez fortaleceu seu poder político". O chefe da missão militar americana, coronel Charles Sheldon, afirmou que a Tailândia estava sendo "ameaçada de agressão armada por indivíduos que não acreditam na democracia, que não acreditam na liberdade nem na dignidade do indivíduo como o povo da Tailândia e o meu país". Em 1953, Adlai Stevenson advertiu aos dirigentes tailandeses "que o seu país era o verdadeiro alvo do Vietminh", manifestando a esperança de que fossem capazes de "avaliar plenamente a ameaça". Enquanto isto, a assistência americana permitira formar um poderoso exército, dotando a polícia de tanques, artilharia, carros blindados, aviões, embarcações de patrulha e uma escola de treinamento de pára-quedistas. A polícia tailandesa alcançou uma das mais altas proporções entre policiais e cidadãos de todo o mundo: cerca de 1 para 400. O chefe de polícia, enquanto isto, podia contar com "o monopólio do comércio de ópio e seus vastos empreendimentos comerciais para assegurar a renda de que precisava para apoiar sua máquina política pessoal", enquanto o comandante do exército "desfrutava de uma renda gigantesca proveniente da loteria nacional".

Descobriu-se mais tarde que o chefe de polícia cometera atrocidades indescritíveis; "a gravidade e a extensão dos atos de tortura e homicídio cometidos pelo ex-chefe de polícia provavelmente nunca serão conhecidas". O que efetivamente é conhecido é o que veio à luz depois que Sarit, o comandante do exército, tomou o poder num novo golpe em 1957. Sarit "enfatizou a necessidade de manter um governo estável e intensificar a repressão aos comunistas locais para 'assegurar a continuidade da confiança e da ajuda americanas'". Os americanos, naturalmente, ficaram agradecidos, e a reação oficial foi muito favorável. Quando Sarit morreu, em 1963, descobriu-se que sua fortuna pessoal chegava talvez a 137 milhões de dólares. Tanto Darling quanto Roger Hilsman referem-se a ele como um ditador "benevolente", talvez porque tivesse "compreendido que o comunismo não poderia ser detido apenas mediante prisões em massa, pelotões de fuzilamento e ameaças de punição brutal, lançando um projeto de desenvolvimento nas regiões do nordeste", paralelamente a diversas outras reformas menores — sem, contudo, pôr fim às anteriores práticas, que sentia capazes de "mais uma vez convencer os americanos da necessidade de mais ajuda militar e econômica para prevenir a subversão 'comunista'". Ele impôs ainda uma rígida censura, aboliu organizações comerciais e sindicatos trabalhistas e tratou de punir sem contemplação suspeitos de serem "comunistas", além de, como já observamos, tomar várias medidas para atrair investimentos estrangeiros.

Em 1960, "12% da ajuda americana à Tailândia desde o início da guerra fria haviam sido destinados ao progresso econômico e social". O efeito da ajuda americana era claro. "O amplo apoio material e diplomático proporcionado pelos Estados Unidos aos líderes militares ajudou a impedir o surgimento de grupos concorrentes que poderiam contestar a tendência para o controle político absoluto e fazer o país *regredir* para uma forma mais moderna de governo" (grifos meus). No ano fiscal de 1963, o governo Kennedy tentou conseguir do Congresso a liberação de 50 milhões de dólares em ajuda militar à Tailândia, talvez para comemorar essas conquistas. O governo Kennedy evidenciou "boas intenções e propôs iniciativas bem fundamentadas", mas "não promoveu mudanças significativas na política de orientação militar da Tailândia".

Estas citações oferecem um bom panorama do impacto americano na Tailândia, tal como refletido no relato de Darling. Naturalmente, ele não se mostra muito satisfeito, e sim contrariado com o fato de a influência americana ter frustrado as iniciativas em direção à democracia constitucional e contribuído para um governo autocrático responsável por atrocidades que às vezes "rivalizavam com as dos nazistas e dos comunistas". Contraria-o igualmente o fato de não termos conquistado um real controle ("segurança e estabilidade", para usar sua expressão) através dessas medidas. Assim, quando Sarit tomou o poder no golpe de 1957, "os americanos não tinham garantias de que ele não orientaria o novo regime para programas econômicos e sociais radicais, tal como Fidel Castro, por exemplo, fizera em Cuba. (...) Estavam em jogo um investimento de cerca de 300 milhões de dólares em equipamentos militares e uma base econômica em gradual expansão, que poderia ser usada contra os interesses americanos no Sudeste Asiático se caísse em mãos inamistosas". Felizmente, essas conseqüências funestas não chegaram a se manifestar e, em vez de programas econômicos e sociais radicais, o que se viu foi apenas uma continuação do velho esquema de terror e corrupção. Mas o risco era real.

Quais as conclusões que Darling tira desses desdobramentos? Em sua visão,[42] são quatro as principais alternativas para a política externa americana.

A primeira seria "abolir o programa militar e retirar as tropas americanas do país". Mas isto seria "irracional", pois em todo o mundo não-comunista "diminuiria o respeito pela paciência e a tolerância americanas no trato com governos não-democráticos"; além disso, "o progresso econômico e a segurança da Tailândia seriam ameaçados". Para o liberal pragmático, é evidente que a confiança em nosso compromisso com ditaduras militares como a da Tailândia precisa ser preservada, como na realidade ficava implícito no documento dos intelectuais moderados analisado aqui; e certamente seria lamentável pôr em risco as perspectivas de maior desenvolvimento nos termos estabelecidos de forma tão promissora sob a influência americana, e que hoje são garantidos por cerca de 40 mil soldados americanos.

Uma segunda alternativa seria a neutralização da Tailândia e de outros países do Sudeste Asiático. O que também é irracional. Para começo de conversa, "a retirada da presença militar americana não teria paralelo na remoção de forças comunistas" — pois não havia forças comunistas alienígenas —, de modo que nada poderíamos ganhar com semelhante estratégia. Por outro lado, jamais poderíamos estar certos de que não haveria "infiltração de insurgentes comunistas no futuro". E, finalmente, "os líderes tailandeses decidiram cooperar com os Estados Unidos", por motivos que não são propriamente obscuros.

Uma terceira alternativa seria usar nosso poder na Tailândia para "impulsionar reformas políticas e econômicas". Mas esta alternativa de políticas a serem adotadas representaria "um grande dano para a estratégia americana na Tailândia e em outros países não-comunistas". E, o que é pior, "a interferência generalizada nas questões internas de outros países, por mais bem-intencionada que seja, vai contra as tradições americanas", como evidencia claramente nosso histórico na Tailândia no pós-guerra.[43]

Devemos então optar pela quarta alternativa e manter nossa atual política. "Esta alternativa é provavelmente a mais racional e realista. A política militar poderá ser fortalecida se for constatado que somente o poderio militar americano é capaz de prevenir uma agressão aberta e em larga escala no Sudeste Asiático, e às forças armadas tailandesas caberá estarem preparadas para enfrentar uma guerra de guerrilha limitada."

Esta explanação da política americana na Tailândia e das direções que deve tomar adapta-se perfeitamente às linhas gerais do liberalismo pragmático definidas por Hilsman, entre outros. Também indica claramente a esperança que hoje representamos para os países do litoral asiático. O Vietnã pode ser uma aberração. Mas o fato é que nosso impacto na Tailândia dificilmente poderia ser atribuído à política da inadvertência.

Um interessante aspecto colateral é a explicação fornecida por Darling, em *Thailand and the United States*, sobre a maneira como, num período anterior, "o conceito ocidental de império da lei" foi disseminado através da influência americana. "Indícios de que certas autoridades estavam logrando uma compreensão do império da lei ficaram evidentes" na declaração de um ministro tailandês segundo o qual "é essencial para a prosperidade de um país que possa dispor de leis consolidadas, e que os nobres sejam impedidos de oprimir o povo, caso contrário este seria como as galinhas, mortas em vez de serem mantidas vivas por causa dos ovos". Também em sua política internacional, o governo tailandês foi capaz de entender a necessidade do império da lei: "O crescente respeito à lei também ficou evidente na adesão do governo tailandês às restrições desiguais contidas nos tratados com os países ocidentais, apesar do pesado fardo que impunham às finanças do reino." Tudo isto é dito sem ironia. Na realidade, os exemplos mostram muito bem o que o "império da lei" pode significar para países fracos, assim como para os explorados em qualquer sociedade.

Darling, Hilsman e muitos outros que tenho discutido representam a ala liberal moderada dos estudos acadêmicos no terreno das relações internacionais. Pode ser útil examinar alguns dos outros pontos de vista encontrados nos estudos acadêmicos americanos. Vejam-se, por exemplo, as propostas de Thomas R. Adam, professor de ciências políticas na Universidade de Nova York.[44]

Adam começa por delinear uma "solução ideal" para os problemas americanos no Pacífico, para a qual deveríamos voltar nossos esforços. Nesta solução ideal, os Estados Unidos seriam reconhecidos como "os protagonistas militares responsáveis por todos os interesses ocidentais na região", com voz predominante no contexto de uma política ocidental unificada. Com a soberania dos Estados Unidos sobre alguma base territorial na região, poderíamos dispor de "condições ideais para ampliar nosso poder para regiões adjacentes". Esta base facultaria a formação de uma organização regional que, sob nossa autoridade, possibilitaria "uma intervenção direta na Coréia, no Vietnã, no Laos e no Camboja" sem o ônus da intervenção unilateral ("ante uma deslavada agressão comunista, a questão não está na intervenção em si mesma, mas em seu caráter unilateral").

Precisamos entender que, para a preservação dos interesses ocidentais, não existe uma alternativa razoável à construção de uma base de poder dessa natureza em territórios sobre os quais temos soberania direta. Não poderemos manter a "conexão histórica" entre a Ásia e o Ocidente se não participarmos das questões asiáticas "através do exercício do poder e da influência". Precisamos aceitar "o fato de que estamos envolvidos numa séria luta pela sobrevivência cultural que implica a presença contínua de comunidades orientadas para o Ocidente" na Ásia. É uma ilusão supor que podemos nos retirar da Ásia e deixá-la entregue a seus próprios recursos, pois nossa cultura ocidental precisa ser entendida como "um movimento minoritário recente na história da evolução da civilização", e não se pode supor que a Ásia continuará sendo "incapaz de intervir em nossas questões". Desse modo, para nos defendermos, precisamos intervir com força nos assuntos da Ásia. Se não formos capazes de estabelecer universalmente "nosso sistema de empreendimento industrial", teremos de "defender nossos privilégios e conquistas através do exercício continuado, oneroso e brutalizante da força superior em cada recanto do planeta".

Por que podemos considerar justificada nossa intervenção nos assuntos da Ásia mediante o uso da força? "Uma justificativa evidente da intervenção dos Estados Unidos nos assuntos da Ásia está no fato de liderarmos o combate mundial contra o comunismo. A liderança política americana considera a infiltração política e econômica comunista na maioria dos povos do mundo fatal para nossa segurança e nosso progresso; esta atitude é quase unanimemente apoiada pela opinião pública." Levando esta lógica alguns passos adiante, não demorará que tenhamos a mesma "justificativa evidente" para nos desforrarmos da China com armas nucleares — e, de quebra, talvez da França também.

Outra justificativa consiste em que a defesa de nosso litoral ocidental "requer que o Pacífico Norte seja controlado praticamente como um lago americano", o que "representa uma base para a intervenção dos Estados Unidos em confrontos pelo poder por toda a região", para preservar a segurança desse *mare nostrum*. Nossa "vitória sobre o Japão deixou no Sudeste Asiático e no Extremo Oriente um vácuo de poder que parecia tentador para a agressão comunista; tivemos portanto de interferir e recorrer a nosso poderio militar". "As possessões insulares, como Guam, as dos territórios de custódia estratégica e provavelmente também Okinawa continuam sendo indispensáveis, senão para a estrita defesa de nosso litoral, certamente para a postura militar essencial para nossa total segurança e nossos objetivos mundiais."[45] À parte o esplêndido alcance dessa visão, raramente equiparada por nossos antecessores, a terminologia nos parece familiar.

Existem, é bem verdade, certas restrições que devemos observar ao estabelecer nossa política de criação de uma "base operacional" para o exercício do poder no Extremo Oriente; especificamente, "qualquer política deve repousar em objetivos políticos e sociais aceitáveis, ou passíveis de serem impostos, a todos os elementos participantes". Naturalmente, não seria pragmático insistir em políticas que não pudessem ser impostas aos elementos participantes em nossos novos domínios.

Essas propostas são amparadas por um breve esboço das conseqüências do domínio ocidental no passado, por exemplo, o "bem-sucedido episódio indiano", no qual "o capital empreendedor revelou-se um útil incentivo para uma fecunda mudança social no subcontinente da Índia e imediações", fato que só veio a ser relativamente comprometido pela passividade evidenciada pelos "sistemas sociais asiáticos tradicionais", ao imitarem "a ideologia industrial de seu tutor colonial". Uma importante lição para nós é o sucesso da "*Pax Britannica* neutra" no empenho de impor a ordem, para que "o comércio pudesse florescer e seus frutos compensassem as liberdades extintas".

Adam nos poupa da observação de que os ingratos nativos às vezes não são capazes de apreciar esses séculos de solicitude. Assim é que dizia um representante esquerdista do Partido do Congresso na Índia: "O fato é que os britânicos, em seu processo de dominação da Índia, não impunham limites à brutalidade e selvageria de que é capaz o homem. As depredações promovidas por

Hitler, os seus Dachaus e Belsens (...) são insignificantes diante dessa selvageria imperialista."[46] Semelhante reação a séculos de atenções abnegadas e desveladas pode causar certa surpresa, até nos darmos conta de que provavelmente se trata apenas de uma expressão do enorme sentimento de culpa experimentado pelo beneficiário de tais cuidados.

Uma geração atrás, outros líderes políticos temiam o efeito das conquistas comunistas sobre sua segurança e progresso e trataram, com o apoio quase unânime da opinião pública, de melhorar o mundo através da intervenção com recurso à força — preenchendo vazios de poder, criando bases territoriais essenciais para sua total segurança e seus objetivos mundiais, impondo objetivos políticos e sociais aos elementos participantes. O professor Adam muito pouca coisa nova nos tem a contar.

II

Os exemplos de subordinação contra-revolucionária até aqui mencionados foram em sua maioria extraídos da ciência política e do estudo das relações internacionais, particularmente asiáticas — ramos dos mais melancólicos na tradição acadêmica americana e tão estreitamente identificados com as metas imperiais americanas que não surpreende propriamente descobrir o generalizado esquecimento das normas civilizadas. Ao iniciar este debate, contudo, referi-me a uma questão bem mais genérica. Se é plausível que a ideologia possa servir de maneira geral como máscara dos próprios interesses, será natural presumir que os intelectuais, ao interpretar a história ou formular políticas a serem adotadas, tenderão a adotar uma posição elitista, condenando os movimentos populares e a participação das massas nas decisões e preferindo enfatizar a necessidade de supervisão por parte daqueles que detêm o conhecimento e o entendimento necessários (segundo alegam) para gerir a sociedade e controlar a mudança social. Não chega a ser uma idéia nova. Um dos principais elementos na crítica anarquista do marxismo, um século atrás, foi a previsão assim formulada por Bakunin:

> Segundo a teoria do sr. Marx, o povo não só não deve destruir [o Estado] como fortalecê-lo e colocá-lo à completa disposição de seus benfeitores, guardiões e mestres — os líderes do Partido Comunista, a saber, o sr. Marx e seus amigos, que tratarão então de libertar [a humanidade] à sua própria maneira. Eles concentrarão as rédeas do governo em uma mão forte, pois é necessária uma tutoria extraordinariamente firme para o povo ignorante; criarão um único banco estatal, concentrando em suas mãos toda a produção comercial, industrial, agrícola e mesmo científica, e tratarão de dividir as massas em dois exércitos — industrial e agrícola — sob o comando direto de engenheiros do Estado, que formarão um novo estrato político-científico de privilegiados.[47]

Não podemos deixar de notar o paralelismo entre esta previsão e a de Daniel Bell anteriormente citada — a previsão de que, na nova sociedade pós-industrial, "não só os melhores talentos, como, no fim das contas, todo o complexo de prestígio e *status* social, terão suas raízes na comunidade intelectual e científica".[48] Levando mais adiante o paralelo, caberia perguntar se a crítica esquerdista do elitismo leninista pode ser aplicada, em circunstâncias muito diferentes, à ideologia liberal da elite intelectual que aspira a um papel de domínio na gestão do Estado de bem-estar social.

Em 1918, Rosa Luxemburgo argumentou que o elitismo bolchevique levaria a uma situação social em que o único elemento ativo da vida social seria a burocracia — embora já agora se tratando da "burocracia vermelha" do socialismo de Estado, a que muito antes Bakunin se referira como "a mentira mais sórdida e terrível produzida por nosso século".[49] Uma autêntica revolução social requer uma "transformação espiritual das massas degradadas por séculos de domínio de classe da burguesia";[50] "somente com a eliminação até as últimas raízes dos hábitos de obediência e servilismo poderá a classe operária adquirir o entendimento de uma nova forma de disciplina, a autodisciplina que emana do livre-arbítrio".[51] Escrevendo em 1904, ela previu que os conceitos organizacionais de Lenin haveriam de "escravizar um jovem movimento trabalhista a uma elite intelectual sedenta de poder (...) transformando-o num autômato manipulado por um comitê central".[52] Na elitista doutrina bolchevique de 1918, ela via uma degradação da força criativa, espontânea e auto-reguladora da ação de massa, que só ela, sustentava, poderia resolver os milhares de problemas da reconstrução social e gerar a transformação espiritual que constitui a essência de uma autêntica revolução social. À medida que a prática bolchevique se enrijecia no dogma, o medo da iniciativa popular e da ação espontânea de massa, fora do controle e da direção da vanguarda devidamente designada, tornou-se um elemento dominante da chamada ideologia "comunista".

O antagonismo aos movimentos de massa e à mudança social que escapa ao controle das elites privilegiadas também é uma característica importante da ideologia liberal contemporânea.[53] Manifestando-se como política externa, ele assume a forma descrita acima. Para concluir essa discussão da subordinação contra-revolucionária, gostaria de investigar a maneira como, num caso dos mais cruciais, esse viés específico da ideologia liberal americana pode ser detectado até mesmo na interpretação de acontecimentos do passado nos quais o envolvimento americano não foi importante, e em trabalhos históricos de altíssimo calibre.

Em 1966, a Associação Histórica Americana conferiu seu prêmio bienal para o melhor trabalho sobre história européia a Gabriel Jackson, por seu estudo sobre a Espanha na década de 1930.[54] Não resta dúvida de que, em dezenas de livros sobre este período, o de Jackson está entre os melhores, e estou convencido de que o prêmio foi merecido. A Guerra Civil Espanhola é um dos acontecimentos cruciais da história moderna e também um dos mais amplamente estudados. Nela vamos encontrar as correlações de forças e idéias que dominaram a história européia desde a revolução industrial. Além disso, a relação da Espanha com as grandes potências sob muitos aspectos assemelhava-se à dos países que hoje são ditos do Terceiro Mundo. De certa maneira, portanto, os acontecimentos da Guerra Civil Espanhola antecipam o futuro, no momento em que as revoluções no Terceiro Mundo desestabilizam sociedades tradicionais, ameaçam o domínio imperial, exacerbam as rivalidades entre as grandes potências e levam o mundo perigosamente para perto de uma guerra que, não sendo evitada, certamente será a catástrofe final da história moderna. Meus motivos para pretender aqui investigar uma brilhante análise liberal da Guerra Civil Espanhola são portanto de dupla natureza: primeiro, por causa do interesse intrínseco desses acontecimentos; depois, em vista da percepção que esta análise pode proporcionar a respeito do disseminado viés elitista que considero estar na raiz do fenômeno da subordinação contra-revolucionária.

Em sua análise da República espanhola, Jackson não tenta ocultar seu próprio comprometimento em favor da democracia liberal, tal como representada por personalidades como Azaña, Casares Quiroga, Martínez Barrio[55] e os demais "líderes nacionais responsáveis". Assumindo esta posição, ele fala em nome de boa parte da academia liberal; faz sentido afirmar que figuras semelhantes às que acabam de ser mencionadas mereceriam o apoio dos liberais americanos, fosse isto possível, na América Latina, na Ásia ou na África. Além disso, Jackson não faz muita força para disfarçar sua antipatia em relação às forças da revolução popular na Espanha ou a suas metas.

O fato de que Jackson manifeste com tanta clareza seu ponto de vista e suas simpatias não depõe contra a sua análise. Pelo contrário, o valor deste trabalho como interpretação de acontecimentos históricos é ressaltado pelo fato de que os compromissos do autor são expostos tão clara e explicitamente. Mas julgo ser possível demonstrar que seu relato sobre a revolução popular ocorrida na Espanha é enganoso e em parte dos mais injustos, e que a falta de objetividade nele revelada é altamente significativa, por constituir uma característica da atitude assumida pelos intelectuais liberais (e comunistas) em relação a movimentos revolucionários em grande medida espontâneos e só muito informalmente organizados, embora enraizados em necessidades e ideais profundamente sentidos das massas despossuídas. Já se tornou convencional no meio acadêmico que o uso de expressões como as da frase anterior demonstra ingenuidade e parvo sentimentalismo. Mas semelhante convenção escora-se antes numa convicção ideológica que na história ou na investigação dos fenômenos da vida social. Estou convencido de que tal convicção é desmentida por acontecimentos como a revolução que varreu boa parte da Espanha no verão de 1936.

As circunstâncias da Espanha na década de 1930 certamente não se reproduzem hoje no mundo subdesenvolvido. Todavia, a limitada informação de que dispomos sobre os movimentos populares na Ásia, especificamente, parece indicar certas características semelhantes que merecem um estudo muito mais atento e aprofundado do que tem sido o caso até agora.[56] A inadequação das informações torna arriscada a tentativa de desenvolver qualquer paralelo neste sentido, mas considero perfeitamente possível observar tendências persistentes na reação dos intelectuais liberais e comunistas a esses movimentos de massa.

Como já observei, a Guerra Civil Espanhola é não apenas um dos acontecimentos críticos da história moderna, como também um dos mais intensivamente estudados. Mas existem falhas surpreendentes. Nos meses que se seguiram à insurreição comandada por Franco em julho de 1936, uma revolução social de alcance inédito teve lugar em boa parte da Espanha. Ela não teve uma "vanguarda revolucionária" e parece ter sido em grande medida espontânea, mobilizando massas de trabalhadores urbanos e rurais em uma radical transformação das condições sociais e econômicas, a qual persistiu, com notável êxito, até ser esmagada pela força. Essa revolução predominantemente anarquista e a maciça transformação social a que deu origem são tratadas, nos estudos históricos recentes, como uma espécie de aberração, um inconveniente no caminho da continuação da guerra para salvar o regime burguês da rebelião franquista. Muitos historiadores provavelmente concordariam com Eric Hobsbawm[57] em que o *fracasso* da revolução social na Espanha "deveu-se aos anarquistas", em que o anarquismo foi "um desastre", uma espécie de "ginástica moral" sem "resultados concretos" e, na melhor das hipóteses, "um espetáculo profundamente comovente para estudantes da religião popular". O estudo histórico mais amplo da revolução anarquista[58] é relativamente inacessível, e nem seu autor, que hoje vive no sul da França, nem os muitos refugiados, que nunca escreverão memórias mas que poderiam fornecer inestimáveis depoimentos pessoais, foram consultados, aparentemente, pelos autores das grandes obras históricas.[59] A única coletânea divulgada de documentos relativos à coletivização[60] veio a público graças a uma editora anarquista, sendo portanto de difícil alcance para o leitor comum, e também tem sido raramente consultada — não aparece, por exemplo, na bibliografia de Jackson, embora seu relato pretenda ser uma história social e política, e não apenas militar. Na realidade, essa incrível sublevação social parece ter em grande medida desaparecido da memória. O dramatismo da Guerra Civil Espanhola de modo algum se esvaiu da lembrança, do que dá testemunho o sucesso, há alguns anos, do filme *Morrer em Madri*. Mas nesse filme (como assinala Daniel Guérin) não encontramos qualquer referência à revolução popular que transformara boa parte da sociedade espanhola.

Tratarei aqui dos acontecimentos de 1936-1937,[61] e de um aspecto particular da complexa luta envolvendo os nacionalistas de Franco, os republicanos (incluindo o Partido Comunista), os anarquistas e os grupos de operários socialistas. A insurreição de Franco em julho de 1936 surgiu contra um pano de fundo de vários meses de greves, desapropriações e batalhas entre camponeses e guardas-civis. O líder socialista de esquerda Largo Caballero exigira em junho que os operários se armassem, mas não foi atendido por Azaña. Quando foi dado o golpe, o governo republicano ficou paralisado. Os operários se armaram em Madri e Barcelona, saqueando arsenais do governo e até navios no porto, e acabaram com a insurreição enquanto o governo hesitava, dividido entre os riscos paralelos de se submeter a Franco ou armar as classes trabalhadoras. Em extensas áreas da Espanha, a efetiva autoridade passou às mãos dos trabalhadores anarquistas e socialistas que haviam desempenhado um papel substancial e mesmo dominante na neutralização da insurreição.

Os meses subseqüentes em geral têm sido descritos como um período de "duplo poder". Em Barcelona, a indústria e o comércio foram em grande medida coletivizados, e uma onda de coletivizações espraiou-se pelas regiões rurais, assim como pelas cidades e aldeias, em Aragão, Castela e no Levante, e em menor grau, mas ainda assim significativamente, em muitas partes da Catalunha, de Astúrias, da Estremadura e de Andaluzia. O poder militar era exercido por comitês de defesa; a organização social e econômica assumiu muitas formas, seguindo em linhas gerais o programa do congresso adotado pela organização anarquista CNT [Confederação Nacional do Trabalho] em Saragoça, em maio de 1936. A revolução era "apolítica", na medida em que seus órgãos de poder e administração mantinham-se separados do governo republicano central e, mesmo depois da entrada de vários líderes anarquistas para o governo, no outono de 1936, continuaram a funcionar de maneira bastante independente, até que a revolução veio a ser esmagada entre as forças fascistas e as republicanas lideradas pelos comunistas. O êxito da coletivização da indústria e do comércio em Barcelona impressionou até mesmo observadores nada predispostos, como Borkenau. A escala de importância alcançada pela coletivização rural pode ser avaliada por estes dados obtidos em fontes anarquistas: em Aragão, 450 coletivos de trabalho com meio milhão de membros; no Levante, 900 coletivos respondendo por cerca de metade da produção agrícola e 70% da comercialização, nesta que é a região agrícola mais rica da Espanha; em Castela, 300 coletivos com cerca de 100 mil membros.[62] Na Catalunha, o governo burguês chefiado por Companys manteve a autoridade nominal, mas o poder real estava nas mãos dos comitês dominados pelos anarquistas.

O período de julho a setembro pode ser caracterizado como de revolução social espontânea, generalizada mas não consumada.[63]

Alguns líderes anarquistas aderiram ao governo; o motivo, tal como declarado por Federica Montseny a 3 de janeiro de 1937, foi o seguinte: "(...) os anarquistas entraram para o governo para impedir que a revolução perca o rumo e para levá-la adiante depois da guerra, e também para fazer frente a qualquer tendência ditatorial, de onde quer que venha."[64] O governo central passou a ser cada vez mais controlado pelos comunistas — na Catalunha, sob o controle do PSUC, dominado pelos comunistas —, graças em grande parte à valiosa assistência militar russa. O êxito dos comunistas foi maior nas ricas regiões agrícolas do Levante (o governo transferiu-se para Valência, capital de uma das províncias), onde prósperos proprietários rurais aderiram em peso à Federação Camponesa organizada pelo partido para proteger os fazendeiros ricos; esta federação "valeu como poderoso instrumento de controle da coletivização rural promovida pelos trabalhadores rurais da província".[65] Também em outras partes do país os êxitos contra-revolucionários refletiam o crescente domínio dos comunistas na república.

A primeira fase da contra-revolução foi a legalização e regulamentação das conquistas revolucionárias que pareciam irreversíveis. Em decreto de 7 de outubro, o ministro da agricultura, o comunista Vicente Uribe, legalizou certas desapropriações — as de terras pertencentes a participantes da revolta de Franco. Naturalmente, essas desapropriações já haviam ocorrido, o que não impediu a imprensa comunista de se referir ao decreto como "a medida mais profundamente revolucionária já tomada desde a sublevação militar".[66] Na realidade, ao isentar as terras dos proprietários que não haviam participado diretamente da rebelião de Franco, o decreto representava um passo atrás, do ponto de vista dos revolucionários, e foi criticado não só pela CNT como também pela Federação Socialista de Trabalhadores Rurais, filiada à UGT. A exigência de um decreto muito mais amplo era inaceitável para o ministério dominado pelos comunistas, pois o Partido Comunista estava "buscando apoio das classes proprietárias para o golpe anti-Franco", e portanto "não podia se dar ao luxo de alienar os pequenos e médios proprietários que se haviam mostrado hostis ao movimento da classe operária antes da guerra civil".[67] Na realidade, esses "pequenos proprietários" aparentemente incluíam donos de grandes propriedades. O decreto obrigava os rendeiros a continuar pagando direitos de uso, a menos que os proprietários tivessem apoiado Franco, e, ao garantir os antigos direitos de propriedade, impediu a distribuição de terras aos pobres das aldeias. Ricardo Zabalza, secretário-geral da Federação de Trabalhadores Rurais, considerou a situação disto decorrente como de "uma injustiça mortificante"; "os parasitas dos antigos caciques políticos ainda desfrutam de uma posição privilegiada, à custa das pessoas que não conseguiram arrendar nem mesmo as menores extensões de terra porque eram revolucionárias".[68]

Para concluir a etapa de legalização e restrição do que já havia sido conquistado, um decreto de 24 de outubro de 1936, promulgado por um membro da CNT que fora nomeado conselheiro da economia na Generalitat da Catalunha, sancionava legalmente a coletivização da indústria na Catalunha. Também neste caso, era um passo atrás, do ponto de vista revolucionário. A coletivização limitava-se às empresas que empregavam mais de cem trabalhadores, sendo estabelecida toda uma série de condições que transferiam o controle dos comitês de trabalhadores para a burocracia de Estado.[69]

A segunda etapa da contra-revolução, de outubro de 1936 a maio de 1937, consistiu na eliminação dos comitês locais, na substituição da milícia por um exército convencional e no restabelecimento do sistema social e econômico pré-revolucionário, sempre que possível. Finalmente, em maio de 1937, sobreveio um ataque direto à classe operária em Barcelona (os Dias de Maio).[70] Com o sucesso desse ataque, o processo de liquidação da revolução estava concluído. O decreto de coletivização de 24 de outubro foi revogado e as indústrias foram "libertadas" do controle dos operários. Exércitos liderados pelos comunistas varreram Aragão, destruindo e desmantelando muitas organizações coletivas e restabelecendo na região o controle do governo central. No conjunto dos territórios controlados pelos republicanos, o governo, já agora dominado pelos comunistas, agiu de acordo com o plano anunciado no *Pravda* a 17 de dezembro de 1936: "Na região da Catalunha, já teve início a limpeza de elementos trotskistas e anarco-sindicalistas, que será conduzida com a mesma energia que na URSS"[71] — e, podemos acrescentar, basicamente no mesmo estilo.

Em resumo, o período do verão de 1936 a 1937 foi de revolução e contra-revolução: a revolução foi em grande medida espontânea, com participação em massa de trabalhadores industriais e rurais anarquistas e socialistas; a contra-revolução deu-se sob direção dos comunistas, passando o Partido Comunista a representar cada vez mais a ala direita da República. Durante esse período e depois dos sucessos da contra-revolução, a República esteve em guerra contra a insurreição de Franco; este episódio tem sido detalhadamente descrito em numerosas publicações e pouco me deterei nele aqui. Naturalmente, a luta contra-revolucionária liderada pelos comunistas deve ser entendida contra o pano de fundo da guerra antifascista que então se dava e, de maneira mais geral, da tentativa da União Soviética de constituir uma ampla aliança antifascista com as democracias ocidentais. Um dos motivos da vigorosa política contra-revolucionária dos comunistas estava em sua convicção de que a Inglaterra jamais toleraria um triunfo revolucionário na Espanha, onde os ingleses tinham consideráveis interesses comerciais, assim como a França e, em menor grau, os Estados Unidos.[72] Voltarei adiante a esta questão. Entretanto, considero importante ter em mente que indubitavelmente também houve outros fatores. Neste sentido, vêm muito a propósito os comentários de Rudolf Rocker:

> (...) o povo espanhol tem-se mobilizado em desesperada luta contra um inimigo impiedoso, expondo-se além disso às intrigas secretas das grandes potências imperialistas da Europa. Não obstante, os revolucionários espanhóis não se agarraram ao desastroso expediente da ditadura, respeitando todas as convicções honestas. Todo aquele que visitou Barcelona depois dos combates de julho, fosse amigo ou adversário da CNT, ficou surpreso com a liberdade da vida pública e a ausência de quaisquer dispositivos para reprimir a livre expressão da opinião.
>
> Durante duas décadas, os partidários do bolchevismo vêm martelando na consciência das massas que a ditadura é uma necessidade vital para a defesa dos chamados interesses proletários, frente às investidas da contra-revolução, e para abrir caminho para o socialismo. Com esta propaganda, eles não fizeram avançar a causa do socialismo, mas apenas facilitaram o caminho para o fascismo na Itália, na Alemanha e na Áustria, levando milhões de pessoas a esquecer que a ditadura, a mais extrema forma de tirania, jamais pode levar à libertação social. Na Rússia, a chamada ditadura do proletariado não levou ao socialismo, mas à dominação de uma nova burocracia sobre o proletariado e toda a população. (...)
>
> O que mais temem os autocratas russos e seus partidários é que o sucesso do socialismo libertário na Espanha prove a seus cegos seguidores que a muito alardeada "necessidade de uma ditadura" não passa de uma enorme fraude que levou na Rússia ao despotismo de Stalin e hoje deve servir na Espanha para ajudar a contra-revolução a obter uma vitória sobre a revolução dos operários e camponeses.[73]

Depois de décadas de doutrinação anticomunista, é difícil adotar uma perspectiva que torne possível uma avaliação séria do alcance da união entre o bolchevismo e o liberalismo ocidental em sua oposição à revolução popular. Todavia, não acredito que seja possível entender os acontecimentos na Espanha sem adotar essa perspectiva.

Tendo como pano de fundo este sucinto esboço — partidário, mas, acredito, exato —, gostaria de voltar-me agora para o relato desse aspecto da Guerra Civil Espanhola feito por Jackson (ver nota 54).

Jackson presume (p. 259) que o apoio soviético à causa republicana na Espanha foi orientado por dois fatores: primeiro, a preocupação com a segurança soviética; depois, a esperança de que uma vitória republicana pudesse contribuir para "a causa da 'revolução popular' mundial com que pretendiam identificar-se os dirigentes soviéticos". Eles não se empenharam em fazer valer suas metas revolucionárias, acredita ele, porque "no momento era essencial não assustar as classes médias nem os governos ocidentais".

No que diz respeito à preocupação com a segurança soviética, Jackson certamente está certo. É evidente que o apoio soviético à República constituía um dos aspectos da tentativa de fazer causa comum com as democracias ocidentais frente à ameaça fascista. Todavia, a visão que Jackson tem da União Soviética como potência revolucionária — confiante de que uma vitória republicana contribuiria para fazer avançar "o movimento interrompido em direção à revolução mundial" e tentando identificar-se com "a causa da 'revolução popular' mundial" — parece-me totalmente equivocada. Jackson não oferece qualquer comprovação de sua interpretação da política soviética, nem tenho eu conhecimento de que exista. É interessante notar como os acontecimentos foram interpretados de maneiras diferentes na época da Guerra Civil Espanhola, não só por anarquistas como Rocker como também por comentaristas como Gerald Brenan e Franz Borkenau, que conheciam intimamente a situação na Espanha. Brenan observa que a política contra-revolucionária dos comunistas (que considera "extremamente sensata") era

> a política mais adequada aos próprios comunistas. A Rússia é um regime totalitário governado por uma burocracia: o estado de espírito de seus dirigentes, que vivenciaram a mais terrível sublevação da história, é de cinismo e oportunismo: todo o tecido constituinte do Estado é dogmático e autoritário. Estaria fora de questão esperar que homens assim liderassem uma revolução social num país como a Espanha, onde o mais extremo idealismo combina-se a um temperamento de grande independência. É bem verdade que os russos poderiam mobilizar grande dose de idealismo entre seus admiradores estrangeiros, mas só seriam capazes de aproveitá-lo para a criação de um Estado ferreamente burocrático, onde todos pensam da mesma forma e obedecem às ordens do chefe.[74]

No comportamento dos russos na Espanha, ele nada enxerga que pudesse indicar algum interesse numa "revolução popular". Em vez disso, a política comunista consistia em se opor "até mesmo às coletividades agrárias e industriais que haviam surgido espontaneamente e inundar o país com uma polícia que, como o Ogpu russo, obedecia às ordens do partido, e não ao Ministério do Interior". Os comunistas estavam empenhados em eliminar completamente os impulsos na direção da "espontaneidade de expressão e ação", pois, "por sua própria natureza e sua história, eram levados a desconfiar do que é local e espontâneo e a depositar sua confiança na ordem, na disciplina e na uniformidade burocrática" — no que se opunham às forças revolucionárias na Espanha. Como também observa Brenan, os russos retiraram seu apoio quando ficou claro que os ingleses não seriam demovidos da política de contemporização, o que confirma ainda mais a tese de que só por considerações de política externa a União Soviética foi levada a apoiar a República.

A análise de Borkenau é semelhante. Ele aprova a política adotada pelos comunistas por sua "eficiência", mas assinala que eles "puseram fim à atividade social revolucionária, impondo sua visão de que não deveria tratar-se de uma revolução, mas simplesmente da defesa de um governo legal. (...) a política comunista na Espanha não foi ditada sobretudo pelas necessidades da luta espanhola, mas pelos interesses da potência estrangeira interventora, a Rússia", um país "com um passado revolucionário, e não um presente revolucionário". Os comunistas não agiram "com o objetivo de transformar o entusiasmo caótico em entusiasmo disciplinado [que Borkenau considerava necessário], mas com o objetivo de substituir pela ação militar e administrativa disciplinada a ação das massas, livrando-se desta completamente". Esta política, observa ele, ia "frontalmente de encontro aos interesses e reivindicações das massas", com isto enfraquecendo o apoio popular. Já agora em situação de apatia, as massas não se comprometeriam com a defesa de uma ditadura dominada pelos comunistas, que restabeleceu a antiga autoridade e inclusive "evidenciou clara preferência pelas forças policiais do velho regime, tão odiadas pelas massas". A mim parece que os fatos corroboram vigorosamente esta interpretação da política comunista e de seus efeitos, embora já seja bem mais dúbia em Borkenau a inferência de que a "eficiência" comunista fosse necessária para a vitória da luta anti-Franco — questão a que voltarei mais adiante.[75]

Cabe aqui observar que certos dirigentes comunistas espanhóis foram obrigados, ainda que relutantemente, a chegar às mesmas conclusões. Bolloten cita vários exemplos,[76] especificamente o comandante militar "El Campesino" e Jesús Hernández, ministro do governo Caballero. O primeiro, depois de fugir da União Soviética em 1949, declarou que dera como certa a "solidariedade revolucionária" da URSS durante a Guerra Civil — numa demonstração realmente notável de ingenuidade —, só posteriormente dando-se conta "de que o Kremlin não atende aos interesses dos povos do mundo, fazendo-os, isto sim, servir aos seus interesses; de que, com uma perfídia e uma hipocrisia sem equivalentes, usa a classe operária internacional como mero peão em suas intrigas políticas". Hernández, em discurso pronunciado pouco depois da Guerra Civil, reconhece que os dirigentes comunistas espanhóis "agiram mais como súditos soviéticos do que como filhos do povo espanhol". "Pode parecer absurdo, inacreditável", acrescenta, "mas nossa educação sob a tutela soviética de tal maneira nos havia deformado que estávamos completamente desnacionalizados; nossa alma nacional nos foi arrancada e substituída por um internacionalismo furiosamente chauvinista, que começava e terminava nas torres do Kremlin."

Pouco depois do III Congresso da Internacional Comunista, em 1921, o "ultra-esquerdista" holandês Hermann Gorter escreveu que nele fora "decidido o destino da revolução mundial por ora. A corrente de opinião que desejava seriamente a revolução mundial (...) foi expulsa da Internacional russa. Os partidos comunistas da Europa ocidental e de todo o mundo que continuam fazendo parte da Internacional russa nada mais serão que um meio de preservar a revolução russa e a República soviética".[77] Uma previsão que se revelou das mais exatas. A convicção manifestada por Jackson de que a União Soviética era uma potência revolucionária no fim da década de 1930, ou mesmo de que os líderes soviéticos realmente se consideravam identificados com a revolução mundial, não tem apoio nos fatos. Trata-se de uma interpretação equivocada que tem paralelismo com a mitologia americana da guerra fria, que inventou uma "conspiração comunista internacional" dirigida de Moscou (já agora Pequim) para justificar suas próprias políticas intervencionistas.

Voltando-se para os acontecimentos da Espanha revolucionária, Jackson descreve da seguinte maneira as primeiras etapas da coletivização: os sindicatos de Madri, "assim como de Barcelona e Valência, abusaram de sua repentina autoridade para afixar o aviso '*incautado*' [posto sob controle dos operários] nos mais diversos tipos de prédios e veículos" (p. 279). Por que haveria nisto um *abuso* de autoridade? Jackson não o explica. A maneira de se expressar indica de sua parte uma relutância em reconhecer a realidade da situação revolucionária, não obstante seu relato do colapso da autoridade republicana. A afirmação de que os operários "abusaram de sua repentina autoridade" ao promoverem a coletivização repousa num julgamento moral que evoca o de Ithiel Pool, quando caracteriza a reforma agrária no Vietnã como uma "espoliação do vizinho", ou o de Franz Borkenau, quando se refere às desapropriações na União Soviética como "roubo", revelador de "uma tendência para a indiferença moral".

Em questão de poucos meses, informa-nos Jackson, "a maré revolucionária começou a refluir na Catalunha", depois de "acumular problemas de alimentação e suprimento, e a experiência da administração de aldeias, postos de fronteira e serviços públicos sem demora deixou clara para os anarquistas a insuspeitada complexidade da sociedade moderna" (pp. 313-14). Em Barcelona, "o ingênuo otimismo das conquistas revolucionárias do anterior mês de agosto dera lugar a sentimentos de ressentimento e de que de alguma maneira haviam sido trapaceados", pois o custo de vida duplicou, faltava pão e a violência policial chegou aos níveis da monarquia. "O POUM [Partido Operário de Unificação Marxista] e a imprensa anarquista exaltaram simultaneamente as coletivizações, sustentando que os problemas de produção deviam-se à política adotada em Valência de boicotar a economia catalã e favorecer a burguesia. Afirmaram que a perda de Málaga devia-se em grande medida ao moral baixo e à desorientação do proletariado andaluz, que via a rápida guinada do governo de Valência para a direita" (p. 368). Jackson com toda evidência acredita que esta interpretação esquerdista dos acontecimentos era absurda, e que foi na realidade a incompetência ou a traição dos anarquistas a responsável pelos problemas: "Na Catalunha, os comitês de fábrica da CNT faziam corpo mole na guerra da produção, alegando que o governo não lhes fornecia matérias-primas e estava favorecendo a burguesia" (p. 365).

Na realidade, "a maré revolucionária começou a refluir na Catalunha" debaixo de um ataque da classe média liderado pelo Partido Comunista, e não pelo reconhecimento da "complexidade da sociedade moderna". E além disso era perfeitamente verdade que o governo central dominado pelos comunistas tentou, com grande êxito, criar problemas para a indústria e a agricultura coletivizadas e comprometer a coletivização do comércio. Já me referi às primeiras etapas da contra-revolução. Uma investigação mais aprofundada das fontes mencionadas por Jackson, e de outras ainda, evidencia que as acusações dos anarquistas não eram sem fundamento, como ele dá a entender. Bolloten invoca boa dose de comprovações factuais em apoio a sua conclusão de que

> No campo, os comunistas empreenderam uma ardorosa defesa do pequeno e médio proprietário e do rendeiro, frente ao impulso coletivizador dos trabalhadores rurais assalariados, à política dos sindicatos trabalhistas de proibir que os fazendeiros fossem proprietários de mais terras do que seriam capazes de cultivar com as próprias mãos e às práticas dos comitês revolucionários, que confiscavam as colheitas, interferiam no comércio privado e cobravam rendas dos agricultores arrendatários.[78]

A política do governo foi anunciada com toda clareza pelo comunista que chefiava o Ministério da Agricultura: "Afirmamos que a propriedade do pequeno fazendeiro é sagrada e que aqueles que atacarem ou tentarem atacar essa propriedade devem ser considerados inimigos do regime."[79] Gerald Brenan, que não pode ser considerado um simpatizante da coletivização, explica da seguinte maneira o seu fracasso (p. 321):

> O governo central, e especialmente seus membros comunistas e socialistas, pretendiam colocar [os coletivos] sob o direto controle do Estado. Trataram então de privá-los dos créditos necessários para a compra de matérias-primas: assim que acabaram os estoques de algodão cru, os moinhos pararam de funcionar. (...) até mesmo [as fábricas de munições da Catalunha] foram hostilizadas pelos novos órgãos burocráticos do Ministério do Abastecimento.[80]

Ele afirma ter o presidente da Catalunha, Companys, declarado que "os operários das fábricas de armamentos de Barcelona vinham trabalhando 56 horas por semana e mesmo mais, não tendo ocorrido casos de sabotagem ou indisciplina", até que os operários fossem desmoralizados pela burocratização — e mais tarde a militarização — imposta pelo governo central e o Partido Comunista.[81] Ele conclui que "o governo de Valência passara a usar o PSUC contra a CNT — mas não (...) porque os operários catalães estivessem causando problemas, e sim porque os comunistas queriam enfraquecê-los para em seguida destruí-los".

Segundo Vernon Richards (p. 47), a mencionada correspondência de Companys para Prieto contém provas do sucesso da indústria bélica catalã sob a coletivização, demonstrando que "muito mais poderia ter sido alcançado se os meios de expandir a indústria não lhes tivessem sido negados pelo governo central". Richards cita igualmente o depoimento de um porta-voz da subsecretaria de munições e armamentos do governo de Valência, reconhecendo que "a indústria bélica da Catalunha produzira dez vezes mais que todo o resto da indústria espanhola reunida e [admitindo que] (...) essa produção poderia ter sido quadruplicada a partir do início de setembro* se a Catalunha tivesse tido acesso aos recursos necessários para adquirir matérias-primas que não podiam ser obtidas em território espanhol". É importante lembrar que o governo central dispunha de enormes reservas de ouro (que logo seriam enviadas para a União Soviética), de modo que provavelmente teria sido possível comprar matérias-primas para a indústria da Catalunha, apesar da hostilidade das democracias ocidentais à República durante o período revolucionário (ver adiante). Além disso, as matérias-primas haviam sido reiteradamente solicitadas. No dia 24 de setembro de 1936, Juan Fabregas, o delegado da CNT no Conselho Econômico da Catalunha, que em parte foi responsável pelo decreto de coletivização mencionado acima, informava que as dificuldades financeiras da Catalunha decorreram da recusa do governo central de "fornecer qualquer assistência em questões econômicas e financeiras, presumivelmente por sua pouca simpatia com as tarefas de ordem prática que estão sendo realizadas na Catalunha"[82] — ou seja, a coletivização. Ele "prosseguia relatando que uma comissão que foi a Madri solicitar créditos para a compra de matérias-primas e materiais de guerra, oferecendo 1.000 milhões de pesetas em títulos depositados no Banco da Espanha, deparou-se com uma pura e simples recusa. Bastava que a nova indústria bélica da Catalunha estivesse sob o controle dos operários da CNT para que o governo de Madri recusasse qualquer ajuda in-

*O depoimento citado é do dia 1º de setembro de 1937; a referência deve ser, portanto, a setembro de 1936.

condicional. Eles só dariam assistência financeira em troca de controle do governo".[83]

Broué e Témime assumem uma posição bastante semelhante. Comentando a acusação de "incompetência" contra as indústrias coletivizadas, observam que "não devemos esquecer o terrível fardo da guerra". Apesar dele, prosseguem, "novas técnicas de gestão e eliminação de dividendos haviam permitido baixar os preços", e "a mecanização e a racionalização, introduzidas em numerosas empresas (...), tinham aumentado consideravelmente a produção. Os operários aceitaram entusiasticamente os enormes sacrifícios porque, na maioria dos casos, estavam convencidos de que a fábrica lhes pertencia e de que finalmente trabalhavam para si mesmos e seus irmãos de classe. Um espírito verdadeiramente novo se apoderara da economia da Espanha, com a concentração de empresas dispersas, a simplificação dos padrões comerciais e uma importante estrutura de projetos sociais para operários idosos, crianças, incapacitados, doentes e trabalhadores em geral" (pp. 150-51). A maior fraqueza da revolução, sustentam eles, era o fato de não ter sido levada a sua plena consecução. Em parte, isto se devia à guerra; em parte, era conseqüência das políticas do governo central. Também eles enfatizavam a recusa do governo de Madri, nas primeiras etapas da coletivização, de conceder créditos ou fornecer fundos à indústria ou à agricultura coletivizada — no caso da Catalunha, até mesmo quando o governo catalão oferecia substanciais garantias. Desse modo, as empresas coletivizadas foram obrigadas a se sustentar com os haveres confiscados no momento da revolução. O controle do ouro e do crédito "permitiu que o governo restringisse e impedisse a seu bel-prazer o funcionamento das empresas coletivas" (p. 144).

Segundo Broué e Témime, foi a restrição do crédito que acabou destruindo a indústria coletivizada. Na Catalunha, o governo Companys recusou-se a criar um banco para a indústria e o crédito, como exigiam a CNT e o POUM, e o governo central (contando, neste caso, com o controle dos bancos pela UGT socialista) pôde controlar o fluxo de capitais e "reservar o crédito para as empresas privadas". Todas as tentativas de conseguir crédito para a indústria coletivizada foram infrutíferas, sustentam eles, e "o movimento de coletivização foi restringido, e posteriormente suspenso, mantendo-se o governo no controle da indústria através dos bancos (...) [e mais tarde] mediante o controle da nomeação de gerentes e diretores", que freqüentemente vinham a ser os antigos proprietários e gerentes, sob novos títulos. A situação era semelhante no caso da agricultura coletivizada (pp. 204 e seguintes).

A situação foi devidamente reconhecida no Ocidente. Em fevereiro de 1938, o *New York Times* observava: "O princípio de intervenção e controle estatais dos negócios e da indústria, em oposição ao seu controle por parte dos operários sob o disfarce da coletivização, vem sendo estabelecido gradualmente na Espanha legalista por uma série de decretos. Coincidentemente, deve ser estabelecido o princípio da propriedade e dos direitos privados das empresas e corporações sobre o que legalmente lhes pertence de acordo com a Constituição."[84]

Morrow cita (pp. 64-65) uma série de medidas do governo da Catalunha restringindo a coletivização, uma vez destituídas de poder as instituições criadas pela revolução operária de julho de 1936. No dia 3 de fevereiro, foi declarada ilegal a coletivização do comércio de laticínios.[85] Em abril, "a Generalitat tornou sem efeito o controle dos operários sobre a alfândega, recusando-se a atestar a propriedade dos operários sobre materiais exportados que estavam retidos em tribunais no exterior em virtude de processos movidos por antigos proprietários; desse modo, as fábricas e coletivos agrícolas que exportavam bens ficaram à mercê do governo". Em maio, como já observamos, o decreto de coletivização de 24 de outubro foi revogado, sob o argumento de que "foi baixado pela Generalitat sem que para isto tivesse competência", pois "não havia nem há legislação do Estado [espanhol] aplicável no caso" e "o artigo 44 da Constituição estabelece que a desapropriação e a socialização constituem funções do Estado". Um decreto de 28 de agosto "dava ao governo o direito de intervir ou assumir o controle de qualquer usina metalúrgica ou de mineração". O jornal anarquista *Solidaridad Obrera* informava em outubro ter o departamento de compras do Ministério da Defesa decidido que só assinaria contratos de aquisição com empresas que funcionassem "sob o controle dos antigos proprietários" ou "sob intervenção do Ministério da Economia e das Finanças".[86]

Voltando à afirmação de Jackson de que "na Catalunha, os comitês de fábrica da CNT faziam corpo mole na guerra da produção, alegando que o governo não lhes fornecia matérias-primas e estava favorecendo a burguesia", considero que devemos concluir que antes constitui uma expressão da parcialidade de Jackson em favor da democracia capitalista do que uma descrição de fatos históricos. No mínimo, podemos afirmar o seguinte: Jackson não apresenta qualquer comprovação em apoio a sua conclusão; e existem elementos factuais que permitem questioná-la. Citei certas fontes que o historiador liberal com toda razão consideraria parciais em favor da revolução. O que quero dizer é que a ausência de objetividade, a parcialidade profundamente enraizada dos historiadores liberais, não é muito levada em conta como deveria, e que temos bons motivos para supor que essa falta de objetividade distorceu seriamente as avaliações apressadas sobre a natureza da revolução espanhola.

Prosseguindo na análise das avaliações de Jackson, sem apoio em qualquer comprovação, vejamos sua observação, já citada, de que em Barcelona "o ingênuo otimismo das conquistas revolucionárias do anterior mês de agosto dera lugar a sentimentos de ressentimento e de que de alguma maneira haviam sido trapaceados". É verdade que por volta de janeiro de 1937 havia grande descontentamento em Barcelona. Mas seria simplesmente uma conseqüência da "insuspeitada complexidade da sociedade moderna"? Examinando a questão um pouco mais de perto, vemos um quadro bem diferente. Sob pressão dos russos, o PSUC passou a exercer considerável controle sobre o governo da Catalunha, "encastelando no Ministério da Alimentação [em dezembro de 1936] o homem mais à direita na política catalã de então, Comorera"[87] — em vista de suas posições políticas, o mais solícito colaborador do Partido Comunista. Segundo Jackson, Comorera "imediatamente tomou medidas para pôr fim ao escambo e aos confiscos, tornando-se um defensor dos camponeses contra a revolução" (p. 314); ele "pôs fim aos confiscos, restabeleceu os pagamentos em dinheiro e protegeu os camponeses catalães de novas coletivizações" (p. 361). É tudo que Jackson tem a dizer a respeito de Juan Comorera.

Ficamos sabendo mais em outras fontes: por exemplo, Borkenau, que estava em Barcelona pela segunda vez em janeiro de 1937 — sendo universalmente reconhecido como um observador muito bem informado e qualificado, com forte sentimento antianarquista. Segundo Borkenau, Comorera representava "uma atitude política que pode ser comparada com a da extrema direita da social-democracia alemã. Ele sempre considerara a luta contra o anarquismo como o principal objetivo da política socialista na Espanha. (...) Para sua surpresa, encontrou nos comunistas inesperados aliados nessa aversão [às políticas anarquistas]".[88] Seria impossível naquela etapa do processo de contra-revolução voltar atrás na coletivização da indústria; mas Comorera efetivamente conseguiu abolir o sistema de organização do abastecimento de Barcelona, ou seja, os comitês de aldeias, quase sempre sob influência da CNT, que haviam cooperado (talvez involuntariamente, sugere Borkenau) no fornecimento de farinha às cidades. Prosseguindo, Borkenau descreve a situação da seguinte maneira:

> (...) Partindo desses princípios de liberalismo abstrato que não foram seguidos por qualquer governo durante a guerra, mas dos quais os socialistas de direita são os últimos e mais religiosos admiradores, Comorera não substituiu os caóticos comitês do pão por uma administração centralizada. Pura e simplesmente restabeleceu o comércio privado de pão, sem reservas. Em janeiro, não havia sequer um sistema de racionamento em Barcelona. Os trabalhadores simplesmente tinham de se virar para conseguir pão, com preços mais altos, contando com salários que praticamente não haviam sofrido alteração desde maio. Na prática, isto significava que as mulheres tinham de fazer fila desde as 4 horas da manhã. A insatisfação nos bairros operários naturalmente era muito forte, tanto mais que a escassez de pão rapidamente se agravou depois que Comorera assumiu o cargo.[89]

Em suma, os operários de Barcelona não estavam simplesmente dando vazão a "sentimentos de ressentimento e de que de alguma maneira haviam sido trapaceados" ao tomarem conhecimento da "insuspeitada complexidade da sociedade moderna". Tinham bons motivos, isto sim, para acreditar que *estavam mesmo* sendo trapaceados pelo velho cão de sempre com uma nova coleira.

As observações de George Orwell também são das mais relevantes:

> Qualquer pessoa que tenha visitado Barcelona duas vezes durante a guerra com intervalo de meses terá observado as extraordinárias mudanças que ali se verificaram. E curiosamente, quer tenham visitado a cidade primeiro em agosto e novamente em janeiro, ou, como eu, primeiro em dezembro e novamente em abril, o que diziam era sempre a mesma coisa: que desaparecera o clima revolucionário. Para quem lá tivesse ido em agosto, quando o sangue mal havia secado nas ruas e as milícias estavam aquarteladas em pequenos hotéis, Barcelona em dezembro certamente pareceria burguesa; para mim, que acabava de chegar da Inglaterra, assemelhava-se mais a uma cidade operária que eu jamais julgara possível. Agora [em abril] a maré refluiu. Era mais uma vez uma cidade comum, um pouco castigada e maltratada pela guerra, mas sem qualquer indício externo de predomínio da classe operária. (...) Por toda parte viam-se homens prósperos e gordos, mulheres elegantes e carros de luxo. (...) Os oficiais do novo Exército Popular, uma figura que praticamente não existia quando deixei Barcelona, circulavam em quantidade impressionante (...) [vestindo] um elegante uniforme cáqui de cintura apertada como no uniforme de um oficial do exército britânico, só que ainda mais. Não acredito que mais de um dentre vinte deles tivesse estado na frente de batalha, mas todos traziam pistolas automáticas presas ao cinturão; nós, na frente, não conseguíamos pistolas de jeito nenhum. (...)* Uma profunda mudança ocorrera na cidade. Dois fatos constituíam a pedra de toque de tudo mais. Um deles era que o povo — a população civil — perdera boa parte do interesse pela guerra; o outro era que a divisão normal da sociedade entre ricos e pobres, classes altas e classes baixas, voltava a se impor.[90]

Enquanto Jackson atribui o refluxo da maré revolucionária à descoberta da insuspeitada complexidade da sociedade moderna, as

*Orwell acabava de voltar da frente em Aragão, onde servia com a milícia do POUM numa região sob pesado domínio de tropas esquerdistas (do POUM e anarquistas).

observações de primeira mão feitas por Orwell, como as de Borkenau, indicam uma explicação muito mais simples. O que pede explicação não é a insatisfação dos operários de Barcelona, mas as curiosas elaborações do historiador.

Cabe aqui repetir os comentários de Jackson a respeito de Juan Comorera: ele "imediatamente tomou medidas para pôr fim ao escambo e aos confiscos, tornando-se um defensor dos camponeses contra a revolução"; "pôs fim aos confiscos, restabeleceu os pagamentos em dinheiro e protegeu os camponeses catalães de novas coletivizações". Esses comentários deixam implícito que os camponeses da Catalunha opunham-se, como um todo, à revolução, e que Comorera pôs fim à coletivização por eles temida. Em momento algum Jackson assinala qualquer divisão a este respeito no campesinato, eximindo-se de apresentar elementos de apoio à alegação implícita de que a coletivização estava em andamento no momento da chegada de Comorera ao poder. Na realidade, pode-se questionar que a ascensão de Comorera ao poder tivesse afetado o andamento da coletivização na Catalunha. É difícil no caso a obtenção de provas, mas há indícios de que a coletivização da agricultura na Catalunha não chegou a ser generalizada e não estava em processo de ampliação em dezembro, quando Comorera assumiu suas funções. Sabemos, de fontes anarquistas, que houve casos de coletivização forçada na Catalunha,[91] mas não pude encontrar provas de que Comorera tivesse "protegido os camponeses" da coletivização forçada. Além disso, é no mínimo equivocado inferir que o campesinato *como um todo* opunha-se à coletivização. Um quadro mais próximo da realidade é apresentado por Bolloten (p. 56), que assinala que "se os agricultores individualmente considerados viam com desalento o rápido e generalizado desenvolvimento da agricultura coletivizada, os trabalhadores rurais da

CNT anarco-sindicalista e da UGT socialista enxergavam nele, pelo contrário, o início de uma nova era". Resumindo, ocorria no campo uma complexa luta de classes, embora pouco fiquemos sabendo a respeito no relato simplista e enganoso de Jackson. Seria justo deduzir que mais uma vez essa distorção reflete sua antipatia pela revolução e seus objetivos. Voltarei a esta questão de maneira direta, tratando de regiões em que a coletivização agrícola foi muito mais extensiva que na Catalunha.

Tal como enumeradas por Jackson, eram as seguintes as complexidades da sociedade moderna que deixavam perplexos e desorientados os confiantes operários anarquistas de Barcelona: os crescentes problemas de suprimento e alimentação e a administração dos postos de fronteira, das aldeias e dos serviços públicos. Como acabamos de ver, os problemas de suprimento e alimentação parecem ter-se acumulado com a maior rapidez sob a brilhante liderança de Juan Comorera. No que diz respeito aos postos de fronteira, a situação, tal como descrita em outro ponto por Jackson (p. 368), era basicamente a seguinte: "Na Catalunha, desde 18 de julho os anarquistas controlavam os postos alfandegários na fronteira com a França. No dia 17 de abril de 1937, os carabineiros, já reorganizados e agindo por ordem do ministro das finanças, Juan Negrín, começaram a reocupar a fronteira. Pelo menos oito anarquistas morreram em confrontos com os carabineiros." À parte este sobressalto, certamente grave, não parece haver muitos motivos para supor que o problema do controle dos postos fronteiriços tivesse contribuído para o refluxo da maré revolucionária. Os registros disponíveis não indicam que os problemas de administração das aldeias e dos serviços públicos fossem "insuspeitados" ou demasiado complexos para os operários catalães — um fato insuspeitado e digno de nota, mas que parece corroborado pelas provas de que dispomos. Quero mais uma vez enfatizar que

Jackson não se baseia em qualquer evidência para tirar suas conclusões sobre o refluxo da maré revolucionária e os motivos do descontentamento dos operários catalães. Mais uma vez, considero adequado atribuir suas conclusões a uma predisposição elitista típica do intelectual liberal, mais que aos fatos históricos.

Vejamos agora o comentário de Jackson de que os anarquistas "afirmaram que a perda de Málaga devia-se em grande medida ao moral baixo e à desorientação do proletariado andaluz, que via uma rápida guinada do governo de Valência para a direita". Mais uma vez, parece que Jackson enxerga aí apenas mais uma indicação da ingenuidade e da falta de senso prático dos anarquistas espanhóis. Entretanto, também aqui há mais a ser levado em consideração. Uma das principais fontes citadas por Jackson é Borkenau, o que naturalmente faz todo sentido, pois Borkenau passou vários dias na região antes da queda de Málaga a 8 de fevereiro de 1937. Mas as detalhadas observações de Borkenau tendem a corroborar a "explicação" anarquista, pelo menos em parte. Ele acreditava que Málaga poderia ter sido salva, mas somente mediante "luta desesperada" com participação das massas, o tipo da luta "que os anarquistas poderiam ter liderado". Dois fatores, entretanto, impediram essa defesa: primeiro, o oficial designado para comandá-la, o tenente-coronel Villalba, "considerou que se tratava de uma missão puramente militar, ao passo que na realidade não tinha a seu dispor meios militares, mas apenas as forças de um movimento popular"; ele era um militar profissional, "que no fundo do coração detestava o espírito da milícia" e era incapaz de entender o "fator político".[92] O segundo fator era o significativo declínio, em fevereiro, da consciência política e da participação das massas. Os comitês anarquistas já não funcionavam e a autoridade da polícia e da guarda civil fora restabelecida. "O incômodo de centenas de organismos policiais das aldeias desaparecera, mas com ele também se fora o apaixonado interesse da aldeia pela guerra civil. (...) Chegava ao fim o breve interlúdio do sistema soviético espanhol" (p. 212). Depois de examinar a situação em Málaga e os conflitos no governo de Valência (que não forneceu apoio nem armas à milícia que defendia Málaga), Borkenau conclui (p. 228): "A república espanhola pagava com a queda de Málaga pela decisão de seus setores de direita de pôr fim à revolução social e de seus setores de esquerda de não permiti-lo." A análise da queda de Málaga feita por Jackson refere-se ao terror e às rivalidades políticas na cidade, mas passando por cima do fato de que o relato de Borkenau, assim como a concomitante interpretação, efetivamente corroboram a dedução de que a derrota deveu-se em grande medida ao moral baixo e à incapacidade ou falta de disposição do governo de Valência de se envolver numa guerra popular. Pelo contrário, ele conclui que a falta de meios do coronel Villalba para "controlar as azedas rivalidades políticas" foi um dos fatores que o impediram de levar a cabo as tarefas militares essenciais. Com isto, parece adotar a visão condenada por Borkenau, de que se tratava de uma tarefa "puramente militar". O testemunho de primeira mão de Borkenau parece-me muito mais convincente.

Também neste caso Jackson descreveu a situação de maneira algo enganosa, mais uma vez, talvez, por causa do viés elitista que domina a interpretação liberal-comunista da Guerra Civil. Como o tenente-coronel Villalba, os historiadores liberais freqüentemente evidenciam acentuada aversão às "forças de um movimento popular" e ao "espírito da milícia". E caberia sustentar que, da mesma forma, não são capazes de entender o "fator político".

Nos Dias de Maio de 1937, a revolução recebeu o golpe final na Catalunha. No dia 3 de maio, o conselheiro para a ordem pública, Rodriguez Salas, membro do PSUC, apareceu na sede da central telefônica com um destacamento de polícia, sem prévio aviso nem consultas com os ministros anarquistas do governo, para assumir o controle da central telefônica. A central, que fora propriedade da IT&T, caíra em poder de operários de Barcelona em julho e desde então funcionava sob o controle de um comitê conjunto UGT-CNT, com um delegado do governo, perfeitamente de acordo com o decreto de coletivização de 24 de outubro de 1936. Segundo o diário londrino *Daily Worker* (11 de maio de 1937), "Salas mandou a polícia republicana armada para desarmar os empregados, a maioria membros de sindicatos da CNT". O motivo, segundo Juan Comorera, era "pôr fim a uma situação anormal", ou seja, o fato de que ninguém podia falar no telefone "sem que o ouvido indiscreto do superintendente soubesse de tudo".[93] A resistência armada na sede da telefônica impediu que fosse ocupada. Os comitês de defesa locais ergueram barricadas em toda Barcelona. Companys e os líderes anarquistas pediram aos operários que se desarmassem. Uma precária trégua prevaleceu até 6 de maio, quando chegaram os primeiros destacamentos da Guarda de Assalto, violando as promessas do governo de que a trégua seria observada e as forças militares, retiradas. As tropas eram comandadas pelo general Pozas, ex-comandante da odiada Guarda Civil e já agora membro do Partido Comunista. Na luta que se seguiu, cerca de quinhentas pessoas foram mortas e mais de mil ficaram feridas. "Os Dias de Maio na realidade soaram o dobre de finados da revolução, anunciando a derrota política para todos e a morte para alguns dos líderes revolucionários."[94]

Esses acontecimentos — de enorme significado na história da revolução espanhola — mal chegam a ser esboçados por Jackson como um incidente marginal. Naturalmente, o relato do historiador deve ser seletivo; do ponto de vista liberal de esquerda compartilhado por Jackson com Hugh Thomas e muitos outros, a liquidação da revolução na Catalunha foi um acontecimento menor, pois a própria revolução não passava de uma espécie de incômodo irrelevante, uma amolação sem importância que desviava energia da luta para salvar o governo burguês. A decisão de esmagar a revolução pela força é descrita da seguinte maneira:

> No dia 5 de maio, Companys conseguiu uma trégua precária, com base na qual os conselheiros do PSUC se afastariam do governo regional, e a questão da companhia telefônica foi deixada para futuras negociações. Naquela mesma noite, contudo, Antonio Sesé, funcionário da UGT que estava para entrar para o novo gabinete, foi assassinado. De qualquer maneira, as autoridades de Valência não estavam dispostas a contemporizar mais com a esquerda catalã. No dia 6 de maio, milhares de *asaltos* chegaram à cidade e a marinha republicana fez demonstrações de força no porto.[95]

O interessante nessa descrição é o que não chega a ser dito. Por exemplo, não se comenta o fato de que o envio dos *asaltos* violava a "trégua precária" acertada pelos operários de Barcelona e as tropas anarquistas e do POUM estacionadas nas imediações, e mal se chega a mencionar as sangrentas conseqüências ou o significado político dessa falta de disposição para "contemporizar mais com a esquerda catalã". Não se menciona o fato de que, juntamente com Sesé, também foram assassinados Berneri e outros líderes anarquistas, não somente durante os Dias de Maio, como nas semanas anteriores.[96] Jackson tampouco faz menção ao fato de que, juntamente com a marinha republicana, navios britânicos também "fizeram demonstrações" no porto.[97] Como tampouco se refere às reveladoras observações de Orwell sobre a Guarda de Assalto, em comparação com as tropas na frente de batalha, onde passara os meses anteriores. A Guarda de Assalto era formada por "esplêndidos contingentes, de longe os melhores que eu vira na Espanha. (...) Eu estava acostumado com a milícia rota e insuficientemente armada da frente de Aragão, e não sabia que a República dispunha de tropas como aquelas. (...) A Guarda Civil e os Carabineiros, que de forma alguma se destinavam aos combates na frente, estavam mais bem armados e muito mais bem-vestidos que nós mesmos. Quero crer que é sempre assim em todas as guerras — sempre o mesmo contraste entre a bem guarnecida polícia na retaguarda e os andrajosos soldados na linha de frente".[98] (Ver p. 130 adiante.)

O contraste é muito revelador da natureza da guerra, tal como era entendida pelo governo de Valência. Posteriormente, Orwell tornaria explícita esta conclusão: "Um governo que envia meninos de 15 anos de idade para a frente, com fuzis de 40 anos atrás, mantendo seus homens mais fortes e suas armas mais novas na retaguarda, evidentemente tem mais medo da revolução que dos fascistas. Assim se explica a ineficaz política bélica dos seis últimos meses, assim como o compromisso em que quase certamente terminará a guerra."[99] O relato desses acontecimentos feito por Jackson, com suas omissões e inferências, indica que ele talvez compartilhe o ponto de vista de que o maior perigo na Espanha teria sido uma vitória da revolução.

Jackson aparentemente despreza o testemunho de Orwell, até certo ponto, comentando que "os leitores devem ter em mente que o próprio Orwell reconhece honestamente que muito pouco sabia das complexidades políticas da luta". É um comentário estranho. Para começo de conversa, a análise que faz Orwell das "complexidades políticas da luta" sustenta-se bastante bem, passados trinta anos; se alguma falha apresenta, será provavelmente em sua tendência a dar excessiva proeminência ao POUM em comparação com os anarquistas — o que não chega a surpreender, considerando-se que ele estava engajado na milícia do POUM. Sua denúncia das tolices absurdas na época publicadas na imprensa stalinista e na liberal parece das mais exatas, e as descobertas feitas mais tarde poucos motivos têm dado para pôr em xeque os fatos essenciais que relatou e a interpretação que propôs no calor do conflito. Orwell efetivamente se refere a sua própria "ignorância política". Comentando a derrota final da revolução em maio, afirma: "Dei-me conta — embora não com a clareza que teria sido de desejar, em virtude de minha ignorância política — de que, no momento em que o governo se sentisse mais seguro de si, haveria represálias." Mas esta forma de "ignorância política" só seria agravada em trabalhos históricos mais recentes.

Pouco depois dos Dias de Maio, o governo Caballero caiu e Juan Negrín foi feito primeiro-ministro da Espanha republicana. Negrín é descrito da seguinte maneira por Broué e Témime: "(...) é um defensor incondicional da propriedade capitalista e um decidido adversário da coletivização, bloqueando todas as propostas dos ministros da CNT. Foi ele quem reorganizou solidamente os carabineiros e se encarregou da transferência das reservas de ouro da República para a URSS. Desfrutava da confiança dos moderados (...) [e] estava em excelentes termos com os comunistas".

A primeira decisão importante do governo Negrín foi o fechamento do POUM e a consolidação do controle central sobre a Catalunha. O governo voltou-se então para Aragão, que desde os primeiros dias da revolução estivera essencialmente sob controle dos anarquistas, sendo ali a coletivização agrícola bastante ampla, e os elementos comunistas, muito fracos. Os conselhos municipais de Aragão eram coordenados pelo Conselho de Aragão, chefiado por Joaquín Ascaso, conhecido militante da CNT, que tivera um de seus irmãos morto nos Dias de Maio. Durante o governo Caballero, os anarquistas haviam concordado em conferir representação a outros partidos antifascistas, inclusive os comunistas, mas a maioria continuou sendo anarquista. Em agosto, o governo Negrín anunciou a dissolução do Conselho de Aragão e enviou uma divisão do exército espanhol, comandada pelo oficial comunista Enrique Lister, para fazer valer a dissolução dos comitês locais, desmantelar as organizações coletivas e estabelecer o controle do governo central. Ascaso foi preso sob a acusação de ter sido o responsável pelo roubo de jóias — as jóias "roubadas" pelo conselho para seu próprio uso no outono de 1936. A imprensa anarquista local foi proibida, em favor de um jornal comunista, e os centros anarquistas locais de maneira geral foram ocupados e fechados. O último reduto anarquista foi capturado, com tanques e artilharia, a 21 de setembro. Em conseqüência da censura imposta pelo governo, dispomos de muito poucos registros diretos desses acontecimentos, e os principais livros de história os ignoram sumariamente.[100] Segundo Morrow, "a imprensa oficial da CNT (...) comparou o ataque a Aragão à sujeição de Astúrias por Lopez Ochoa em outubro de 1934" — um dos mais sangrentos atos de repressão da moderna história da Espanha. Embora se trate de um exagero, é fato que os órgãos populares de administração foram varridos pelas legiões de Lister, e já agora a revolução estava encerrada em Aragão.

Sobre esses acontecimentos, Jackson faz os seguintes comentários:

> No dia 11 de agosto, o governo anunciou a dissolução do *Consejo de Aragón*, a administração dominada pelos anarquistas que fora reconhecida por Largo Caballero em dezembro de 1936. Sabia-se que os camponeses detestavam o Consejo, os anarquistas haviam abandonado a frente durante os combates em Barcelona, e a simples existência do Consejo representava um desafio à autoridade do governo central. Por todos esses motivos, Negrín não hesitou em mandar tropas e prender os oficiais anarquistas. Uma vez neutralizada sua autoridade, contudo, eles foram libertados.[101]

São observações muito interessantes. Veja-se, para começar, a acusação de que os anarquistas haviam abandonado a frente durante os Dias de Maio. É verdade que elementos de certas divisões anarquistas e do POUM estavam dispostos a marchar sobre Barcelona, mas acabaram por não fazê-lo, após o estabelecimento da "trégua precária" a 5 de maio; nenhum contingente anarquista sequer chegou a se aproximar de Barcelona para defender o proletariado da cidade e suas instituições de um ataque. Todavia, uma coluna motorizada de 5.000 guardas de assalto foi enviada da frente pelo governo para romper a "trégua precária".[102] Assim, as únicas forças a "abandonarem a frente" durante os combates em Barcelona foram as enviadas pelo governo para concluir o trabalho de desmantelamento da revolução pela força. Veja-se a observação de Orwell citada acima, na página 127.

E que pensar da afirmação de Jackson de que "se sabia que os camponeses detestavam o Consejo"? Como em outros casos que já citei, Jackson não dá qualquer indicação de provas concretas em que poderia escorar-se tal conclusão. A investigação mais detalhada sobre os coletivos provém de fontes anarquistas, indicando que Aragão era uma das regiões de coletivização mais disseminada e bem-sucedida.[103] Tanto a CNT quanto a Federação dos Trabalhadores Rurais da UGT apoiavam vigorosamente a coletivização, e não resta dúvida de que eram ambas organizações de massa. Houve elementos não-anarquistas que, observando diretamente a coletivização em Aragão, fizeram relatos dos mais favoráveis, enfatizando seu caráter voluntário.[104] Segundo Gaston Leval, observador anarquista que empreendeu uma detalhada investigação da coletivização rural, "em Aragão, 75% dos pequenos proprietários aderiram voluntariamente à nova ordem das coisas", e os demais não foram obrigados a se envolver nos coletivos.[105] Outros observadores anarquistas — especialmente Augustin Souchy — fizeram observações detalhadas sobre o funcionamento dos coletivos de Aragão. A menos que nos disponhamos a aceitar um fantástico grau de falsificação, será impossível conciliar seus relatos com a alegação de que "se sabia que os camponeses detestavam o Consejo" — a menos, naturalmente, que limitemos o termo "camponês" para significar "proprietário individual de terras", caso em que bem poderia ser verdade, mas só justificaria a dissolução do conselho na pressuposição de que os direitos do proprietário individual de terras devem predominar, e não os do trabalhador sem terras. Não resta muita dúvida de que os coletivos foram economicamente bem-sucedidos,[106] o que seria altamente improvável se a coletivização fosse imposta e odiada pelo campesinato.

Já citei a conclusão final de Bolloten, baseada em ampla comprovação documental, de que, embora o agricultor individualmente considerado possa ter encarado com desalento o desenvolvimento da agricultura coletivizada, "os trabalhadores rurais da CNT anarco-sindicalista e da UGT socialista viam nele, pelo contrário, o início de uma nova era". Esta conclusão parece perfeitamente razoável, com base nos documentos disponíveis. No que diz respeito a Aragão, especificamente, ele observa que "os camponeses, endividados, foram fortemente afetados pelas idéias da CNT e da FAI [a organização da militância anarquista], o que deu um poderoso impulso espontâneo à agricultura coletiva", embora sejam mencionadas certas dificuldades pelas fontes anarquistas, que de maneira geral parecem das mais honestas nos casos de fracasso. Bolloten cita duas fontes comunistas, entre outras, segundo as quais cerca de 70% da população das regiões rurais de Aragão viviam em coletividades (p. 71); ele acrescenta que "muitos dos 450 coletivos de trabalho da região funcionavam em grande medida em caráter voluntário", embora "a presença de milicianos da vizinha região da Catalunha, membros em sua imensa maioria da CNT e da FAI", fosse "em certa medida" responsável pela ampla coletivização. Assinala ainda que em muitos casos os proprietários rurais que não se sentiram compelidos a aderir ao sistema coletivo deixaram de fazê-lo por outros motivos: " (...) eles não só foram impedidos de empregar mão-de-obra contratada e dispor livremente de suas colheitas (...) como freqüentemente se viam privados de todas as vantagens desfrutadas pelos membros" (p. 72). Bolloten menciona a tentativa dos comunistas, em abril de 1937, de provocar a dissensão em "regiões nas quais a CNT e a UGT haviam criado fazendas coletivas por acordo mútuo" (p. 195), levando em certos casos a batalhas campais e dezenas de assassinatos, de acordo com fontes da CNT.[107]

A detalhada análise dos acontecimentos do verão de 1937 feita por Bolloten esclarece sobremaneira a questão das atitudes dos camponeses frente à coletivização em Aragão:

> Era inevitável que os ataques aos coletivos tivessem um efeito desfavorável na economia rural e no moral, pois embora seja verdade que em certas áreas a coletivização constituía um anátema para a maioria dos camponeses, não é menos verdade que em outras as fazendas coletivas foram organizadas espontaneamente pelo grosso da população camponesa. Na província de Toledo, por exemplo, onde já existiam coletividades agrárias rurais antes mesmo da guerra, 83% dos camponeses, segundo fonte próxima dos comunistas, decidiram a favor do cultivo coletivo do solo. No momento em que a campanha contra as fazendas coletivas chegava ao auge, pouco antes da colheita de verão [1937] (...) um manto de desânimo e apreensão desceu sobre os trabalhadores rurais. Em muitos lugares, o trabalho no campo foi abandonado ou executado apenas da maneira mais apática, e havia o risco de que uma parte substancial da colheita, vital para o esforço de guerra, viesse a apodrecer. [p. 196]

Foi nestas circunstâncias, frisa ele, que os comunistas se viram forçados a mudar de política e tolerar — temporariamente — os coletivos. Foi baixado um decreto legalizando os coletivos "*no correr do presente ano agrícola*" (grifos dele) e oferecendo-lhes certa ajuda, o que "causou alívio no campo durante o vital período da colheita". Imediatamente depois da colheita, mais uma vez a política foi mudada, procedendo-se a uma dura repressão. Bolloten cita fontes comunistas segundo as quais "no início de agosto uma breve mas furiosa campanha" abriu caminho para a dissolução do Conselho de Aragão. Depois de decretada a dissolução, "o recém-nomeado governador-geral, José Ignacio Mantecón, membro do Partido Republicano de Esquerda, mas secretamente simpatizante dos comunistas [que depois da guerra entrou para o partido no exílio] (...), ordenou o desmantelamento das fazendas coletivas". Os meios a serem empregados para tal: a divisão de Lister, que restabeleceu a velha ordem pela força e o terror. Bolloten cita fontes comunistas que admitem que os métodos de Lister eram excessivamente duros. Cita o secretário-geral comunista do Instituto da Reforma Agrária, reconhecendo que as medidas tomadas para dissolver os coletivos de trabalho foram "um gravíssimo erro, provocando enorme perturbação no campo", pois "as pessoas estavam insatisfeitas com os coletivos (...) tomaram-nos de assalto, levando consigo e partilhando a colheita e os implementos agrícolas, em total desrespeito aos coletivos que haviam sido constituídos sem violência nem pressão, que eram prósperos e representavam um modelo de organização. (...) Em conseqüência, o trabalho no campo foi quase totalmente suspenso, e um quarto das terras ainda não fora preparado no momento da semeadura" (p. 200). Mais uma vez, foi necessário abrandar a dura repressão aos coletivos, para impedir um desastre. Resumindo esses acontecimentos, Bolloten descreve da seguinte maneira a situação resultante:

> Mas embora a situação em Aragão tenha em certa medida melhorado, os ódios e ressentimentos provocados pelo desmantelamento dos coletivos e pela repressão que se seguiu não chegaram a ser totalmente dissipados. Como tampouco seria totalmente eliminada a desilusão que em conseqüência minou o espírito das forças anarco-sindicalistas na frente de Aragão, desilusão que sem dúvida contribuiu para o colapso dessa frente alguns meses mais tarde. (...) após a destruição das fazendas coletivas em Aragão, o Partido Comunista viu-se obrigado a modificar sua política, passando a apoiar também os coletivos de outras regiões frente a antigos proprietários que tentavam reaver terras confiscadas. [pp. 200-201]

Voltando às observações de Jackson, creio que devemos concluir que apresentam a situação de maneira gravemente equivocada.[108]

A dissolução do Conselho de Aragão e a generalizada destruição das coletividades pela força militar foi simplesmente mais uma etapa na erradicação da revolução popular e na restauração da velha ordem. Quero enfatizar que não estou criticando Jackson por sua atitude negativa em relação à revolução social, e sim pela falta de objetividade ao tratar da revolução e da repressão que se seguiu.

Entre os historiadores da Guerra Civil Espanhola, a opinião dominante é que a política dos comunistas era basicamente a correta: para consolidar o apoio interno e internacional à República, era necessário bloquear para em seguida reverter a revolução social. Jackson, por exemplo, afirma que Caballero "deu-se conta de que seria absolutamente necessário reconstituir a autoridade do Estado republicano e trabalhar em estreita cooperação com os liberais de classe média". Os líderes anarquistas que entraram para o governo compartilhavam esse ponto de vista, depositando confiança na boa fé de liberais como Companys e acreditando — ingenuamente, como demonstrariam os acontecimentos — que as democracias ocidentais viriam em sua ajuda.

Uma política diametralmente oposta a esta era defendida por Camillo Berneri. Em sua carta aberta à ministra anarquista Federica Montesny,[109] ele assim resume seu ponto de vista: "O dilema, guerra ou revolução, já não faz mais sentido. *O único dilema é o seguinte: vitória sobre Franco pela guerra revolucionária ou derrota.*" Ele argumentava que devia ser concedida a independência ao Marrocos, tentando-se incitar à rebelião em todo o Norte da África. Assim, seria necessário empreender uma luta revolucionária contra o capitalismo ocidental no Norte da África e, simultaneamente, contra o regime burguês na Espanha, que vinha gradualmente desmontando as conquistas da revolução de julho. A principal frente devia ser política. Franco contava sobremaneira com os contingentes mouros, entre eles numerosos do Marrocos francês. A República poderia explorar este fato, desmoralizando as forças nacionalistas e talvez mesmo conquistando-as para a causa revolucionária mediante agitação política baseada na alternativa concreta da revolução pan-islâmica, ou, mais especificamente, marroquina. Escrevendo em abril de 1937, Berneri insistiu em que o exército da República fosse reorganizado para a defesa da revolução, para que pudesse recobrar o espírito de participação popular dos primeiros dias da revolução. Cita então as palavras de seu compatriota Louis Bertoni, escrevendo da frente de Huesca:

> A guerra espanhola, carente de um novo entusiasmo, de qualquer idéia de transformação social, de toda grandeza revolucionária, de algum significado universal, tornou-se uma mera guerra de independência nacional que precisa ser empreendida para evitar o extermínio exigido pela plutocracia internacional. Permanece uma terrível questão de vida ou morte, mas não mais uma guerra para construir uma nova sociedade e uma nova humanidade.

Numa guerra assim, o elemento humano que poderia proporcionar a vitória sobre o fascismo perdeu-se.

Retrospectivamente, as idéias de Berneri parecem perfeitamente razoáveis. O governo de Valência efetivamente foi abordado por delegações de nacionalistas marroquinos solicitando armas e equipamentos, que no entanto foram recusados por Caballero, que chegou a propor concessões territoriais no Norte da África à França e à Inglaterra para tentar obter seu apoio. Comentando esses fatos, Broué e Témime observam que essas políticas privaram a República do "instrumento do derrotismo revolucionário no exército inimigo" e mesmo de uma possível arma contra a intervenção italiana. Jackson, por sua vez, descarta a sugestão de Berneri com a observação de que a independência do Marrocos (e mesmo a ajuda aos nacionalistas marroquinos) seria "um gesto altamente apreciado em Paris e Londres". Naturalmente, a França e a Grã-Bretanha não teriam propriamente comemorado se isto acontecesse. Como assinala Berneri, "nem é preciso dizer que não seria possível ao mesmo tempo garantir os interesses franceses e britânicos no Marrocos e promover uma insurreição". Mas o comentário de Jackson não toca na questão central, a saber, se a revolução espanhola poderia ter sido preservada — dos fascistas na frente de batalha e da coalizão entre burgueses e comunistas na própria República — por uma guerra revolucionária do tipo que era proposto pela esquerda; ou se a República não poderia ter sido salva por uma luta política envolvendo as tropas mouras invasoras de Franco, ou pelo menos minando seu moral. É fácil perceber por que Caballero não se sentiu atraído por esta ousada alternativa, considerando-se o eventual apoio que esperava das democracias ocidentais. Pelo que hoje sabemos, contudo, a maneira sumária como Jackson descarta a guerra revolucionária é por demais abrupta.

Além disso, as observações de Bertoni na frente de Huesca são corroboradas por muitos outros fatos, alguns dos quais já foram citados aqui. Até mesmo aqueles que consideravam necessária a estratégia comunista de disciplina e controle reconhecem que a repressão que formava parte inalienável dessa estratégia "tendia a abater o espírito de luta da população".[110] Podemos apenas especular, mas a mim parece que muitos observadores têm subestimado gravemente a importância do fator político, o potencial de uma luta popular para defender as conquistas da revolução. Será talvez relevante que as Astúrias, a única região da Espanha onde o sistema de comitês da CNT-UGT não chegou a ser eliminado em favor do controle central, tenha sido também a única onde a guerra de guerrilha teve prosseguimento muito depois da vitória de Franco. Broué e Témime observam[111] que a resistência dos *partisans* nas Astúrias "demonstra a profundidade do elã revolucionário, que não chegara a ser dizimado pelo restabelecimento da autoridade de Estado, ali promovido com maior prudência". Não resta dúvida de que a revolução foi ao mesmo tempo generalizada e profundamente enraizada nas massas espanholas. Parece perfeitamente possível que uma guerra revolucionária como a propugnada por Berneri tivesse êxito, apesar do maior poderio militar dos exércitos fascistas. A idéia de que os homens são capazes de superar as máquinas já não parece tão romântica ou ingênua quanto talvez parecesse há alguns anos.

Além disso, a confiança depositada no governo burguês pelos líderes anarquistas não foi honrada, como demonstra claramente a história da contra-revolução. Retrospectivamente, parece que Berneri estava certo ao sustentar que eles não deviam ter participado do governo burguês, e sim tentado substituí-lo pelas instituições criadas pela revolução.[112] O ministro anarquista García Oliver declarou que "tínhamos confiança na palavra e na pessoa de um democrata catalão e mantivemos e apoiamos Companys na presidência da Generalitat",[113] numa época em que na Catalunha, pelo menos, as organizações dos trabalhadores facilmente poderiam ter substituído o aparato de Estado e dispensado os antigos partidos políticos, pois haviam substituído a velha economia por uma estrutura totalmente nova. Companys reconheceu plenamente que havia limites além dos quais não poderia cooperar com os anarquistas. Em entrevista a H. E. Kaminski, recusou-se a definir esses limites, restringindo-se a manifestar sua esperança de que "as massas anarquistas não se oponham ao bom senso de seus líderes", que "aceitaram as responsabilidades que lhes cabem"; ele considerava que sua função era "orientar essas responsabilidades pelo caminho adequado", tampouco definido na entrevista, mas evidenciado nos acontecimentos que levaram aos Dias de Maio.[114] É provável que a atitude de Companys em relação a essa disposição dos líderes anarquistas de cooperar tenha sido expressa em sua reação à sugestão de um correspondente do *New Statesman* e *Nation*, que previu que o assassinato do prefeito anarquista de Puygcerdá levaria a uma revolta: "[Companys] riu sarcasticamente e disse que os anarquistas capitulariam, como sempre haviam feito."[115] Como já indicamos com algum detalhe, a coalizão entre e os liberais e o Partido Comunista não tinha a menor intenção de permitir que a guerra contra Franco tivesse precedência sobre o esmagamento da revolução. Um porta-voz de Comorera botou a coisa em pratos limpos: "Este lema tem sido atribuído ao PSUC: 'Antes de tomar Saragoça, é necessário tomar Barcelona'. Isto reflete a situação com exatidão."[116] Desde o início, o próprio Comorera pressionara Companys a resistir à CNT.[117] A principal tarefa da coalizão antifascista, sustentava, era dissolver os comitês revolucionários.[118] Já arrolei um bom número de fatos indicando que a repressão promovida pela Frente Popular debilitou seriamente o envolvimento e o compromisso da população com a guerra antifascista. O que estava evidente para George Orwell também parecia claro aos operários de Barcelona e aos camponeses das aldeias coletivizadas de Aragão: a coalizão de liberais e comunistas não toleraria uma transformação revolucionária da sociedade espanhola; só haveria de se comprometer plenamente com a luta contra Franco depois do firme restabelecimento da velha ordem, se necessário pela força.[119]

Não resta muita dúvida de que os trabalhadores rurais dos coletivos entenderam perfeitamente o significado social do impulso para a consolidação e o controle central. É o que podemos constatar não só nas fontes anarquistas mas também na imprensa socialista na primavera de 1937. No dia 1º de maio, o jornal *Adelante*, do Partido Socialista, afirmava o seguinte:

> Ao ter início a revolta fascista, as organizações trabalhistas e os elementos democráticos do país estavam de acordo com que a chamada revolução nacionalista, que ameaçava mergulhar nosso povo num abismo da mais profunda miséria, só poderia ser contida por uma revolução social. Mas o Partido Comunista opôs-se a isto com toda a sua força. Aparentemente, esquecera completamente suas velhas teorias sobre uma "república de operários e camponeses" e uma "ditadura do proletariado". A constante repetição de seu novo lema sobre a república democrática parlamentar deixa claro que ele perdeu toda noção de realidade. Quando os setores católicos e conservadores da burguesia espanhola viram esmagado o seu velho sistema e não encontravam uma saída, nova esperança lhes foi incutida pelo Partido Comunista. Ele tratou de assegurar-lhes que a república burguesa democrática que preconizava não interporia obstáculos à propaganda católica e sobretudo que estava disposta a defender os interesses de classe da burguesia.[120]

O fato de que essa percepção fosse generalizada nas regiões rurais veio a ser dramaticamente enfatizado por um questionário enviado por *Adelante* aos secretários da Federação dos Trabalhadores Rurais da UGT, publicado em junho de 1937.[121] Os resultados resumem-se da seguinte maneira:

> As respostas a essas perguntas revelaram uma incrível unanimidade. Sempre a mesma história. A oposição às coletividades agrárias é hoje mais vigorosa no Partido Comunista. Os comunistas organizam os agricultores prósperos que estão em busca de mão-de-obra barata e por isto se mostram abertamente hostis às cooperativas criadas pelos agricultores pobres.

> São os elementos que antes da revolução simpatizavam com os fascistas e os monarquistas que, segundo depoimento dos representantes sindicais, hoje aderem em massa às fileiras do Partido Comunista. Quanto ao efeito geral da atividade comunista no país, os secretários da UGT tinham uma só opinião, assim resumida pelo representante da organização de Valência: "Trata-se de uma desgraça, no sentido mais completo da palavra."[122]

Não é difícil imaginar como o reconhecimento dessa "desgraça" deve ter afetado a disposição dos trabalhadores rurais de participar da guerra antifascista, com todos os sacrifícios implicados.

A atitude do governo central em relação à revolução foi revelada brutalmente por seus atos, sendo igualmente atestada em sua propaganda. A situação é assim descrita por um ex-ministro:

> O fato ocultado pela coligação do Partido Comunista Espanhol com os republicanos de esquerda e os socialistas de direita é que uma bem-sucedida revolução social ocorreu em metade da Espanha. Bem-sucedida na coletivização de fábricas e fazendas que passaram a ser geridas sob controle sindical, e geridas muito eficientemente. Nos três meses em que fui diretor de propaganda para os Estados Unidos e a Inglaterra, sob as ordens de Alvarez del Vayo, então ministro do exterior do governo de Valência, fui instruído a não divulgar lá fora uma única palavra sobre esta revolução no sistema econômico da Espanha legalista. E tampouco os correspondentes estrangeiros em Valência podem escrever livremente sobre a revolução que ocorreu.[123]

Resumindo, existem muitos motivos para crer que a disposição para combater Franco foi consideravelmente abalada, e talvez destruída, pela política de centralização autoritária adotada pela coalizão liberal-comunista, imposta pela força e disfarçada na propaganda disseminada entre intelectuais ocidentais,[124] que ainda hoje domina os trabalhos históricos. Na medida em que esta avaliação possa ser considerada correta, a alternativa proposta por Berneri e os "extremistas" de esquerda ganha plausibilidade.

Como observamos anteriormente, Caballero e os ministros anarquistas aceitaram a política de contra-revolução em decorrência da confiança que depositavam nas democracias ocidentais, que, estavam convencidos, mais cedo ou mais tarde viriam em sua ajuda. Este sentimento talvez fosse compreensível em 1937. Parece estranho, contudo, que um historiador escrevendo na década de 1960 descartasse a proposta de atacar pela retaguarda de Franco, levando a guerra revolucionária ao Marrocos, sob a alegação de que isto teria desagradado ao capitalismo ocidental.

Berneri tinha razão de pensar que as democracias ocidentais não participariam de uma luta antifascista na Espanha. Na realidade, não era de pouca monta sua cumplicidade na insurreição fascista. Os banqueiros franceses, de maneira geral favoráveis a Franco, bloquearam a liberação de ouro espanhol para o governo legalista, com isto comprometendo a compra de armas e, de passagem, aumentando a dependência da República à União Soviética.[125] A política de "não-intervenção", que concretamente bloqueava a ajuda ocidental ao governo legalista enquanto Hitler e Mussolini na prática ganhavam a guerra para Franco, também foi tecnicamente inaugurada pelo governo francês — embora aparentemente sob forte pressão britânica.[126]

Quanto à Grã-Bretanha, a esperança de que viesse a ajudar a República foi desde o início irrealista. Dias depois do golpe de Franco, o editor do noticiário internacional do *Paris-Soir* escreveu: "Pelo menos quatro países já estão ativamente envolvidos na batalha — a França, que apóia o governo de Madri, a Grã-Bretanha, a Alemanha e a Itália, que vêm fornecendo discreta mas eficaz ajuda a este ou aquele grupo dos insurgentes."[127] Na realidade, o apoio britânico a Franco assumiu forma das mais concretas logo nas primeiras etapas da insurreição. A marinha espanhola manteve-se leal à República* e fez algumas tentativas de impedir que Franco transportasse tropas do Marrocos para a Espanha. O empenho da Itália e da Alemanha no sentido de neutralizar esses esforços está bem documentado[128]; o papel da Grã-Bretanha tem merecido menos atenção, mas pode ser determinado com base em relatos da época. No dia 11 de agosto de 1936, o *New York Times* trazia na primeira página uma reportagem sobre manobras navais britânicas no estreito de Gibraltar, comentando que "esta iniciativa ajuda os rebeldes, impedindo ataques a Algeciras, onde desembarcam tropas do Marrocos". (Dias antes, navios de guerra legalistas haviam bombardeado Algeciras, danificando o consulado britânico.) Na mesma edição, um despacho de Gibraltar relatava a situação tal como vista dali:

> Irritada com os riscos a que as facções espanholas expunham com seus combates a navegação e o território neutro de Gibraltar, a Grã-Bretanha praticamente bloqueou o porto de Gibraltar na noite passada, com o enorme navio de guerra *Queen Elizabeth* bem no meio da entrada, constantemente projetando holofotes nas águas próximas.
>
> Muitos navios de guerra britânicos patrulhavam hoje todo o estreito, decididos a impedir qualquer interferência no controle britânico da entrada do Mediterrâneo, uma passagem vital para a linha de comunicações britânica para o Oriente.

---

*Mais precisamente, oficiais pró-Franco foram mortos e os marinheiros mantiveram-se leais à República, em muitos casos.

Esta iniciativa seguiu-se a reiteradas advertências ao governo espanhol e ao decreto baixado ontem anunciando que não seriam tolerados mais combates no porto de Gibraltar. Os britânicos de Gibraltar estavam cada vez mais inquietos desde o bombardeio de Algeciras pelo navio de guerra legalista *Jaime I*.

Embora a neutralidade britânica seja preservada, a patrulha do estreito e o fechamento do porto ajudarão os rebeldes militares, pois os navios de guerra legalistas não podem tentar tomar Algeciras, hoje nas mãos dos rebeldes, e isolar completamente os rebeldes do Marrocos. Já agora os rebeldes podem liberar tropas que haviam retornado apressadamente a Algeciras para ações mais ao norte, na investida sobre Madri.

Informou-se esta noite em Gibraltar que os rebeldes haviam enviado uma embarcação pelo estreito e promovido o desembarque de mais tropas do Marrocos, para serem integradas às colunas que marcham em direção norte a partir das bases em Sevilha.

Foi a segunda vez este ano em que a Grã-Bretanha advertiu uma potência ao sentir ameaçado o seu controle do Mediterrâneo, e resta saber se o governo de Madri zombará dos britânicos, como fizeram os italianos. Se tentar fazê-lo, os artilheiros britânicos do forte de Gibraltar estão instruídos a dar tiros de advertência. É óbvio o que acontecerá se esses tiros não surtirem o desejado efeito.

Todos os britânicos aqui referem-se ao governo de Madri como os "comunistas", e não restam dúvidas quanto às simpatias britânicas, estimuladas pela declaração do general Francisco Franco, comandante dos rebeldes, de que não está recebendo particular ajuda da Itália.

O governo britânico comunicou aos espanhóis daqui que não tolerará conspiração de qualquer espécie, sob pena de expulsão, e apelou aos britânicos no sentido de que "se eximam lealmente de agir ou falar em público de maneira que denote nítida parcialidade ou sectarismo".

> A advertência, publicada na gazeta de Gibraltar, de circulação oficial, era assinada pelo secretário britânico das colônias lotado aqui.
>
> A advertência foi feita depois que chegaram aos ouvidos de dirigentes oficiais notícias de possível agitação comunista aqui e de insistentes queixas de que os rebeldes espanhóis se encontravam em Gibraltar. Afirmava-se que os rebeldes estavam se estabelecendo aqui e entrando em La Linea para combater. [Os grifos são meus.]

Reproduzi este documento na íntegra porque ele dá bem a idéia do caráter da "neutralidade" britânica nas primeiras etapas da guerra e dali para a frente. Em maio de 1938, o embaixador britânico na Espanha, *sir* Henry Chilton, "manifestou a convicção de que uma vitória de Franco era necessária para a paz na Espanha; de que não havia a menor possibilidade de que a Itália e/ou a Alemanha dominassem a Espanha; e de que, ainda que fosse possível uma vitória do governo espanhol (na qual não acreditava), ele estava convencido de que a vitória de Franco seria melhor para a Grã-Bretanha".[129] Churchill, que no início opunha-se violentamente à República, de certa forma modificou sua posição depois do esmagamento da revolução no verão de 1937. Agradou-lhe em particular a violenta repressão dos anarquistas e a militarização da República (considerada necessária, quando "toda a estrutura da civilização e da vida social é destruída", como fizera a revolução, já agora felizmente dominada.[130]) Mas o fato é que seus sentimentos de identificação com a República sofriam ressalvas. Em entrevista a 14 de agosto de 1938, ele assim se manifestava: "Franco tem o direito do seu lado porque ama o seu país. E Franco também está defendendo a Europa contra o perigo comunista — se quiser colocar as coisas assim. Já eu sou um cidadão inglês, e prefiro a vitória da causa errada. Prefiro que o outro lado vença, pois Franco pode ser um transtorno ou uma ameaça para os interesses britânicos, e os outros, não."[131]

Os alemães, naturalmente, tinham perfeita consciência das inclinações britânicas, e portanto preocupavam-se muito com a eventualidade de que o comitê de supervisão do acordo de não-intervenção fosse instalado em Londres, e não em Paris. O funcionário do Ministério do Exterior alemão responsável pela questão expressou seu ponto de vista da seguinte maneira a 29 de agosto de 1936: "Naturalmente, devemos contar com a apresentação em Londres de todo tipo de queixas de desrespeito da obrigação de não intervir, mas de qualquer maneira não poderemos evitá-las. Na realidade, só pode ser interessante para nós se o centro de gravidade, que afinal de contas tem estado até agora em Paris, em vista da iniciativa francesa, for transferido para Londres."[132] Eles não seriam desapontados. Em novembro, o ministro britânico do exterior, Anthony Eden, declarava na Câmara dos Comuns: "No que diz respeito às transgressões [do acordo de não-intervenção], quero declarar categoricamente que considero que outros governos merecem mais ser acusados que os da Alemanha e da Itália."[133] Esta declaração não tinha qualquer fundamentação nos fatos, mas efetivamente refletia a atitude britânica. É interessante notar que, segundo fontes alemãs, na época a Inglaterra fornecia munições a Franco através de Gibraltar, ao mesmo tempo fornecendo informações à Alemanha sobre entregas de armas à República por parte da Rússia.[134]

A esquerda britânica favorecia de modo geral o apoio à coalizão liberal-comunista, considerando Caballero um "esquerdista infantil" e os anarquistas em geral inqualificáveis.

A política britânica de apoio discreto a Franco teria êxito na preservação dos interesses britânicos na Espanha, como logo descobririam os alemães. De uma nota enviada pelo Ministério do Exterior alemão à embaixada na Espanha nacionalista em outubro de 1937 constava a seguinte observação: "Temos de reconhecer o fato de que a Inglaterra não poderá ser permanentemente mantida à distância do mercado espanhol, como no passado. As antigas relações da Inglaterra com as minas espanholas e o desejo do generalíssimo, em virtude de considerações políticas e econômicas, de chegar a um entendimento com a Inglaterra colocaram certos limites a nossas chances de nos assegurar em caráter permanente a reserva de matérias-primas espanholas."[135]

Cabe apenas especular quais poderiam ter sido os efeitos de um apoio britânico à República. A análise dessa questão nos levaria muito longe, enveredando pelo exame da diplomacia britânica no fim da década de 1930. Mas talvez valha a pena mencionar, agora que a "analogia de Munique" vem sendo acenada a torto e a direito pelo secretário Rusk e certos partidários seus no mundo acadêmico, em total desrespeito aos fatos históricos, que a "contenção do comunismo" não foi uma política inventada por George Kennan em 1947. Falando especificamente, tratava-se de um tema dominante na diplomacia da década de 1930. Em 1934, Lloyd George afirmava que "muito em breve, talvez dentro de um ano, talvez em dois, os elementos conservadores de nosso país estarão considerando a Alemanha como o baluarte contra o comunismo na Europa. (...) Não devemos nos apressar a condenar a Alemanha. Estaremos abrindo os braços à Alemanha como nossa amiga."[136] Em setembro de 1938, era assinado o acordo de Munique; pouco depois, tanto a França quanto a Grã-Bretanha efetivamente abriram os braços à Alemanha como "nossa amiga". Como observamos anteriormente (ver nota 99), até mesmo o papel de Churchill nessa época pode ser de certa forma questionado. Naturalmente, o acordo de Munique representava o dobre de finados da República espanhola, exatamente como a necessidade de contar com a União Soviética assinalara em 1937 o fim da revolução espanhola.

Como a França, os Estados Unidos mostraram menos iniciativa nesses acontecimentos que a Grã-Bretanha, que tinha interesses econômicos muito mais concretos na Espanha e atuava de maneira mais independente nas questões européias. Todavia, o histórico americano não é propriamente digno de orgulho. Tecnicamente, os Estados Unidos adotaram uma posição de estrita neutralidade. Mas um exame atento levanta certas dúvidas. De acordo com informações obtidas por Jackson, "o coronel americano que dirigia a companhia telefônica pusera linhas privadas à disposição dos conspiradores madrilenhos para suas conversas com os generais Mola e Franco",[137] pouco antes da insurreição em 17 de julho. Em agosto, o governo americano exortou a Martin Aircarft Company a não honrar um acordo firmado antes da insurreição para fornecimento de aviões à República e também pressionou o governo mexicano a não remeter para a Espanha materiais de guerra comprados nos Estados Unidos.[138] Um exportador americano de armas, Robert Cuse, insistiu em dezembro de 1936 no seu direito de enviar aviões e motores aeronáuticos à República, e o Departamento de Estado foi obrigado a autorizar. Cuse foi acusado de falta de patriotismo por Roosevelt, que no entanto teve de admitir que a solicitação era perfeitamente legal. Roosevelt assim comparou a atitude de Cuse com as de outros empresários:

> Pois bem, essas empresas atenderam à solicitação do governo. Noventa por cento do mundo dos negócios são honestos, ou seja, honestos do ponto de vista ético. São os 90% de que sempre nos orgulhamos. Até que um indivíduo faz algo perfeitamente legal, mas decididamente impatriótico. Ele representa os 10% do mundo dos negócios que não estão à altura dos melhores padrões. Desculpem o sermão, mas aí está o meu sentimento mais profundo.[139]

Entre as empresas que se mantinham "eticamente honestas", não incorrendo portanto na ira de Roosevelt, estava a Texaco Oil Company, que violou seus contratos com a República espanhola, preferindo enviar petróleo para Franco. (Cinco navios-tanque que estavam em alto-mar em julho de 1936 foram desviados para Franco, que durante a Guerra Civil recebeu créditos de 6 milhões de dólares para aquisição de petróleo.) Aparentemente, nem a imprensa nem o governo americano conseguiram descobrir este fato, embora fosse veiculado na época em jornais de esquerda.[140] Há indícios de que o governo americano compartilhava os temores de Churchill e outros a respeito das forças perigosas do lado republicano. O secretário de Estado Cordell Hull, por exemplo, informou a Roosevelt, a 23 de julho de 1936, que "um dos fatores mais graves nesta situação está no fato de que o governo [espanhol] distribuiu grandes quantidades de armas e munição a membros irresponsáveis de organizações políticas de esquerda".[141]

Tal como Churchill, muitos americanos responsáveis começaram a repensar sua atitude em relação à República após o esmagamento da revolução social.[142] Mas as relações com Franco continuaram sendo cordiais. Em 1957, o presidente Eisenhower cumprimentou-o pelo "feliz aniversário" de sua rebelião,[143] e o secretário Rusk prestaria sua homenagem em 1961. Criticado,

Rusk foi defendido pelo embaixador americano em Madri, que observou que a Espanha é "um país que entende a natureza implacável da ameaça comunista",[144] como a Tailândia, a Coréia do Sul, Formosa e alguns outros países seletos do mundo livre.[145]

À luz de fatos como esses, parece-me que Jackson não trata com seriedade os fatos históricos, ao descartar como absurdas as propostas da esquerda espanhola. É muito possível que a estratégia de Berneri tivesse fracassado, como aconteceu com a da coalizão liberal-comunista que se apoderou da República. Mas longe estava de ser absurda. Creio que a incapacidade dos historiadores de considerá-la mais seriamente deriva mais uma vez do viés elitista que domina os estudos históricos — e também, neste caso, de um certo sentimentalismo a respeito das democracias ocidentais.

O estudo sobre a coletivização publicado em 1937 pela CNT[146] conclui com uma descrição da aldeia de Membrilla: "Em seus miseráveis casebres vivem os habitantes de uma província pobre; oito mil pessoas, mas as ruas não são calçadas, a cidade não tem um jornal, um cinema, nem um café ou uma biblioteca. Por outro lado, tem muitas igrejas, que foram incendiadas." Imediatamente depois da insurreição de Franco, as terras foram desapropriadas, e a vida na aldeia, coletivizada. "Alimentos, roupas e ferramentas foram distribuídos igualitariamente a toda a população. O dinheiro foi abolido, o trabalho, coletivizado, todos os bens foram transferidos à comunidade, o consumo foi socializado. Não se tratava, contudo, de uma socialização da riqueza, mas da pobreza." O trabalho teve prosseguimento, sem interrupção. Um conselho eleito designou comitês para a organização da vida da comuna e suas relações com o mundo externo. Os artigos de primeira necessidade eram distribuídos livremente, sempre que disponíveis. Refugiados foram acolhidos em grande número.

Criou-se uma pequena biblioteca, assim como uma pequena escola de desenho.

O documento termina com as seguintes palavras:

> Toda a população vivia como numa grande família; funcionários, delegados, o secretário dos sindicatos, os membros do conselho municipal, todos eleitos, agiam como chefes de uma família. Mas eram controlados, pois a corrupção e os privilégios especiais não seriam tolerados. Membrilla talvez seja a aldeia mais pobre da Espanha, mas é a mais justa.

Um relato dessa natureza, com sua preocupação com as relações humanas e o ideal de uma sociedade justa, deve parecer muito estranho à consciência do intelectual sofisticado, sendo por isto tratado com desprezo ou considerado ingênuo, primitivo ou irracional. Somente quando este tipo de preconceito for deixado para trás será possível aos historiadores empreender um estudo sério do movimento popular que transformou a Espanha republicana em uma das mais notáveis revoluções sociais registradas pela história.

Comentando a desmoralização causada pelas práticas autoritárias do governo central, Franz Borkenau (p. 295) observa que "os jornais são escritos por editores europeizados, e o movimento popular é desarticulado no que diz respeito a seus impulsos mais profundos (...) [que só podem ser demonstrados] (...) através de atos". A objetividade dos estudos acadêmicos continuará sendo uma ilusão enquanto esses impulsos não articulados continuarem fora do seu alcance. No que diz respeito à revolução espanhola, sua história ainda está por ser escrita.

Concentrei-me num tema — a interpretação da revolução social na Espanha — em um trabalho histórico, um trabalho que constitui excelente exemplo dos estudos liberais. Parece-me haver indicações mais que suficientes de que um profundo viés contra a revolução social e um compromisso com os valores e a ordem social da democracia burguesa liberal levaram o autor a apresentar acontecimentos cruciais de maneira equivocada e a ignorar decisivas correntes históricas. Minha intenção não foi questionar o compromisso com tais valores — esta já seria bem outra questão. O que pretendi foi mostrar como este compromisso levou a uma impressionante falta de objetividade, proporcionando um exemplo de "subordinação contra-revolucionária" muito mais sutil e interessante — e, em última análise, quero crer, muito mais importante — que os analisados na primeira parte deste ensaio.

III

Ao iniciar esta análise da revolução espanhola, referi-me à clássica crítica de esquerda do papel social dos intelectuais, marxistas ou não, na sociedade moderna, e às reservas de Rosa Luxemburgo a respeito do bolchevismo. Os sociólogos ocidentais têm reiteradamente enfatizado a relevância dessa análise no que diz respeito aos acontecimentos na União Soviética,[147] com muita injustiça. Os mesmos sociólogos formulam "a revolução mundial da época" nos seguintes termos: "A principal mudança é o declínio dos negócios (e das formações sociais preexistentes) e a ascensão de intelectuais e semi-intelectuais ao poder efetivo."[148] A crítica de "ultra-esquerda" antevia nesses desdobramentos um novo ataque contra a liberdade humana e um sistema de exploração mais eficiente ainda. O sociólogo ocidental enxerga na ascensão dos intelectuais ao poder efetivo a esperança de uma sociedade mais humana funcionando em termos mais brandos, na qual os problemas podem ser resolvidos por uma "tecnologia do caso a caso". Quem enxerga com mais acuidade? Uma coisa é clara: existem tendências perigosas na ideologia da *intelligentsia* do Estado de bem-estar social que alega dispor da técnica e do entendimento necessários para gerir nossa "sociedade pós-industrial" e organizar uma sociedade internacional dominada pela superpotência americana. Muitos desses perigos são revelados, num nível puramente ideológico, no estudo da subordinação contra-revolucionária do saber acadêmico. Os perigos existem tanto na medida em que a presunção de conhecimento é real quanto na medida em que é fraudulenta. Na medida em que efetivamente existe, a técnica de gestão e controle pode ser usada para consolidar a autoridade daqueles que a exercem e limitar as experiências espontâneas e livres com novas formas sociais, assim como pode limitar as possibilidades de reconstrução da sociedade no interesse daqueles que hoje são em maior ou menor grau despossuídos. No caso de falharem, as técnicas serão supridas por todos os métodos de coerção proporcionados pela moderna tecnologia, para preservar a ordem e a estabilidade.

Para ter uma idéia do que pode vir pela frente, vejam-se as conferências Godkin recentemente proferidas por McGeorge Bundy em Harvard.[149] Bundy propõe que o ramo executivo do governo passe a concentrar mais poderes, pois hoje se mostra "perigosamente fraco em comparação com as missões de que está investido". Que este poderoso executivo agirá com justiça e sabedoria é algo que presumivelmente não precisa ser justificado. A título de exemplo desse executivo superior que deve ser atraído para o governo e dotado de poderes ainda maiores, Bundy cita Robert McNamara. Nada poderia revelar com mais clareza os perigos inerentes à "nova sociedade" do que o papel que o Pentágono de McNamara tem desempenhado na última meia dúzia de anos. Não resta dúvida de que McNamara conseguiu executar com a mais extrema eficiência aquilo exatamente que de todo não devia ser feito. Não resta dúvida de que evidenciou incomparável maestria da logística da coerção e da repressão, combinada à mais impressionante incapacidade de entender os fatores políticos e humanos. A eficiência do Pentágono não é menos impressionante que seus tombos.[150] Quando falha o entendimento, sempre há mais alguma força em reserva. À medida que as "experiências de controle de recursos materiais e humanos" entram em colapso e o "desenvolvimento revolucionário" estanca, simplesmente passamos a recorrer mais abertamente às táticas do tipo Gestapo que mal se ocultam por trás da fachada da "pacificação".[151] Quando as cidades americanas explodirem, podemos esperar o mesmo. A técnica de "guerra limitada" traduz-se claramente num sistema de repressão interna — muito mais humano, como rapidamente se tratará de explicar, do que massacrar os que não se dispõem a esperar a inevitável vitória da guerra contra a pobreza.

Por que deveria um intelectual liberal sentir-se convencido das virtudes de um sistema político de ditadura quadrienal? A resposta parece perfeitamente clara.

Notas

1. "Politics and the Morality of Scholarship", em Max Black, org., *The Morality of Scholarship* (Ithaca, N.Y., Cornell University Press, 1967), pp. 59-88.
2. "The War and Its Effects — II", *Congressional Record*, 13 de dezembro de 1967.
3. *Congressional Record*, 27 de julho de 1967.

4. William A. Nighswonger, *Rural Pacification in Vietnam* (Praeger Special Studies; Nova York, Frederick A. Praeger, Inc., 1967) — de uma série de "pesquisas monográficas especializadas em economia e política americanas e internacionais".
5. Ithiel de Sola Pool, "The Necessity for Social Scientists Doing Research for Governments", *Background*, vol. 10 (agosto de 1966), p. 111.
6. Max Ways escreve na *Fortune* que "McNamara, seus analistas de sistemas e seus computadores não só têm contribuído para a eficiência das ações americanas na prática como *elevado o nível moral das políticas adotadas,* mediante mais consciente e seletiva atenção à definição de suas metas" (grifos meus). Citado por Andrew Kopkind, "The Future-Planners", *New Republic*, 25 de fevereiro de 1967, p. 23. Desnecessário qualquer comentário.
7. Daniel Bell, "Notes on the Post-Industrial Society: Part I", *The Public Interest*, nº 6, 1967, pp. 24-35.
8. Alguns dos perigos são assinalados por Richard Goodwin em resenha sobre *Arms and Influence,* de Thomas Schelling, no *New Yorker*, 17 de fevereiro de 1968, pp. 127-34. Ele observa que "a mais profunda objeção a esse tipo de teoria estratégica não diz respeito à sua utilidade limitada, mas a seu perigo, pois ela pode nos levar a acreditar que temos uma compreensão dos acontecimentos e um controle de seu fluxo que na realidade não temos". Uma objeção ainda mais profunda, creio eu, é que a suposta objetividade da "teoria estratégica" pode ser usada para justificar a tentativa de controlar o fluxo de acontecimentos.
9. Seymour M. Lipset, *Political Man* (Garden City, N.Y., Doubleday & Company, Inc., 1960), p. 406.
10. "Status Politics and New Anxieties", em *The End of Ideology* (Nova York, The Free Press, 1960), p. 119.
11. "The Necessity and Difficulty of Planning the Future Society", alocução na Conferência do Instituto Americano de Planejadores, Washington, D.C., 3 de outubro de 1967. Citando-a, o senador Fulbright (*op. cit.*) comenta muito adequadamente que "a pobreza, que num país pobre é uma tragédia, marca nossa sociedade afluente com algo mais que uma tragédia; sendo desnecessária, ela é também profundamente imoral". Ele também compara "os 904 bilhões de dólares que gastamos em for-

ça militar desde a Segunda Guerra Mundial" com "os 96 bilhões que gastamos, de nosso orçamento nacional normal, com educação, saúde, habitação e desenvolvimento comunitário". Em seu livro *Challenge to Affluence* (Nova York, Pantheon Books, 1963), Myrdal conclui que "na sociedade como um todo, a igualdade de oportunidades é hoje maior do que jamais foi. Para a camada mais baixa, contudo, é menor ou nula" (p. 38). Ele questiona a pressuposição de que "a América continua sendo a mesma sociedade livre e aberta de sua mais cara imagem e de seus bem estabelecidos ideais", observando que "à medida que os tipos de trabalho que podem ser executados pelos habitantes das favelas urbanas e rurais se tornam cada vez menos necessários, eles passarão a ficar cada vez mais isolados e expostos ao desemprego e à pura e simples exploração. Um cheiro terrível vem subindo do porão da imponente mansão americana" (p. 49).

12. Adam Ulam, *The Unfinished Revolution* (Nova York, Vintage Books, 1964), p. 97.
13. Em 1965, 20 dentre 420 mil empresas tinham 38% de lucro depois de pagar os impostos, e os rendimentos sobre investimentos estrangeiros em muito superavam o triplo dos valores que atingiam 15 anos antes. As vendas da GM só não superaram o PNB de nove países estrangeiros. As 10 maiores empresas registraram lucros equivalentes aos das 490 seguintes. Mil empresas deixaram de existir em virtude de processos de fusão.
14. "America in the Technetronic Age", *Encounter*, vol. 30 (janeiro de 1968), pp. 16-26.
15. "Marxian Socialism in the United States", em Donald D. Egbert e S. Persons, orgs., *Socialism and American Life* (Princeton, N.J., Princeton University Press, 1952), vol. 1, p. 329.
16. *Op. cit.*, p. 5. Menos típica, e mais realista, é a sua crença de que esses problemas "parecem desafiar a capacidade do cientista social". Para uma análise genérica dessa "generosidade", ver, por exemplo, David Horowitz, *Hemispheres North and South* (Baltimore, The Johns Hopkins Press, 1966), assim como muitos outros estudos especiais. Em sua grande maioria, os funcionários públicos americanos não compartilham essa confiança em nossa generosidade. Por exemplo, o secretário de Estado adjunto para a América Latina observou sem rodeios que "o Departamento de Estado

não se inclina a estimular grandes empréstimos de fundos públicos a países que não estão abertos a nosso capital privado" (*State Department Bulletin* nº 22, 1950, citado em Frederick Clairmonte, *Economic Liberalism and Underdevelopment* [Bombaim e Londres, Asia Publishing House, 1960], p. 248). Em depoimento no Congresso sobre o Banco Asiático de Desenvolvimento, Eugene Black informou que "quando o banco concede empréstimos, são feitas licitações internacionais, e estou convencido de que, com a capacidade e a habilidade que temos em nosso país, conseguiremos nossa parte no negócio. Certamente deveríamos conseguir mais que a pequena quantia com que contribuímos". David Bell declarou em seu depoimento que "o banco desempenhará um papel decisivo na promoção de uma outra política do nosso programa de assistência: fortalecer o papel do setor privado (...) identificando projetos particulares capazes de atrair capital privado, contribuindo para o estabelecimento de planos de desenvolvimento e o estímulo a políticas de fomento à iniciativa privada e atraindo capitais privados para a região". Nem uma palavra, aqui, sobre "a generosidade que caracteriza nossa política".

Não menos reveladora é a história de programas como a Aliança para o Progresso. Como comentou o senador Gore, este programa "tornou-se em grande medida um subsídio para empresas e exportadores americanos" (*Congressional Record*, 22 de julho de 1966) — avaliação das mais justas, ao que parece. Por exemplo, o programa de empréstimos AID, na América Latina, baseia-se, segundo o ex-funcionário da Aliança para o Progresso William Rogers (*The Twilight Struggle* [Nova York, Random House, 1967], p. 205), em dois elementos: "a comprovação de uma balança de pagamentos necessária para aumentar a capacidade do país de importar produtos e serviços americanos e a adoção de políticas e programas públicos que representem garantias contra a fuga de capitais nas contas internacionais ou o mau emprego de recursos internos em decorrência de previsões orçamentárias ineficientes, redução da poupança local ou inflação". Comentando essas referências, Robert Smith observa que "este último parâmetro contemplava também aumento da taxação da renda, redução dos déficits orçamentários, eliminação de 'subsídios desvirtuadores a atividades públicas' e a adoção de 'incentivos oficiais a investimentos e crescimento no setor privado'". (*New Politics*, vol. 6 [primavera de 1967], pp. 49-57. Para algumas observações sobre o outro lado de nosso programa de assistência, a ajuda militar, ver os artigos de James Petras nesta edição e na anterior.)

17. "To Intervene or Not to Intervene", *Foreign Affairs*, vol. 45 (abril de 1967), pp. 425-36.
18. *New York Times*, 20 de dezembro de 1967. O *Times* identifica o material impresso como "trechos", mas não há qualquer diferença em relação ao documento integral. Fui informado de que muitos outros estudiosos também já o assinaram.
19. Ver as resenhas de Coral Bell e B. R. O'G. Anderson em *China Quarterly*, nº 28 (outubro-dezembro de 1966), pp. 140-43. Cabe assinalar que a oposição à mudança social e o apoio à violência contra-revolucionária utilizada para impedi-la constituem traços duradouros da história cultural americana. Assim, segundo o historiador americano Louis Hartz, "não resta dúvida de que até mesmo o surgimento do mais brando socialismo em 1848, o de Ledru Rollin e das oficinas nacionais, foi suficiente para provocar uma generalizada consternação americana. Não se ouviram na América clamores contra a repressão da revolta dos operários de Paris em junho, como tampouco contra a repressão dos *communards* em 1871. Eram casos de violência, e muita violência, mas ela estava sendo usada em nome da ordem pública, como asseverou o autor de um editorial [no *New York Journal of Commerce*]". (*The Nature of Revolution*, Depoimento na Comissão de Relações Exteriores do Senado, 26 de fevereiro de 1968 [Washington, Government Printing Office, 1968].)
20. "The Public and the Polity", em Ithiel de Sola Pool, org., *Contemporary Political Science: Toward Empirical Theory* (Nova York, Mc-Graw-Hill Book Company, 1967), p. 26.
21. Clairmonte, *op. cit.*, p. 325.
22. Documentação comprobatória recente é fornecida por George M. Kahin em memorando de 13 de abril de 1967 constante do Congressional Record. Ele cita a estimativa do Corpo de Fuzileiros Navais de que, nessa província, principal área de atuação dos fuzileiros, 18 dos 549 povoados estavam "em segurança".
23. Albert Shaw, editor da *American Review of Reviews*, comentando, em 1893, o fato de a América não ter conseguido apossar-se de colônias.

Citado em Ernest R. May, *Imperial Democracy* (Nova York, Harcourt, Brace & World, Inc., 1961), p. 23.

24. Citado por Robert Guillain no *Le Monde*, 25 de maio de 1966; tradução para o inglês sob o título *Vietnam, the Dirty War* (Londres, Housmans, 1966).
25. Segundo Jonathan Randal (*New York Times*, 11 de junho de 1967), "um único oficial de patente superior à de tenente-coronel não serviu no exército francês contra o Vietminh durante a guerra da Indochina".
26. Douglas Pike, *Viet Cong* (Cambridge, Mass., The M.I.T. Press, 1966), pp. 361-62.
27. *Vietnam: A Dragon Embattled* (Nova York, Frederick A. Praeger, Inc., 1967), vol. 2, p. 952. Ver também nota 29.
28. *World Communism* (1939; reimpressão Ann Arbor, University of Michigan, 1962), p. 24.
29. *Op. cit.*, vol. 2, p. 856. Explica Buttinger: "As eleições locais teriam dado ao Vietminh o controle da maioria das comunidades rurais. O Vietminh não só era popular e exercia efetivo controle político de amplas regiões como era a única organização dotada de colaboradores com a necessária capacidade organizacional para explorar as oportunidades de expressão democrática criadas pelo regime." Ele acrescenta que "a FLN era efetivamente o Vietminh renascido", falando da "semelhança, ou, por outra, a quase identidade entre o Vietminh e a FLN".
30. Roger Hilsman, "Internal War: The New Communist Tactic", em Franklin Mark Osanka, org., *Modern Guerrilla Warfare* (Nova York, The Free Press, 1962), p. 460.
31. Alastair Buchan, diretor do Instituto de Estudos Estratégicos de Londres, refere-se aos sul-coreanos como uma "organização de 'negros e morenos' asiáticos" ("Questions about Vietnam", *Encounter*, vol. 30, [janeiro de 1968], pp. 3-12).

    Sobre os motivos do extraordinário êxito da pacificação na província de Binh Dinh, ver Bernard Fall, *Last Reflections on a War* (Garden City, N.Y., Doubleday & Company, Inc., 1967), p. 159. Foi esta uma das "áreas em que as operações americano-coreanas com múltiplas divisões literalmente asfixiaram a oposição" com "operações de busca e destruição" e um permanente e "estrito controle militar" — ou pelo menos assim parecia, até o fim de 1967, e finalmente fevereiro de 1968, quando a tampa explodiu. O episódio é relatado em reportagem sobre a província de Binh Dinh, a província "modelo" em matéria de pacificação, no *New York Times*, 20 de fevereiro. "As manobras do inimigo em dezembro — consideradas por muitos militares um 'amaciamento' para a ofensiva — levaram a uma onda de ataques aéreos aliados contra aldeias. Centenas de casas foram destruídas" — a reação americana habitual. Informa um funcionário americano: "O que o Vietcong fez foi ocupar os povoados que havíamos pacificado exclusivamente para atrair os aliados e bombardeá-los. Por causa de sua presença, os povoados foram destruídos." Nossos especialistas em guerra psicológica certamente estão agora explicando aos vietnamitas, que parecem ter certa dificuldade para entender essas sutilezas, que a destruição das aldeias foi culpa do Vietcong. Seja como for, prossegue a reportagem, "todo o programa para a província relativo ao ano de 1968 foi então engavetado" e "o programa sofreu um recuo de 14 a 18 meses" — ou seja, de volta à época da saturação inicial com tropas americanas e coreanas. "A coisa toda saiu pelo ralo", comentou sombriamente um funcionário americano.

32. *United States Policy and the Third World* (Boston, Little, Brown and Company, 1967), cap. 3.
33. Morton H. Halperin, *Contemporary Military Strategy* (Boston, Little, Brown and Company, 1967), pp. 141-2. Sou grato a Herbert P. Bix por chamar minha atenção para esta contribuição às ciências sociais.
34. Wolf, *op. cit.*, p. 69.
35. Não haveria muito sentido numa discussão prolongada do conceito de relações internacionais em Wolf ou de seus estudos empíricos. Para tomar alguns exemplos, ele considera, sem questionamento, que o empenho do Vietnã do Norte no sentido de "desestabilizar o regime" no Sul foi em parte motivado pelos "acentuados progressos econômicos e sociais promovidos pelo regime de Diem entre 1955 e 1960 — progressos espetaculares, em comparação com a estagnação econômica no Vietnã do Norte" (para conhecer os fatos e não apenas a fantasia em matéria de desenvolvimento comparativo, ver Buttinger, *op. cit.*, vol. 2, pp. 928, 966 s.); e também que o "crescimento moderadamente bem-sucedido" da Índia foi um dos motivos por trás dos "atos agressivos da China em outubro de

1962". Ver também a nota 36. Quanto à solidez dos estudos empíricos de Wolf, será talvez suficiente observar que seu resultado mais significativo, a correlação entre PNB mais elevado e mais alto nível de democracia política na América Latina, deriva principalmente da conclusão (baseada em dados do período de 1950 a 1960) de que o Brasil e a Argentina (junto com o México e o Chile) ocupam uma posição elevada na escala da democracia política (cf. p. 124). O grau de sofisticação é ilustrado, por exemplo, por uma solene referência a um consultor por ter explicado que, no estabelecimento do "valor militar total" de um conjunto de alternativas, não é suficiente a soma dos valores separados; é necessário também avaliar as reações de acordo com a probabilidade de sua ocorrência.

36. "Mas em todos os casos a consideração primordial deve ser saber se a medida proposta tem probabilidade de aumentar o custo e as dificuldades das operações insurgentes e contribuir para desestabilizar a organização insurgente, e não se conseguirá o apoio e a lealdade da população ou se contribui para uma utilização mais produtiva, eficiente e equânime dos recursos" (Wolf, *op. cit.*, p. 69). Precisamos entender que "é possível promover programas de contra-insurgência com êxito numa população rural que se mostre passiva ou mesmo hostil, e não leal, ao governo. "Para corroborar sua tese, Wolf se diz convencido de que "o crescimento do Vietcong e do Pathet Lao ocorreu provavelmente apesar da oposição de uma grande maioria da população tanto do Vietnã quanto do Laos" (*ibid.*, p. 48). Se eles são capazes, nós também somos.

Em contraste, Robert Scigliano (do Grupo Consultivo sobre o Vietnã da Universidade de Michigan) informa que "de acordo com a estimativa de funcionários americanos em Saigon no fim de 1962, cerca de metade dos vietnamitas do sul apóiam a FLN" (*South Vietnam: Nation Under Stress* [Boston, Houghton Mifflin Company, 1963], p. 145). Arthur Dommen informa (*Conflict in Laos: The Politics of Neutralization* [Nova York, Frederick A. Praeger, Inc., 1964]) que "o Pathet Lao não precisava de propaganda para voltar a população rural contra a das cidades" (p. 107). A Missão Americana tratou de cuidar disto, com sua generosa ajuda (da qual metade de 1% foi destinada à agricultura, que constitui o meio de vida de 96% da população), que levou a uma gigantesca corrupção, à proliferação de mansões e automóveis de luxo ao lado de uma pobreza excruciante; e a subversão que promoveu constantemente, inicialmente em apoio do "neutralista pró-ocidental" Phoui Sananikone, e logo do ditador militar Phoumi Nosavan. Como explica Roger Hilsman, a verdadeira "ameaça" do Pathet Lao era a "expansão do controle político pela conquista do apoio dos camponeses nas aldeias" (*To Move a Nation* [Garden City, N.Y., Doubleday & Company, Inc., 1967], p. 112). A falta de apoio ao Pathet Lao ficou fartamente demonstrada nas eleições de 1958, nas quais foram eleitos 9 de seus 13 candidatos e Souphanouvong, principal personalidade da organização, recebeu mais votos que qualquer outro candidato no país. Foi esta vitória eleitoral que desencadeou as tentativas americanas de subversão. Como observa Dommen, "mais uma vez os Estados Unidos apoiaram os elementos mais feudais da sociedade".

Para Charles Wolf, tudo isto demonstra que a contra-insurgência, tal como a insurgência, pode ter êxito sem se preocupar com a lealdade e a participação populares.

37. Citado em Clairmonte, *op. cit.*, p. 92. Os antepassados de que fala Merivale são os que esmagaram a indústria têxtil indiana com embargos e taxas de importação, como se mostrava perfeitamente necessário. "Não fosse assim, os moinhos de Paisley e Manchester teriam gorado já no ponto de partida, e dificilmente poderiam ter sido ativados de novo, nem mesmo pela energia a vapor. Eles foram viabilizados pelo sacrifício dos fabricantes indianos" (Horace Wilson, 1826, citado por Clairmonte, p. 87).

    Trata-se do exemplo clássico de geração de subdesenvolvimento através do imperialismo. Para uma análise detalhada deste processo, ver André Gunder Frank, *Capitalism and Underdevelopment in Latin America* (Nova York, Monthly Review Press, 1967).

38. Ver Robert E. Osgood, *Ideals and Self-Interest in America's Foreign Relations* (Chicago, University of Chicago Press, 1953), pp. 72-73.
39. "Some Reflections on U.S. Policy in Southeast Asia", em William Henderson, org., *Southeast Asia: Problems of United States Policy* (Cambridge, Mass., The M.I.T. Press, 1963), pp. 249-63. Esta coletânea foi publicada com o estímulo da Asia Society, tendo em vista "a qualidade acadêmica dos estudos e o esclarecimento com que contribuíam para a formação da política americana na região".
40. *Thailand and the United States* (Washington, Public Affairs Press, 1965).

41. O Bank of America publicou anúncio de página inteira na edição de 4 de julho [data nacional americana — N. do T.] de 1951 do *Bangkok Post*, saudando o reino da Tailândia com as seguintes palavras: "Na Tailândia como na América, a democracia tem andando de mãos dadas com a soberania nacional. Hoje os dois países estão à frente dos esforços para promover e defender em todo o mundo o estilo de vida democrático."
42. Em artigo sobre "U.S.-Thai links" no *Christian Science Monitor*, 14 de outubro de 1967.
43. Alguns parágrafos antes, podemos ler que no pós-guerra "os americanos ampliaram rapidamente as forças armadas tailandesas, de 50 mil para 100 mil homens (...) os Estados Unidos prontamente ampliaram as forças policiais, o que contribuiu para a repressão dos opositores do governo. O programa de assistência técnica foi em grande medida convertido para objetivos militares. As repercussões internas desta política aumentaram ainda mais o poder e o prestígio dos dirigentes militares tailandeses que haviam tomado o poder em 1947. O esforço em direção a uma forma constitucional de governo foi suspenso, sendo abolidas as instituições democráticas criadas pelos dirigentes civis logo depois da guerra. Os partidos políticos foram proibidos. A imprensa foi censurada. O poder foi cada vez mais centralizado nas mãos de uns poucos dirigentes militares". Nada disto, contudo, constituía "interferência nas questões internas de outros países", não sendo "contrário às tradições americanas".
44. *Western Interests in the Pacific Realm* (Nova York, Random House, 1967).
45. Que importância teria então o fato de que a esmagadora maioria dos habitantes de Okinawa, inclusive 80% daqueles cujos negócios seriam prejudicados ou levados à falência por esta iniciativa, quer que a ilha volte para o Japão, segundo pesquisa *Asahi* (ver *Japan Quarterly*, vol. 15 [janeiro-março 1968], pp. 42-52)? Quanto aos "territórios estratégicos de tutela", afirma Adam, tampouco nos devemos mostrar excessivamente sentimentais: "Uma tutela estratégica baseia-se no pressuposto da suprema importância da defesa nacional e da preservação da ordem mundial, em contraposição à liberdade cultural e política dos habitantes autóctones."
46. H. D. Malaviya, citado em Clairmonte (*op. cit.*, p. 114), que cita substancial documentação em apoio da seguinte avaliação das conseqüências do domínio ocidental: "O sistemático arruinamento de fabricantes in-

dianos; a criação da *zemindari* [aristocracia fundiária], com suas excrescências parasitárias; as mudanças na estrutura agrária; as perdas financeiras provocadas pela tributação; a abrupta transição de uma economia pré-monetarizada para outra governada pelo mecanismo internacional de fixação de preços — foram estas algumas das forças sociais e institucionais que levariam o apocalipse da morte e da fome a milhões — com poucos ou nenhum mecanismo compensatório para o *riot* [camponês]" (p. 107). Ver também nota 37.

47. Citado em Paul Avrich, *The Russian Anarchists* (Princeton, N.J., Princeton University Press, 1967), pp. 93-94. Uma recente reformulação deste ponto de vista foi anunciada pelo cientista holandês e porta-voz do comunismo libertário Anton Pannekoek, em seu livro *Workers Councils* (Melbourne, 1950), pp. 36-37:

> Não é primeira vez que uma classe dominante tenta explicar e portanto perpetuar o seu domínio como conseqüência de uma diferença inata entre dois tipos de pessoas, as que foram destinadas pela natureza a cavalgar e as que foram destinadas a serem cavalgadas. A aristocracia fundiária dos séculos anteriores defendia sua posição privilegiada jactando-se de descender de uma raça mais nobre de conquistadores, que veio a dominar a raça inferior de pessoas comuns. Os grandes capitalistas explicam sua posição de domínio afirmando que têm um cérebro, e que as outras pessoas não o têm. Da mesma forma, são hoje especialmente os intelectuais, considerando-se os legítimos senhores do amanhã, que declaram sua superioridade espiritual. Eles constituem uma classe em rápido crescimento, a dos funcionários de formação universitária e dos profissionais liberais, especializados no trabalho mental, no estudo dos livros e da ciência, e se consideram as pessoas mais bem-dotadas intelectualmente. Estão, assim, destinados a se tornar os líderes da produção, enquanto as massas destituídas de talento executarão as tarefas braçais, para as quais não é necessário um cérebro. Eles não são defensores do capitalismo; não é o capital, mas o intelecto, que deve dirigir o trabalho. Tanto mais que hoje em dia a sociedade tornou-se uma estrutura tão complexa, baseada em ciências tão abstratas e difíceis, que somente o mais alto tirocínio intelectual é capaz de compreendê-la, abarcá-la e lidar com ela. Se as massas trabalhadoras, por falta de percepção, não reconhecerem esta necessidade de superior liderança intelectual, se tentarem estupidamente tomar a direção em suas próprias mãos, a inevitável conseqüência será o caos e a ruína.

48 Ver nota 7. Albert Parry pondera que existem importantes semelhanças entre o surgimento de uma elite científica na União Soviética e nos Estados Unidos, em seu crescente papel no processo decisório, escorando-se na tese de Bell. Ver o *New York Times*, 27 de março de 1966, informando sobre a Conferência Eslava do Meio-Oeste.

49. Carta a Herzen e Ogareff, 1866, citada em Daniel Guérin, *Jeunesse du socialisme libertaire* (Paris, Librairie Marcel Rivière, 1959), p. 119.

50. Rosa Luxemburgo, *The Russian Revolution*, trad. Bertram D. Wolfe (Ann Arbor, University of Michigan Press, 1961), p. 71.

51. Luxemburgo, citado por Guérin, *Jeunesse du socialisme libertaire*, pp. 106-7.

52. *Leninism or Marxism*, em Luxemburgo, *op. cit.*, p. 102.

53. Para um estudo muito esclarecedor a este respeito, com ênfase em questões internas, ver Michael Paul Rogin, *The Intellectuals and McCarthy: The Radical Specter* (Cambridge, Mass., the M.I.T. Press, 1967).

54. *The Spanish Republic and the Civil War: 1931-1939* (Princeton, N.J., Princeton University Press, 1965).

55. Respectivamente, presidente da República, primeiro-ministro de maio até a insurreição de Franco e integrante da ala conservadora da Frente Popular escolhido por Azafia para tentar criar um governo de compromisso depois da insurreição.

56. É interessante constatar que o hostil relato de Douglas Pike sobre a Frente de Libertação Nacional, citado anteriormente, dá ênfase ao elemento popular e voluntário em seus impressionantes êxitos organizacionais. O que ele descreve, sem que possamos saber se o faz com exatidão ou não, é uma estrutura de organizações entrosadas de ajuda mútua, coordenadas informalmente e antes desenvolvidas pela persuasão que pela força — sob certos aspectos, de uma natureza que teria despertado o interesse de pensadores anarquistas. Aqueles que falam tão livremente do "Vietcong autoritário" podem estar certos, mas pouco têm documentado sua avaliação. Naturalmente, deve ser entendido que Pike considera o elemento de participação voluntária das massas nas associações de ajuda mútua como a característica mais perigosa e insidiosa da estrutura organizacional da FLN.

Relevante é também a história da coletivização na China, a qual, em comparação com a União Soviética, evidencia muito maior recurso à persuasão e à ajuda mútua do que à força e ao terror, e parece ter sido mais bem-sucedida. Ver Thomas P. Bernstein, "Leadership and Mass Mobilisation in the Soviet and Chinese Collectivization Campaigns of 1929-30 and 1955-56: A Comparison", *China Quarterly*, nº 31 (julho-setembro de 1967), pp. 1-47, contendo comentários e análises interessantes e sugestivos.

A escala da revolução chinesa é tão grande e os relatos realmente aprofundados são tão fragmentários que certamente seria irresponsável arriscar uma avaliação global. Ainda assim, todos os relatos que pude analisar indicam que, na medida em que autênticos êxitos foram obtidos nas várias etapas da reforma agrária, da ajuda recíproca, da coletivização e da formação de comunas, devem-se em grande parte à complexa interação entre os quadros do Partido Comunista e as associações camponesas em gradual evolução, um tipo de relação que parece afastar-se muito do modelo leninista de organização. É o que fica particularmente evidente no esplêndido estudo de William Hinton, *Fanshen* (Nova York, Monthly Review Press, 1966), que, até onde sei, não tem paralelo como análise de um momento de profunda mudança revolucionária. O que me parece particularmente interessante em seu relato das primeiras etapas da revolução numa aldeia chinesa não é apenas o grau de submissão dos quadros do partido ao controle popular, mas também, o que é mais significativo, as diferentes maneiras pelas quais o exercício do controle sobre os passos do processo revolucionário constituía um fator no desenvolvimento da consciência e da percepção dos que participavam da revolução, não só de um ponto de vista político e social, como também no que diz respeito às relações humanas que eram criadas. Neste contexto, é interessante notar o forte elemento populista do marxismo chinês em seus primeiros tempos. Para observações profundamente esclarecedoras sobre esta questão geral, ver Maurice Meisner, *Li Ta-chao and the Origins of Chinese Marxism* (Cambridge, Mass., Harvard University Press, 1967).

Não estou querendo dizer que a revolução anarquista na Espanha — em seu contexto de mais de trinta anos de educação e luta — esteja sendo revivida na Ásia, e sim que os elementos espontâneos e voluntários nos movimentos populares de massa provavelmente foram profundamente mal compreendidos, em virtude da instintiva antipatia por tais fenômenos entre os intelectuais, e, mais recentemente, por causa da insistência em interpretá-los de acordo com a mitologia da guerra fria.

57. "The Spanish Background", *New Left Review*, nº 40 (novembro-dezembro de 1966), pp. 85-90.
58. José Peirats, *La C.N.T. en la revolución española* (Toulouse, Ediciones C.N.T., 1951-52), 3 vols. Jackson o menciona de passagem. Peirats publicaria posteriormente uma história geral do período, *Los anarquistas en la crisis política española* (Buenos Aires, Editorial Alfa-Argentina, 1964).
59. Uma exceção à generalizada incapacidade de tratar da revolução anarquista pode ser encontrada em Hugh Thomas, "Anarchist Agrarian Collectives in the Spanish Civil War", em Martin Gilbert, org., *A Century of Conflict, 1850-1950: Essays for A. J. P. Taylor* (Nova York, Atheneum Publishers, 1967), pp. 245-63. Ver a respeito a nota 106 adiante. Encontramos igualmente muita informação útil naquela que é, em minha opinião, a melhor história geral da Guerra Civil, *La Révolution et la guerre d'Espagne*, de Pierre Broué e Emile Témime (Paris, Les Editions de Minuit, 1961). Um relato recente, conciso e informativo pode ser encontrado em Daniel Guérin, *L'Anarchisme* (Paris, Gallimard, 1965). Em seu extenso estudo, *The Spanish Civil War* (Nova York, Harper & Row, Publishers, 1961; ed. em brochura 1963), Hugh Thomas mal se refere à revolução popular, e alguns dos principais acontecimentos sequer são mencionados — ver, por exemplo, a nota 97 adiante.
60. *Collectivisations: l'oeuvre constructive de la Révolution espagnole*, 2ª ed. (Toulouse, Editions C.N.T., 1965). A primeira edição foi publicada em Barcelona (Editions C.N.T.-F.A.I., 1937). Existe um excelente resumo do estudioso marxista Karl Korsch, "Collectivization in Spain", em *Living Marxism*, vol. 4 (abril de 1939), pp. 179-82. Na mesma edição (pp. 170-71), a reação liberal-comunista à Guerra Civil Espanhola é resumida sucintamente, e em minha opinião fidedignamente, da seguinte maneira: "Com sua conversa vazia sobre as maravilhas da disciplina bolchevique, a genialidade de Caballero e as paixões da Passionária, os 'liberais modernos' estavam apenas acobertando seu verdadeiro desejo de destruição de todas as possibilidades revolucionárias na Guerra Civil, assim como seus preparativos para a possível guerra em torno da questão espanhola, em obediência aos interesses de suas diversas pátrias (...) o que havia de verdadeiramente revolucionário na Guerra Civil Espanhola resultava diretamente das ações de operários e camponeses pauperizados, e não de

alguma forma específica de organização do trabalho nem de alguma liderança particularmente inspirada." Creio que a documentação existente corrobora esta análise, e também considero que é este fato que explica a aversão à fase revolucionária da Guerra Civil e seu esquecimento nos estudos históricos.

61. Um esclarecedor depoimento de testemunha ocular desse período é o de Franz Borkenau, *The Spanish Cockpit* (1938; reimpressão Ann Arbor, University of Michigan Press, 1963).
62. Dados contidos em Guérin, *L'Anarchisme*, p. 154.
63. Um valioso relato desse período consta de Felix Morrow, *Revolution and Counter-Revolution in Spain* (1938; reimpressão Londres, New Park Publications, 1963).
64. Citado por Camillo Berneri em sua "Lettre ouverte à la camarade Frederica [sic] Montseny", *Guerre de classes en Espagne* (Paris, 1946), coletânea de materiais traduzidos de seu jornal *Guerra di Classe*. Berneri era o mais destacado intelectual anarquista na Espanha. Opôs-se à política de adesão ao governo, preconizando uma estratégia alternativa de caráter mais tipicamente anarquista à qual voltarei mais adiante. Sua opinião em relação à adesão ao governo foi expressa sucintamente por um operário catalão por ele citado, com referência à República de 1931: "É o mesmo velho cão com uma coleira nova." Os acontecimentos corroborariam a veracidade desta análise.

    Berneri fora um importante porta-voz do anarquismo italiano. Deixou a Itália após a chegada de Mussolini ao poder, chegando a Barcelona a 19 de julho de 1936. Formou as primeiras unidades italianas para a guerra antifascista, segundo o historiador anarquista Rudolf Rocker (*The Tragedy of Spain* [Nova York, Freie Arbeiter Stimme, 1937], p. 44). Foi assassinado, juntamente com seu velho camarada Barbieri, durante os Dias de Maio de 1937. (Detido a 5 de maio pela polícia controlada pelos comunistas, foi fuzilado na noite seguinte.) Hugh Thomas, em *The Spanish Civil War*, p. 428, considera que "os assassinos podem ter sido comunistas italianos", e não a polícia. O livro de Thomas, em grande parte dedicado à história militar, menciona o assassinato de Berneri sem fazer qualquer outra referência a suas idéias ou a seu papel.

    O nome de Berneri não aparece na história de Jackson.

65. Burnett Bolloten, *The Grand Camouflage: The Communist Conspiracy in the Spanish Civil War* (Nova York, Frederick A. Praeger, Inc., 1961), p. 86. Este livro, escrito por um correspondente da UP na Espanha durante a Guerra Civil, contém boa quantidade de provas documentais importantes relativas às questões tratadas aqui. A atitude dos fazendeiros ricos dessa região, a maioria antigos partidários das organizações de direita que já agora não existiam mais, é descrita com acuidade pelo secretário-geral da Federação Camponesa, Julio Mateu: "É tamanha a simpatia por nós [ou seja, pelo Partido Comunista] na região de Valência que centenas ou milhares de fazendeiros entrariam para o partido se permitíssemos. Esses fazendeiros (...) amam o nosso partido como se fosse algo sagrado (...) eles [dizem] 'O Partido Comunista é o nosso partido'. Camaradas, que enorme emoção os camponeses demonstram ao proferir estas palavras" (citado em Bolloten, p. 86). Encontramos interessantes especulações em torno das condições em que foi escrito este livro dos mais importantes em H. R. Southworth, *Le mythe de la croisade de Franco* (Ruedo Ibérico, Paris, 1964; edição espanhola, mesmo editor, 1963).

Numa das paredes da sede do Partido Comunista em Valência havia dois cartazes: "Respeitem a propriedade do pequeno camponês" e "Respeitem a propriedade do pequeno industrial" (Borkenau, *The Spanish Cockpit*, p. 117). Na realidade, o fazendeiro rico também buscava a proteção dos comunistas, considerados por Borkenau a extrema direita das forças republicanas. Pelo início de 1937, segundo Borkenau, o Partido Comunista era "em grande medida (...) o partido do pessoal militar e administrativo, em segundo lugar, o partido da pequena burguesia e certos grupos camponeses abastados, em terceiro lugar, o partido dos empregados e apenas em quarto lugar o partido dos operários industriais" (p. 192). O partido também atraía muitos oficiais de polícia e do exército. O chefe de polícia de Madri e o chefe da inteligência, por exemplo, eram membros do partido. De maneira geral, o partido, que antes da revolução era inexpressivo, "proporcionou às classes médias urbanas e rurais um vigoroso acréscimo de vida e energia", ao defendê-las das forças revolucionárias (Bolloten, *op. cit.*, p. 86). Gerald Brenan assim descreve a situação, em *The Spanish Labyrinth* (1943; reimpressão Cambridge, Cambridge University Press, 1960), p. 325:

> Incapazes de atrair os trabalhadores braçais, que se mantinham firmemente ligados a seus sindicatos, os comunistas acabaram se tornando refúgio de todos aqueles que haviam sofrido os excessos da revolução ou que não sabiam para onde ela poderia levá-los. Abastados plantadores católicos de laranja em Valência, camponeses da Catalunha, pequenos comerciantes e empresários, oficiais do exército e funcionários do governo filiaram-se a ele. (...) Assim [na Catalunha], tínhamos uma nova e estranha situação: de um lado, o enorme e compacto proletariado de Barcelona, com sua longa tradição revolucionária, e de outro os trabalhadores de colarinho-branco e a *petite bourgeoisie* da cidade, organizados e armados contra ele pelo Partido Comunista.

Na realidade, a situação descrita por Brenan não é tão estranha quanto ele quer fazer crer. O fato de a "burocracia vermelha" agir como força contra-revolucionária — exceto em condições nas quais seus atuais ou futuros representantes tentam tomar o poder para si mesmos, em nome das massas que alegam representar — pode ser considerado, isto sim, uma conseqüência natural do elitismo bolchevique.

66. Bolloten, *op. cit.*, p. 189. A legalização dos atos revolucionários já concretizados e concluídos evoca o comportamento da "vanguarda revolucionária" na União Soviética em 1918. Cf. Arthur Rosenberg, *A History of Bolshevism* (1932; tradução do original alemão, Nova York, Russell and Russell, Publishers, 1965), cap. 6. Ele relata que as desapropriações, "promovidas como resultado de iniciativas espontâneas dos operários e contra a vontade dos bolcheviques", foram legalizadas por Lenin com relutância meses mais tarde e submetidas ao controle central do partido. Sobre a relação dos bolcheviques com os anarquistas na Rússia pós-revolucionária, ver Guérin, *L'Anarchisme*, pp. 96-125. Ver também Avrich, *op. cit.*, Parte II, pp. 123-254.
67. Bolloten, *op. cit.*, p. 191.
68. *Ibid.*, p. 194.
69. Para detalhes, ver Vernon Richards, *Lessons of the Spanish Revolution* (Londres, Freedom Press, 1953), pp. 83-88.

70. Para um comovente relato na primeira pessoa, ver George Orwell, *Homage to Catalonia* (1938; reimpressão Nova York, Harcourt, Brace & World, 1952, e Boston, Beacon Press, 1955; citações neste livro extraídas da edição Beacon Press). Este brilhante livro mereceu pouca atenção na época da publicação, sem dúvida porque o quadro pintado por Orwell entrava em confronto direto com o dogma liberal consagrado. Quero crer que a atenção que tem recebido como testemunho da guerra fria desde que foi republicado em 1952 não serviria de grande consolo para o autor.
71. Citado por Rocker, *The Tragedy of Spain*, p. 28.
72. Ver em *ibid.* uma breve resenha. Foi para Hitler uma enorme contrariedade que esses interesses fossem em grande medida protegidos por Franco.
73. *Ibid.*, p. 35.
74. *Op. cit.*, pp. 324 seg.
75. Borkenau, *The Spanish Cockpit*, pp. 289-92. Considerando-se a confiabilidade fundamental do relato de Borkenau é que considero Hobsbawm (*op. cit.*) equivocado ao afirmar que a política dos comunistas "era indubitavelmente a única que poderia ter levado à vitória na Guerra Civil". Na realidade, a política dos comunistas estava fadada ao fracasso, pois se baseava na suposição de que as democracias ocidentais adeririam à luta antifascista se a Espanha pudesse ser preservada, na realidade, como uma colônia ocidental. Tendo constatado o absurdo dessa expectativa, os dirigentes comunistas abandonaram a luta, que a seus olhos não constituía um esforço para vencer a Guerra Civil, mas apenas para servir aos interesses da política externa russa. Também discordo da análise da revolução anarquista feita por Hobsbawm e anteriormente citada, por razões implícitas em todo este debate.
76. *Op. cit.*, pp. 143-44.
77. Citado por Rosenberg, *op. cit.*, pp. 168-69.
78. Bolloten, *op. cit.*, p. 84.
79. *Ibid.*, p. 85. Como observei anteriormente, entre os "pequenos fazendeiros" estavam os prósperos plantadores de laranja etc. (ver nota 65).
80. Brenan, *op. cit.*, p. 321.
81. Correspondência de Companys para Prieto, 1939. Embora Companys, na qualidade de catalão com impulsos separatistas, naturalmente se in-

clinasse a defender as realizações catalãs, certamente não era favorável à coletivização, apesar de sua atitude cooperativa no período em que os anarquistas, com efetivo poder nas mãos, permitiram que continuasse detendo a autoridade nominal. Não tenho conhecimento de nenhuma tentativa de contestação da veracidade de sua análise. Morrow (*op. cit.*, p. 77) cita o primeiro-ministro catalão, o empresário Juan Tarradellas, que defendia a gestão das indústrias de guerra coletivizadas frente ao ataque comunista (PSUC), que considerava permeado das "mentiras mais arbitrárias". Dispomos de muitos outros relatos de observadores não-anarquistas a respeito do funcionamento das indústrias coletivizadas, tendendo a corroborar Companys. Por exemplo, o socialista suíço Andres Oltmares é citado por Rocker (*The Tragedy of Spain*, p. 24), afirmando que depois da revolução os sindicatos de operários catalãos "conseguiram em sete semanas tanto quanto a França em quatorze meses após o início da Guerra Mundial". Prosseguindo, afirma ele:

> Em plena guerra civil, os anarquistas revelaram-se organizadores políticos de primeira. Nutriram em cada um o necessário senso de responsabilidade e sabiam manter vivo com eloqüentes exortações o espírito de sacrifício pelo bem-estar geral da população.
>
> Como social-democrata, é com profunda alegria e sincera admiração que falo aqui de minha experiência na Catalunha. A transformação anticapitalista teve lugar, aqui, sem que fosse necessário recorrer à ditadura. Os membros dos sindicatos são senhores de si e realizam a produção e a distribuição dos produtos do trabalho sob sua própria responsabilidade, com o aconselhamento de especialistas técnicos nos quais depositam confiança. O entusiasmo dos operários é tão grande que eles zombam das vantagens pessoais e só se preocupam com o bem-estar geral.

Até Borkenau conclui, ainda que relutantemente, que a indústria funcionava muito bem, até onde podia ver. A questão merece um estudo sério.

82. Citado em Richards, *op. cit.*, pp. 46-47.
83. *Ibid.* Richards considera que a recusa do governo central de apoiar a frente de combates em Aragão pode ter sido em parte motivada pela política global de contra-revolução. "Essa frente, que mobilizava sobretudo membros da CNT-FAI, era considerada de grande importância estratégica pelos

anarquistas, tendo como objetivo final a ligação da Catalunha ao País Basco e a Astúrias, ou seja, uma ligação da região industrial [da Catalunha] com uma importante fonte de matérias-primas." Mais uma vez, seria interessante empreender uma investigação detalhada desse tema.

Que os comunistas tenham retido armas a serem enviadas para a frente de Aragão parece comprovado além de qualquer questionamento. Ver, por exemplo, D. T. Cattell, *Communism and the Spanish Civil War* (1955; reimpressão Nova York, Russell and Russell, Publishers, 1965), p. 110. Cattell, que em geral tenta justificar o comportamento do governo central, conclui que neste caso não pode haver muita dúvida de que a recusa de ajuda teve motivação política. Brenan sustenta o mesmo ponto de vista, afirmando que os comunistas "mantiveram a frente de Aragão sem armas para provocar os anarquistas". Os comunistas recorreram às calúnias mais grotescas para explicar a falta de armas na frente de Aragão; por exemplo, o *Daily Worker* atribuía a falta de armas ao fato de que "o general trotskista Kopp vinha mandando enormes quantidades de armas e munições para os fascistas pela terra de ninguém" (citado por Morrow, *op. cit.*, p. 145). Como assinala Morrow, George Kopp não podia ser pior escolha como alvo de tais acusações. Seu comportamento é bem conhecido, por exemplo, pelo relato fornecido por Orwell, que serviu sob seu comando (ver Orwell, *op. cit.*, pp. 209 seg.). Orwell também refutou, com base em sua observação direta, muitos outros absurdos que eram publicados na imprensa liberal sobre a frente de Aragão — por exemplo, a afirmação de Ralph Bates, no *New Republic*, de que tropas do POUM "jogavam futebol com os fascistas na terra de ninguém". Naquele momento, como observa Orwell, "as tropas do POUM sofriam pesadas baixas, e vários amigos pessoais meus foram mortos e feridos".

84. Citado em *Living Marxism*, p. 172.
85. Bolloten, *op. cit.*, p. 49, comenta da seguinte maneira a coletivização do comércio de laticínios em Barcelona: "Os anarco-sindicalistas acabaram com mais de quarenta usinas de pasteurização, alegando que não tinham condições de higiene, passaram a pasteurizar todo o leite nas nove restantes e tomaram o lugar de todos os negociantes, criando suas próprias empresas de laticínios. Muitos varejistas entraram para o coletivo, mas outros recusaram-se a fazê-lo: 'Eles queriam um salário muito mais alto

que o que era pago aos operários (...) alegando que não poderiam viver com o que lhes era reservado' [*Tierra y Libertad*, 21 de agosto de 1937 — o jornal da FAI, a organização dos militantes anarquistas]." Suas informações provêm basicamente de fontes anarquistas, muito mais usadas por ele que por qualquer outro historiador, à exceção de Peirats. Ele não oferece qualquer avaliação dessas fontes, que, como todas as outras, devem ser usadas de maneira crítica.

86. Morrow, *op. cit.*, p. 136.
87. Borkenau, *The Spanish Cockpit*, p. 182.
88. *Ibid.*, p. 183.
89. *Ibid.*, p. 184. Segundo Borkenau, "cabe duvidar que Comorera seja pessoalmente responsável por essa escassez, que poderia ter ocorrido de qualquer maneira, ao sabor do consumo da colheita". Esta especulação pode estar correta ou não. Como Borkenau, só podemos especular se a aldeia e os comitês de trabalhadores teriam podido dar continuidade ao abastecimento de Barcelona, com ou sem a ajuda da administração central, não fosse a política de "liberalismo abstrato", que estava plenamente sintonizada com as tentativas lideradas pelos comunistas de destruir as organizações e estruturas criadas no período revolucionário.
90. Orwell, *op. cit.*, pp. 109-11. A descrição de Barcelona feita por Orwell em dezembro (pp. 4-5), quando chegou pela primeira vez, merece ser reproduzida mais extensivamente:

> Era a primeira vez em que eu me encontrava numa cidade em que a classe operária estava no comando. Praticamente todos os prédios, de qualquer tamanho, haviam sido confiscados pelos trabalhadores e ostentavam bandeiras vermelhas ou a bandeira vermelha e preta dos anarquistas; todas as paredes estavam pichadas com a foice e o martelo e as iniciais dos partidos revolucionários; praticamente todas as igrejas haviam sido saqueadas, e suas imagens, queimadas. Aqui e ali, bandos de trabalhadores demoliam sistematicamente as igrejas. Em cada loja e em cada café encontrava-se uma inscrição informando que havia sido coletivizado; até as bancas de engraxate tinham sido coletivizadas e pintadas de vermelho e preto. Os garçons e vendedores nos olhavam nos olhos, tratando-nos como iguais. As formas de expressão servis e mesmo cerimoniosas haviam temporariamente desaparecido. Ninguém dizia "Señor" ou "Don" ou mesmo "Usted"; todos se chamavam de "ca-

> marada" e "tu", dizendo "Salud!" em vez de "Buenos dias". As gorjetas estavam proibidas por lei desde a época de Primo de Rivera; minha primeira experiência foi praticamente ouvir um sermão de um gerente de hotel por ter feito menção de dar gorjeta a um ascensorista. Não havia automóveis particulares, tendo sido todos confiscados, e todos os bondes e táxis, assim como a maior parte dos outros meios de transporte, estavam pintados de vermelho e preto. Por toda parte havia cartazes revolucionários, flamejando nos muros em vermelhos e azuis vívidos que faziam os poucos anúncios restantes parecerem borrões de lama. Ao longo das Ramblas, a grande avenida central da cidade, constantemente percorrida para cima e para baixo por multidões, hinos revolucionários saíam dos alto-falantes o dia inteiro e tarde da noite. E o aspecto da multidão é que era o mais estranho de tudo. Aparentemente, era uma cidade em que as classes ricas praticamente haviam deixado de existir. Exceto por um pequeno número de mulheres e estrangeiros, não havia em absoluto pessoas "bem-vestidas". Praticamente todo mundo usava roupas rústicas típicas da classe trabalhadora ou macacões azuis, ou então variações do uniforme da milícia. Tudo isto era estranho e emocionante. Havia ali muita coisa que eu não entendia, sob certos aspectos eu nem mesmo gostava, mas imediatamente podia reconhecer uma situação pela qual valia a pena lutar. Acreditava também que as coisas eram o que pareciam, que se tratava realmente de um Estado dos operários e que toda a burguesia fugira, fora dizimada ou aderira voluntariamente ao lado dos operários; não me dei conta de que um grande número de prósperos burgueses estavam simplesmente se escondendo e se disfarçando de proletários temporariamente (...)

(...) esperando pelo venturoso dia em que o poder comunista restabeleceria a velha situação social, destruindo o envolvimento popular na guerra.

Em dezembro de 1936, contudo, a situação ainda era a descrita nas seguintes observações (p. 6):

> E no entanto, até onde podemos julgar, a população parecia satisfeita e esperançosa. Não havia desemprego e o custo de vida ainda era extremamente baixo; podiam-se ver muito poucas pessoas evidentemente miseráveis, e não havia mendigos, à exceção dos ciganos. Acima de tudo, havia confiança na revolução e no futuro, a sensação de que, de uma hora para outra, se havia chegado a uma era de igualdade e liberdade. Os seres humanos tentavam comportar-se como seres humanos,

> e não como engrenagens na máquina capitalista. Nas barbearias, havia proclamações anarquistas (a maioria dos barbeiros eram anarquistas) explicando solenemente que os barbeiros já não eram escravos. Nas ruas, cartazes coloridos apelavam às prostitutas para que deixassem de ser prostitutas. Para alguém originário da rude e descrente civilização das raças de fala inglesa, havia algo de patético na maneira literal como aqueles espanhóis idealistas encaravam o fraseado trivial da revolução. Nessa época, baladas revolucionárias da maior ingenuidade, sobre a fraternidade proletária e a perversidade de Mussolini, eram vendidas nas ruas por alguns centavos. Muitas vezes vi um miliciano analfabeto comprar uma dessas baladas, decifrar laboriosamente a letra e, tendo pegado o jeito, sair cantando alegremente.

Cabe aqui rememorar as datas. Orwell chegou a Barcelona no fim de dezembro de 1936. O decreto de Comorera abolindo os comitês de abastecimento dos operários e os comitês do pão é de 7 de janeiro. Borkenau retornou a Barcelona em meados de janeiro; Orwell, em abril.

91. Ver Bolloten, *op. cit.*, p. 74, citando o porta-voz anarquista Juan Peiró, em setembro de 1936. Como outros anarquistas e socialistas de esquerda, Peiró condena severamente a utilização da força para introduzir a coletivização, assumindo a posição manifestada pela maioria dos anarquistas, assim como por socialistas de esquerda como Ricardo Zabalza, secretário-geral da Federação de Trabalhadores Rurais, que declarou a 8 de janeiro de 1937: "Prefiro um coletivo pequeno e entusiasta, formado por um grupo de trabalhadores ativos e honestos, a um coletivo grande criado pela força e composto de camponeses sem entusiasmo, dispostos a sabotá-lo até fracassar. A coletivização voluntária pode ser a alternativa mais demorada, mas o exemplo de coletivo pequeno e bem gerido atrairá todo o campesinato, que é profundamente realista e prático, ao passo que a coletivização forçada acabaria desacreditando a agricultura socializada" (citado por Bolloten, *op. cit.*, p. 59). Todavia, não parece haver dúvida de que os preceitos dos porta-vozes anarquistas e socialistas de esquerda freqüentemente eram violados na prática.
92. Borkenau, *The Spanish Cockpit*, pp. 219-20. Sobre este oficial, Jackson afirma apenas que era "um militar profissional confiável". Depois da queda de Málaga, o tenente-coronel Villalba foi julgado por traição, por ter desertado do quartel e abandonado suas tropas. Broué e Témime observam que é difícil determinar que grau de justiça havia na acusação.

93. Jesús Hernández e Juan Comorera, *Spain Organises for Victory: The Policy of the Communist Party of Spain Explained* (Londres, Communist Party of Great Britain, s.d.), citado por Richards, *op. cit.*, pp. 99-100. Não houve uma acusação de que os serviços telefônicos eram restritos, mas apenas de que os operários revolucionários podiam manter "um controle estrito das conversas entre políticos". Observa ainda Richards: "Naturalmente, a coisa é muito diferente quando o 'ouvido indiscreto' é o do OGPU."
94. Broué e Témime, *op. cit.*, p. 266.
95. Jackson, *op. cit.*, p. 370. Thomas considera que Sesé provavelmente morreu acidentalmente (*The Spanish Civil War*, p. 428).
96. O prefeito anarquista da cidade fronteiriça de Puigcerdá fora assassinado em abril, depois que os carabineiros de Negrín tomaram o controle dos postos de fronteira. No mesmo dia um destacado membro da UGT, Roldán Cortada, foi assassinado em Barcelona, presumivelmente por militantes da CNT. Esta inferência é contestada por Peirats (*Los Anarquistas*: ver nota 58), que sustenta, baseado em alguns indícios, que o assassinato pode ter sido uma provocação stalinista. Em represália, um militante da CNT foi assassinado. Orwell, cujo relato dos Dias de Maio é inesquecível, assinala: "Podemos avaliar a atitude da imprensa capitalista estrangeira em relação à disputa entre comunistas e anarquistas pelo fato de que o assassinato de Roldán recebeu ampla publicidade, ao passo que o assassinato de represália foi mantido em silêncio" (*op. cit.*, p. 119). Da mesma forma, podemos avaliar a atitude de Jackson em relação a essa disputa pelo fato de que considera o assassinato de Sesé um acontecimento decisivo, ao passo que o assassinato de Berneri nem é mencionado (cf. notas 64 e 95). Orwell observa em outro momento que "na imprensa inglesa, em particular, seria preciso procurar muito até encontrar alguma referência favorável aos anarquistas espanhóis, em qualquer período da guerra. Eles têm sido sistematicamente denegridos, e, pelo que sei de minha experiência, é quase impossível conseguir que alguém publique algo em sua defesa" (p. 159). Pouca coisa mudou desde então.
97. Segundo Orwell (*op. cit.*, pp. 153-54), "um cruzador e dois contratorpedeiros britânicos se haviam aproximado do porto, e certamente havia outros navios de guerra não longe dali. Os jornais ingleses deram a entender que esses navios estavam seguindo para Barcelona

'para proteger interesses britânicos', mas na realidade eles não fizeram qualquer movimento neste sentido; ou seja, não desembarcaram tropas nem levaram embora refugiados. Não podemos ter certeza a este respeito, mas era pelo menos intrinsecamente provável que o governo britânico, que não movera um dedo para salvar o governo espanhol da investida de Franco, rapidamente tratasse de intervir para salvá-lo de sua própria classe operária". Esta dedução pode perfeitamente ter influenciado a liderança de esquerda a conter os operários de Barcelona, para que não assumissem simplesmente o controle de toda a cidade, tal como poderiam ter feito com facilidade, aparentemente, nas etapas iniciais dos Dias de Maio.

Hugh Thomas comenta (*The Spanish Civil War*, p. 428) que Orwell "não tinha motivo" para "preocupação". Considerando-se o histórico das relações britânicas com a Espanha, parece-me que, em comparação com Orwell, Thomas se mostra simplesmente irrealista nesta questão.

98. Orwell, *op. cit.*, pp. 143-44.
99. *Controversy*, agosto de 1937, citado por Morrow, p. 173. A previsão estava errada, mas não era absurda. Se as potências ocidentais e a União Soviética tivessem desejado, aparentemente teria sido possível chegar a um compromisso, e a Espanha poderia ter sido salva das terríveis conseqüências de uma vitória de Franco. Ver Brenan, *op. cit.*, p. 331. Ele credita a falta de apoio britânico a um armistício e à possível reconciliação ao fato de que Chamberlain "não via nada de errado na perspectiva de uma vitória italiana e alemã". Seria interessante explorar mais profundamente a atitude de Winston Churchill. Em abril de 1937, ele declarou que uma vitória de Franco não prejudicaria os interesses britânicos. Pelo contrário, o perigo estava num "sucesso dos trotskistas e anarquistas" (citado por Broué e Témime, *op. cit.*, p. 172). Neste sentido, não deixa de ser interessante a recente descoberta de um ensaio inédito de Churchill escrito em março de 1939 — seis meses depois de Munique —, no qual afirmava que a Inglaterra "daria as boas-vindas e ajudaria um genuíno Hitler de paz e tolerância" (ver *New York Times*, 12 de dezembro de 1965).

100. Não encontrei qualquer menção em Hugh Thomas, *The Spanish Civil War*. O relato aqui reproduzido é em grande parte extraído de Broué e Témime, pp. 279-80.

101. *Op cit.*, p. 405. Em uma nota, lemos um comentário sobre a "indulgência" do governo com os detidos. Jackson nada tem a dizer sobre as acusações contra Ascaso e outros, nem sobre a maneira como a velha ordem foi restabelecida em Aragão.

Para entender mais plenamente esses acontecimentos, cabe ter em mente, comparativamente, a preocupação com as liberdades civis demonstrada por Negrín na segunda frente, a frente antifascista. Em entrevista concedida depois da guerra, ele explicou a John Whitaker (*We Cannot Escape History* [Nova York, The Macmillan Company, 1943], pp. 116-18) por que seu governo fora tão incapaz no trato com a quinta-coluna, inclusive nos casos de conhecidos agentes fascistas. Negrín explicava que "não podíamos deter um homem só por causa de suspeitas; não podíamos romper com as regras da comprovação. Não podemos nos arriscar a deter um inocente por estarmos convencidos de que ele é culpado. Podemos estar em guerra, mas também temos de conviver com nossa consciência". Com toda evidência, tais escrúpulos não se aplicavam quando estavam em questão os direitos de operários anarquistas e socialistas, e não de agentes fascistas.

102. Cf. Broué e Témime, p. 262. Ironicamente, das forças governamentais faziam parte tropas anarquistas, as únicas que entraram em Barcelona.

103. Ver Bolloten, *op. cit.*, p. 55, n. 1, para uma ampla lista de fontes.

104. Broué e Témime citam os socialistas Alardo Prats, Fenner Brockway e Carlo Rosselli. Borkenau, por sua vez, suspeitava que fora grande o papel do terror na coletivização. Ampara-se em muito pouca documentação para corroborar essa impressão, mas existem alguns indícios em fontes anarquistas. Ver a nota 91.

Algumas observações genéricas de Rosselli e Brockway sobre a coletivização são citadas por Rudolf Rocker em seu ensaio "Anarchism and Anarchosyndicalism", n. 1, em Paul Eltzbacher, org., *Anarchism* (Londres, Freedom Press, 1960), p. 266:

Rosselli: Em três meses a Catalunha foi capaz de estabelecer uma nova ordem social sobre as ruínas do antigo sistema. Isto se deve sobretudo aos anarquistas, que revelaram extraordinário sentido das proporções, raciocínio realista e capacidade de organização. (...) Todas as forças revolucionárias da Catalunha uniram-se num programa de caráter sindicalista-socialista (...) o anarco-sindicalismo, até então tão desprezado, revelou-se uma grande força construtiva. Não sou nenhum anarquista, mas considero meu dever manifestar aqui a minha opinião sobre os anarquistas da Catalunha, que com tanta freqüência são apresentados como um elemento destrutivo, senão criminoso.

Brockway: Fiquei impressionado com a força da CNT. Não era preciso dizer-me que se trata da maior e mais vital das organizações da classe operária na Espanha. Isto era evidente por toda parte. Era óbvio que as grandes indústrias estavam essencialmente nas mãos da CNT — ferrovias, transportes rodoviários, navegação, engenharia, têxteis, eletricidade, construção civil, agricultura. (...) Fiquei imensamente impressionado com o trabalho revolucionário construtivo que está sendo feito pela CNT. Suas realizações em matéria de controle dos operários na indústria são uma inspiração. (...) Ainda existem certos ingleses e americanos que consideram os anarquistas espanhóis como elementos incontroláveis, impossíveis e indisciplinados, o que está a quilômetros de distância da verdade. Através da CNT, os anarquistas espanhóis estão realizando um dos trabalhos mais construtivos já levados a efeito pela classe operária. Na frente de luta, combatem o fascismo. Atrás da frente, estão efetivamente construindo a nova sociedade do operariado. Sabem que a guerra contra o fascismo e a promoção da revolução social são inseparáveis. Quem quer que os tenha visto e haja compreendido o que estão fazendo deve honrá-los e ser grato a eles. (...) Trata-se sem sombra de dúvida da coisa mais importante até agora feita pelos operários em qualquer parte do mundo.

105. Citado por Richards, *op. cit.*, pp. 76-81, onde são reproduzidas longas citações descritivas.

106. Ver Hugh Thomas, "Anarchist Agrarian Collectives in the Spanish Civil War" (nota 59). Ele reproduz dados que demonstram que a produção agrícola aumentou em Aragão e Castela, onde a coletivização foi generalizada, e diminuiu na Catalunha e no Levante, onde os camponeses proprietários constituíam o elemento dominante.

A tentativa de Thomas é a única de um historiador profissional, que eu saiba, no sentido de avaliar sistematicamente os dados sobre a coletivização agrícola na Espanha. Ele conclui que os coletivos constituíram provavelmente "um considerável êxito" e devem ter desfrutado de forte apoio popular, mas já não se mostra tão certo quanto a sua viabilidade econômica. Sua dedução de que "é possível que a pressão comunista sobre os coletivos os tenha dotado da necessária ânsia de sobrevivência" nem de longe parece justificada, assim como a de que "a própria existência da guerra (...) pode ter sido responsável por parte do sucesso dos coletivos". Pelo contrário, seu surgimento espontâneo e seu êxito em toda a Espanha republicana parecem indicar que atendiam a profundos sentimentos populares, e tanto a guerra quanto a pressão comunista parecem ter constituído fatores desfavoráveis — e em última análise, naturalmente, destrutivos.

Outras conclusões duvidosas são as de que "quanto à redistribuição da riqueza, os coletivos anarquistas não eram propriamente um grande avanço em relação ao capitalismo", pois "não se estabeleceu de maneira eficaz uma forma de limitar o consumo nos coletivos mais ricos para ajudar os mais pobres", e de que não havia a possibilidade de um planejamento em larga escala. Pelo contrário, Bolloten (*op. cit.*, pp. 176-79) assinala que "para remediar os problemas da coletivização, ao mesmo tempo nivelando as discrepâncias no padrão de vida dos trabalhadores de empresas prósperas e pobres, os anarco-sindicalistas, apesar de radicalmente opostos à nacionalização, preconizavam a centralização — ou socialização, como diziam — de setores inteiros da produção, sob controle sindical". Ele cita alguns exemplos de socialização parcial que tiveram certo êxito, considerando que o maior empecilho a avanços ainda maiores foi a insistência da liderança do Partido Comunista e da UGT — embora não, aparentemente, das bases desta última — em que o governo detivesse a propriedade e o controle. Informa Richards (*op. cit.*, p. 82): "Em junho de 1937 (...) realizou-se em Valência uma reunião plenária nacional das Federações Regionais de Camponeses para debater a criação de uma Federação Nacional de Camponeses, destinada a coordenar e ampliar o movimento coletivista e assegurar uma distribuição equânime dos produtos da terra, não só entre os coletivos como também para todo o país. Em outubro de 1937, novamente, teve lugar em Castela uma fusão dos 100 mil membros da Federação Regional dos Camponeses com os 13 mil membros da rede de distribuição de alimentos. Era um passo inevitável no sentido de assegurar a melhor coordenação, tendo sido acatado por toda a Espanha no Congresso Nacional de Coletivos realizado em Valência em novembro de 1937." Estavam ainda sendo estudados outros planos de coordenação regional e nacional — ver por exemplo D. A. de Santillan, *After the Revolution* (Nova York, Greenberg Publisher, Inc., 1937).

Thomas acredita que os coletivos não poderiam ter sobrevivido além de "alguns anos, paralelamente à superação da miséria primitiva". Nada encontro nos dados por ele expostos que possa corroborar esta conclusão. A experiência palestina tem demonstrado que os coletivos podem constituir um êxito social e econômico por um longo período. O sucesso da coletivização espanhola, em condições de guerra, parece espantoso. Naturalmente, não podemos estar certos de que esses êxitos teriam sido obtidos e ampliados sem o ataque conjunto de fascistas, comunistas e liberais, mas não encontro uma justificação objetiva para esse ceticismo quase universal. Parece-me, mais uma vez, mero preconceito irracional.

107. Segue-se a breve descrição feita pelo escritor anarquista Gaston Leval, *Né Franco, Né Stalin, le collettività anarchiche spagnole nella lotta contro Franco e la reazione staliniana* (Milão, Istituto Editoriale Italiano, 1952), pp. 303 seg.; trechos reproduzidos em *Collectivités anarchistes en Espagne révolutionnaire, Noir et Rouge*, sem data.

> Em meados de junho, teve início em Aragão um ataque em grande escala e utilizando métodos até então desconhecidos. Aproximava-se o momento da colheita. Armados de fuzis, policiais de finanças sob as ordens dos comunistas interceptavam nas estradas caminhões carregados de provisões, conduzindo-os a seus escritórios. Pouco depois, os mesmos policiais iam aos coletivos e confiscavam grandes quantidades de trigo, por ordens do estado-maior sediado em Barbastro. (...) Mais tarde, tiveram início os ataques abertos, sob o comando de Lister, com tropas retornadas da frente de batalha em Belchite, a mais de 50 de quilômetros de distância, no mês de agosto. (...) O resultado final foi que 30% dos coletivos foram completamente destruídos. Em Alcolea, todos os membros do conselho municipal que geria o coletivo foram

detidos; as pessoas que viviam na Casa de Idosos (...) foram jogadas na rua. Em Mas de las Matas, em Monzon, em Barbastro, por toda parte, ocorriam detenções. Os saques eram generalizados. Os armazéns das cooperativas e seus estoques de cereais foram saqueados; suprimentos foram destruídos. O governador de Aragão, nomeado pelo governo central após a dissolução do Conselho de Aragão — que parece ter sido o sinal para o ataque armado contra os coletivos —, protestou. Foi mandado para o diabo.

No dia 22 de outubro, no Congresso Nacional dos Camponeses, a delegação do Comitê Regional de Aragão apresentou um relatório a seguir resumido:

"Mais de 600 organizadores de coletivos foram detidos. O governo constituiu comitês de gestão que assumiram o controle dos depósitos e distribuíram aleatoriamente seus suprimentos. Terras, animais de tração e ferramentas foram entregues a famílias ou aos fascistas poupados pela revolução. A colheita foi distribuída da mesma maneira. Os animais criados pelos coletivos tiveram o mesmo destino. Grande quantidade de fazendas de criação de porcos, estábulos e gado leiteiro foi destruída. Em certas comunas, como Bordon e Calaceite, até as sementes foram confiscadas, e hoje os camponeses não podem trabalhar a terra."

A estimativa de que 30% dos coletivos foram destruídos coincide com os dados relatados por Peirats (*Los anarquistas en la crisis politica española*, p. 300). Ele assinala que 200 delegados participaram em setembro de 1937 do congresso de coletivos em Aragão ("realizado à sombra das baionetas da 11ª Divisão" de Lister), contra 500 delegados no congresso do anterior mês de fevereiro. Peirats afirma que partes de Aragão também foram ocupadas por uma divisão de exército dos separatistas catalães e outra divisão do PSUC, enquanto permaneciam na frente três divisões anarquistas, sob as ordens da liderança da CNT-FAI. Veja-se, comparativamente, a maneira como Jackson explica a ocupação de Aragão: "Sabia-se que os camponeses odiavam o Consejo, *os anarquistas haviam abandonado a frente durante a luta em Barcelona* e a própria existência do Consejo representava um desafio à autoridade do governo central" (os grifos são meus).

108. A respeito do trabalho de Bolloten, Jackson afirma o seguinte: "No presente capítulo, tomei longos empréstimos a este bem documentado es-

tudo sobre o Partido Comunista em 1936-37. Não tem equivalente na cobertura da atividade da imprensa durante a guerra, da qual o próprio Bolloten, ele próprio correspondente da UP na Espanha, formou uma ampla coleção" (p. 363 n.).

109. Ver nota 64. Certas citações dos textos de Berneri são fornecidas por Broué e Témime. Morrow também reproduz várias passagens de seu diário, *Guerra di Classe*. Uma coletânea de suas obras seria uma útil contribuição a nosso entendimento da Guerra Civil Espanhola e à problemática da guerra revolucionária em geral.

110. Cattell, *op. cit.*, p. 208. Ver também as observações de Borkenau, Brenan e Bolloten citadas anteriormente. Nem Cattell nem Borkenau, contudo, consideram esse declínio do espírito de luta um fator decisivo.

111. *Op. cit.*, p. 195, n. 7.

112. Neste sentido, Trotski assumiu uma posição semelhante. Ver seu livro *Lesson of Spain* (Londres, Workers' International Press, 1937).

113. Citado em Richards, *op. cit.*, p. 23.

114. H. E. Kaminski, *Ceux de Barcelone* (Paris, Les Éditions Denoël, 1937), p. 181. Este livro contém observações muito interessantes sobre a Espanha anarquista por parte de um observador cético mas simpático à causa.

115. 15 de maio de 1937. Citado por Richards, *op. cit.*, p. 106.

116. Citado por Broué e Témime, *op. cit.*, p. 258, n. 34. A conquista de Saragoça era o objetivo, nunca concretizado, da milícia anarquista em Aragão.

117. *Ibid.*, p. 175.

118. *Ibid.*, p. 193.

119. O fato não passou despercebido aos jornalistas estrangeiros. Morrow (*op. cit.*, p. 68) cita James Minifie no *New York Herald Tribune*, 28 de abril de 1937: "Uma força policial digna de confiança vem sendo formada discretamente, mas com segurança. O governo de Valência encontrou nos carabineiros um instrumento ideal para este objetivo. Eles eram anteriormente guardas e oficiais alfandegários, e sempre tiveram fama de lealdade. Somos informados, de boa fonte, de que 40 mil deles foram recrutados para esta força e de que 20 mil já foram armados e equipados. (...) Os anarquistas já constataram e se queixaram da crescente força desse corpo, numa época em que sabemos todos ser pequeno o trânsito pelas

fronteiras, sejam terrestres ou marítimas. Percebem que será utilizado contra eles." Imagine-se, por exemplo, o que esses soldados, assim como a divisão de Lister ou os *asaltos* descritos por Orwell, poderiam ter conseguido na frente de Aragão. Imagine-se também o efeito que teria sobre os milicianos, privados de armas pelo governo central, a informação de que esses contingentes altamente treinados e bem armados estavam liquidando as conquistas de sua revolução.

120. Citado em Rocker, *The Tragedy of Spain*, p. 37.

121. Para as referências, ver Bolloten, *op. cit.*, p. 192, n. 12.

122. Citado em Rocker, *The Tragedy of Spain*, p. 37.

123. Liston M. Oak, "Balance Sheet of the Spanish Revolution", *Socialist Review*, vol. 6 (setembro de 1937), pp. 7-9, 26. Esta referência me foi assinalada por William B. Watson. Um bom exemplo da distorção criada pela campanha de propaganda da década de 1930 é a estranha história do influente filme *Terra da Espanha*, realizado em 1937 por Joris Ivens, com texto (escrito posteriormente) de Hemingway — projeto aparentemente iniciado por Dos Passos. Uma análise das mais reveladoras dessa questão, assim como da percepção da Guerra Civil por parte de Hemingway e Dos Passos, pode ser encontrada em W. B. Watson e Barton Whaley, "The Spanish Earth of Dos Passos and Hemingway", inédito, 1967. O filme tratava da aldeia coletivizada de Fuentidueña, em Valência (coletivizada, por sinal, pela UGT). Para o libertário Dos Passos, a revolução era o tema dominante; mas a guerra antifascista é que preocuparia Hemingway. O papel de Dos Passos logo seria esquecido, por se ter ele tornado (como lembram Watson e Whaley) "anátema para a esquerda, por suas críticas às políticas comunistas na Espanha".

124. No que diz respeito ao Leste, Rocker (*The Tragedy of Spain*, p. 25) sustenta que "a imprensa russa, por motivos fáceis de entender, jamais publicou uma só palavrinha sobre os esforços de reconstrução social dos operários e camponeses espanhóis". Não tenho como verificar se a afirmação é procedente, mas não surpreenderia se o fosse.

125. Ver Patricia A. M. Van der Esch, *Prelude to War: The International Repercussions of the Spanish Civil War (1935-1939)* (Haia, Martinus Nijhoff, 1951), p. 47, e Brenan, *op. cit.*, p. 329, n. 1. O caráter con-

servador do governo basco aparentemente também resultava em grande medida da pressão francesa. Ver Broué e Témime, *op. cit.*, p. 172, nº 8.

126. Ver Dante A. Puzzo, *Spain and the Great Powers: 1936—1941* (Nova York, Columbia University Press, 1962), pp. 86 e seg. Este livro contém análise detalhada e das mais perceptivas do contexto internacional da Guerra Civil.
127. Jules Sauerwein, despacho para o *New York Times* datado de 26 de julho. Citado por Puzzo, *op. cit.*, p. 84.
128. Cf., por exemplo, Jackson, *op. cit.*, pp. 248 e seg.
129. Relatado por Herschel V. Johnson, da embaixada americana em Londres; citado por Puzzo, *op. cit.*, p. 100.
130. Ver Broué e Témime, *op. cit.*, pp. 288-89.
131. Citado por Thomas, *The Spanish Civil War*, p. 531, nº 3. Rocker, *The Tragedy of Spain*, p. 14, cita (sem fornecer referências) uma proposta de "ditadura neutra" de cinco anos para "tranqüilizar" o país feita por Churchill, depois do que poderiam "talvez buscar a volta de instituições parlamentares".
132. Puzzo, *op. cit.*, p. 116.
133. *Ibid.*, p. 147. Eden refere-se, naturalmente, à União Soviética. Para uma análise da ajuda russa à República espanhola, ver Cattell, *op. cit.*, cap. 8.
134. Cf. Puzzo, *op. cit.*, pp. 147-48.
135. *Ibid.*, p. 212.
136. *Ibid.*, p. 93.
137. *Op. cit.*, p. 248.
138. Puzzo, *op. cit.*, pp. 151 e seg.
139. *Ibid.*, pp. 154-55 e n. 27.
140. Para algumas referências, ver Allen Guttmann, *The Wound in the Heart: America and the Spanish Civil War* (Nova York, The Free Press, 1962), pp. 137-38. A mais recuada referência quase oficial de que tenho conhecimento encontra-se em Herbert Feis, *The Spanish Story* (Nova York, Alfred A. Knopf, 1948), onde são fornecidos dados num apêndice. Jackson (*op. cit.*, p. 256) comenta a questão, sem observar que a Texaco estava violando um acordo anterior com a República. Ele afirma que o governo americano nada podia fazer a respeito, pois "o petróleo não

era considerado material de guerra na Lei de Neutralidade". O que ele não frisa, contudo, é que Robert Cuse, a Martin Company e o governo mexicano eram fortemente pressionados a não entregar as cargas compradas pela República, embora também isto fosse perfeitamente legal. Como já observamos, a Texaco Company jamais foi considerada "antiética" ou "impatriótica", sendo estes epítetos da lavra de Roosevelt reservados aos que tentavam ajudar a República. Os mais cínicos poderiam perguntar por que diabos o petróleo foi excluído da Lei de Neutralidade de janeiro de 1937, observando que embora a Alemanha e a Itália fossem capazes de fornecer armas a Franco, não podiam atender a suas necessidades de petróleo.

A Texaco Oil Company continuou a agir de acordo com as simpatias nazistas de seu chefe, o capitão Thorkild Rieber, até agosto de 1940, quando a publicidade passou a constituir uma ameaça aos negócios. Ver Feis, *op. cit.*, para mais detalhes. Para aprofundar a questão, ver Richard P. Train, *American Diplomacy and the Spanish Civil War* (Bloomington, Indiana University Press, 1968), pp. 166 e seg.

141. Puzzo, *op. cit.*, p. 160. Observa ele: "Um governo com a participação de socialistas, comunistas e anarquistas em Madri não deixaria de constituir ameaça aos interesses dos negócios americanos, tanto na Espanha quanto na América Latina" (p. 165). Hull, por sinal, estava equivocado quanto aos atos do governo espanhol. Os elementos esquerdistas irresponsáveis não haviam recebido armas, mas tratado de apreendê-las, com isto evitando uma vitória imediata de Franco.

142. Ver Jackson, *op. cit.*, p. 458.

143. Cf. Guttmann, *op. cit.*, p. 197. Naturalmente, o liberalismo americano sempre foi favorável aos legalistas, opondo-se tanto a Franco quanto à revolução. A atitude em relação a esta última fica evidente nesta comparação, observada por Guttmann, p. 165: "trezentas pessoas compareceram à Praça do Sindicato para ouvir Liston Oak [ver nota 123] falar do papel dos stalinistas na Espanha; 20.000 compareceram no Madison Square Garden para ajudar Earl Browder e Norman Thomas a comemorar a preservação da sociedade burguesa" em julho de 1937.

144. *Ibid.*, p. 198.

145. Para encerrar essas observações sobre a reação internacional, cabe lembrar que o Vaticano reconheceu *de facto* o governo de Franco em agosto de 1937 e *de jure* em maio de 1938. Imediatamente após a vitória final de Franco, o papa Pio XII fez a seguinte declaração: "A paz e a vitória foram decididas por Deus na Espanha (...) que agora fornece aos prosélitos do ateísmo materialista de nossa época a mais alta prova de que acima de tudo encontra-se o valor eterno da religião e do Espírito". Como se sabe, a posição da Igreja Católica sofreu desde então importantes mudanças — o que já não se pode dizer do governo americano.

146. Ver nota 60.

147. Ver, por exemplo, a referência a Machajski em Harold D. Lasswell, *The World Revolution of Our Time: A Framework for Basic Policy Research* (Hoover Institute Studies; Stanford, Califórnia, Stanford University Press, 1951); reedição ampliada em Harold D. Lasswell e Daniel Lerner, orgs., *World Revolutionary Elites: Studies in Coercive Ideological Movements* (Cambridge, Massachusetts, The M.I.T. Press, 1965), pp. 29-96. Daniel Bell debate mais extensivamente a crítica do socialismo em Machajski como a ideologia de um novo sistema de exploração no qual os "trabalhadores intelectuais" dominarão, num ensaio dos mais informativos e diretamente relacionado a certas questões aqui levantadas: "Two Roads from Marx: The Themes of Alienation and Exploitation, and Workers' Control in Socialist Thought", em *The End of Ideology*, pp. 335-68.

148. Lasswell, *op. cit.*, p. 85. A este respeito, o prognóstico de Lasswell assemelha-se ao de Bell nos ensaios anteriormente citados.

149. Resumido no *Christian Science Monitor*, 15 de março de 1968. Não tive acesso ao texto, não podendo portanto avaliar a veracidade do relato.

150. Para ficar no exemplo mais recente: no dia 22 de janeiro de 1968, McNamara afirmou, em depoimento na Comissão das Forças Armadas do Senado, que "existem indícios incontornáveis de que forças comunistas locais e da guerrilha se têm confrontado desde 1966. Em conseqüência, houve uma queda na eficácia e no moral dos combates". A ofensiva do Tet foi lançada uma semana depois desse depoimento. Comentários dos mais apropriados podem ser encontrados em *I. F. Stone's Weekly*, 10 de fevereiro de 1968.

151. A realidade por trás da retórica tem sido amplamente veiculada. Uma descrição particularmente reveladora é fornecida por Katsuichi Honda, repórter do jornal *Asahi Shimbun*, em *Vietnam — A Voice from the Villages*, 1967, que pode ser obtido no Committee for the English Publication of "Vietnam — a Voice from the Villages", a/c Mrs. Reiko Ishida, 2-13-7, Nishikata, Bunkyo-Ku, Tóquio.

O PACIFISMO REVOLUCIONÁRIO DE A. J. MUSTE

SOBRE O CONTEXTO DA GUERRA NO PACÍFICO

COMENTÁRIO INTRODUTÓRIO

Pode parecer que o título e o subtítulo deste ensaio não têm relação; será útil, assim, uma breve explicação. O ensaio foi escrito para um número especial de *Liberation* no qual, como dizia o editor, eram "reunidos vários artigos tratando de alguns dos problemas enfrentados por A. J.". Considero que o pacifismo revolucionário de Muste era e continua sendo uma doutrina profundamente importante, tanto em sua análise política quanto na convicção moral que manifesta. As circunstâncias da guerra antifascista submeteram-no ao mais vigoroso dos testes. Terá ele sobrevivido a este teste? Quando comecei a escrever este artigo, não estava em absoluto certo. Ainda me sinto muito incerto a respeito. Existem, no entanto, vários pontos que me parecem perfeitamente claros. A reação americana à agressividade japonesa foi, em grande medida, das mais hipó-

---

Este ensaio foi originalmente publicado em *Liberation*, vol. 12 (setembro-outubro de 1967). Sou grato a Herbert Bix, Louis Kampf, André Schiffrin e John Viertel por observações que se revelaram úteis na revisão para a versão atual.

critas. Pior ainda, existem semelhanças impressionantes e bastante perturbadoras entre as travessuras japonesas e as nossas — tanto em caráter quanto em sua racionalização —, com a diferença fundamental de que o apelo do Japão aos interesses nacionais, não totalmente destituído de mérito, torna-se simplesmente ridículo ao ser traduzido numa justificativa das conquistas americanas na Ásia.

Este ensaio aborda todas essas questões: o pacifismo revolucionário de Muste e a interpretação que dele oferece em relação à Segunda Guerra Mundial; a reação e a responsabilidade do Ocidente; e, em conseqüência, a relevância dessas questões para os problemas do imperialismo contemporâneo na Ásia. O ensaio certamente seria mais coerente se se limitasse a um ou dois desses temas. E estou certo de que seria mais claro se preconizasse uma "linha política" específica. Depois de explorar esses temas, só me sinto autorizado a arriscar as observações provisórias do último parágrafo.

Num ensaio decisivo escrito há quarenta anos,[1] A. J. Muste explicava o conceito de não-violência revolucionária que constituíra o princípio orientador de uma vida extraordinária. "Em um mundo construído sobre a violência, é preciso ser revolucionário para ser pacifista." "Há em nós uma certa indolência, um desejo de não ser perturbado, que nos induz a pensar que quando as coisas estão calmas é que tudo está bem. Subconscientemente, tendemos a dar preferência à 'paz social', ainda que apenas aparente, pois então nossas vidas e nossas posses ficam parecendo em segurança. Na realidade, os seres humanos muito facilmente aceitam condições de prevalência do mal; rebelam-se muito pouco e com muito pouca freqüência. Nada existe de nobre na aquiescência com uma vida acanhada ou na pura e simples submissão a uma força superior." Muste insistia em que os pacifistas "nos permitem focalizar as idéias". Sua principal tarefa "é denunciar a violência em que se baseia o atual sistema, e todo o mal — material e espiritual — que isto acarreta para as massas em todo o mundo. (...) Enquanto não formos capazes de encarar com franqueza e propriedade esses 90% do nosso problema, haverá sempre algo ridículo e talvez hipócrita em nossa preocupação com os 10% representados pela violência utilizada pelos rebeldes contra a opressão". Nunca essas idéias foram tão tragicamente apropriadas na história americana quanto hoje.

A missão do pacifista revolucionário é mais plenamente delineada no último parágrafo do ensaio.

> Aqueles que forem capazes de renunciar à riqueza, à posição e ao poder decorrentes de um sistema social baseado na violência e que premia a ganância, identificando-se concretamente com a luta das massas em busca do esclarecimento, poderão em certa medida contribuir — certamente mais por atos do que por palavras — para que se conceba uma forma mais aperfeiçoada, uma técnica de progresso social menos grosseira, brutal, onerosa e lenta do que a humanidade foi até agora capaz de desenvolver.

O fato de podermos avaliar sua vida e obra por tais padrões é sem dúvida um extraordinário tributo a A. J. Muste. Seus ensaios são invariavelmente densos e provocadores; sua vida, entretanto, é uma inspiração provavelmente sem paralelo na América do século XX. Muste acreditava, como Gandhi, que "as leis e as práticas injustas persistem porque os homens obedecem e se amoldam a elas. E o fazem por medo. Existem coisas que temem mais do que a continuação do mal". Ele foi capaz de enriquecer meio século da história americana com seu compromisso pessoal para com essas verdades simples. Seu empenho teve início numa época em que "os homens acreditavam que uma ordem humana melhor, um mundo sem classes nem guerras, uma sociedade socialista, se me permite, podiam ser alcançados", uma época em que o movimento trabalhista podia ser considerado uma "extraordinária combinação de poder de massas, idealismo profético e esperança utópica". E prosseguiu em meio à generalizada desilusão da guerra, da depressão e da histeria anti-radical, até os dias em que os sociólogos americanos foram capazes de proclamar que "o que ninguém pode deixar de perceber é que a sociedade igualitária e com espaço para a mobilidade que tem sido invocada há cem anos pelos 'intelectuais livre-pensadores' associados à tradição marxista finalmente surgiu na forma de nossa desajeitada e burocrática sociedade de massas, engolfando por sua vez os heréticos".[2] E finalmente, ainda não "engolfado", ele persistiu em sua recusa de se tornar um desses indivíduos obedientes e dóceis que são o terror de nossa época, até o momento em que nossa "sociedade igualitária e com espaço para a mobilidade" parece a ponto de enfrentar uma rebelião vinda das camadas mais profundas, no momento em que os jovens deparam-se diariamente com as questões levantadas em Nuremberg, enquanto seu país dedica-se a impor a "estabilidade" dos cemitérios e das aldeias arrasadas, e em que o que ninguém pode deixar de perceber é que alguma coisa está profundamente errada na sociedade americana.

Num dos últimos ensaios que publicou, Muste considera-se um "unilateralista impenitente, em termos tanto políticos quanto morais".[3] Por um lado, ele baseia sua posição num compromisso moral absoluto que se pode aceitar ou recusar, mas que não pode ser com vantagem contestado. Por outro, defende-a em termos que não me parecem muito persuasivos, segundo o princípio psicológico de que "o semelhante produz o semelhante, a bondade suscita a bondade", constituindo portanto um apelo à "humanidade essencial do inimigo".[4] É muito difícil continuar acreditando na "humanidade essencial" do soldado SS, do comissário ou do racista cegos pelo ódio e o medo, ou, por outro lado, a brutal vítima de uma vida inteira de doutrinação anticomunista. Quando o inimigo é um técnico distante incumbido de programar bombardeios com aviões B-52 ou a "pacificação", não existe possibilidade de um confronto humano, e os fundamentos psicológicos de uma prática não-violenta, qualquer que seja, simplesmente evaporam. Uma sociedade capaz de produzir conceitos como "antiamericano" e "*peacenik*" — ou de transformar "paz" num palavrão — já foi bem longe na imunização do indivíduo contra qualquer apelo humano. A sociedade americana chegou ao estágio de uma quase total imersão na ideologia. A noção de compromisso desapareceu da consciência — em que mais poderia acreditar uma pessoa que pensa "direito"? Os americanos simplesmente são "pragmáticos" e precisam conduzir os outros a esta feliz situação. Assim é que um funcionário da Agência Internacional de Desenvolvimento é capaz de escrever, sem a mais leve sombra de ironia, que nosso objetivo é conduzir as nações "de uma dependência doutrinária na empresa estatal a um apoio pragmático à iniciativa privada",[5] e uma manchete do *New York Times* pode considerar que a capitulação da Índia às exigências americanas sobre as condições para os investimentos estrangeiros no país constitui uma "mudança do socialismo para o pragmatismo" (ver adiante "A responsabilidade dos intelectuais"). Assim recuados os limites do imaginável, temos paralelamente a incapacidade de entender de que maneira os fracos e despossuídos podem resistir a nossa benevolente manipulação de suas vidas, a impossibilidade de reagir em termos humanos à miséria que impomos.

A única maneira útil de avaliar o programa do pacifismo revolucionário unilateral consiste em examinar o que ele implica em termos de circunstâncias históricas concretas. Como receita para os Estados Unidos neste meado da década de 1960, é fácil demais defendê-lo. Não existe mérito especial algum em ser mais equilibrado que um lunático; da mesma forma, praticamente qualquer política é mais racional que aquela que aceita o reiterado risco de guerra nuclear, logo, praticamente a garantia de uma guerra nuclear a longo prazo — um "longo prazo" que provavelmente não será muito longo, considerando-se os riscos que os tomadores de decisão estão dispostos a aceitar. Assim, na crise dos mísseis em Cuba, Kennedy dispunha-se (segundo as memórias de Sorensen) a aceitar uma probabilidade de 1/3 a 1/2 de uma guerra nuclear, para deixar claro que só os Estados Unidos têm o direito de manter mísseis nas fronteiras de um inimigo em potencial.[6] E quem pode saber que "probabilidades" a CIA oferece hoje aos Rostows e Wheelers que tentam salvar alguma coisa de seu fiasco no Vietnã bombardeando a fronteira da China? Além disso, não é necessária uma extraordinária inteligência política para exortar a uma desescalada mundial a grande potência que, por qualquer aferição objetiva, é a mais agressiva do mundo — o que se reflete no número de governos mantidos pela força ou subvertidos pela intriga, nas tropas e bases em solo estrangeiro, na disposição de utilizar a mais impressionante "máquina mortífera" da história para impor o seu conceito de ordem mundial.

Seria mais esclarecedor examinar o programa do pacifismo revolucionário no contexto de dez anos atrás, quando o gangsterismo internacional estava mais equilibradamente distribuído, engajados os ingleses na repressão assassina no Quênia, combatendo os franceses a sua última guerra colonial e consolidando a União Soviética com brutalidade e impostura o seu império no Leste Europeu. Mas é a situação internacional de dezembro de 1941 que representa o teste mais severo para a doutrina de Muste. Há muito a aprender com a análise dos acontecimentos que levaram a um ataque armado, por parte de um imperialismo concorrente, a possessões americanas e às forças que as defendiam, e ainda mais de um exame das diferentes reações a esses acontecimentos e ao que a eles se seguiu. Se o pacifismo revolucionário de Muste é defensável como programa político geral, também deve sê-lo nessas circunstâncias extremas. Ao sustentar que o era, Muste isolou-se não só de qualquer base de massas como também de toda a intelectualidade americana, à parte uma fração marginal.

Escrevendo em 1941, Muste via a guerra como

> um conflito entre dois grupos de potências pela sobrevivência e a dominação. Um conjunto de potências, que inclui a Grã-Bretanha e os Estados Unidos, e talvez a França "livre", controla cerca de 70% dos recursos do planeta e quase 80 milhões de quilômetros quadrados de território. O *status quo* imperialista assim constituído em seu benefício foi conseguido por uma série de guerras, inclusive a última. Hoje elas só querem ser deixadas em paz, e se assim for dispõem-se a tornar seu domínio benigno apesar de firme. (...) Do outro lado temos um grupo de potências, como a Alemanha, a Itália, a Hungria e o Japão, que controla cerca de 15% dos recursos do planeta e pouco mais de dois milhões de quilômetros quadrados de território, igualmente decidido a alterar a situação em seu próprio favor, para impor suas idéias sobre a "ordem", e armado até os dentes para fazê-lo, mesmo que signifique mergulhar o mundo na guerra.[7]

Ele previu que uma vitória dos aliados geraria "um novo império americano", incorporando uma Grã-Bretanha subserviente, "que seremos o próximo país a buscar o domínio mundial — em outras palavras, a fazer a tentativa que condenamos em Hitler". No conturbado mundo do pós-guerra, seremos convencidos, segundo prevê ele, de que "nossa única segurança está em nos fazermos ou nos mantermos 'invencíveis'. Mas isto (...) significa ser capaz de decidir pela preponderância do poderio militar qualquer questão internacional que venha a surgir — o que nos colocaria na posição em que Hitler tenta hoje colocar a Alemanha". Num ensaio posterior, ele cita esta observação: "O problema depois de uma guerra está com o vitorioso. Ele acha que acaba de provar que a guerra e a violência valem a pena. Quem haverá agora de ensinar-lhe uma lição?"[8]

A previsão de que os Estados Unidos emergiriam como a potência mundial dominante era realismo político; não menos realista era prever que eles agiriam de acordo com isto, tendo chegado a esta posição pela força. Assim, uma tragédia poderia ser evitada, preconizava Muste, mediante uma tentativa séria de reconciliação pacífica, sem a preocupação de jogar a culpa da guerra exclusivamente em determinado país e com a garantia de que todos os povos teriam acesso igual aos mercados e aos materiais essenciais, a redução dos armamentos, uma maciça reabilitação econômica e iniciativas na direção de uma federação internacional. Para o ideólogo americano de 1941, semelhante programa parecia tão absurdo quanto, hoje, a proposta de que apoiemos a revolução popular. E àquela altura os acontecimentos e as políticas adotadas tomavam um rumo muito diferente.

Como nada neste sentido jamais chegou a ser tentado, só podemos especular quanto aos possíveis resultados. A precisão das previsões de Muste infelizmente requer poucos comentários. Além disso, parece perfeitamente possível sustentar sua análise da situação que então prevalecia, o que não seria de interesse meramente acadêmico, considerando os acontecimentos na Ásia desde aquela época.

Como já disse, o ponto de vista manifestado por Muste era dos mais isolados. Para ver como mudou pouco desde então o clima intelectual, basta considerar o longo debate em torno da decisão de lançar a bomba. O que estava em questão era saber se isto constituía o último ato da Segunda Guerra Mundial ou a primeira etapa da diplomacia americana no pós-guerra; ou se se justificava como maneira de concluir rapidamente a guerra. Só muito raramente se tem levantado a questão de saber se se justificava uma vitória americana na guerra do Pacífico; e esta questão, quando chegava a ser encarada, era colocada no contexto da guerra fria — ou seja, teria sido prudente eliminar um contrapeso ao crescente poderio chinês, que logo haveria de tornar-se uma potência "comunista"?

Um ponto de vista tipicamente americano foi expresso pelo historiador Louis Morton:

> No fim do verão e no outono de 1945, o povo americano tinha todos os motivos para se rejubilar. A Alemanha e o Japão haviam sido derrotados, e as tropas americanas, por toda parte vitoriosas, logo estariam voltando para casa. O mal em proporções inéditas fora superado pela maior demonstração de força já reunida pela causa da liberdade humana.[9]

É impressionante que semelhante atitude possa ser expressa tão inocentemente e tão facilmente aceita. Será verdade que em agosto de 1945 o povo americano "tinha todos os motivos para se rejubilar" — ante a visão dos campos japoneses devastados por bombardeios convencionais em que foram massacrados dezenas de milhares de civis, para não falar das terríveis conseqüências de duas bombas atômicas (constituindo a segunda, ao que parece, a experiência mais abominável da história); ou ante a notícia de um gratuito ato final de barbárie, trivial no contexto do que acabava de acontecer, um ataque com mil aviões lançado depois do anúncio da rendição japonesa, mas, tecnicamente, antes que ele fosse oficialmente recebido?[10] Para o secretário da guerra Stimson, parecia "espantoso que não houvesse protestos contra os ataques aéreos que vimos promovendo contra o Japão e que provocaram perdas tão extraordinariamente pesadas de vidas humanas"; ele achava que "havia algo de errado com um país em que ninguém questiona algo assim". Que devemos então dizer de um país que ainda hoje, vinte anos mais tarde, mostra-se incapaz de enfrentar a questão da culpa da guerra?

Não que a questão da culpa da guerra tenha saído de moda, naturalmente. Mesmo hoje, nenhuma viagem à Alemanha pode ser feita sem o ritual de suspiros e torcer de mãos pela incapacidade do povo alemão de encarar os pecados da era nazista, ou pelo fato de os livros escolares alemães passarem tranqüilamente ao largo das atrocidades nazistas e da questão da culpa da guerra. Trata-se de uma clara indicação de sua natureza corrupta. Ainda recentemente, um grupo de intelectuais liberais americanos comunicou suas impressões sobre uma viagem pela Alemanha Ocidental no *Atlantic Monthly* (maio de 1967). Nenhum deles deixou de levantar a questão da culpa da guerra. Um deles comenta que "por diferentes que fossem nossos temperamentos e nossas preferências políticas, constituíamos nitidamente um grupo coeso na desconfiança quanto à capacidade da Alemanha de alcançar a saúde política (...) não havíamos esquecido, nem podíamos esquecer, que estávamos no país que fora capaz de conceber e pôr em prática o nazismo". O mesmo observador se diz impressionado com a "força e dignidade" com que os jovens alemães "carregam um fardo emocional e moral sem equivalente na história: são obrigados a conviver com a consciência de que a geração de seus pais e não raro seus próprios pais também cometeram as piores atrocidades da história da humanidade". Um outro, ardoroso apologista da guerra americana no Vietnã, pergunta: "Como pode um ser humano 'conviver' com o fato de que seu pai era um assassino sem escrúpulos, ou foi cúmplice de um assassinato dessa ordem?" Vários deles "sentiram-se agredidos pelo fato de o campo de concentração [Dachau] ter sido arrumado e tornado apresentável". (Será que o fato de Hiroshima ter sido tornada "apresentável" — ou, numa analogia mais próxima, que o mesmo tenha sido feito em Los Alamos — causa a mesma reação?) Temos de reconhecer que uns poucos fazem referência ao Vietnã; mas nem uma vez sequer chega a ser levantada qualquer questão — nem ao menos para ser descartada — sobre o comportamento americano na Segunda Guerra Mundial, ou o "fardo emocional e moral" que recai sobre aqueles que viram a "geração de seus pais" assistir de braços cruzados ao lançamento de duas bombas atômicas contra um inimigo derrotado e praticamente sem defesa.

Para nos libertarmos do conformismo e da cegueira moral que se transformaram num escândalo nacional, seria uma boa idéia ler de vez em quando as moderadas reações de asiáticos conservadores a algumas de nossas próprias proezas. Vejamos, por exemplo, as palavras do juiz indiano Radhabinod Pal, principal representante asiático no Tribunal de Tóquio, que julgou a culpa de guerra dos japoneses. Em seu detalhado arrazoado (praticamente ignorado) contrário à decisão do tribunal, ele faz as seguintes observações:

Ao *kaiser* Guilherme II foi atribuída uma carta ao kaiser austríaco Francisco José no início da guerra, na qual afirma: "Minha alma está dilacerada, mas tudo terá de ser passado a ferro e fogo; homens, mulheres, crianças e velhos terão de ser massacrados, e nenhuma casa, nenhuma árvore ficará de pé. Com semelhantes métodos de terrorismo, os únicos capazes de afetar um povo degenerado como o francês, a guerra terminará em dois meses, ao passo que, se eu aceitar considerações de ordem humanitária, haverá de se prolongar por anos. Não obstante minha repugnância, fui, assim, obrigado a optar pelo primeiro sistema."

Isto evidenciava o caráter implacável de sua política, e esta política de assassinato indiscriminado para abreviar a guerra foi considerada um crime. Na guerra do Pacífico que aqui examinamos, se alguma coisa se aproximou do que é demonstrado nesta carta do imperador alemão, foi a decisão das potências aliadas de usar a bomba atômica. As futuras gerações julgarão esta terrível decisão. A história dirá se qualquer rompante de sentimento popular contra a utilização de semelhante arma é irracional e apenas sentimental e se se tornou legítimo recorrer a um massacre tão indiscriminado para obter a vitória, dobrando a vontade de toda uma nação de continuar combatendo. Precisamos aqui deter-nos para analisar se "a bomba atômica serve para obrigar a uma busca mais profunda da natureza da guerra e dos meios legítimos de alcançar objetivos militares". Bastaria, para meu objetivo aqui, dizer que se a destruição indiscriminada de vidas e propriedades civis continua sendo ilegítima na guerra, então esta decisão de usar a bomba atômica na guerra do Pacífico constitui a única abordagem equivalente às diretivas do imperador alemão durante a Primeira Guerra Mundial e dos dirigentes nazistas durante a Segunda Guerra Mundial. Nada semelhante pode ser atribuído ao atual acusado.[11]

Quando nos queixamos da consciência alemã, estamos exigindo dos alemães uma demonstração de ódio a si mesmos — sem dúvida uma boa coisa. Para nós, no entanto, a questão é infinitamente mais séria. Não se trata de uma questão de ódio a nós mesmos envolvendo pecados do passado. Como o *kaiser* alemão, acreditamos que tudo deve ser passado a ferro e fogo, para acabar com a guerra mais depressa — e é de acordo com esta convicção que agimos. Ao contrário do *kaiser* alemão, nossa alma não está dilacerada. Conseguimos cultivar uma certa calma, enquanto continuamos, ainda hoje, a escrever novos capítulos da história com o sangue dos inocentes e indefesos.

Voltando ao pacifismo radical de Muste no contexto de 1941, cabe lembrar que sua primeira proposta era de que não houvesse qualquer tentativa de "jogar a culpa da guerra exclusivamente em determinado país". A segunda, que fossem tomadas medidas para garantir a todos os povos igual acesso aos mercados e aos materiais essenciais. A causa imediata do ataque a Pearl Harbor foi o fato de os militares japoneses terem reconhecido que era "agora ou nunca". As potências ocidentais controlavam as matérias-primas de que elas dependiam em caráter vital, e esses suprimentos vinham sendo obstruídos em retaliação à expansão japonesa no continente e à aliança com a Alemanha e a Itália no Pacto Tripartite. O Japão enfrentava uma ofensiva diplomática americana destinada a transformá-lo "de um império expansionista e hostil, cheio de orgulho por seu destino e de planos ambiciosos para o futuro, num país pacífico e apaziguado de comerciantes firmando contratos com os Estados Unidos para ajudá-los a combater Hitler"[12] — exatamente o que foi conseguido com a guerra, se substituirmos "Hitler" por "conspiração comunista internacional". Para entender melhor o problema dos japoneses, para avaliar a alegação de que o Japão representava as forças de um "mal em proporções inéditas" mobilizado contra a "causa da liberdade humana" de inspiração americana, assim como para avaliar a substância da alternativa pacifista radical proposta por Muste, é necessário examinar com certa atenção o contexto em que se inseria o imperialismo japonês.

Fora diante de uma ameaça de emprego da força no meado do século XIX que o Japão se abriu à influência ocidental, empreendendo então um esforço de modernização extraordinariamente bem-sucedido. Uma nova plutocracia substituiu a velha estrutura feudal, adotando as formalidades do governo parlamentar. A participação das massas na estrutura política que ia sendo desenvolvida era mínima; cabe duvidar que o padrão de vida do campesinato e dos trabalhadores urbanos tivesse subido no período de transição de uma sociedade medieval para uma outra de capitalismo moderno. O Japão juntou-se às outras potências imperialistas na exploração do Leste Asiático e tomou Formosa, a Coréia e parte do sul da Mandchúria. Resumindo, pelo fim da década de 1920 o Japão era o que se costuma chamar na linguagem política moderna de uma "democracia", e tentava desempenhar as funções habituais de uma grande potência.

Um aviso de perigo já se encontrava na virtual independência das forças armadas em relação ao governo civil. A "dupla diplomacia" a que isto deu origem logo teria conseqüências desastrosas.

A grande guerra européia de 1914-1918 deu ao Japão a oportunidade de estender seus "direitos e interesses" na China, proporcionando novos mercados à indústria japonesa em expansão. A retomada da concorrência européia representou um sério golpe, e foi em vão que depois da guerra a diplomacia tentou erigir um novo e estável sistema internacional que integrasse o Japão às demais potências imperialistas. O Japão aceitou de boa-fé o papel subordinado que lhe era atribuído e consentiu com a posição de bem-comportado membro do clube imperialista ao longo da década de 1920. A Conferência de

Washington de 1921-1922 determinou que as forças navais da América, da Inglaterra e do Japão seriam constituídas na proporção de 5 para 5 e para 3, acatando a posição americana de "igualdade de segurança", e não o objetivo japonês de "igualdade de armamentos". Comenta Schroeder: "O argumento americano era de que o Japão, um Estado cercado de inimigos históricos e poderosos rivais, naturalmente dispunha de uma situação superior em matéria de defesa, ao passo que os Estados Unidos, entre dois oceanos e sem qualquer inimigo poderoso em dois continentes, contava com uma capacitação natural inferior em matéria de defesa."[13]

As decisões da Conferência de Washington foram renegociadas no Tratado Naval assinado em Londres em 1930 pelo Japão, a Grã-Bretanha e os Estados Unidos. A questão é detalhadamente debatida num estudo de James Crowley.[14] Nas negociações que levaram a este tratado, o secretário de Estado Stimson deu ênfase aos "excepcionais problemas causados pela necessidade dos Estados Unidos de defender dois litorais e às 'grandes concessões' que o governo americano fizera no momento da Conferência de Washington". Crowley frisa que, "ao longo da década de 1920, o Japão cumprira rigorosamente os termos dos tratados da Conferência de Washington". O que estava em jogo nas negociações subseqüentes era saber se o Japão seria capaz de manter seu objetivo primordial: "supremacia sobre a esquadra americana em águas territoriais japonesas". O Tratado de Londres, com efeito, exigia que o Japão renunciasse a este objetivo. Esse tratado "não transformava a Inglaterra numa potência naval de segunda classe, nem punha em risco a segurança dos Estados Unidos ou suas possessões insulares do Pacífico", mas efetivamente comprometia "o princípio da hegemonia naval japonesa nas águas do próprio Japão".

A oposição interna ao tratado no Japão foi muito séria. Ela levou ao fortalecimento do papel dos militares, que justificadamente consideravam que a liderança civil estava pondo em risco gravemente a segurança japonesa. O tratado também evocava o primeiro da "série de ataques violentos contra os dirigentes legalmente constituídos do Japão que caracterizaria a história política do país na década de 1930", quando o primeiro-ministro Hamaguchi, responsável pelo tratado, foi alvejado por "um jovem patriota" em 1930. Uma conseqüência imediata do tratado foi a adoção pelo partido de oposição de uma plataforma que insistia na "preservação da posição privilegiada do Japão na Mandchúria e uma política externa que descartasse a necessidade de cooperação com os países anglo-americanos, em defesa dos interesses continentais do Japão ou pela causa da adoção de acordos sobre armamentos navais". Resumindo, parece claro que a recusa dos Estados Unidos de conceder ao Japão a hegemonia em suas próprias águas (ao mesmo tempo em que, naturalmente, insistiam em manter sua própria hegemonia do Atlântico ocidental e no Pacífico oriental) foi uma causa importante da crise que logo surgiria.

Em anos posteriores, os japoneses vieram a dar-se conta, com toda razão, de que haviam sido trapaceados nos acertos diplomáticos do início da década de 1920, que "encarnavam a idéia de que o Extremo Oriente é basicamente uma região para as atividades comerciais e financeiras dos povos ocidentais; e (...) enfatizavam a importância de colocar as potências signatárias em posição de igualdade, ignorando que seria desejável propiciar relações especiais entre determinados países, especialmente entre o Japão e a China".[15] Uma típica visão japonesa da situação foi expressa por um delegado da conferência do Instituto de Relações Pacíficas (IRP) realizada em 1925: "No momento em que [o Japão] tornava-se um mestre na arte de se apossar, as demais potências, a maioria das quais já tinha de qualquer maneira o que queria, de uma hora para outra cobriram-se de virtudes e acabaram com a brincadeira."[16] Dez anos depois, um delegado à conferência do IRP em 1936 reiteraria:

> Os japoneses consideram que os países ocidentais são injustos ao impor o *status quo* ao Japão e dar-lhe o nome de "paz". Toda a sua concepção da maquinaria diplomática e da segurança coletiva é que constituem simplesmente um meio de manter este tipo de paz, e neste sentido o povo japonês se posiciona contra. Isto não significa que o Japão não participaria da segurança coletiva se vier a ser concebida uma maquinaria que propicie a "mudança pacífica". (...) O Japão tem o legítimo desejo de se expandir. Quais os meios pelos quais um país pode legitimamente expandir-se? Os avanços imperialistas aparentemente saíram de moda, mas isto não é entendido pelo povo japonês. Os japoneses raciocinam, em geral, que a Grã-Bretanha e as outras potências ocidentais o fizeram, por que então não poderíamos nós? O problema não é tanto determinar quem é o agressor, mas criar amplas oportunidades para que se dê pacificamente a necessária expansão.[17]

Em meados da década de 1920, foram os japoneses que se mostraram de maneira geral a potência imperialista mais simpática ao Kuomintang, em sua tentativa de unificar a China. Em 1927, Chiang Kai-shek declarou que a política japonesa diferia da atitude "opressiva" da Grã-Bretanha e dos Estados Unidos, e Eugene Ch'en, então alto funcionário do Kuomintang, contrastou o fato de o Japão não ter participado do bombardeio imperialista de Nanquim com a "crueldade inerente à civilização ocidental"; isto "indicava a amizade do Japão pela China". O objetivo da diplomacia japonesa era fortalecer os elementos anticomunistas no Kuomintang, ao mesmo tempo apoiando o domínio do senhor guerreiro Chang Tso-lin numa Mandchúria pelo menos semi-independente. Na época, isto não parecia totalmente absurdo, embora as bases jurídicas do Japão fossem incertas e esta política estivesse certamente destinada a entrar em conflito com o nacionalismo chinês.

Comentava uma autoridade no assunto:

> Em 1927, a Mandchúria só podia ser politicamente identificada com a China na medida em que seu suserano, Chang Tso-lin, também era o comandante-em-chefe da coalizão anti-Kuomintang que controlava Pequim. Mas a base econômica e militar de Chang nas três províncias orientais era totalmente diferente da China, e no passado ele havia em dado momento proclamado a independência da Mandchúria.[18]

Na medida em que esta avaliação pode ser considerada correta, a diplomacia japonesa não se mostrava irrealista na tentativa de impedir que o crescente movimento nacionalista na China tomasse conta da Mandchúria, ao mesmo tempo tentando conter as ambições do senhor de guerra da Mandchúria de assumir o controle de toda a China. Basicamente, este continuou sendo o objetivo dos governos civis japoneses mesmo durante o "incidente mandchuriano" de 1931-1932.

Por volta de 1931, começava a se tornar bem claro que era improvável que a diplomacia relativamente conciliatória da década de 1920 pudesse assegurar os "direitos e interesses" considerados essenciais para a sustentação do desenvolvimento do Japão. Os efeitos da grande depressão foram imediatos e severos (ver adiante). O Tratado de Londres não fora capaz de proporcionar ao Japão segurança militar frente às outras potências imperialistas. A Mandchúria continuava independente do Kuomintang, mas aumentavam as pressões dos nacionalistas chineses pela unificação. Ao mesmo tempo, a União Soviética expandira consideravelmente seu poderio militar na fronteira da Mandchúria, o que não podia deixar de preocupar os militares japoneses. O Japão tinha consideráveis investimentos na Ferrovia do Sul da Mandchúria, e, com ou sem razão, considerava a Mandchúria como uma fonte extremamente importante, em potencial, de matérias-primas de que precisava desesperadamente. Uma grande quantidade de japoneses[19] e milhares de agricultores coreanos estimulados pelo Japão se haviam estabelecido na Mandchúria, inflamando o nacionalismo chinês e ao mesmo tempo aprofundando o compromisso do exército de Kwantung de "preservar a ordem" na Mandchúria. O futuro da Ferrovia do Sul da Mandchúria — e, paralelamente, os correlatos investimentos e o bem-estar dos imigrantes e residentes japoneses e coreanos — estavam seriamente ameaçados, pois as pressões chinesas aumentavam, tanto no interior da Mandchúria quanto na China nacionalista. "Tecnicamente, de acordo com um protocolo de 1905, a China não podia construir linhas férreas paralelas à Ferrovia do Sul da Mandchúria ou quaisquer linhas que viessem a pôr em risco o tráfego comercial nela",[20] mas, muito naturalmente, não se mostrava nada inclinada a cumprir esta exigência, e as tentativas japonesas de promover negociações sobre a construção de ferrovias se viram frustradas, pois o Kuomintang dava prosseguimento a sua política de tentar incorporar a Mandchúria à China e eliminar a influência japonesa, sem dúvida com o apoio da maioria da população da Mandchúria. Ocorreram incidentes bastante graves e violentos envolvendo colonos coreanos e os militares japoneses. Um oficial japonês foi assassinado no verão de 1931. Em Xangai, teve início um boicote de produtos japoneses.

Em tais condições, intensificou-se no Japão o debate para saber se o futuro do país estava na "liderança política de um bloco de poder do Leste Asiático" garantido pela força militar ou na continuidade da obediência às "novas regras diplomáticas estabelecidas por potências ocidentais e saciadas".[21] A questão foi resolvida em setembro de 1931, quando oficiais do exército de Kwatung provocaram um confronto com forças chinesas (o "incidente de Mukden") e trataram de assumir total controle da Mandchúria. A China, como se poderia esperar, recusou as ofertas japonesas de negociação, insistindo que "a evacuação é uma condição prévia para negociações diretas".[22] Exercendo o direito de "legítima defesa" contra "bandidos" chineses, o exército de Kwantung assumiu o controle à força, e em agosto de 1932 o governo japonês, sob forte pressão militar e popular, reconheceu a Mandchúria como o novo Estado "independente" de Manchukuo, sob o antigo imperador mandchu Pu Yi. Como comentaria Walter Lippmann, a decisão de criar "governos chineses locais dependentes do Japão" era algo "familiar", não muito distante de precedentes americanos "na Nicarágua, no Haiti e em outras partes".[23]

A repercussão dos acontecimentos na Mandchúria tomou conta da China propriamente dita e do Japão, provocando uma crise internacional. O boicote em Xangai e um choque entre tropas chinesas e fuzileiros navais japoneses perto do setor japonês do assentamento internacional levaram o Japão a retaliar com um bombardeio aéreo. "Este uso indiscriminado do poder aéreo contra um pequeno contingente de soldados chineses dispersos numa compacta população civil causou profundo choque e indignação na Inglaterra e nos Estados Unidos".[24] No Japão, o incidente em Xangai foi encarado de outra maneira. O ministro japonês para a China na época, Mamoru Shigemitsu, escreve em suas memórias[25] que foi ele o autor do pedido para que o governo mandasse tropas para Xangai "para impedir a aniquilação dos residentes japoneses". Em sua opinião, os trinta mil colonos japoneses e os bens japoneses em Xangai estavam à mercê do exército chinês, com suas tendências bastante esquerdistas. Além disso, os "comunistas chineses" começavam a investir contra moinhos de propriedade de japoneses. Por todos estes motivos, Shigemitsu considerava necessário solicitar o envio de tropas, que "conseguiram expulsar as forças chinesas do distrito de Xangai e restabelecer a ordem pública" — procedimento "familiar", como assinalava Lippmann com toda razão, e não destituído de equivalências nos dias de hoje.[26]

No que diz respeito ao Japão, os acontecimentos de 1931-1932 tiveram um impacto muito sério. Segundo o eminente cientista político japonês Masao Maruyama, "a energia do fascismo radical acumulada no período preparatório explodia agora em toda a sua concentração, sob a pressão simultânea do pânico interno e de crises internacionais como o incidente da Mandchúria, o incidente de Xangai e a saída do Japão da Liga das Nações".[27] Além disso, "a questão do desrespeito ao comando supremo", que se manifestou quando a liderança civil, passando por cima do comando militar, capitulou perante o Ocidente na Conferência Naval de Londres, "constituiu um grande estímulo para o movimento fascista" (p. 81). Em 1932, uma série de assassinatos de importantes personalidades políticas (entre elas o primeiro-ministro Inukai) contribuiu ainda mais para o declínio do poder civil e o aumento do controle dos militares.

A reação internacional a esses acontecimentos foi ambígua. A Liga das Nações criou uma comissão de inquérito, a Comissão Lytton, para investigar a situação na Mandchúria. O relatório por ela apresentado rejeitava a posição japonesa de que

Manchukuo devia ser transformado num Estado independente, insistindo numa relativa soberania chinesa, decidindo-se o Japão a se retirar da Liga das Nações. Os Estados Unidos também se viram de certa forma isolados diplomaticamente, na medida em que a dura posição antijaponesa assumida pelo secretário de Estado Stimson pouco apoio mereceu das outras potências ocidentais.

Em seu cuidadoso exame dos pontos de vista da Comissão Lytton, do governo Inukai e das autoridades militares, Sadako Ogata evidencia uma considerável zona de convergência:

> (...) as autoridades militares centrais (...) insistiam na criação de um novo regime local com autoridade para negociar a solução dos problemas da Mandchúria, mas sob a soberania formal do governo nacional chinês, um acerto que era tradicional. Era o acerto que o mundo em geral dispunha-se a aceitar. A Comissão Lytton propôs a constituição de um regime especial para a administração da Mandchúria, dotado de grande dose de autonomia mas sob jurisdição chinesa. Finalmente, quando o Estado de Manchukuo declarou-se independente, o governo do Japão eximiu-se de proceder ao reconhecimento formal, com isto tentando evitar chocar-se de frente com as potências, que a essa altura se haviam alinhado pela doutrina de não-reconhecimento de modificações provocadas pela ação militar japonesa na Mandchúria. Conseguiu-se então a total reconstrução política da Mandchúria pelas mãos do exército de Kwantung, em desafio à oposição do governo e do comando militar central.[28]

O relatório da Comissão Lytton tomou nota de certas complexidades da situação, chegando à seguinte conclusão:

> Não se trata de um caso em que um país tenha declarado guerra a outro sem tratar previamente de esgotar as possibilidades de conciliação proporcionadas pelo pacto da Liga das Nações. Tampouco se trata de um simples caso de violação da fronteira de um país pelas forças armadas de um país vizinho, pois na Mandchúria existem muitas características sem paralelo exato em outras regiões do mundo.

O relatório prosseguia assinalando que a disputa surgira num território sobre o qual tanto a China quanto o Japão "alegam ter direitos e interesses, dos quais apenas alguns são claramente definidos pelo direito internacional; um território que, embora legalmente faça parte integrante da China, tinha um caráter suficientemente autônomo para que fossem promovidas negociações diretas com o Japão a respeito das questões que estão na raiz deste conflito".[29]

Resta saber se uma diplomacia americana mais conciliatória, levando em consideração alguns dos problemas concretos enfrentados pelo Japão, teria ajudado o governo civil (com o apoio das autoridades militares centrais) a se impor à iniciativa independente do exército de Kwantung, que no fim das contas conseguiu fazer com que o governo japonês reconhecesse o fato consumado de um Manchukuo que era antes um fantoche do exército de Kwantung que do Japão propriamente dito.

Seja como for, o fato de o exército de Kwantung ter conseguido impor sua concepção sobre o *status* da Mandchúria pôs o Japão e os Estados Unidos em rota de colisão. O Japão adotou uma "diplomacia independente" e passou a recorrer à força para atingir seus objetivos. A posição japonesa em meados da década de 1930 é assim descrita por Royama. Segundo ele, o objetivo do Japão

> não é conquistar a China ou tomar-lhe territórios, mas criar juntamente com a China e Manchukuo uma nova ordem abarcando os três Estados independentes. Por este programa, o Leste Asiático deve tornar-se uma vasta região auto-suficiente na qual o Japão poderá conquistar segurança econômica e imunidade a boicotes comerciais como os que vem enfrentando nas mãos das potências ocidentais.[30]

Esta política entrava em conflito com o nacionalismo chinês e com a antiga insistência dos Estados Unidos numa política de portas abertas por parte da China.

A partir de 1928, manifestara-se crescente divergência entre as políticas dos governos civis japoneses, que tentavam fazer o jogo da política internacional de acordo com as regras estabelecidas pelas potências imperialistas dominantes, e o exército de Kwantung, que considerava essas regras injustas para o Japão e também estava insatisfeito com a injustiça da sociedade japonesa. A iniciativa independente do exército de Kwantung partiu em grande medida dos oficiais jovens de origem pequeno-burguesa que consideravam representar também os interesses dos soldados, predominantemente de origem camponesa. "A questão da Mandchúria constitui uma expressão externa do movimento de reformas radicais originalmente inspirado por Kita e Okawa",[31] que sustentavam a tese de que o Japão representava um "proletariado internacional", com uma missão emancipadora em relação às massas asiáticas, e criticavam as flagrantes desigualdades do moderno capitalismo. A constituição proposta para Manchukuo, em 1932, destinava-se a proteger a população de "usura, lucro excessivo e quaisquer outras formas de pressão econômica injusta". Como observa Ogata,[32] a constituição "evidenciava uma tentativa de prevenir as modernas formas de injustiça econômica causadas pelo capitalismo". No próprio Japão, esta plataforma interessou os social-democratas, que acusaram "os senhores de guerra chineses e os egoístas capitalistas japoneses pelas dificuldades na [Mandchúria]", exigindo "a criação de um sistema socialista na Mandchúria, para beneficiar 'tanto os chineses quanto os japoneses que lá vivem'".[33]

Ogata cita farta documentação corroborando a conclusão de que o exército de Kwantung nunca pretendeu estabelecer uma supremacia do Japão, antes propondo que fosse deixado "amplo poder discricionário aos organismos chineses de governo local, sem ter como objetivo a perturbação da vida cotidiana da população da Mandchúria ou sua assimilação à cultura japonesa" (p. 182). A plataforma de autonomia aparentemente foi influenciada por uma tentativa de incorporar certas iniciativas chinesas no mesmo sentido. "No período imediatamente anterior à questão da Mandchúria, um grupo de chineses, sob a liderança de Chang Ku, também tentou criar uma Mandchúria autônoma, baseada na cooperação entre seus seis maiores grupos étnicos (japoneses, chineses, russos, mongóis, coreanos e mandchus), para proteger a região de avanços japoneses, chineses e soviéticos" (p. 40). As instituições governamentais criadas pelo exército de Kwantung

> eram dirigidas por eminentes personalidades chinesas com apoio japonês. A reorganização dos organismos administrativos locais foi promovida com a utilização dos órgãos tradicionais de governo. (...) Yu Chung-han, veterano e prestigiado dirigente do governo Mukden (...) foi (...) nomeado para a presidência do Conselho Diretor do Governo Autônomo no dia 10 de novembro. Yu estivera à frente, na Mandchúria, do grupo civil que, em contraste com os senhores da guerra, se havia aferrado ao princí-

> pio absoluto da *hokyo anmin* (fronteiras seguras e vida em paz). Segundo ele, a proteção e a prosperidade das províncias do nordeste tinham prioridade sobre tudo mais, inclusive a relação com a China. Graças à reforma fiscal, à melhora das condições salariais dos funcionários governamentais e à abolição de um exército oneroso, o povo da Mandchúria poderia desfrutar dos benefícios do trabalho em paz, enquanto a defesa seria confiada ao vizinho mais poderoso, o Japão. [pp. 118-19]

De maneira geral, o exército de Kwantung considerava os 30 milhões de habitantes da Mandchúria — metade dos quais havia imigrado desde o início das iniciativas japonesas de desenvolvimento, um quarto de século antes — como "massas sofredoras que haviam sido sacrificadas aos desmandos dos senhores da guerra e à avareza de funcionários corruptos, massas que não obtinham benefícios da civilização, apesar da abundância de recursos naturais da região".[34] Além disso, o exército encarava a Mandchúria como "a fortaleza contra o avanço russo pelo sul, que se tornou uma ameaça cada vez mais presente à medida que se tornava sempre mais evidente a influência soviética sobre a revolução chinesa".[35] Como muitos civis japoneses, ele considerava que "sob a liderança de Chiang Kai-shek e com o apoio das potências democráticas ocidentais que queriam manter a China num estado semicolonial, a salvo de um avanço continental dos japoneses, a China tornara-se rapidamente um país fascista e militarizado"[36] e não tinha o direito de dominar a Mandchúria. Para usar a terminologia apreciada pelo secretário Rusk, ele não estava disposto a sacrificar o povo da Mandchúria entregando-o aos vizinhos mais poderosos ou mais bem organizados, e empreendeu sérios esforços para conquistar corações e mentes da população e estimular a liderança chinesa responsável, que por sua vez também vinha trabalhando pela independência da Mandchúria.[37]

Na realidade, pode-se dizer que, "não fosse a intervenção ocidental, que fortaleceu a China, os tibetanos e mongóis simplesmente teriam retomado sua própria soberania nacional depois da queda do império mandchu" em 1911, exatamente como a população da Mandchúria. Debaixo de considerável incitação ocidental, o governo nacionalista desistira da exigência original de união com igualdade entre chineses, mandchus, mongóis, muçulmanos e tibetanos, passando a considerar que a China devia exercer domínio sobre as possessões externas. O Ocidente presumiu que a China ficaria sob influência e orientação ocidentais; "ao confirmar a máxima extensão territorial da China, ampliou a esfera de futuros investimentos e exploração ocidentais"[38] (o que confere um toque adicional de ironia às atuais queixas ocidentais contra o "expansionismo chinês"). Deste ponto de vista, a independência de Manchukuo facilmente poderia ser explicada como um passo para a emancipação dos povos do Leste Asiático em relação à dominação ocidental.

Não resta dúvida de que o estabelecimento da hegemonia japonesa sobre a Mandchúria — e posteriormente também o norte da China — foi motivado pelo desejo de garantir direitos e interesses japoneses. Um professor de história americana, o liberal Yasaka Takagi, observa que o apoio generalizado aos militares japoneses em 1931 assemelhava-se à psicologia do "destino manifesto" por trás da expansão americana para a Flórida, o Texas, a Califórnia, Cuba e o Havaí.[39] Ele considera a região da Mandchúria, infestada pelo banditismo, controlada pelos senhores da guerra e na época sujeita ao confronto do nacionalismo chinês expansionista com o imperialismo japonês, semelhante ao Caribe na época em que os Estados Unidos justificavam sua política na região. Pergunta por que teria de haver uma doutrina Monroe na América e um princípio de portas abertas na Ásia, propondo a realização de uma conferência internacional para resolver os graves problemas da região, com a ressalva, no entanto, de que poucos americanos seriam capazes de "aceitar sequer por um momento a idéia de permitir que uma conferência internacional defina a doutrina Monroe e promova a revisão das relações com o México". Muito acertadamente, observa que "a maquinaria mundial da paz é basicamente uma criação das raças dominantes do planeta, daquelas que são as maiores beneficiárias da manutenção do *status quo*".

Todavia, tudo indica que poucos japoneses estariam dispostos a justificar o incidente da Mandchúria e os acontecimentos que se seguiram com as alegações "pragmáticas" do interesse próprio. Em vez disso, enfatizavam o caráter altamente moral da intervenção, os benefícios que proporcionariam às massas sofredoras (uma vez eliminado o terrorismo) e a intenção de criar um "paraíso terrestre" no Estado independente de Manchukuo (e posteriormente também na China), preservado de um ataque comunista pelo poderio japonês. Maruyama observa que "o que nossos dirigentes da época da guerra conseguiram com seu sermões moralizantes não foi apenas enganar o povo do Japão e a população mundial; mais que tudo, eles enganaram a si mesmos".[40] A título de ilustração, ele cita as observações do embaixador americano Joseph Grew sobre "a falta de realismo e a tendência a se iludir" das camadas mais altas da sociedade japonesa:

> Duvido que um japonês em cem realmente acredite que efetivamente romperam o Pacto Kellogg, o Tratado das Nove Potências e o Pacto da Liga das Nações. É relativamente pequeno o número de homens esclarecidos capazes de enfrentar os fatos com franqueza, e um japonês me disse: "Sim, anulamos todos esses documentos; entramos em guerra aberta; os argumentos de 'legítima defesa' e 'autodeterminação da Mandchúria' foram por água abaixo, nós precisávamos da Mandchúria e ponto final." Homens como este, contudo, são mi-

> noria. A grande maioria dos japoneses tem na realidade uma impressionante capacidade de se iludir. (...) Não é que o japonês necessariamente faça figa ao assinar um compromisso. Significa apenas que se o compromisso vai contra os seus interesses, tal como os entende, ele interpretará o compromisso como lhe convém, e, de acordo com seu próprio entendimento e sua mentalidade, muito provavelmente estará sendo perfeitamente honesto ao fazê-lo. (...) É muito mais difícil lidar com uma mentalidade assim do que com uma outra que descaradamente sabe que está errada.

Neste sentido, falha a analogia com o atual comportamento americano na Ásia; mais de um americano em cem sabe que na realidade desrespeitamos os compromissos que assumimos não só em Genebra, mas sobretudo na Carta das Nações Unidas. Todavia, de maneira geral a observação continua perfeitamente válida nas circunstâncias diferentes de hoje. Realmente *é* muito difícil lidar com a mentalidade que reinterpreta os compromissos segundo seus próprios interesses e pode muito bem estar sendo perfeitamente honesto, num sentido bastante curioso da palavra.

Paralelamente aos que justificavam a intervenção na Mandchúria com as alegações pragmáticas do interesse próprio, os que falavam de uma nova doutrina Monroe "para preservar a paz no Leste Asiático" e os que fantasiavam sobre um "paraíso terrestre",[41] havia também vozes dissidentes questionando a política japonesa em termos mais essenciais. À medida que aumentava o poder dos militares, os dissidentes eram atacados — tanto verbal quanto fisicamente — por estarem traindo o Japão. Em 1936, por exemplo, as gráficas dos principais jornais de Tóquio sofreram atentados a bomba e o capitão Nonaka, que estava no comando, divulgou um *Manifesto do Justo Exército da Restauração,* "que identificou os grupos mais responsáveis pela traição do governo nacional — veteranos dirigentes, magnatas das finanças, funcionários do Judiciário e certas facções do exército —, proclamando:

> Eles usurparam as prerrogativas do direito do imperador ao comando supremo — entre outros momentos, na assinatura do Tratado Naval de Londres e no afastamento do inspetor geral da educação militar. Além disso, conspiraram para usurpar o comando supremo no incidente de março; e se uniram a professores desleais em lugares rebelados. São estes apenas alguns dos mais notáveis exemplos de sua infâmia.[42]

Seria difícil imaginar uma reação dessa natureza nos Estados Unidos de hoje. Difícil, mas não impossível. Veja-se por exemplo a coluna de William H. Stringer na página de opinião do *Christian Science Monitor* de 7 de fevereiro de 1968, propondo que se ponha fim "a essas idéias violentas, desalentadoras e anárquicas que atrapalham o governo e agravam os já aflitivos problemas de Washington". No último parágrafo, ele explica por que devem ter fim "as críticas e a gritaria do *establishment* pseudo-intelectual":

> Este momento de decisões cruciais é certamente um momento de apoiar o governo — o presidente e o Congresso — com nossas preces. Sim, de cuidar para que não venham as sombras das doutrinas falsas e da falta de princípios perturbar a ordem constitucional que confere força e propósito a nosso país. E de *lembrar a nós mesmos e afirmar que nossos dirigentes têm permanentemente a seu alcance a inteligência e a sabedoria vinda do alto,* que efetivamente são capazes de identificar e seguir pela "vereda que não conhece o abutre" (Jó 28). [Grifos meus]

Seria preciso buscar diligentemente na literatura do totalitarismo para encontrar uma declaração dessa natureza. Um obscuro oficial japonês condena os professores desleais e outros traidores que usurparam as prerrogativas imperiais; um articulista de um dos nossos mais importantes e "responsáveis" jornais denuncia os pseudo-intelectuais que seguem doutrinas falsas e carecem de princípios, recusando-se a reconhecer que nossos dirigentes se beneficiam de inspiração divina. Existem, é claro, diferenças importantes entre as duas situações; assim, o capitão Nonaka jogava bombas nas gráficas, ao passo que seu equivalente contemporâneo brilha na imprensa americana responsável.

Como observara Toynbee anteriormente,[43] os

> interesses econômicos [do Japão] na Mandchúria não envolviam coisas supérfluas, mas necessidades vitais das relações internacionais do país. (...) A posição internacional do Japão — assediado pela China nacionalista, a Rússia soviética e os povos de língua inglesa do Pacífico, sempre atentos a questões de raça — subitamente voltara a uma posição precária.

Esses interesses especiais haviam sido reiteradamente reconhecidos pelos Estados Unidos. Tanto a China quanto o Japão consideravam que o Acordo Root-Takahira de 1908 indicava "aquiescência americana quanto à posição deste último na Mandchúria".[44] Em 1915, o secretário de Estado Bryan declarou que "os Estados Unidos reconheceram com toda franqueza que a contigüidade territorial estabelece um relacionamento especial entre o Japão e esses distritos" (Xantung, Mandchúria Meridional e Mongólia Oriental); e o Memorando Lansing-Ishii de 1917 afirmava que "a proximidade territorial cria relações especiais entre os países, e em conseqüência o governo dos Estados Unidos reconhece que o Japão tem interesses especiais na China, especialmente na região de que são contíguas as suas possessões".[45] Na realidade, durante muitos anos os Estados Unidos consideraram que o Kuomintang se havia rebelado contra o governo legítimo da China, e, mesmo depois do massacre de comunistas promovido por Chiang em 1927, demonstraram pouca simpatia pelos nacionalistas. Ainda em 1930, o ministro americano para a China não via diferença entre o Kuomintang e os generais rebelados em Pequim, escrevendo que não enxergava "qualquer esperança em nenhum dos líderes autoproclamados que percorrem o território à frente de estranhos bandos armados".[46]

Simultaneamente, os Estados Unidos insistiam em preservar seus direitos especiais, inclusive o direito de extraterritorialidade, que isentava os cidadãos americanos do alcance das leis chinesas. Em 1928, havia na China mais de 5.200 fuzileiros navais americanos protegendo esses direitos (o exército japonês na Mandchúria tinha na época cerca de 10 mil homens).[47] As outras potências imperialistas mostravam-se ainda mais insistentes na proteção de seus direitos, persistindo em suas atitudes contra os nacionalistas até o incidente da Mandchúria.

Em anos posteriores, quando já haviam começado a recorrer à força para garantir sua posição na China, os japoneses continuavam merecendo o apoio da comunidade empresarial americana (enquanto ela própria não se sentisse ameaçada por essas ações). Em 1928, os cônsules americanos apoiaram o envio de tropas japonesas; um deles informava que sua chegada "trouxe uma sensação de alívio (...) até mesmo aos chineses, especialmente os da classe substancial".[48] A comunidade de negócios mantinha-se relativamente pró-japonesa mesmo depois das ações japonesas na Mandchúria e em Xangai em 1931-1932; "de maneira geral, acreditava-se que os japoneses combatiam a batalha de todos os estrangeiros contra os chineses que queriam destruir os direitos e privilégios estrangeiros (...) que poderia ser uma boa coisa para todo mundo se a capacidade organizacional dos japoneses tivesse liberdade de ação na China".[49] No dia 20 de novembro de 1937, o embaixador Grew anotou em seu diário que o Memorando MacMurray, que acabava de ser divulgado por um dos principais porta-vozes americanos sobre questões do Extremo Oriente, "servirá para dissuadir muitos de nossos compatriotas da teoria geralmente aceita de que o Japão tem sido o grande tirano e a China, a vítima espezinhada".[50] De maneira geral, a atitude americana continuou sendo a que foi expressa pelo embaixador Nelson Johnson, segundo quem o interesse americano determinava que não fôssemos nem pró-chineses nem pró-japoneses, e sim que "só tenhamos olhos para os (...) efeitos dos acontecimentos no Oriente (...) sobre os futuros interesses da América", a saber, "o fato de que a grande população da Ásia representa um valioso escoadouro para os produtos de nossas indústrias e de que, à medida que se desenvolvem as nossas indústrias, teremos um interesse cada vez maior em cultivar um escoadouro para elas".[51] Não menos característica é sua explicação da atitude que deveríamos adotar "em relação aos povos orientais por cujo futuro nos tornarmos responsáveis". O que deles fizermos será "muito particularmente produto do idealismo americano"; tratando-se de seu futuro, "continuaremos a nos interessar como um pai deve interessar-se pela carreira do filho muito depois de ter ele deixado o ninho familiar".[52] Preocupava-o, na verdade, que o natural altruísmo americano predominasse excessivamente no tratamento por nós dispensado a nossos tutelados asiáticos, e sua expectativa era, antes, que o "novo período das relações internacionais americanas" fosse "caracterizado pelo lado aquisitivo e prático da vida americana, e não por seu lado idealista e altruísta".

Ainda em 1939, o embaixador Grew, discursando em Tóquio, afirmava que a objeção americana à "nova ordem" derivava do fato de que ela levaria a "destituir os americanos de seus direitos há muito estabelecidos na China", impondo "um sistema de economia fechada". Os críticos observaram que nada era dito sobre a independência da China e que, de suas observações, podia ficar parecendo que "se os japoneses se eximissem de tomar iniciativas que infringissem os direitos americanos, os Estados Unidos não fariam objeções a que continuassem ocupando a China".[53] No outono de 1939, o secretário de Estado Hull recusou-se a negociar um novo tratado comercial com o Japão ou a chegar a um *modus vivendi*, "a menos que o Japão mudasse completamente sua atitude e suas práticas com respeito a nossos direitos e interesses na China".[54] Ao que parece, se esta condição tivesse sido aceita, a situação seria muito diferente.

A depressão de 1929 assinalou o colapso final das tentativas de civis japoneses de viver de acordo com as regras estabelecidas pelas potências ocidentais. Assim que se declarou a depressão, o novo gabinete Hamaguchi adotou o padrão ouro, na tentativa de vincular mais estreitamente a economia japonesa ao Ocidente, antecipando-se a uma eventual repetição de anteriores tentativas de "co-prosperidade" sino-japonesa. A conseqüência imediata foi uma drástica diminuição das exportações japonesas. Em 1931, os Estados Unidos tomaram o lugar do Japão como maior exportador para a China. As exportações japonesas para os Estados Unidos também diminuíram drasticamente, em parte em conseqüência da tarifa Smoot-Hawley de junho de 1930, em parte por causa da vertiginosa queda do preço da seda.[55] Para um país industrializado como o Japão, praticamente sem fontes internas de matérias-primas, o recuo do comércio mundial foi um verdadeiro desastre. O diplomata japonês Mamoru Shigemitsu descreve a crise sucintamente:

> Os japoneses ficaram completamente isolados das colônias européias. Nas Filipinas, na Indochina, em Bornéu, na Indonésia, na Malásia, na Birmânia, não só eram proibidas atividades a japoneses, como até sua entrada. O fluxo comum do comércio foi tolhido por formas artificiais de tratamento discriminatório. (...) Em certo sentido, a insurreição da Mandchúria foi resultado do estabelecimento de economias fechadas em caráter internacional, após a Primeira Guerra Mundial. Havia por trás dela o sentimento de que representava a única escapatória do estrangulamento econômico.[56]

O infame Yosuke Matsuoka declarou em 1931 que "sentimo-nos sufocados ao observar as situações interna e externa. O que estamos buscando é o mínimo para seres vivos. Em outras palavras, estamos tentando viver. Procuramos espaço para poder respirar".[57] Dez anos mais tarde, ele afirmaria que o Japão estava "dominado pela necessidade de encontrar meios de abastecimento e auto-suficiência no Grande Leste Asiático". E perguntava: "Caberia acaso aos Estados Unidos, que dominam o hemisfério ocidental e se vêm expandindo sobre o Atlântico e o Pacífico, decidir que esses ideais e essas ambições do Japão estão errados?"[58]

As políticas econômicas ocidentais da década de 1930 tornavam ainda pior uma situação já intolerável, como se podia constatar periodicamente nas conferências do Instituto de Relações do Pacífico (IRP). O relatório da conferência de Banff em agosto de 1933 observava que "o governo da Índia, na tentativa de fomentar a indústria de algodão do país, impôs aos produtos de algodão importados uma tarifa quase proibitiva, cujos efeitos, naturalmente, foram sentidos sobretudo pelos comerciantes japoneses, cujos mercados na Índia vinham crescendo rapidamente".[59] "O Japão, país industrializado em rápido crescimento, tem uma necessidade especial de (...) [recursos minerais] (...) e enfrenta grave escassez de ferro, aço, petróleo e outros importantes minerais de uso industrial sob controle interno, ao passo que, por outro lado, a maior parte dos suprimentos de estanho e borracha, não só da região do Pacífico mas de todo o mundo, encontra-se, por um acidente histórico, em grande medida sob o controle da Grã-Bretanha e da Holanda."[60] O mesmo se aplicava, naturalmente, ao ferro e ao petróleo. Em 1932, as exportações japonesas de cortes de tecido de algodão superaram pela primeira vez as da Grã-Bretanha. A tarifa indiana mencionada acima aplicava-se em 75% aos produtos do algodão japonês, e em 25% aos produtos britânicos. A conferência de Ottawa realizada nesse mesmo ano de 1932 bloqueou o comércio japonês com a Comunidade Britânica, inclusive a Índia. Como observava o relatório da conferência do IRP, "Ottawa desferiu um golpe contra o liberalismo japonês".

Os dispositivos adotados pela Comunidade Britânica em Ottawa destinavam-se a erigir um sistema essencialmente fechado e autárquico; na mesma direção caminhava contemporaneamente a política americana de auto-suficiência. O único recurso disponível para o Japão consistia em tentar imitar este comportamento na Mandchúria. O liberalismo estava muito bem quando a Grã-Bretanha dominava os mares, mas não quando a indústria de Lancashire ameaçava entrar em falência, incapaz de enfrentar a concorrência japonesa. A política de portas abertas era adequada para uma economia capitalista em expansão, mas não se devia permitir que impedisse a recuperação da economia americana. Assim, em outubro de 1935, o Japão foi obrigado a aceitar um acordo limitando seus embarques de têxteis de algodão para as Filipinas durante dois anos, enquanto as importações americanas continuavam livres de tarifas. Da mesma forma, a revisão dos acertos comerciais com Cuba em 1934 destinava-se a eliminar a concorrência japonesa nos têxteis, nos fios de cobre, nas lâmpadas elétricas e no celofane.[61]

A história tem prosseguimento na conferência do IRP de 1936. Escrevendo sobre "comércio e rivalidade comercial entre os Estados Unidos e o Japão", William W. Lockwood observa que a preponderância americana no comércio das Filipinas "pode ser atribuída em grande medida à política de portas fechadas dos Estados Unidos, que estabeleceu posição preferencial para os produtos americanos. Estivessem os empresários japoneses em posição de concorrer em igualdade de condições, não resta dúvida de que aumentaria rapidamente a participação do Japão no comércio".[62] Ao mesmo tempo, as tarifas americanas sobre muitos produtos japoneses passavam de 100%.

O Japão não foi capaz de absorver um choque tão violento em sua economia. A indústria têxtil, a mais seriamente atingida pelas políticas discriminatórias das grandes potências imperialistas, foi responsável por quase metade do valor total dos bens manufaturados e cerca de dois terços do valor das exportações japonesas, empregando aproximadamente metade dos operários industriais. Embora pelos padrões asiáticos pudesse ser considerado um país industrializado, o Japão tinha apenas cerca de um sétimo da capacidade energética *per capita* da Alemanha; de 1927 a 1932, sua produção de ferro-gusa equivalia a 44% da produção de Luxemburgo, e sua produção de aço, a cerca de 95%.[63] O país não estava em condições de tolerar uma situação na qual a Índia, a Malásia, a Indochina e as Filipinas levantavam barreiras tarifárias favorecendo a pátria-mãe, e não podia sobreviver à deterioração de seu considerável comércio com os Estados Unidos e ao acentuado declínio do comércio com a China. Na realidade, ele estava sendo sufocado pelos sistemas imperiais americano, britânico e de outros países ocidentais, que muito prontamente deixaram de lado sua elevada retórica liberal assim que os calos começaram a doer.

Tal como prevalecia em 1936, a situação é assim descrita por Neumann:

> Quando não se chegou a um acordo para estabelecer uma cota de importações de tecidos de algodão descorados e coloridos, o presidente Roosevelt finalmente resolveu entrar em ação. Em maio de 1936, ele invocou o dispositivo de flexibilidade da lei das tarifas e determinou um aumento médio de 42% nas taxas incidindo sobre essa categoria de importações. Àquela altura, os produtos da indústria algodoeira do Japão já haviam começado a sofrer medidas restritivas tomadas por mais da metade de seus outros mercados. A xenofobia japonesa foi ainda mais estimulada a partir do momento em que [aumentaram] as barreiras tarifárias contra produtos japoneses, exatamente como as barreiras anteriormente impostas a imigrantes japoneses, apresentando um nítido quadro de assédio ocidental. Os mercados mais seguros eram aqueles que o Japão podia controlar politicamente; um argumento a favor de maior expansão política (...) contra um férreo anel de tarifas.[64]

Não chega propriamente a surpreender, assim, que em 1937 o Japão tenha novamente começado a se expandir, à custa da China. Do ponto de vista japonês, o governo estabelecido no norte da China em 1937 representava a intenção dos próprios japoneses de manter aquela região independente de Nanquim, assim como o interesse dos chineses que se opunham à colonização do norte do país pelo ditatorial Kuomintang.[65] No dia 12 de dezembro de 1938, o príncipe Konoye fez a seguinte declaração:

> O Japão exige que a China, em obediência ao princípio da igualdade entre os dois países, reconheça a liberdade de residência e comércio de súditos japoneses no interior da China, com o objetivo de promover os interesses econômicos de ambos os povos; e que, à luz das relações históricas e econômicas entre os dois países, a China conceda ao Japão autorização para o desenvolvimento de recursos naturais chineses, especialmente nas regiões do norte e do interior da Mongólia.[66]

Não haveria anexações nem indenizações. Seria, assim, estabelecida uma nova ordem, capaz de defender a China e o Japão do imperialismo ocidental, de tratados injustos e da extraterritorialidade. Seu objetivo não era o enriquecimento do Japão, mas a cooperação (segundo os termos japoneses, naturalmente). O Japão entraria com capital e assistência técnica; ao mesmo tempo, conseguiria libertar-se de sua dependência do Ocidente no que dizia respeito a matérias-primas estratégicas.

Os dirigentes japoneses deixaram claro reiteradamente que não tinham em mente a expansão territorial. Enfatizavam que suas iniciativas, para usar a linguagem da época, "não tinham a intenção de representar uma ameaça à China" e que "a China sabe que o Japão não quer uma guerra ainda maior", embora, naturalmente, eles se dispusessem a "fazer tudo que estivesse a seu alcance para proteger os contingentes que mantêm nesse país".[67] Estavam perfeitamente dispostos a negociar com as recalcitrantes autoridades chinesas e chegaram inclusive a buscar a intervenção de um terceiro país.[68] Dirigentes japoneses como Tojo e Matsuoka insistiam que ninguém poderia acusar o Japão de estar buscando meras vantagens econômicas. Na realidade, o país estava gastando na guerra na China mais do que poderia jamais lucrar com seus resultados. O Japão estava "pagando o preço exigido pela liderança da Ásia", sustentavam, tentando "impedir que a Ásia se torne uma outra África e preservar a China do comunismo".[69] Esta última era uma questão particularmente crítica. "Os japoneses consideravam que a Frente Unida e o pacto sino-soviético de 1937 constituíam passos na direção da destruição da China nacionalista e da bolchevização do Leste Asiático."[70] Além disso, estavam perfeitamente dispostos a retirar suas tropas, uma vez encerrados os "atos ilegais" dos comunistas e outros elementos à margem da lei,[71] sendo garantidos os direitos e a segurança dos japoneses e coreanos residentes na China.

Toda esta terminologia era diretamente extraída do léxico da diplomacia ocidental. A título de exemplo, o secretário de Estado Kellogg assim definira a política do governo dos Estados Unidos: "Exigir que a China cumpra as obrigações de um Estado soberano na proteção dos cidadãos estrangeiros e de seus bens" (2 de setembro de 1925). As potências do Tratado de Washington estavam "dispostas a examinar as propostas do governo chinês para a alteração dos tratados em vigor, na medida em que as autoridades chinesas demonstrassem sua disposição e sua capacidade de cumprir suas obrigações e garantir a proteção dos direitos e interesses estrangeiros atualmente salvaguardados pelos dispositivos excepcionais desses tratados", advertindo a China sobre "a necessidade de fornecer provas concretas de sua capacidade e disposição para fazer valer o respeito à segurança de vidas e bens estrangeiros e reprimir desordens e agitações contra estrangeiros", como precondição para o prosseguimento de negociações em torno dos tratados injustos (notas de 4 de setembro de 1925).[72] Em vista dessa "incapacidade e falta de disposição", "nenhum dos signatários do Tratado de Washington fez cumprir os seus dispositivos concernentes aos direitos extraterritoriais, intervindo em questões internas chinesas, tarifas, tribunais etc., sob a alegação de que seus interesses estavam sendo prejudicados pelo desrespeito às leis e a ineficácia do governo da China".[73]

Em 1940, o Japão instalou um governo fantoche em Nanquim sob a liderança de Wang Ching-wei, que fora um destacado discípulo de Sun Yat-sen e, na década de 1930, figura de destaque no Kuomintang. Foi em vão, no entanto, a sua tentativa de estabelecer a ordem na China, pois a Frente Unida continuou resistindo — do ponto de vista japonês, exclusivamente por causa da assistência das potências imperialistas ocidentais. O Japão estava chafurdado numa guerra impossível de vencer no continente asiático. A política de "golpe esmagador seguido de paz generosa" fracassava, em vista do apoio estrangeiro à "autoridade local" de Chiang Kai-shek, enquanto o verdadeiro inimigo do Japão, a União Soviética, expandia seu poderio econômico e militar.[74] Como tudo isto parece familiar.

Apesar de toda a conversa de benevolência e generosidade, não parece provável que os porta-vozes japoneses sequer tenham superado o nível de imbecilidade e cegueira característico de boa parte dos intelectuais acadêmicos americanos, que freqüentemente parecem espelhar-se na retórica de um discurso do Dia da Pátria. Por exemplo, Willard Thorp assim se refere às políticas adotadas pelo governo americano: "Não acreditamos na exploração, na pirataria, no imperialismo ou na belicosidade. Na realidade, temos usado nossa riqueza para ajudar outros países e nosso poderio militar para defender a independência de países pequenos"[75] (da maneira assinalada na nota 62, por exemplo). Muitas observações semelhantes poderiam ser citadas, mas seria deprimente prosseguir.

Uma onda de repulsa varreu o mundo ao ser conhecida a brutalidade do ataque japonês à China. Ao tomar conhecimento da intenção do governo japonês de bombardear Nanquim, os Estados Unidos reagiram da seguinte maneira: "O governo é de opinião de que qualquer bombardeio de uma zona extensa que abrigue população considerável envolvida em suas atividades pacíficas é inadmissível e vai contra os princípios do direito e da humanidade."[76] Agora que esses princípios foram rechaçados, é difícil ter uma noção do horror ante os acontecimentos em si mesmos e do desprezo pelos responsáveis. Seria o máximo da hipocrisia um americano descrever hoje tais acontecimentos da maneira como mereceriam. Por este motivo, muito pouco direi aqui a seu respeito.

Na Mandchúria, os japoneses promoveram uma operação de contra-insurgência das mais bem-sucedidas, começando em 1931.[77] Os fatos são ilustrativos. Em 1932,

> os insurgentes que ameaçavam a população e impediam a consecução do *wangtao* [a perfeita maneira dos reis antigos, ou a maneira real] haviam a certa altura chegado a 300 mil, mas os diligentes e corajosos esforços de vários organismos de repressão comandados pelo exército japonês proporcionaram excelentes resultados. Assim, o número de insurgentes caiu de 120 mil em 1933 para 50 mil em 1934; 40 mil em 1935; 30 mil em 1936; e 20 mil em 1937. Em setembro de 1938, o número de insurgentes é estimado em 10 mil.[78]

O êxito foi alcançado pela ação simultânea de tropas japonesas, do exército nacional de Manchukuo e da polícia. "Em vista do sucesso dessas atividades [que levaram à conquista do apoio das massas], os grupos insurgentes encontram-se atualmente em situação das mais precárias e parece possível alcançar a paz." Os "bandidos nativos" e as "tropas rebeldes dos exércitos locais" haviam sido absorvidos nesse período pelo Partido Comunista Chinês, e em 1938 estavam "sob controle dos comunistas, funcionando sob o lema 'Combater Manchukuo e resistir ao Japão'", debaixo da liderança política chinesa. O objetivo dos insurgentes era "pôr a perder os esforços de pacificação do governo", assim como conquistar a simpatia da população e confundir a opinião pública "opondo-se a Manchukuo e ao Japão e abraçando o comunismo. Suas iniciativas desorientam as massas em várias questões e dificultam consideravelmente o desenvolvimento de recursos naturais e a melhoria das condições de vida da população". Graças a uma série de iniciativas de pacificação e propaganda, essa campanha vinha sendo combatida e, prossegue o relatório, estava sendo possível preservar "a economia e a cultura do país".

O relatório enfatiza a forte aversão das autoridades ao uso da força:

> O emprego da força militar contra os insurgentes é a principal maneira de alcançar a paz e a ordem pública, na medida em que diminuirá diretamente o número de insurgentes. Mas este método deve ser usado apenas como último recurso; não é um método compatível com a filosofia de nosso país, que é a consecução da maneira real (*wangtao*). A maneira mais adequada para um governo justo consiste em libertar as massas de velhas noções implantadas por um longo período de domínio explorador por parte de facções militares e hábitos feudais e dissipar as ilusões criadas pela ideologia comunista. Além disso, a filosofia do Estado requer que as massas entendam adequadamente a verdadeira natureza do governo justo, as razões da criação do Estado e a atual situação do país. Os insurgentes devem ter uma oportunidade de modificar seus conceitos equivocados e de se tornar cidadãos de bem. Por isto é que a operação de indução à rendição tem tão grave significado.

Um problema constante era "o fenômeno, quase universal na Mandchúria, pelo qual os grupos de insurgentes voltam a suas operações iniciais logo que o período de repressão é encerrado e as tropas são retiradas".[79] Para combater esta tendência, foram empregados variados métodos, com considerável êxito. Promovia-se forte infiltração nos grupos comunistas e a deserção era semeada nos grupos guerrilheiros. A comunidade coreana, anteriormente antijaponesa, foi conquistada mediante "mudanças sócio-políticas e psicológicas" ("desenvolvimento revolucionário", na fraseologia moderna) — concretamente, obtendo a "possibilidade de ter a propriedade da terra e escapar do controle de seus senhores chineses" (Lee, p. 23). Entre os chineses, a situação era diferente, e mais difícil.

> Através da propaganda e do exemplo, os guerrilheiros despertaram o patriotismo da população, convencendo-a de que eram os únicos verdadeiros defensores de seus interesses. Quando necessário, os guerrilheiros aterrorizavam os elementos relutantes, como forma de advertir os demais. Uma complexa rede de sociedades antijaponesas, sociedades de camponeses e semelhantes forneciam aos guerrilheiros os suprimentos necessários e também vital ajuda em matéria de inteligência. Os agricultores de regiões por demais remotas para serem protegidas pelas autoridades de Manchukuo e os japoneses eram obrigados a obedecer às exigências dos guerrilheiros, ainda que não desejassem contribuir para a causa da insurgência. [Lee, p. 25]

A solução óbvia para este problema era um sistema de "povoados coletivos". Pelo fim de 1937, o comando da polícia informava que mais de 10 mil povoados haviam sido organizados, reunindo 5.500.000 habitantes. Os povoados coletivos, informa Lee, foram organizados de maneira implacável.

> As famílias recebiam ordens de se retirar de suas terras com pouca ou nenhuma antecedência, mesmo que os povoados coletivos ainda não estivessem prontos. Alguns agricultores foram forçados a se transferir pouco antes da época da semeadura, ficando impossibilitados de plantar naquele ano, enquanto outros eram obrigados a se transferir pouco antes da colheita. Muitas fazendas parecem ter sido destruídas por tropas engajadas em operações de limpeza antes de serem feitos preparativos para a realocação dos fazendeiros. A única preocupação dos militares era privar os guerrilheiros de suprimentos alimentares e de contatos com os homens do campo. [pp. 26 e seg.]

Não há necessidade de fornecer maiores detalhes, fartamente conhecidos de quem venha lendo a imprensa americana desde 1962.

O programa de povoados coletivos teve grande êxito, mas era necessário impedir que os insurgentes "atacassem os povoados coletivos, pouco protegidos, e (...) saqueassem cereais e alimentos", além de prevenir tentativas de infiltração. Segundo relatório de 1939, muitos habitantes dos povoados continuavam a "simpatizar com o comunismo e planejar secretamente aderir à insurgência", e os comunistas continuaram a explorar habilmente as queixas dos fazendeiros (Lee, pp. 33 e seg.). O vice-governador Itagaki resumiu o problema sucintamente: "Não temos medo da propaganda comunista; o que nos preocupa é que o material para a propaganda possa ser encontrado nas vidas dos fazendeiros. Não temos medo da ignição do fogo; o que tememos é o vazamento de óleo" (p. 34).

Os japoneses adotaram uma série de "métodos de controle populacional", como seriam chamados hoje, entre eles o registro de residentes, a emissão de certificados de residência, buscas sem aviso prévio e assim por diante.[80] Recorriam igualmente ao método de recompensa e punição recomendado por teóricos mais recentes da pacificação (ver Lee, pp. 39-40).[81] Sabiam que "seria totalmente irrealista esperar que reformas ou inovações fossem empreendidas pelos que já estavam bem de vida", e trataram portanto de substituir a antiga "aristocracia local" por "pessoal administrativo jovem e capaz", "treinado para dar ajuda aos administradores locais através da Hsueh-ho-hui, a organização governamental de recrutamento de apoio de massa para o regime de Manchukuo" (p. 46). Também foram eliminados muitos abusos cometidos nas aldeias, na tentativa de dissuadir os aldeões da tradicional crença de que o governo serve apenas para explorar. Uma grande campanha de propaganda foi promovida para conquistar corações e mentes dos aldeões (cf. pp. 55 e seg.). Em comparação com os esforços americanos de pacificação, os japoneses parecem ter logrado considerável êxito — se é que esses documentos merecem crédito —, em certa medida, ao que parece, porque o Japão não estava comprometido em garantir a persistência da velha ordem semifeudal e se mostrava menos empenhado na defesa dos direitos de propriedade. Os relatórios indicam que por volta de 1940 os guerrilheiros comunistas haviam sido praticamente exterminados na Mandchúria.

Em abril de 1939, um relatório secreto do departamento de informação do governo de Manchukuo descrevia em termos entusiásticos os feitos da pacificação na província de Tunghwa:

> É preciso dizer que o impacto econômico e espiritual das atividades de reconstrução sobre os cidadãos da província foi dos mais animadores. Observamos maior produtividade nas áreas de cultivo em conseqüência da recuperação de terras abandonadas; aumento da produção agrícola graças à melhoria das sementes; elevação dos rendimentos dos agricultores como resultado do aperfeiçoamento dos equipamentos do mercado; extraordinário progresso entre os comerciantes e industriais beneficiados por créditos governamentais; e a conquista do apoio da população graças ao fornecimento de tratamentos médicos e de remédios.[82]

Em novembro de 1939, um relatório secreto descreve a situação numa província em que "o desenvolvimento revolucionário" ainda não fora muito bem-sucedido e os insurgentes continuavam agindo:

> (...) com a maior crueldade, esses insurgentes saqueiam, matando e ferindo homens e animais. Também promovem sistematicamente operações de doutrinação comunista em várias aldeias. Em conseqüência, muitos aldeões são desencaminhados pela propaganda dos insurgentes e começam a trabalhar para eles, passivamente ou politicamente. Tudo isto agrava as dificuldades das forças de pacificação.[83]

Os fazendeiros fugiam de "regiões infestadas de insurgentes num fluxo constante", embora alguns deles continuassem a "simpatizar com o comunismo". Todavia, estavam sendo feitos planos para "criar confiança" e esmagar as forças insurgentes, promover o "socorro de populações em dificuldades" e, de maneira geral, disseminar o empenho de construção nacional.

Não tenho conhecimento da reação no Japão a informações que acaso tenham sido transmitidas ao público sobre essas questões. Muitos japoneses certamente lamentavam os excessos do programa de pacificação, embora se possa presumir que os mais equilibrados continuassem a debater a situação sem emocionalismo, constatando os atos de violência praticados de ambos os lados. Se havia defensores mais articulados da retirada japonesa da Mandchúria, era possível mostrar-lhes relatórios como o que acaba de ser citado e adverti-los sobre as atrocidades que certamente ocorreriam se as tropas japonesas se retirassem e os guerrilheiros comunistas pudessem agir livremente. Naturalmente, independentemente dos custos, os japoneses devem continuar empregando meios limitados para garantir a ordem pública e permitir que os elementos responsáveis da sociedade da Mandchúria construam um país independente e livre do terrorismo comandado do exterior.

Ninguém detestava mais a necessária violência da pacificação do que os funcionários japoneses competentes. O vice-governador Itagaki descreveu em termos comoventes o dilema moral que enfrentavam:

> É necessário proceder à construção dos povoados de defesa — com lágrimas. Liberamos pequenos subsídios e damos ordens severas [aos fazendeiros], instruindo-os a se transferirem para determinados locais em tal ou tal data e informando que se trata da última ordem neste sentido. Mas é excessivamente triste [ver] os fazendeiros destruindo suas casas e [ver] bebês inocentes envoltos em trapos e sorrindo em carroças que transportam os objetos da família. Dias atrás, uma mocinha de 16 ou 17 anos me fez chorar ao chegar ao meu gabinete na sede da prefeitura e ajoelhar-se para implorar que poupasse sua casa. Disse ela: "Temos mesmo de botar abaixo a nossa casa, conselheiro?" Ela caminhara uma enorme distância até a cidade, pensando: "Se eu pedir ao conselheiro, talvez seja possível fazer alguma coisa." Observan-

> do as costas magras da mocinha que era levada embora com toda educação por um assistente, fechei os olhos e disse a mim mesmo: "Você vai para o inferno." A aflição dos policiais japoneses que comandam diretamente as operações de repressão na linha de frente não pode ser imaginada. Muitas vezes, fazendo eu a inspeção da frente, diziam-me: "Não posso continuar com esse trabalho terrível. Vou largar tudo e voltar para casa." Tais palavras, ditas enquanto bebíamos gim *kaoliang* sentados ao redor de uma lâmpada, soavam como se alguém estivesse cuspindo sangue. Invariavelmente, precisávamos consolar uns aos outros e nos convencer de que seria a última colina a ser dominada. O programa era imposto de maneira implacável, desumana, sem emoção — como na montaria de um cavalo. Com isto, mais de 100 povoados de defesa foram construídos no distrito. Construídos com sangue, suor e lágrimas.[84]

Na Mandchúria, o problema dos terroristas e dos bandidos comunistas já parecia ter sido resolvido em 1940. Na China propriamente, o esforço de pacificação prosseguiu ao longo da guerra do Pacífico. Chalmers Johnson resume-o num estudo recente.[85] No norte e no centro da China, "os japoneses, assediados pelos ataques guerrilheiros, não eram capazes de distinguir um guerrilheiro de um aldeão". No norte, a política aplicada consistiu em "destruir fisicamente toda forma de vida e toda propriedade nas áreas em que se supunha existirem guerrilheiros (...) ao passo que no centro da China adotou-se uma política de estabelecimento das chamadas Zonas de Paz Modelo (...) [que consistia em] expulsar os comunistas de certas zonas agrícolas particularmente ricas, seguindo-se a esta fase militar a integração da área liberada na economia japonesa satélite". Esta última política foi muito mais bem-sucedida, sendo possível entregar o governo a mãos chinesas. Houve também um programa de "povoados estratégicos", assim descrito em recente comentário japonês:

> (...) o exército japonês testou as suas operações "Chinghsiang" (Povoado Limpo) em Soochow, ao centro da China, e o seu programa "Ailutsun" (Aldeia de Defesa Ferroviária) na província de Xantung, no norte da China. (...) O conceito de "Chinghsiang" consiste em transformar a aldeia ou povoado em base para a reforma do governo ao nível das bases; e, mediante a concentração de todos os esforços militares, políticos, econômicos e ideológicos numa única aldeia, em fazer dela uma área pacífica, estabilizada e segura; e em seguida, utilizando essa aldeia como distrito modelo, gradualmente estender a segurança e a estabilidade a todo o "hsien" (condado), a toda a província e por fim a todo o país.[86]

Todavia, as interferências externas impediram a completa consecução deste programa. Dispondo de poderes muito mais amplos para fazer valer suas decisões e enfrentando um inimigo muito menor e mais fraco, os cientistas políticos americanos não extrapolavam ao alimentar a expectativa de maior sucesso.

Assim prosseguiram os acontecimentos ao longo da terrível década de 1930. Buscando aliados desesperadamente, o Japão uniu-se à Alemanha e à Itália no Pacto Tripartite, num momento em que a Alemanha parecia invencível. Com a revogação do tratado comercial japonês-americano em janeiro de 1940, o Japão voltou-se para "outros canais comerciais", fazendo planos de ocupação da Indochina francesa e das Índias Orientais holandesas, e para a conquista da "independência" para as Filipinas. O fim do tratado representou a virada que conduziu muitos moderados a apoiar as potências do Eixo.[87]

Em julho de 1940, os Estados Unidos impuseram um embargo aos combustíveis de aviação, para os quais o Japão não dispunha de qualquer outra fonte,[88] e, em setembro, um embargo total sobre o ferro velho. Enquanto isto, aumentava a ajuda americana à China. Em setembro, foi assinado o Pacto Tripartite, e as tropas japonesas entraram no norte da Indochina. Os objetivos eram basicamente dois: interromper o fluxo de suprimentos para Chiang Kai-shek e tomar medidas para a aquisição de petróleo das Índias Orientais holandesas. No dia 2 de julho de 1941, foi tomada a decisão de conduzir tropas ao sul da Indochina. A decisão era do conhecimento do governo americano, pois o código diplomático japonês havia sido rompido. No dia 24 de julho, o presidente Roosevelt informou ao embaixador japonês que se o Japão se eximisse de dar este passo, ele se valeria de sua influência para conseguir a neutralização da Indochina. Esta mensagem só chegaria ao ministro japonês do exterior a 27 de julho. No dia 26, o Japão anunciou publicamente seus planos de transportar tropas para o sul da Indochina e o governo americano determinou que todos os bens japoneses nos Estados Unidos fossem congelados.[89] No dia 1º de agosto, os Estados Unidos anunciaram um embargo total de petróleo. A esta altura, "o Japão estava privado de acesso a todos os suprimentos vitais fora de seu controle."[90]

As escassas esperanças que ainda restavam de evitar a guerra estavam nas negociações Hull-Nomura, que haviam começado em fevereiro. A natureza dessas negociações tem sido objeto de controvérsia. Pal observa que ao longo das negociações a posição americana endureceu consideravelmente com respeito a todas as questões mais importantes.[91] Os Estados Unidos queriam tratar a aliança com o Eixo como uma questão determinante, ao passo que o Japão insistia em minimizar sua relevância. Schroeder sustenta que a motivação americana consistia em parte em "vender a idéia da esperada guerra com o Japão ao povo americano", que talvez não "considerasse que um ataque em solo não-americano — na Tailândia, na Malásia, em Cingapura ou nas Índias Ocidentais holandesas — constituía um ataque aos Estados Unidos".[92] É possível que no fundo o motivo fosse justificar o iminente envolvimento americano na guerra européia. Seja como for, em novembro os termos apresentados pelos americanos eram de tal natureza que o Japão teria de desistir completamente de sua tentativa de garantir "interesses especiais" como os desfrutados pelos Estados Unidos e a Grã-Bretanha nas regiões sob seu domínio, assim como de sua aliança com as potências do Eixo, tornando-se um simples "subempreiteiro" no sistema mundial americano que ia surgindo. O Japão optou pela guerra — sem qualquer expectativa de vitória sobre os Estados Unidos, como hoje sabemos, mas na esperança de que "os americanos, defrontando-se com uma vitória alemã na Europa e cansados da guerra no Pacífico, aceitariam negociar uma paz em que o Japão fosse reconhecido como a potência dominante no Leste Asiático".[93]

No dia 7 de novembro de 1941, o Japão dispôs-se a aceitar "o princípio da não-discriminação nas relações comerciais" no Pacífico, incluindo a China, se este princípio "fosse adotado em todo o mundo". Desnecessário dizer, a ressalva era inconcebível. A exigência final de Hull foi de que o princípio fosse aplicado nas áreas sob ocupação japonesa e que o Japão retirasse todas os seus contingentes da China e da Indochina. Não se podia esperar que as potências ocidentais respondessem na mesma moeda em seus domínios. Dias depois, chegava "o dia para sempre infame".

Este último impasse indica claramente qual havia sido, durante décadas, o problema central. O Japão insistira em que, em seus planos de "co-prosperidade" e logo também de uma "nova ordem", estava simplesmente seguindo o precedente estabelecido pela Grã-Bretanha e os Estados Unidos; estava criando sua própria doutrina Monroe e realizando o seu "destino manifesto". A análise da reação americana a esta alegação é reveladora. Hull se disse chocado. Para ele, a doutrina Monroe, "tal como a interpretamos e aplicamos de maneira uniforme desde 1823, contempla apenas medidas para nossa segurança física", ao passo que o Japão está empenhado em uma agressão.[94] Ele deplorava a "ingenuidade que tornava difícil para (...) [os generais japoneses] (...) entender por que os Estados Unidos, por um lado, deviam assumir a liderança no hemisfério ocidental com a doutrina Monroe, e, por outro, pretender interferir no impulso do Japão para assumir a liderança na Ásia", e perguntou a Nomura: "Por que o governo japonês não instrui os generais" no sentido de adquirirem um entendimento mais correto dessa fundamental diferença?[95]

A academia americana ficou igualmente ofendida com a analogia. Numa detalhada análise, W. W. Willoughby conclui que não é possível qualquer comparação entre a doutrina Monroe e os planos do Japão.[96] Os Estados Unidos, sustenta, nunca recorreram à doutrina Monroe para exigir "privilégios comerciais ou de outra natureza econômica nas outras nações das Américas". Em vez disso, "têm exercido seus poderes de intervenção militar ou gestão financeira em benefício dos povos dos países envolvidos ou daqueles que contra eles tinham apenas reivindicações pecuniárias". Ele cita e aprova a análise publicada por G. H. Blakeslee em *Foreign Affairs*,[97] que assim caracteriza a principal diferença entre a posição americana e a japonesa:

> Os Estados Unidos são um vasto território com uma grande população diante de uma dúzia de repúblicas caribenhas, cada uma delas com território e população relativamente pequenos. O Japão, por sua vez, é um país com território e população relativamente pequenos diante do vasto território e da grande população da China. Assim, uma atitude que os Estados Unidos podem com naturalidade assumir em relação aos países do Caribe não parecerá natural por parte do Japão em relação à China.

Esta contribuição para a história da apologia imperialista pelo menos tem o mérito da originalidade. Que eu saiba, ninguém até então argumentara que as tentativas de determinado país de dominar outro são justas na medida em que a vítima for menor e mais fraca que a potência que pretende subjugá-la. Todavia, este argumento talvez seja superado em sutileza pela seguinte explicação fornecida por Blakeslee a respeito do equívoco fundamental da analogia japonesa:

> Os Estados Unidos não precisam recorrer à força militar para induzir as repúblicas do Caribe a permitir que o capital americano vá ao encontro de investimentos lucrativos. As portas estão voluntariamente escancaradas.

A disposição americana de submeter-se à vontade popular no Caribe foi lindamente ilustrada, com efeito, no outono de 1933, poucos meses depois da publicação do artigo de Blakeslee, quando Ramón Grau San Martín chegou ao poder em Cuba com uma plataforma política que punha fim à tentativa de instituição do que Summer Welles descreveu como "um monopólio, na prática, do mercado cubano para importações americanas". Como observava Welles, esse governo era "altamente prejudicial a nossos interesses (...) nossos interesses comerciais e de exportação não poderão ser reativados sob este governo". Em conseqüência, Roosevelt recusou-se a reconhecer o governo Grau, e Welles deu início a suas intrigas (que reconhecia serem "anômalas") com Batista, que, em sua avaliação, era "o único indivíduo representativo da autoridade em Cuba hoje. (...) Isto (...) serviu para que viesse em seu apoio a grande maioria dos interesses comerciais e financeiros de Cuba que precisam de proteção" (Welles a Hull, 4 de outubro de 1933). O governo Grau não demoraria a cair, disto resultando que "a estrutura social e econômica de classe anterior a 1930 foi mantida, não sendo essencialmente afetado o importante papel ocupado na economia cubana pelas empresas estrangeiras".[98]

Mas a analogia japonesa é imprópria sobretudo, como frisa Blakeslee, pela diferença de objetivos. Os Estados Unidos

> pretendem ajudar os países atrasados do Caribe a criar e manter condições de estabilidade e prosperidade. Os Estados Unidos não desejam conquistar territórios, direta ou indiretamente, nem assumir controle político ou econômico. E nas ocasiões em que pareceu necessário intervir em terras sacudidas pela revolução, promoveram a necessária reorganização e se retiraram.

É esta benevolência da intenção que não é compartilhada pelos japoneses. Em conseqüência, não tem o menor cabimento invocarem o precedente americano. A questão é colocada de maneira simples em recente estudo sobre a política externa americana do pós-guerra, fortemente crítico de seus recentes rumos: "(...) o império americano surgiu por acidente e tem sido mantido por um certo senso de benevolência". (...) "Empenhamo-nos numa espécie de imperialismo do bem-estar, a ação imperial por motivos nobres, e não por razões mesquinhas como lucro e influência." (...) "Não temos explorado o nosso império." "(...) não temos sido generosos com nossos clientes e aliados, enviando-lhes enormes somas de dinheiro e até sacrificando em seu benefício as vidas de nossos soldados? É claro que temos."[99]

Em comparação com este longo histórico de benevolência, a agressão japonesa chama a atenção precisamente como aquele tipo de "mal sem precedente" que merecia perfeitamente a bomba atômica.

Este apanhado naturalmente não esgota a questão. Mas efetivamente serve, em minha opinião, para contextualizar as alternativas de políticas que podiam ser adotadas pelos Estados Unidos em 1941 e em anos anteriores. A opinião americana predominante continua sendo de que a única reação adequada era a que foi adotada. Em contraste, os "realistas" da escola Grew-Kennan assumem a posição expressada por Schroeder, crítico do erro que consiste em basear a política numa "ênfase na busca da justiça, e não em fazer o bem". Para Schroeder, esta posição "moralista" de Hull, a "política excessivamente dura e rígida com o Japão", não se baseava em "intenções sinistras ou belicosas, mas numa sincera e intransigente adesão a princípios morais e doutrinas liberais". A abordagem "realista" da acomodação preferida por Grew não teria sido imoral, sustenta ele. "Teria apenas constituído um reconhecimento de que o governo americano não estava então em condições de fazer valer os seus princípios, reservando a plena liberdade de ação para a América para algum período mais favorável do futuro."[100] Schroeder não questiona que estivéssemos efetivamente "na busca da justiça", apenas argumentando que nisto agíamos de maneira equivocada, excessivamente moralista; ele não questiona os princípios abraçados pelos Estados Unidos, e sim nossa insistência em obedecer a tais princípios num momento inadequado.

Em contraste com as alternativas do "realismo" e do "moralismo", o pacifismo revolucionário de Muste parece-me ao mesmo tempo basicamente realista e altamente moral. Além disso, ainda que pudéssemos reconhecer que os Estados Unidos agiram unicamente em legítima defesa, os acontecimentos posteriores na Ásia confirmaram ampla e chocantemente a premissa básica de Muste, segundo a qual "os meios que utilizamos inevitavelmente se incorporam a nossos fins, e se forem malévolos acabarão por nos derrotar". Caberia discutir se a posição de Muste era efetivamente, na época, a mais moral e realista, mas creio não haver dúvida de que o fato de estar tão distante da consciência americana constituía uma grande tragédia. A ausência de uma crítica radical desse mesmo tipo que Muste e poucos outros tentavam cultivar foi um dos fatores que contribuíram para a atrocidade de Hiroshima e Nagasaki, exatamente como a debilidade e a ineficácia dessa mesma crítica radical indubitavelmente acabará levando hoje a novos e inimagináveis horrores.

Notas

1. "Pacifism and Class War", em *The Essays of A. J. Muste*, org. Nat Hentoff (Indianapolis, The Bobbs-Merrill Co., Inc., 1967), pp. 179-85.
2. Daniel Bell, em "Ideology — A Debate", *Commentary*, vol. 38 (outubro de 1964), p. 72.
3. "The Movement To Stop the War in Vietnam", *Essays*, pp. 503-13.
4. *Essays*, pp. 180, 287.
5. *Congressional Record*, 9 de maio de 1967.
6. As probabilidades são insignificantes no que diz respeito à situação objetiva, mas não em relação à mentalidade daqueles que delas se valem para orientar sua ação. Se alguma coisa pode ser mais assustadora que o comportamento dos autoproclamados gestores "pragmáticos" e "in-

transigentes" do governo Kennedy nessa crise, é a atitude que persiste, muito depois do esfriamento da crise, de que foi este o "melhor momento" de Kennedy, no qual evidenciou sua habilidade no jogo da "galinha nuclear" (cf. o historiador Thomas Bailey, *New York Times Magazine*, 6 de novembro de 1965).

7. "Where Are We Going?", *Essays*, pp. 234-60.
8. "Crisis in the World and in the Peace Movement", *Essays*, pp. 465-78.
9. "The Cold War and American Scholarship", em Francis L. Loewenheim, org., *The Historian and the Diplomat* (Nova York, Harper & Row, Publishers, 1967), pp. 123-69. Morton desenvolve em seguida o ponto de vista convencional de que a União Soviética é a única culpada pelo amortecimento das "brilhantes esperanças para o futuro", mediante "o sutil desafio da subversão política e da penetração econômica" (impensável no Ocidente, naturalmente) e o apoio à revolução, como na Grécia, "violando os acordos aliados da época da guerra, que haviam situado a Grécia na esfera de interesses do Ocidente". Quanto a estes últimos, ele não discute as sérias indicações de que Stalin se opunha, isto sim, à rebelião grega, e aderiu ao acordo com Churchill para a divisão da Europa em esferas de influência. Tampouco menciona a afirmação de Truman, imediatamente depois de Nagasaki, de que a Bulgária e a Romênia, os dois países atribuídos predominantemente à esfera russa no acordo Churchill-Stalin, "não devem ser esferas de influência de qualquer potência". Nem encontramos qualquer referência ao papel americano, senão em matéria de "contenção". Em resenha publicada em *Political Science Quarterly*, vol. 82 (dezembro de 1967), Arthur Schlesinger refere-se ao ensaio de Morton como "um relato invariavelmente inteligente do papel da história e dos historiadores na era da guerra fria", que "decepcionará aqueles que buscam uma exposição do tipo 'estudos de esquerda' sobre a corrupção supostamente imposta ao desenrolar da história americana pela decisão de enfrentar a agressão comunista depois de 1945".
10. Ver Wesley F. Craven e James L. Cate, orgs., *The Army Air Forces in World War II* (Chicago, University of Chicago Press, 1953), vol. 5, pp. 732-33:

> Arnold queria o final mais grandioso possível, esperando que o USASTAF pudesse atingir a região de Tóquio com uma esquadrilha de 1.000 aviões: o 20º Comando de Aeronáutica mobilizara a 1º de agosto 853 B-29s e 79 caças, e Arnold achava que esta quantidade podia ser arredondada convocando o 8º Comando de Aeronáutica, chefiado por Doolittle. Spaatz continuava querendo lançar a terceira bomba atômica em Tóquio, mas achava que, no lamentável estado em que se encontrava, a cidade seria um desperdício para armas convencionais; em vez disso, propunha que suas forças fossem divididas entre sete alvos. Arnold desculpava-se pela lamentável embrulhada do dia 11, e, aceitando a emenda proposta por Spaatz, garantiu-lhe que suas ordens haviam sido "coordenadas com meus superiores até o nível mais alto". A teleconferência acabou com um fervoroso "Graças a Deus" de Spaatz. (...) Partindo das Marianas, 449 B-29s levantaram vôo para um ataque diurno no dia 14, e naquela mesma noite, com altos oficiais de plantão em Washington e Guam para a eventualidade de um cancelamento de última hora, outros 372 levantaram vôo. Os sete aviões enviados em missões especiais de bombardeio pelo 509º Grupamento elevaram o número de B-29s a 828, e, com os 186 caças de escolta mobilizados, o USASTAF superou a meta de Arnold, com um total de 1.014 aparelhos. Não houve perdas, e antes que o último B-29 retornasse o presidente Truman anunciou a rendição incondicional do Japão.

Para a reação de uma vítima, ver Makoto Oda, "The Meaning of 'Meaningless Death', *Tenbo*, janeiro de 1965, traduzido no *Journal of Social and Political Ideas in Japan*, vol. 4 (agosto de 1966), pp. 75-84.

> Na tarde de 14 de agosto de 1945, milhares de pessoas morreram durante prolongado e intensivo bombardeio aéreo de um arsenal em Osaka. Eu testemunhei a tragédia. Vi dezenas de corpos — súditos leais literalmente destruídos pelo serviço a um governo que já decidira aceitar a exigência de rendição incondicional da Declaração de Potsdam. Essas pessoas haviam morrido pelo único motivo de que se encontravam no arsenal ou em suas imediações no momento do ataque aéreo. Depois de momentos de terror e angústia que se prolongaram por uma eternidade, nós que tivéramos a sorte de sobreviver saímos de nossos abrigos. Encontramos os cadáveres — e os panfletos que os bombardeiros americanos haviam jogado sobre os escombros. Os panfletos proclamavam, em japonês: "Seu governo rendeu-se. A guerra acabou!"

11. Radhabinod Pal, *International Military Tribunal for the Far East* (Calcutá, Sanyal and Co., 1953), pp. 620-21.
12. Paul Schroeder, *The Axis Alliance and Japanese-American Relations* (Ithaca, N.Y., Cornell University Press, 1958), p. 87.
13. *Ibid.*, p. 7.
14. *Japan's Quest for Autonomy: National Security and Foreign Policy, 1930-1938* (Princeton, N.J., Princeton University Press, 1966), cap. 1.
15. Masamichi Royama, *Foreign Policy of Japan: 1914-1939* (Tóquio, Japanese Council, Institute of Pacific Relations, 1941), p. 8. Ele afirma em seguida que foi a inexperiência dos japoneses que levou à passividade e à aceitação da tentativa americana, com apoio britânico, de conquistar a hegemonia no Pacífico — uma conseqüência óbvia da "igualdade" entre desiguais.
16. Citado em R. J. C. Butow, *Tojo and the Coming of War* (Princeton, N.J., Princeton University Press, 1961), p. 17.
17. W. C. Holland e K. L. Mitchell, orgs., *Problems of the Pacific, 1936* (Chicago, University of Chicago Press, 1936), p. 195.
18. Iriye Akira, *After Imperialism* (Cambridge, Mass., Harvard University Press, 1965), p. 160.
19. Segundo William L. Neumann, *America Encounters Japan* (Baltimore, The Johns Hopkins Press, 1963), p. 188, "mais de 200 mil japoneses viviam ao longo da Ferrovia da Mandchúria do Sul e no território arrendado de Kwantung". As estimativas japonesas referentes à Mandchúria globalmente são muito mais elevadas. Yasaka Takagi estimou o número de japoneses na Mandchúria em aproximadamente um milhão ("World Peace Machinery and the Asia Monroe Doctrine", *Pacific Affairs*, vol. 5 [novembro de 1932], pp. 941-53; reimpressão em *Toward International Understanding* [Tóquio, Kenkyusha, 1954]).
20. Crowley, *op. cit.*, p. 103.
21. *Ibid.*, p. 110.
22. *Ibid.*, p. 140.
23. Citado em *ibid.*, p. 154.
24. *Ibid.*, p. 160. O avanço da civilização é indicado pela reação à destruição americana de cidades do delta do Mekong no início de fevereiro de 1968 — por exemplo, a destruição de Ben Tre, com milhares de baixas entre

os civis, para proteger 20 soldados americanos (20 haviam sido mortos, numa guarnição de 40), depois da tomada da cidade pelas forças da FLN, praticamente sem combater.

25. *Japan and Her Destiny*, org. F. S. G. Piggott (Nova York, E. P. Dutton & Co., Inc., 1958). Shigemitsu considera o incidente da Mandchúria, na realidade, como uma vertente de uma tentativa de golpe, da qual teria falhado a vertente interna. Deste ponto de vista, "a Mandchúria era um distrito remoto, pertencente à China e por ela colonizado", uma "região atrasada e de baixa densidade populacional na fronteira da China". Em 1930, a "diplomacia revolucionária" da China tentava denunciar os tratados injustos, inclusive os referentes a interesses japoneses há muito estabelecidos. Numa época em que a única solução para os problemas internacionais era o livre comércio, a Europa voltava para uma economia autárquica fechada e bloqueava o comércio entre o Japão e as possessões coloniais das potências européias, e a Liga das Nações adotava a política de manter o mundo em situação estática, no interesse do imperialismo estabelecido. O exército de Kwantung agia de maneira unilateral, para proteger na Mandchúria interesses japoneses que considerava legítimos. Medidas posteriormente adotadas para defender Manchukuo foram determinadas em parte pela ameaça de um definitivo cerco comunista (pelos comunistas chineses e pela União Soviética) e em parte na tentativa de "conter o movimento mundial para as economias fechadas", para o que seria necessário que os japoneses tentassem "alcançar a auto-suficiência". Esta maneira de encarar a situação, à qual voltarei mais adiante, não era irrealista.
26. Shigemitsu, contudo, não escapou do incidente de Xangai com a mesma facilidade, por exemplo, que o embaixador americano na República Dominicana, W. Tapley Bennett, ou o emissário presidencial John Bartlow Martin 23 anos mais tarde, em circunstâncias algo semelhantes. Shigemitsu foi gravemente ferido por um terrorista (um partidário da independência coreana) e teve uma perna amputada.
27. *Thought and Behaviour in Modern Japanese Politics*, org. Ivan Morris (Nova York, Oxford University Press, 1963), p. 30. Maruyama acrescenta que, "embora não haja dúvida de que o incidente da Mandchúria claramente serviu de estímulo ao fascismo japonês, é preciso frisar que o movimento fascista não surgiu de uma hora para outra depois de 1931".

28. Sadako Ogata, *Defiance in Manchuria: The Making of Japanese Foreign Policy, 1931-1932* (Berkeley, University of California Press, 1964), p. 178.
29. Citado em Pal, *op. cit.*, p. 195.
30. *Op. cit.*, pp. 11-12. Royama é considerado por Maruyama (*op. cit.*) "um dos mais eminentes cientistas políticos do Japão e uma figura de proa do liberalismo no período do pré-guerra".
31. Ogata, *op. cit.*, p. 132.
32. *Ibid.*, p. 124. Cf. também p. 185.
33. Crowley, *op. cit.*, p. 138. Cabe acrescentar que entre as complexas raízes do fascismo no Japão estava uma grande preocupação com as dificuldades dos agricultores pobres, especialmente depois da grande depressão. Ver Maruyama, *op. cit.*, pp. 44-45, contendo citações e comentários relevantes.
34. Ogata, *op. cit.*, p. 45, parafraseando um relatório de pesquisa do exército de Kwantung.
35. *Ibid.*, p. 42.
36. Royama, *op. cit.*, p. 11.
37. É difícil fazer comparações, mas parece que os japoneses tiveram muito mais êxito na criação de um governo fantoche efetivamente operacional na Mandchúria do que os Estados Unidos no Vietnã, assim como os alemães foram mais bem-sucedidos na conversão das forças nacionalistas francesas para os seus objetivos na França ocupada de Vichy do que os Estados Unidos no Vietnã. Sobre a insurgência que se manifestou na Mandchúria e as tentativas japonesas de sufocá-la, ver páginas 232-239.
38. Citações e paráfrase de Owen Lattimore, "China and the Barbarians", em Joseph Barnes, org., *Empire in the East* (Garden City, N.Y., Doubleday, Doran & Company, Inc., 1934), pp. 3-36.
39. *Op. cit.* Ver nota 19.
40. *Op. cit.*, p. 95.
41. Além disso, havia os que se opunham a qualquer compromisso ou concessão, sob a alegação de que então seria impossível "enfrentar a miríade de espíritos dos mortos na guerra" (general Matsui, 1941, citado por Maruyama, *op. cit.*, p. 113). É doloroso enfrentar a questão de saber

quantos morreram, ao longo da história, para que outros não tenham morrido em vão.

Outro fator crucial, segundo Maruyama (p. 124), foi "o conselho dos Veteranos Mantenedores próximo do imperador, que optara pela guerra externa de preferência à luta de classes interna, e que na época temia menos perder essa guerra do que arriscar a revolução" — outro padrão bem conhecido. Ver, por exemplo, a análise da Guerra Civil espanhola nas páginas 98-152.

42. Crowley, *op. cit.*, p. 245.
43. *Survey of International Affairs* (Londres, Oxford University Press, 1926), p. 386; citado em Takagi, *op. cit.*
44. A. W. Griswold, *The Far Eastern Policy of the United States* (Nova York, Harcourt, Brace & Company, 1938; ed. em brochura, New Haven, Conn., Yale University Press, 1962), p. 130. Os estudos acadêmicos americanos em geral admitem que esses acordos reconheciam a "posição especial" dos japoneses na região da Mandchúria-Mongólia. Ver, por exemplo, Robert A. Scalapino, em Willard L. Thorp, org., *The United States and the Far East* (Nova York, Columbia University Press, 1956), p. 30.
45. Ambas as citações de William C. Johnstone, *The United States and Japan's New Order* (Nova York, Oxford University Press, 1941), pp. 124, 126. Os Documentos Lansing-Ishii, contudo, continham um protocolo secreto que na realidade cancelava esta concessão.
46. Citado em Iriye, *op. cit.*, p. 271.
47. Trata-se de um contingente tão grande quanto o que era mantido pelos Estados Unidos no Vietnã em 1962. No fim de 1937, os japoneses tinham 160 mil homens na China. Hoje em dia, tendemos a esquecer o alcance da agressão fascista uma geração atrás.
48. Iriye, *op. cit.*, p. 218.
49. Johnstone, *op. cit.*, p. 214.
50. Citado em Dorothy Borg, *The United States and the Far Eastern Crisis of 1933-1938* (Cambridge, Mass., Harvard University Press, 1964), p. 590.
51. *Ibid.*, p. 42.
52. Oficiais do exército japonês na China manifestaram a mesma solicitude. O general Matsui, de partida para assumir seu posto de comandante-

em-chefe da força expedicionária japonesa em Xangai em 1937, declarou: "Não vou para a frente para combater um inimigo, mas no estado de espírito de alguém que se dispõe a pacificar o irmão." No Tribunal de Tóquio, ele assim definiu sua missão: "A luta entre o Japão e a China sempre foi um combate entre irmãos da 'família asiática'. (...) Por todos esses anos estive convencido de que devemos encarar esse combate como uma maneira de fazer com que os chineses procedam a uma reflexão sobre si mesmos. Não fazemos isto porque os odiamos, mas, pelo contrário, porque os amamos demais. É exatamente como numa família, quando um irmão mais velho já suportou tudo que podia suportar do mau comportamento do irmão mais novo e é obrigado a castigá-lo para que se comporte bem." Citado por Maruyama, *op. cit.*, p. 95.

53. Johnstone, *op. cit.*, p. 290.
54. Citado em Francis C. Jones, *Japan's New Order in East Asia* (Nova York, Oxford University Press, 1954), p. 156, de *The Memoirs of Cordell Hull* (Nova York, The Macmillan Company, 1948), vol. 1, pp. 725-26.
55. Cf. Iriye, *op. cit.*, pp. 260 s., pp. 278 e seg., para uma análise desses acontecimentos.
56. Shigemitsu, *op. cit.*, p. 208 (ver nota 25). A lei de imigração americana de 1924 e seu racismo constituíram um golpe particularmente duro para os japoneses. Além disso, havia barreiras à imigração no Canadá, na América Latina, na Austrália e na Nova Zelândia. Cabe mencionar que o esforço japonês no sentido de incluir um parágrafo sobre a igualdade racial nas resoluções da Liga das Nações que endossavam o "princípio da igualdade das nações" e o "justo tratamento de seus nacionais" fora bloqueado pela Grã-Bretanha. Woodrow Wilson, então na presidência, decidiu que não deveria ser adotado "em vista das sérias objeções de alguns dentre nós" (Pal, *op. cit.*, pp. 317 e seg.). Somente a Grã-Bretanha e os Estados Unidos não votaram a favor dessa resolução. Ver Neumann, *op. cit.*, pp. 153-54.
57. Citado em Ogata, *op. cit.*, p. 35.
58. Citado em Shigemitsu, *op. cit.*, p. 221.
59. Bruno Lasker e W. L. Holland, orgs., *Problems of the Pacific, 1933* (Chicago, University of Chicago Press, 1934), p. 5.
60. *Ibid.*, p. 10.

61. Ver Robert F. Smith, *The United States and Cuba: Business and Diplomacy, 1917-1960* (Nova York, Bookman Associates, 1960), p. 159.

62. Holland e Mitchell, *op. cit.*, p. 220. Podemos observar, entre parênteses, que a política americana para as Filipinas no pós-guerra serviu para perpetuar o "sistema enraizado na injustiça e na ganância" a que se referiu o representante nas Nações Unidas Salvador López, falando do período anterior à guerra, um sistema que "exigia que a economia das Filipinas estivesse atrelada à economia americana através de acordos de livre comércio entre os dois países" e que, "em tácito entendimento com a elite econômica filipina", levou a uma "economia colonial de tipo clássico" ("The Colonial Relationship", em Frank H. Golay, org., *The United States and the Philippines* [Englewood Cliffs, N.J., Prentice-Hall, Inc., 1966], pp. 7-31). Por outro lado, esta "política de horizontes curtos voltada para as vantagens comerciais imediatas" interrompia a revolução filipina que estava em andamento na época da conquista americana. Esta "interrupção" prosseguia, por exemplo, com as políticas de Magsaysay, que "acabou de uma vez com a ambivalência decorrente das reiteradas experiências com empresas públicas dos mais variados tipos, deixando perfeitamente claro que as políticas públicas refletiriam a confiança na empresa privada e a dependência em relação a ela" (Frank H. Golay, "Economic Collaboration: The Role of American Investment", em *ibid.*, p. 109). Um dos efeitos desse "aperfeiçoamento" nos "aspectos políticos e econômicos do ambiente de investimentos" foi que, entre 1957 e 1963, "os lucros auferidos pelos investidores americanos foram superiores ao dobro do total dos investimentos estrangeiros diretos nas Filipinas", sem dúvida um caso interessante de ajuda externa. Na realidade, as relações comerciais preferenciais impostas às Filipinas em 1946 praticamente garantiam o domínio da economia do país pelos Estados Unidos. Escrevendo no mesmo volume, dois economistas filipinos frisam que "a aceitação da Lei do Comércio pelas Filipinas foi o preço pago pelos prejuízos de guerra. Considerando as circunstâncias econômicas que prevaleciam, os filipinos não tinham alternativa senão aceitar, depois de muita polêmica e com evidente relutância" (p. 132). Mas a lei "compensatória" de reabilitação era por sua vez uma frau-

de, pois "milhões de dólares de indenizações por prejuízos de guerra (...) na realidade retornaram aos Estados Unidos sob a forma de pagamentos por importações, em benefício da indústria e da mão-de-obra americanas" (p. 125).

63. Dados de John E. Orchard e H. Foster Bain, em Barnes, *op. cit.*, pp. 39-83, 185-212.

64. *Op. cit.*, pp. 226, 233.

65. Royama, *op. cit.*, p. 120. Ele acrescenta que o novo governo era "provisório", dispondo-se a aceitar inclusive membros do Kuomintang, se o desejassem.

66. *Ibid.*, p. 150.

67. Cf. Lyndon B. Johnson, 18 de agosto de 1967. Ao observar o óbvio paralelismo entre o fascismo japonês e o imperialismo americano contemporâneo no Sudeste Asiático, não devemos ignorar as diferenças fundamentais; em particular, o fato de que o Japão estava na realidade lutando por sua sobrevivência como grande potência, enfrentando um "assédio" das grandes potências que não era nenhuma ilusão paranóica.

68. "Apesar dos enérgicos esforços do governo japonês para transmitir a idéia de que queria ajuda americana para chegar rapidamente a um acordo [em 1937], os funcionários americanos mais uma vez não foram capazes de entender a situação" (Borg, *op. cit.*, p. 466). Para seu infortúnio, os apologistas japoneses não foram capazes de se valer de certos dispositivos à disposição de seus atuais equivalentes americanos para explicar o fato de os chineses não terem aceitado suas honrosas ofertas. Por exemplo, o diretor do Centro de Pesquisas sobre o Leste Asiático da Universidade de Harvard, John King Fairbank, explica muito conscienciosamente que, "quando fazemos uma proposta de negociação, estamos fazendo uma oferta honrosa que, em nossa opinião, é algo normal e civilizado", mas uma mente asiática não compartilha nossa crença "na supremacia da lei e nos direitos do indivíduo, protegidos pelas leis e os devidos sistemas processuais", sendo por isto incapaz de se dar conta de nossas intenções honrosas e de nossa evidente sinceridade (*Boston Globe*, 9 de agosto de 1967). Só mesmo os críticos mais superficiais que não entendem a mente asiática insistem em levar ao pé da letra quando os norte-vietnamitas afirmam que a suspensão dos

bombardeios do Vietnã do Norte pode ser seguida de negociações, ou denunciam o absurdo moral da pretensão de que tanto a vítima quanto o atacante "ponham fim à violência".

69. Cf. Butow, *op. cit.*, pp. 122, 134.
70. David J. Lu, *From the Marco Polo Bridge to Pearl Harbor* (Washington, Public Affairs Press, 1961), p. 19.
71. Butow, *op. cit.*, pp. 273 e seg.
72. Cf. Pal, *op. cit.*, p. 212.
73. *Ibid.*, p. 213. Os Estados Unidos foram o país que agiu da maneira menos condenável neste caso, renunciando ao controle das tarifas chinesas em 1928. A Alemanha e a União Soviética haviam renunciado à extraterritorialidade na década de 1920 (os Estados Unidos o fariam em 1942). O Japão abriu mão desses direitos no Estado-fantoche de Manchukuo.
74. Cf. Shigemitsu, *op. cit.*, p. 190. Também Lu, *op. cit.*, p. 34.
75. Em Thorp, *op. cit.*, p. 7. Ele lamenta que isto não seja compreendido pelos asiáticos. Ex-subsecretário de Estado e integrante da delegação na ONU, e na época professor de economia em Amherst, Thorp também chega à notável conclusão, em 1956, de que um dos principais problemas internacionais é a patente disposição da União Soviética de apoiar a agressão na Indochina. A conferência cujo conteúdo ele estava encarregado de editar concluiu afinal com a esperança de que "o povo chinês possa um dia recuperar seus direitos e voltar a ser livre" (p. 225), mas não especificou quando o povo da China alguma vez já havia estado na posse de seus direitos e vivido em liberdade.
76. 22 de setembro de 1937. Citado nos Documentos da Conferência Mundial do Vietnã, Estocolmo, julho de 1967, Bertil Svanhnstrom, presidente.
77. Ver Chong-sik Lee, *Counterinsurgency in Manchuria: The Japanese Experience*, RAND Corporation Memorandum RM-5012-ARPA, janeiro de 1967, distribuição ilimitada. Sou grato a Herbert Bix por ter chamado minha atenção para este estudo. Como acontece com freqüência com os estudos da RAND Corporation, é difícil determinar se foi escrito com espírito de seriedade ou de zombaria. Não temos motivos para questionar, entretanto, a qualidade da pesquisa. Os documentos originais traduzidos no memorando são particularmente interessantes.

78. Relatório Mensal sobre a Pacificação do Departamento de Informação do Governo de Manchukuo, outubro de 1938 (Lee, *op. cit.*, pp. 189 e seg.). A proporção de mortes é omitida.
79. Relatório da Seção de Assessoria Militar, Manchukuo, 1937 (Lee, *op. cit.*, p. 12).
80. Para uma atualização desses métodos, ver William A. Nighswonger, *Rural Pacification in Vietnam* (Praeger Special Studies; Nova York, Frederick A. Praeger, Inc., 1967).
81. Para breve discussão do tema, ver página 54.
82. Lee, *op. cit.*, p. 305. Relatos como este ilustram um fenômeno observado por Maruyama em sua análise da "teoria e psicologia do ultranacionalismo": "Atos de benevolência podiam coexistir com atrocidades, e seus responsáveis não pareciam conscientes da contradição. Revela-se aqui o fenômeno através do qual a moralidade vem a ser sutilmente combinada com o poder" (*op. cit.*, p. 11). Mais uma vez, o leitor não terá dificuldade para encontrar paralelos contemporâneos.
83. Lee, *op. cit.*, pp. 307 e seg.
84. Relatório Secreto do Departamento de Informação do Governo de Manchukuo, abril de 1939, intitulado: "Atividades de pacificação na região do banditismo comunista (reflexões pessoais)" (Lee, *op. cit.*, pp. 217 e segs.).
85. "Civilian Loyalties", em Wilson C. McWilliams, org., *Garrisons and Governments* (San Francisco, Chandler Publishing Co., 1967), pp. 86-87.
86. Shizuo Maruyama, "The Other War in Vietnam: The Revolutionary Development Program", *Japan Quarterly*, vol. 14 (julho-setembro de 1967), pp. 297-303. O autor, editorialista do *Asahi Shimbun* especializado em questões do Sudeste Asiático, observa a semelhança com anteriores tentativas japonesas, mas considera que as perspectivas do programa americano são fracas por uma série de razões, entre elas as seguintes: "(...) os ferimentos infligidos à natureza, tão brutalmente destruída com este objetivo, são terríveis para qualquer observador. Belas pradarias, florestas verdejantes e fartas colheitas foram incendiadas por lança-chamas, bombas de *napalm* e esfoliantes químicos. A mãe terra foi maltratada e violentada. Destruído o seu verdor, a terra, embrutecida, perdeu a capacidade de atrair gente e de

remexer bem fundo no coração das pessoas o amor pela terra natal e a pátria-mãe." Ele considera que são poucas as chances de que as ações revolucionárias tenham êxito, "quando a natureza foi transformada em terra arrasada, sendo destruídos o sistema e as tradições criados por um povo".

87. Lu, *op. cit.*, p. 67.

88. Cf. Nobutaka Ike, org., *Japan's Decision for War: Records of the 1941 Policy Conferences* (Stanford, Calif., Stanford University Press, 1967), p. 11.

89. A sucessão desses acontecimentos é fornecida nesta ordem em Lu, *op. cit.*, p. 188. Segundo Ike, *op. cit.*, p. 108, a ordem de congelar os bens foi dada na noite de 25 de julho e o anúncio de que seriam enviadas tropas para o sul foi feito ao meio-dia do dia 26. Não são conhecidos os motivos do atraso na transmissão da oferta de Roosevelt ao Ministério do Exterior japonês. Há indicações de que àquela altura ainda havia espaço para manobras diplomáticas.

90. Schroeder, *op. cit.*, p. 53. Ele afirma que o general Miles declarou que os Estados Unidos "hoje estão em condições de arrasar completamente a estrutura econômica do império japonês", e que o almirante Stark previu que essa iniciativa (o congelamento dos bens) provavelmente levaria à guerra.

91. *Op. cit.*, p. 545.

92. *Op. cit.*, pp. 100 seg.

93. Ike, *op. cit.*, Introdução.

94. 20 de abril de 1940; citado por Schroeder, *op. cit.*, p. 170.

95. *Memoirs of Cordell Hull*, vol. 2, p. 1.032.

96. *Japan's Case Examined* (Baltimore, The Johns Hopkins Press, 1940), pp. 128 segs.

97. "The Japanese Monroe Doctrine", *Foreign Affairs*, vol. 11 (julho de 1933), pp. 671-78.

98. Bryce Wood, *The Making of the Good Neighbor Policy* (Nova York, Columbia University Press, 1962), p. 109.

99. Ronald Steel, *Pax Americana* (Nova York, The Viking Press, 1967). Como observa Steel, esta generosidade é o preço que devemos pagar para desfrutar de nosso papel imperial. Compare-se com as observações de H. Merivale, citado na página 81. Talvez os capítulos introdutórios desse

livro, nos quais essas observações foram escolhidas quase aleatoriamente, pretendessem ser uma paródia, e neste caso podem servir de testemunho da generalizada capacidade de se auto-iludir de nossa sociedade altamente conformista e ideologicamente comprometida. Em matéria de estudos acadêmicos americanos sobre o papel internacional dos Estados Unidos, freqüentemente é difícil determinar o que é ironia e o que é sentimentalismo.

100. Schroeder, *op. cit.*, pp. 203 e segs.

A LÓGICA DA RETIRADA

As relações internacionais podem ser complexas, envolvendo interesses inconciliáveis, todos investidos de legitimidade, e princípios conflitantes, nenhum dos quais poderia ser abandonado levianamente. A atual crise no Oriente Médio é um típico e doloroso exemplo. A interferência americana nas questões do Vietnã constitui uma das raras exceções a esta regra geral. A verdade é que não existe um interesse ou princípio legítimo que justifique o emprego da força militar americana no Vietnã.

Desde 1954, uma questão tem sido fundamental no Vietnã: a de saber se a incerteza e o conflito deixados por resolver em Genebra serão decididos em caráter local, por forças autóctones, ou levados à arena internacional para serem resolvidos mediante intervenção das grandes potências. Os Estados Unidos são a única grande potência que tem insistido nesta última alternativa. Parece claro que se os Estados Unidos insistirem neste sentido, ou bem a

---

Este ensaio foi parcialmente publicado como editorial na *Ramparts*, vol. 5 (setembro de 1967). Escrito originalmente em julho de 1967, sofreu acréscimos em janeiro de 1968 para abarcar acontecimentos do período intermediário. O pós-escrito e algumas passagens intercaladas datam de abril de 1968.

questão será resolvida unilateralmente, pelo exercício do poderio americano, ao estilo da Alemanha nazista na Polônia ou da União Soviética na Hungria, ou então evoluirá para um conflito entre grandes potências, com conseqüências inimagináveis.

É desta situação que trata Howard Zinn num lúcido e convincente estudo segundo o qual, muito simplesmente, os Estados Unidos deveriam aceitar o princípio adotado pelas outras grandes potências em Genebra em 1954 e concordar em entregar o Vietnã aos vietnamitas.[1] "O tributo diariamente pago no Vietnã, em vidas de pessoas inocentes, é tão terrível que o fim de nossa atividade militar — bombardeios, incêndio de aldeias, operações de busca e destruição — já não é questão a ser debatida ou negociada, devendo ser motivo de iniciativa urgente e unilateral." E a única iniciativa de nossa parte capaz de mitigar a tortura, de evitar a catástrofe ainda maior que vem pela frente, consiste em retirar a força militar sobre a qual recai a responsabilidade primordial. Como, felizmente, é esta a única política que podemos adotar com êxito, existe uma alternativa factível para a devastação do Vietnã ou um conflito global.

A proposta de retirada dos Estados Unidos será descartada como "extremista". Para aqueles que gostam de se considerar "responsáveis" ou "realistas", a retirada é politicamente impossível, mostrando-se desalentadoramente ingênua a análise da situação no Vietnã em que se baseia a proposta.

Sobre a questão da política interna, Zinn sustenta que "os chamados 'realistas' que nos exortam a falar baixinho para convencer o presidente estão conspirando contra a realidade, que mostra que o presidente reage antes ao interesse próprio que à argumentação racional. (...) Se um número suficiente de pessoas se pronunciar pela retirada, ela pode *tornar-se* politicamente factível". Somente uma combinação de fatores poderá pôr fim à guerra; assim, "todo cidadão deve jogar todo o seu peso moral, *toda* a sua argumentação na balança". Na realidade, o governo não é um monolito. À medida que as realidades políticas e militares do Vietnã vão surgindo em meio à névoa da fraude e da impostura, a conveniência, a desesperada urgência da retirada americana pode tornar-se igualmente evidente, pelo menos para alguns. Veja-se, por exemplo, a reação do senador Young à notícia de que as forças sul-vietnamitas não se dispõem a se encarregar de tarefas que no frigir dos ovos são de caráter policial, de tal maneira que a chamada "pacificação" precisa ser assumida pelo exército americano:

> Se as forças sul-vietnamitas do primeiro-ministro Ky mostram-se tão inadequadas — em quantidade, treinamento e preparo para tarefas de inteligência — que não podem desincumbir-se sozinhas do programa de pacificação nas aldeias (...) então, em vez de os americanos tentarem treinar, doutrinar e pacificar um povo estrangeiro, há muito já devíamos ter-nos retirado para nossas bases no litoral e depois até do próprio Vietnã.[2]

Esta reação faz eco à do senador Symington depois de recente viagem à Ásia:

> Se os sul-vietnamitas não lograrem esta pacificação, não tem sentido nosso país continuar a desperdiçar vidas e dinheiro para proteger um governo incapaz de consolidar ou controlar o que lhe tem sido tomado por seus próprios cidadãos e pelos norte-vietnamitas. Se os Estados Unidos decidirem tornar-se o fator principal neste programa de pacificação [como efetivamente se tornaram desde então] assim como nos combates da guerra [o que já acontece há muito tempo], ela não poderá deixar de tornar-se uma guerra generalizada do homem branco contra os asiáticos no território da Ásia.[3]

As observações de Symington sem dúvida têm fundamento, e, a julgar pelos antecedentes históricos, logo serão esquecidas, à medida que os americanos se forem habituando à nova realidade. Afinal, não faz muito tempo, um conhecido especialista em questões asiáticas, com estreitas ligações no Departamento de Estado, era capaz de chegar às seguintes conclusões numa análise de questões do Sudeste Asiático:

> É inconcebível que os Estados Unidos entrem diretamente no país, assumam o comando da guerra contra o Vietcong e tentem instalar e gerir um governo de Saigon e do interior. À parte outras dificuldades, isto constituiria uma prova convincente da acusação comunista de "imperialismo" diariamente endereçada a nosso governo. O mesmo resultado adviria se os Estados Unidos levassem a guerra ao norte em larga escala.[4]

Note-se que o momento desta avaliação é fevereiro de 1965; como sabemos, a "prova convincente da acusação comunista de imperialismo" não demoraria. E hoje temos excelentes motivos para supor que nos veremos numa "guerra generalizada do homem branco contra os asiáticos no território da Ásia".

Longe de ser ingênua, a análise da situação que conduz à exortação à retirada — não em algum momento do futuro, mas imediatamente — parece-me inteiramente realista; e as dimensões da tragédia vietnamita são tão assustadoras que, quaisquer que sejam as perspectivas de sucesso, qualquer cidadão responsável não pode medir esforços no sentido de criar o clima político, o contexto de esclarecimento em que esta exortação se torne irresistível. A urgência da questão não poderia ser exagerada. Parece improvável que o governo Johnson disponha-se a enfrentar as eleições de 1968 tendo nas mãos uma guerra impossível de vencer. As perspectivas, portanto, são de forte escalada, e talvez de um confronto forçado com a China. Pior ainda, o rápido aumento da capacidade chinesa em matéria de armas e mísseis nucleares certamente assinalará para os planejadores do Pentágono a necessidade de agir imediatamente, antes que os chineses estejam em condições de fazer refém um exército americano nas franjas da Ásia. Diante de tal perspectiva, qualquer tentativa de prever o que pode acontecer a seguir será tão irracional quanto nossa própria política no Vietnã.

Zinn apresenta uma análise concisa mas convincente do caráter político e moral da guerra, da reação internacional, das justificativas apresentadas para persistir no rumo de princípios capengas e algo lunático em que estamos tão pesadamente engajados. Sua tese global parece-me perfeitamente correta. As questões envolvidas são tão graves que eu gostaria de transcender em muito os limites de uma resenha, indicando algumas direções em que sua análise poderia ser ampliada e aprofundada.

Qual a situação enfrentada em meados de 1967 pelos responsáveis pela política americana? A adoção da idéia da "pacificação" pelos militares americanos dá testemunho do fracasso até o momento da tentativa de impor uma solução política pela força a uma população recalcitrante. Seu verdadeiro significado é lapidarmente resumido por um funcionário americano anônimo em Saigon, que comenta: "Há dez anos estamos tentando ser bonzinhos com os asiáticos, e o fracasso é total. Não dá mais para sustentar."[5] O responsável pelas operações civis americanas nas províncias mais ao norte atribui o fracasso das "equipes de desenvolvimento revolucionário" à "avassaladora corrupção" dos meios oficiais vietnamitas, à incapacidade de compreender que "enquanto o campesinato não estiver satisfeito, não haverá lugar para a sociedade opulenta do governo do Vietnã".[6] Na mesma reportagem, o *Times* fornece um dramático exemplo dos resultados dessa corrupção. O jornal comenta o êxito de um ataque dos guerrilheiros na capital provincial de Quang Tri no dia 6 de abril e prossegue: "Dias depois, numa série de acontecimentos que na época não foram amplamente noticiados, [os guerrilheiros] entraram praticamente sem ser incomodados em Hué, enquanto o exército e a polícia nacional fugiam" — algo realmente extraordinário, cujo significado é indicado pelo fato de não ter sido levado ao conhecimento do povo americano na época e de até hoje não ter sido discutido abertamente.

Na própria Saigon, há claras indicações do mesmo grau de desmoralização e generalizado envolvimento em atividades guerrilheiras. A 13 de fevereiro de 1967, por exemplo, o quartel-general de Westmoreland no centro de Saigon sofreu um ataque de morteiro. Como assinala o *New York Times,* com decidido senso do eufemismo, esse ataque "levanta a questão do apoio popular ao governo sul-vietnamita em Saigon. (...) Os observadores consideraram improvável que o morteiro de 81mm e as bombas pudessem ter sido transportados para a casa, que um buraco fosse aberto no telhado e a arma fosse posicionada sem chamar a atenção de ninguém no populoso bairro residencial. Até que as bombas fossem disparadas (...) ninguém chamou a polícia".

As informações atuais confirmam, mais uma vez, que "todas as tentativas de conseguir a adesão do campo ao governo sul-vietnamita até agora fracassaram, na opinião da maioria dos observadores. Até hoje, 80% do campesinato (...) encontram-se sob a influência do Vietcong, senão sob seu puro e simples controle".[7] A própria terminologia desta reportagem ajuda a entender os motivos do reiterado fracasso; ainda está por demonstrar que os americanos estejam com a razão em sua inabalável presunção de que os camponeses vietnamitas são objetos, incapazes de expressão ou filiação política, e devem ser "controlados" por um dos dois lados. Prossegue a reportagem: "Se os sul-vietnamitas não são capazes de encontrar apoio para o governo na própria população, é improvável que 'grandes estrangeiros brancos' possam fazê-lo por eles." E no entanto é precisamente a uma tal tentativa que agora estamos reduzidos, desde que os militares tomaram o controle da situação. E podemos estar certos de que este mais recente passo levará a novos e gloriosos relatos sobre nossos êxitos, até o próximo susto.

O governo de Saigon tem muito poucas ilusões quanto a sua própria legitimidade e ao seu *status*. Reiteradamente, funcionários de Saigon têm declarado que não poderiam sobreviver numa arena política aberta e que portanto os americanos devem destruir não só as unidades militares do Vietcong como também sua estrutura política e administrativa, valendo-se de recursos como o programa de "pacificação". Uma clara e franca manifestação desse ponto de vista pode ser encontrada numa entrevista com "um dos principais generais da junta, considerado pelos funcionários americanos como o mais politicamente sofisticado do grupo", reproduzida em memorando de George M. Kahin a um grupo de senadores.[8] O general descreve a situação nos seguintes termos:

> Para derrotar os comunistas, devemos vencê-los tanto política quanto militarmente. Mas somos muito fracos em termos políticos, e não contamos com o forte apoio político da população à FLN. Assim, se os derrotarmos militarmente, eles poderão chegar ao poder em virtude de sua maior força política. Dispomos hoje (graças ao apoio de nossos aliados) de um poderoso instrumento militar. Mas não dispomos de um instrumento político capaz de competir com os comunistas no sul. É este instrumento político que precisamos agora começar a criar, num processo que levará toda uma geração. Será irrealista falar de cessar-fogo enquanto não tivermos aumentado nossa força política de modo a alcançar êxito na competição com os comunistas.

Ele prossegue afirmando que a guerra deve ser levada ao Vietnã do Norte, com o envolvimento de um milhão de soldados americanos, e logo também, provavelmente, à China. Finalmente, sustenta que "pode ser necessário que nos encaminhemos para a Terceira Guerra Mundial, para nos assegurarmos de que o poder comunista terá sido totalmente eliminado no Vietnã", projeção que não chega a ser irrealista, se os Estados Unidos continuarem insistindo em que seus protegidos sejam poupados da derrota que sabem ser certa se se permitir que a luta seja transferida para a arena política, onde lhes falta "o forte apoio político da população à FLN".

Os líderes budistas aparentemente compartilham dessa análise. No referido memorando, Kahin cita porta-vozes budistas, naturalmente não identificados, segundo os quais o atual regime de Saigon, totalmente dependente do apoio dos Estados Unidos, nada pode fazer para "vencer" a guerra. Eles pedem que os Estados Unidos liberem as restrições que mantêm vedadas a expressão e a atividade políticas, para que possa ser instaurado um governo com alguma legitimidade, capaz de fazer um acordo político com a Frente de Libertação Nacional. Apesar da absurda proibição de quaisquer atividades políticas dos budistas, eles ainda parecem confiantes, como se têm mostrado há anos, em que podem atuar em cooperação com a FLN. Em seu programa político publicado recentemente, a Associação Budista Vietnamita do Exterior enfatiza isto (exatamente como o comovente e patético livro de Thich Nhat Hanh, *Vietnam: Lotus in a Sea of Fire* [Vietnã: Lótus num mar de fogo]), apresentando, na realidade, uma plataforma para o Vietnã do Sul que não é muito diferente da plataforma da FLN.

As autoridades americanas têm reiterado que compartilham dessa avaliação do governo de Saigon e de suas bases populares. Tanto o atual subsecretário de Estado para questões do Extremo Oriente quanto seu antecessor manifestaram a convicção de que a neutralização do Vietnã do Sul levaria à tomada da região pelos comunistas, e é generalizada a admissão de que a força expedicionária americana foi mobilizada para tentar impedir o que era no fundo uma derrota política. Em seu revelador estudo sobre o Vietcong, Douglas Pike, funcionário do serviço diplomático americano, conclui, com farta documentação, que a vitória da FLN na hoje há muito esquecida guerra civil foi essencialmente uma vitória política e organizacional, conquistada pela mobilização de um movimento de massa. A FLN, diz ele, é o único "verdadeiro partido político de massas no Vietnã do Sul". Em sua avaliação, somente os budistas — cuja organização política foi esmagada na primavera de 1966 — poderiam alimentar realisticamente a expectativa de participar de um governo de coalizão com a FLN. O general Richard Stilwell, na época o segundo-em-comando no teatro de guerra do Sudeste Asiático, informou ao senador Young que estamos combatendo "uma insurreição", e até o general Westmoreland, que agora afirma não ter identificado sinais de insurreição, admitiu para o senador Young que a maioria dos vietcongues que combatiam no delta do Mekong haviam nascido e tinham sido criados ali mesmo[9] — com isto indicando que talvez não conheça o significado da palavra "insurreição".

As causas do sucesso da insurreição não são muito difíceis de identificar. Denis Warner, tão anticomunista quanto qualquer jornalista que tenha trabalhado no Sudeste Asiático, assinalou anos atrás que "em centenas de aldeias de todo o Sudeste Asiático, os únicos que trabalham junto à população para a melhoria de suas condições de vida são os comunistas".[10] E para os êxitos do *agitprop* comunista, os americanos têm contribuído poderosamente, por exemplo, com sua política terrorista de bombardeios. Segundo fontes americanas, no primeiro ano dos bombardeios promovidos pelos Estados Unidos no sul, 1965, o recrutamento do Vietcong triplicou.[11] O chefe da sucursal do *Asahi Shimbun* em Saigon conclui que "parece certo que a escalada e a generalização da guerra, embora seus resultados possam ser vantajosos para o próprio governo de Saigon, servem apenas para aumentar ainda mais a oposição à guerra na população em geral", acrescentando que "a quantidade de desertores e convocados que procuram escapar da mobilização entre os jovens sul-vietnamitas é uma clara indicação de que a guerra não foi capaz de conquistar o apoio da juventude, que tende a encará-la como uma guerra americana".[12] E a situação só tende a piorar. As autoridades de Saigon informam que existem atualmente cerca de dois milhões de refugiados, a maioria deles, segundo relatos dos correspondentes de guerra, vítimas de bombardeios americanos ou de deslocamentos forçados. Este terrível prognóstico pode ser encontrado num despacho enviado pela Associated Press de Saigon:

> O alto comando americano, há dois anos preocupado em dar caça aos combatentes norte-vietnamitas, volta-se mais hoje em dia para as populações dos vales e planícies onde o inimigo acumula forte influência política e refaz suas forças. A expectativa é de obter avanços rápidos pelo reassentamento forçado de regiões já cronicamente incorporadas pelos comunistas, seguido de operações do tipo terra arrasada para privar as tropas inimigas de alimentos, abrigo e apoio material. Os vales dos planaltos centrais estão sendo despojados de tudo que seja vivo; as populações que cercavam as zonas de combates dos comunistas no sul foram transferidas. Observadores americanos ouvidos recentemente no delta do Mekong afirmam que o exército vietnamita, por muito tempo odiado e temido, hoje é considerado menos ameaçador para a vida no campo que os americanos.[13]

Seria possível citar dezenas de relatos como este. Os que defendem a retirada estão simplesmente propondo que eliminemos esta ameaça, o que só a nós cabe fazer.

Não chega a surpreender que o campesinato recuse apoio a uma assembléia constituinte em que só foi possível obter três votos, num total de 117, para a única medida de reforma agrária que chegou a ser adotada, ou que nem mesmo os habitantes de Saigon se mostrem entusiásticos a respeito de um governo tão inacreditavelmente corrupto que o ministro da indústria no gabinete de Ky é, ao que tudo indica, o principal fornecedor de drogas ao Vietcong — naturalmente, depois de receber um terço de um milhão de dólares em propinas dos fornecedores americanos e alemães ocidentais.[14] Nem seria difícil entender por que o governo americano continua a empregar sua força militar para impor ao povo do Vietnã o regime dos mais corruptos e reacionários elementos da sociedade vietnamita. Simplesmente não haveria ninguém mais disposto a cumprir suas ordens, resistindo ao avassalador desejo popular de paz e, certamente, de neutralidade. O governo americano fez saber em dado momento que não iria embora se fosse convidado a fazê-lo "por um governo de esquerda ou mesmo neutro que não refletisse, do ponto de vista americano, os verdadeiros sentimentos do povo ou dos comandantes militares do Vietnã do Sul".[15] Além disso, ele tratará de fazer com que um governo dessa natureza não possa ser instaurado, e que uma tal corrente de opinião não se expresse publicamente. Assim, nos últimos meses, informações provenientes do Vietnã do Sul indicam que mais uma vez as tentativas dos budistas de criar uma organização política legal foram frustradas, sendo os seus líderes detidos (memorando de Kahin citado acima, nota 8).

Jean Raffaelli, o único correspondente ocidental que permaneceu no Vietnã do Norte, observou que, à parte qualquer questão de natureza política, existe algo de grandeza humana na resistência dos vietnamitas ao ataque contra eles lançado pela mais avançada tecnologia do mundo. O diário *Le Monde* cita as seguintes palavras de um médico norte-vietnamita "de reputação internacional":

> (...) os americanos demoliram tudo. Tudo que construímos desde 1954 está em ruínas: hospitais, escolas, fábricas, residências. Nada mais temos a perder, exceto a independência e a liberdade. Mas para garanti-las, creia-me, estamos dispostos a suportar qualquer coisa.

No Vietnã do Sul, a investida americana tem sido muito mais violenta, e não dispomos de testemunhos diretos das vítimas. Mas certas estatísticas dizem o suficiente. Segundo fontes americanas, o Vietcong tem-se mostrado "capaz de arregimentar cerca de 7.000 recrutas por mês".[16] Recentemente, uma ampla campanha de propaganda proclamava entusiasticamente que em março de 1967 houve nada menos que 5.557 deserções no Vietcong, quase o dobro em relação a qualquer dos meses anteriores. Só o leitor mais atento terá observado que, desses "desertores", 630 eram identificados como militares, e 301 como quadros políticos, sendo o resto formado por camponeses, que provavelmente se apresentavam para conseguir um prato de comida.[17] Sete mil novos recrutas e 630 desertores: dados que não podiam ser mais eloqüentes na ilustração dos meios de que precisa a guerra americana no Vietnã para ser vencida.

Esta descrição da situação baseia-se em relatos do início de 1967. Relendo-a em janeiro de 1968, nem é preciso enfatizar realmente que a situação mudou muito pouco. O selvagem bombardeio dos vietnamitas continua sem descanso, em escala sem equivalente na história das guerras. Somos informados de que só em bombardeios aéreos são lançados mais de 200 quilos de explosivos por pessoa, 16 toneladas de explosivos por quilômetro quadrado, distribuídas quase equitativamente entre o Vietnã do Norte e o Vietnã do Sul. Centenas de milhares de hectares foram submetidos a esfoliação, com conseqüências de longo prazo que ninguém é capaz de prever. No Vietnã do Sul, os refugiados contam-se aos milhões. Por que terão deixado suas casas? "As pessoas são obrigadas a abandonar aldeias e casas porque, na maioria dos casos, praticamente todas as residências são completamente arrasadas e incendiadas pelas forças americanas. Todavia, as populações ainda tentam aferrar-se à terra arrasada, sendo removidas apenas sob coação."[18] Os americanos alfabetizados — aqueles mesmos que puderam acompanhar, por exemplo, a história de horror amplamente noticiada de Ben Suc — serão capazes de investigar os detalhes por conta própria.[19] Numerosos depoimentos de testemunhas oculares têm desmentido a cínica alegação de que nossos alvos no Vietnã do Norte são estritamente militares, alvos de "aço e concreto". Escreve o principal editorialista do *Asahi Shimbun*: "Eu mesmo pude inspecionar os destroços bombardeados de escolas, hospitais, igrejas, templos, mercados e outros prédios públicos de finalidades pacíficas."[20] Lee Lockwood, Harrison Salisbury, David Schoenbrun e outros forneceram mais detalhes, para quem quiser saber. Já não se nega mais que as armas antipessoais respondem por uma significativa proporção dos bombardeios.

A situação política continua a mesma. Promoveram-se eleições para legitimar o regime aos olhos dos Estados Unidos, pelo menos. Para garantir o resultado desejado, o único "candidato da paz" declarado, Au Truong Thanh, foi descartado, assim como o candidato que mais provavelmente poderia constituir uma ameaça, o general Minh (que anteriormente havia sido expulso do país). Os "comunistas" e os "neutralistas" foram excluídos pela lei eleitoral. Nas eleições para o Senado, as chapas ligadas aos budistas de Tri Quang foram descartadas sob a alegação de serem "pró-neutralistas", e a chapa sindical foi eliminada porque "um dos candidatos carecia de certificação legal".[21] Como se esperava, "os candidatos são em geral de origem aristocrática e urbana", havendo poucos representantes das aldeias — "cerca de 90% vivem em Saigon ou na província de Gia Dinh onde se encontra a cidade".[22] As trapaças necessárias para decidir quem "venceu" as eleições para o Senado são indescritíveis.[23] Embora certos cientistas políticos americanos se tenham declarado satisfeitos (invocando o comentário sobre as eleições provinciais de 27 de maio de 1965 feito por Dean Rusk, de que foram "eleições livres (...) pelos nossos padrões"), o comitê especial da Assembléia Constituinte do Vietnã do Sul recomendou que fossem invalidadas; a decisão foi anulada em votação de 58 a 43 no plenário da assembléia, debaixo de guarda policial, com a presença ostensiva, nas galerias, do diretor da polícia nacional, o general Loan, e seus guarda-costas armados. Phan Khac Suu, o proprietário de terras e representante dos conservadores que estava na presidência da assembléia, recusou-se a proclamar o resultado, declarando: "Não aceito de forma alguma o veredicto."[24] Pouco depois das eleições, Truong Dinh Dzu, que surpreendeu a todos ao falar de paz e ficou em segundo lugar, foi detido. Igualmente detido foi Au Truong Thanh, levado por "79 homens armados em uniforme de combate", comandados pelo general Loan.[25] Entre as acusações, a de que solicitara visto de saída para os Estados Unidos. "Cabe a ele explicar por que queria ir para o exterior", declarou o general Loan. Depois de ficar detido por 18 horas, foi confinado em prisão domiciliar, à qual aparentemente continua submetido, embora seja difícil obter informações. No dia 3 de novembro, o governo de Saigon anistiou e libertou 6.270 prisioneiros, entre os quais 4.320

"suspeitos de pertencer ao Vietcong", a maioria camponeses, e 1.120 "prisioneiros políticos" — "pessoas que estavam detidas, geralmente sem julgamento, por períodos de até três anos". Declaração de um oficial graduado: "Pode-se dizer com segurança que apenas uma minúscula fração do total foi libertada na quarta-feira." O governo recusa-se a fornecer maiores informações.

Também já está claro a esta altura, por outro lado, que nos meses subseqüentes à eleição o governo entrou em quase total paralisia, sendo a única iniciativa visível o forte empenho da Câmara no sentido de impedir a tentativa de convocar rapazes sul-vietnamitas de 18 e 19 anos para combater na guerra americana. Tran Van Do, o ministro do exterior, explica que "não temos condições de organizar o Vietnã do Sul politicamente (...) e portanto não podemos aceitar a FLN como partido político (...) a integração da frente será uma maneira política de controlar o Vietnã do Sul".[26] Com 40% da população do país (e até agora sem soldados norte-vietnamitas), o delta do Mekong continua sendo um reduto do Vietcong. Quando lhe perguntaram por quê, o presidente Thieu respondeu: "O principal motivo de o Vietcong continuar tão fortemente entrincheirado no delta do Mekong é que a população local ainda acredita que existe pouca diferença entre os franceses, a que se referiam como colonialistas, e os americanos, que chamam de imperialistas."[27] Outro motivo é assinalado pelo congressista Reid, segundo quem "70% dos agricultores rendeiros das planícies e do delta do Mekong arrendam atualmente as terras que cultivam de proprietários entregues à boa vida em Saigon"[28] — e a tentativa desse congressista e de seu colega Moss de fazer com que o governo divulgasse uma análise detalhada das medidas fundiárias adotadas pela contabilidade geral da nação no Vietnã do Sul até agora não teve êxito.[29]

A análise de Tran Van Do é corroborada por Hanson Baldwin, segundo quem "é quase unânime (...) entre funcionários americanos no Vietnã uma visão alarmista da perspectiva de negociações iminentes", pois a participação da FLN num eventual governo de coalizão seria "o beijo de misericórdia".[30] Esta atitude em relação a um acordo negociado é uma constante da diplomacia americana, permanentemente apresentando novas e mais radicais condições sempre que surge uma oportunidade de negociar — como no diálogo entre Ho Chi Minh e Johnson em fevereiro de 1967, quando o presidente americano apresentou como condição para as negociações que os Estados Unidos parassem de "aumentar" suas forças no Vietnã do Sul uma vez que o Vietnã do Norte cessasse as infiltrações (ao passo que os Estados Unidos, naturalmente, teriam toda liberdade para dar prosseguimento a suas próprias operações de abastecimento e "infiltração" de suas forças expedicionárias muito mais numerosas, mesmo depois da total desistência do Vietnã do Norte). Porta-vozes do governo americano têm-se manifestado eventualmente com toda clareza sobre as perspectivas de negociações. O general Maxwell Taylor, por exemplo, declarou em agosto de 1965:

> (...) o exército é que está no poder no Vietnã do Sul. Os generais estão totalmente comprometidos. Destruíram todas as pontes que deixaram para trás. Jamais tolerariam um governo que fosse apanhado, declarada ou sub-repticiamente, negociando com Hanói ou com o Vietcong.[31]

Parece improvável que Saigon ou Washington sejam atraídas a negociações enquanto a base política dos que colaboram conosco no Vietnã do Sul continuar tão fraca.

Corroborando a visão da opinião pública vietnamita resumida por Hanson Baldwin, Hedrick Smith informa de Washington que "as recentes eleições não proporcionaram ao governo uma base política organizada", e, na opinião dos tomadores de decisões nos Estados Unidos, "o regime de Saigon carece de coesão e apoio popular para enfrentar (...) um teste político de força com a frente de combate".[32] Embora possam ter acalmado temporariamente a opinião pública americana, as eleições pouco ou nada mudaram no Vietnã do Sul. Um relatório interno da missão americana em Saigon[33] dá conta da apreensão dos funcionários americanos com "o estranho afastamento da realidade no que diz respeito ao papel dos Estados Unidos no Vietnã" por parte do "povo sul-vietnamita", evidenciado, por exemplo, na declaração de um grupo de cidadãos de meia-idade de que a nova lei da mobilização fora promulgada "por ordem dos americanos, cujo verdadeiro objetivo é o extermínio do maior número possível de vietnamitas", ou na seguinte pergunta de um parlamentar: "Por que deveriam nossos jovens ser convocados para servir aos interesses dos Estados Unidos?"

O clima entre os intelectuais de Saigon é resumido por um professor aposentado, que se diz "algo à direita no contexto da intelectualidade de Saigon".[34] Segundo ele, o problema é que "neste momento os únicos intelectuais de caráter que se comprometeram de alguma maneira estão do outro lado". Ho Chi Minh continua popular porque "fez a ponte entre o Vietnã e o mundo moderno". "Todo mundo conhece e admira Ho." Na visão desse professor, a única esperança é que os Estados Unidos deixem de lado as aparências e nomeiem um "governador ou procônsul para o Vietnã".

Quanto à situação militar, o senador Mansfield, um dos mais bem informados integrantes do Senado em matéria de questões do Sudeste Asiático, declarou, após a recente divulgação em Washington dos relatórios do general Westmoreland, que via "muito pouca coisa, ou mesmo nenhuma, no quadro geral das operações de combate, capaz de indicar algum recuo da capacidade do Vietcong de continuar lutando". Ele acredita que a FLN continua sendo "a força dominante no Vietnã do Sul", frisando que seu "reduto" no delta do Mekong "permanece praticamente intocado". Em sua opinião, a frente de batalha, e não Hanói, é "o principal fator a ser levado em consideração no Vietnã do Sul".[35]

Existem, é verdade, algumas áreas "pacificadas", em algumas das quais há inclusive poucas tropas americanas; é o caso, por exemplo, de grande parte da província de Tay Ninh, onde é particularmente forte o Cao Dai. Mas seria interessante investigar os detalhes desse sucesso da "pacificação". Elizabeth Pond informa que as causas parecem estar numa "certa acomodação entre o Cao Dai e o Vietcong".[36] Entre os intelectuais do Cao Dai, os heróis continuam sendo os que defendem o neutralismo — especialmente o antigo "papa do Cao Dai", Pham Cong Tac, que foi exilado sob Diem. Para alguns, "o único que deu continuidade à tradição de Pham Cong Tac" foi o major Nguyen Thanh Mung, que aderiu ao Vietcong com seus homens do Cao Dai. Segundo esse relatório, a relação entre essa região-modelo e o governo de Saigon é de profunda desconfiança recíproca.

Nenhum comentário sobre a situação das áreas controladas pelos americanos no Vietnã do Sul pode ser considerado mais revelador que o obtido pelo congressista Donald Riegle em depoimento de Rutherford Poats prestado em maio de 1967 e divulgado em setembro.[37]

Nos três anos anteriores, o sr. Poats fora "o principal responsável pela supervisão do nosso programa econômico, a chamada 'outra guerra' no Vietnã", e acabava de ser promovido a vice-diretor da Agência para o Desenvolvimento Internacional. Segundo seu depoimento, tal como relatado pelo congressista Riegle, "o programa anual de importação de bens promovido pelos Estados Unidos no Vietnã constitui na realidade o pagamento de um resgate político aos poderosos interesses comerciais sul-vietnamitas, para garantir a estabilidade política no Vietnã do Sul e o prosseguimento de seu apoio à guerra". Poats concordou com a afirmação feita por Riegle de que "se cancelássemos nosso programa de ajuda (...) o governo local provavelmente cairia, e para todos os efeitos a guerra estaria terminada", e de que "se esta guerra fosse conduzida de maneira a exigir maiores sacrifícios econômicos por parte de certos elementos no Vietnã, é tal a instabilidade política que o país poderia desintegrar-se". É de tal ordem a situação que "hoje não haveria forças militares vietnamitas engajadas na ação, não tivéssemos tratado de proporcionar importações comerciais", em virtude do resultado que então haveria em matéria de "inflação, perturbação da ordem e queda do moral". Ele concordava igualmente em que "certamente existe um considerável elemento de verdade" na avaliação do congressista Riegle de que, sem o referido "resgate", os interesses comerciais do Vietnã do Sul tratariam de "pôr seus simpatizantes nas ruas e derrubar o governo" (embora ele considerasse esta avaliação "radical"). Riegle conclui que, "se não formos capazes de estabelecer algum equilíbrio entre a auto-suficiência (...) e uma crescente dependência, jamais sairemos desta situação. Lá ficaremos atolados para sempre". Ele acrescenta que "todos os indícios que se acumulam no terreno militar e também no civil" são de uma crescente dependência. Segundo o sr. Poats, "isto certamente representa um perigo, e em certos casos uma conclusão justa". Sendo esta avaliação exata, portanto, caberia concluir que "lá ficaremos atolados para sempre".

Caberia comparar este depoimento com um relatório do ministro residente francês em 1897:

> [Os únicos colaboradores são] intrigantes, suspeitos ou ignorantes, que havíamos [os franceses] instalado em certos casos em posições altas, transformadas em suas mãos em instrumentos para saquear o país sem escrúpulos. (...) Desprezados, eles não dispunham da cultura espiritual nem da fibra moral capaz de permitir-lhes entender e executar sua missão.[38]

À parte os torneios retóricos, poderia ser o depoimento prestado hoje por Rutherford Poats. Este depoimento não surpreenderá aqueles que têm dado ouvidos às queixas dos funcionários americanos de primeiro escalão em Saigon. Em 1959, um deles[39] comentou que, "no caso do Vietnã livre, a ausência da mais elementar auto-suficiência econômica torna ilusória qualquer independência política sustentável", queixando-se de que "a maior parte da ajuda é usada de uma forma voltada para a manutenção de um padrão de vida extravagante". "O Vietminh", prosseguia, "(...) tem fortes motivos para afirmar que os Estados Unidos na realidade substituíram a França como novos senhores do Vietnã livre." O depoimento de Poats simplesmente demonstra como as coisas mudaram pouco. Seria possível mencionar muitos outros exemplos do caráter dos elementos colaboracionistas.[40] A situação toda evoca nitidamente outros episódios da história do colonialismo, por exemplo, a situação nas Filipinas no período da ocupação japonesa. As perspectivas são de agravamento da miséria e de devastação ainda maior, enquanto prosseguir a ocupação americana.

Christopher Lydon, o correspondente do *Boston Globe* que recentemente acompanhou o general Gavin em sua viagem ao Vietnã, concluiu uma série de artigos sobre suas impressões com uma citação de Ton That Thien, editor administrativo do *Vietnam Guardian*, que foi proibido pelo regime de Saigon por ter publicado um relatório questionando a alegação oficial de que o parlamentar Tran

Van Van foi assassinado pelo Vietcong. Assim define Thien aquela que considera a única "vitória" americana possível:

> Vocês não poderão vencer militarmente o outro lado se não dedicarem a isto os próximos trinta ou quarenta anos. Poderão vencer se continuarem matando por toda uma geração. Se simplesmente exterminarem todos os vietnamitas — exatamente como mataram os índios da América —, não haverá mais guerra.

Comentário de Lydon: "A mais forte impressão que eu trouxe dessa torturada capital é essa angústia, senão esse desespero, da parte dos vietnamitas que me pareceram mais sensíveis e patrióticos, frente ao peso das armas americanas em seu país."[41] Esta angústia é compartilhada pelos observadores inteligentes da tragédia do Vietnã, mesmo aqueles que basicamente apóiam a intervenção militar americana. Bernard Fall, por exemplo, advertia em um de seus últimos artigos que "é o Vietnã como entidade cultural e histórica que se vê ameaçado de extinção", pois "o interior do país está literalmente morrendo debaixo dos golpes da maior máquina militar já ativada numa região desse tamanho".[42] É estarrecedor que permitamos que isto continue.

Quando tentamos ver o que está por trás das informações oficiais do governo, é este tipo de cenário que surge. Naturalmente, não é a imagem que o governo procura apresentar, nem mesmo a que ele consegue eminentemente apresentar, considerando o enorme aparato de propaganda que tem nas mãos. A imprensa americana merece todo crédito por ainda fornecer informações que permitam a quem estiver disposto a dedicar a isto algum tempo e esforço chegar a algum entendimento do que está acontecendo no Vietnã. Mas devemos reconhecer que, por valiosa que seja, pouco peso ela tem no estado da democracia americana, já que a possibilidade de pesquisar que é necessária para distinguir fatos de propaganda limita-se a uns poucos privilegiados.

À luz do que temos visto nos três últimos anos, fica difícil entusiasmar-se com questões como a ambigüidade ou duplicidade da posição do governo americano nos acordos de Genebra, ou as numerosas violações do direito nacional e internacional de que se tem feito acompanhar nossa intervenção nas questões internas do Vietnã. Entretanto, essas questões, e em especial a reação que têm suscitado ao se tornarem patentes demais para serem ignoradas, são das mais reveladoras para quem quer que esteja interessado na guerra americana no Vietnã e em suas implicações para o futuro. Em dado momento, era perfeitamente normal denunciar os "comunistas" por seu desprezo pelo direito internacional e os compromissos assumidos em tratados. Hoje, contudo, a maioria dos americanos tende a descartar tais questões por irrelevantes, irrealistas. De uma hora para outra, a Constituição e o sistema de tratados com que nos comprometemos — particularmente a Carta das Nações Unidas — ficaram "superados", inadequados às complexidades da história em curso, que exigem um executivo forte, com liberdade para reagir com poderio militar esmagador a "emergências" e "ataques" reais ou supostos — como o alegado ataque da baía de Tonquim. Na potência mundial dominante, semelhante desprezo pelas formalidades deve causar grande preocupação.

Randolph Bourne certa vez admoestou os intelectuais que "nos dizem que nossa guerra, entre todas as guerras, é imaculada e emocionante em sua busca do bem"; temos o direito de ficar ainda mais alarmados quando vêm dizer-nos (não assim, com todas as letras, é claro, mas pelas políticas que preconizam) que nosso interesse nacional exige que estraçalhemos a delicada trama do direito internacional, desprezando nossos processos constitucionais e os compromissos assumidos em tratado. Mesmo reconhecendo as falhas e a freqüente injustiça do direito internacional e das instituições criadas para fazê-lo valer, ainda existe muita verdade nesta conclusão do Comitê de Advogados sobre a Política Americana no Vietnã: "(...) a tragédia no Vietnã revela que as regras da lei, quando são tão flagrantemente ignoradas, dão um jeito de reafirmar a tranqüila sabedoria que fundamenta sua instituição. Se o direito internacional tivesse sido respeitado, tanto o Vietnã quanto o povo americano teriam sido poupados daquela a que o secretário-geral U Thant se referiu como 'uma das guerras mais bárbaras da história'".[43]

O menosprezo pelos tratados e leis foi flagrantemente ilustrado em nosso comportamento em relação aos acordos de Genebra de 1954. Muito se tem comentado que, de um ponto de vista técnico, não nos comprometemos claramente com o cumprimento desses acordos. Entretanto, os fatos não devem ser esquecidos por aqueles que se empenham em restabelecer alguma decência em nosso comportamento internacional. Em Genebra, o sr. Bedell Smith explicitamente comprometeu os Estados Unidos com o cumprimento do Acordo Franco-Vietnamita de Cessação de Hostilidades e com os parágrafos 1 a 12 da Declaração Final da Conferência (tendo sido deliberadamente omitido o parágrafo 13, que previa consultas "para garantir que os acordos (...) serão respeitados", uma curiosa omissão, considerado-se as subseqüentes tentativas de chegar a um acordo negociado). A Declaração Final afirma que "a linha de demarcação militar é provisória e de forma alguma deve ser interpretada como uma fronteira política ou territorial", exortando à realização de eleições sob controle internacional, como parte de um acordo político baseado nos "princípios da independência, da unidade e da integridade territorial" para todo o Vietnã. Aparentemente, os Estados Unidos não tinham a intenção de cumprir os compromissos assumidos em Genebra, o que é reconhecido com incrível franqueza. Por exemplo, Kenneth T. Young, responsável pelo Sudeste Asiático no Departamento de Estado de 1954 a 1958, escreve que em 1954 "nosso objetivo era um Vietnã do Sul independente, com um governo forte e atento às aspirações nacionalistas da população."[44] Assim, nosso objetivo era violar o compromisso que assumimos em Genebra. Este objetivo fazia parte de nossa meta global de "tentar salvaguardar o Vietnã do Sul no contexto de 'preservação' de toda a Ásia não-comunista ou de sua maior parte", "de ajudar os vietnamitas a gerar estabilidade, segurança e prosperidade ao sul do paralelo 17", de modo a "conter quaisquer tentativas de agressão e subversão vindas do norte" — tudo isto violando o compromisso que assumimos em Genebra com um Vietnã unificado, através de eleições a serem supervisionadas em 1956. Naturalmente, ninguém poderia imaginar que o "Vietnã do Norte", antes das eleições marcadas para 1956, promoveria atos de "agressão e subversão", e, como deixariam claro os acontecimentos, nada aconteceu naqueles anos que ainda remotamente pudesse ser interpretado dessa maneira, não obstante a repressão promovida por Diem e sua recusa (com nosso apoio) de promover em 1955 as consultas previstas nos acordos de Genebra.

Cabe lembrar que o secretário Dulles foi ainda mais longe em seus objetivos, como no momento em que, antes da conferência, recomendou ao embaixador francês que "acima de tudo, os deltas dos rios Vermelho e Mekong devem ser mantidos sob controle, como bases a partir das quais seja possível recuperar num contra-ataque o que foi perdido para o Vietminh na mesa de conferência".[45] Seria interessante, embora provavelmente impossível, identificar as maneiras como os Estados Unidos e seu aliado em Saigon puseram em prática esta idéia. Bernard Fall afirma, sem arrolar a necessária documentação, que "desde 1956, em caráter constante", pequenos grupos de sabotadores têm sido lançados de pára-quedas ou infiltrados no Vietnã do Norte, embora "o índice de baixas seja muito alto e os êxitos, se é que ocorreram, raros e espaçados".[46] Richard Goodwin sustenta que essas tentativas datam de 1958.[47] Cabe lembrar que, até mesmo de acordo com a propaganda americana, "não se verificou uma ameaça séria [no Vietnã do Sul] até 1959-60, quando o Vietnã do Norte deu início a um esforço sistemático para tomar o Vietnã do Sul pela força".[48] Na realidade, o governo americano alega apenas que a infiltração de quadros sul-vietnamitas treinados começou em 1959; mesmo imediatamente antes de os Estados Unidos assumirem o pleno comando da guerra no início de 1965, levantamentos realizados entre prisioneiros e desertores vietcongues constatavam que "a maioria dos guerrilheiros originários do Vietnã do Sul não tinha consciência de qualquer papel desempenhado pelos norte-vietnamitas na guerra, a não ser como importante aliado".[49] Uma análise comparativa entre os êxitos dos comandos sul-vietnamitas no Vietnã do Norte e os quadros sul-vietnamitas treinados no norte e enviados para o Vietnã do Sul na década de 1960 poderia constituir um interessante comentário sobre as estranhas idéias a respeito da "guerra de guerrilha revolucionária" atualmente encontradas na propaganda americana.

Não deixa de ser curioso, por sinal, que hoje somente os Estados Unidos e os "comunistas" insistam em que o Vietnã do Sul constitui uma entidade separada e independente. No artigo 1º da nova constituição, as autoridades de Saigon sustentam que "o Vietnã [e não Vietnã do Sul] é uma república territorialmente indivisível, unificada e independente", de que alegam ser os governantes; o artigo 107 da constituição especifica que o artigo 1º não pode ser emendado. Desse ponto de vista, portanto, se Ho Chi Minh tivesse mandado todo o seu exército ao Vietnã do Sul, não poderia ser acusado de "agressão", mas apenas de insurreição e subversão.

Existe, no entanto, um perigo muito maior que o cinismo e a adulteração adotados como norma de comportamento pelo governo americano em relação a seus compromissos internacionais e às leis internas e internacionais — a saber, a tolerância, até mesmo nas correntes esclarecidas da opinião pública americana, ante a idéia de que temos perfeitamente o direito de intervir nas questões internas do Vietnã, determinar quais são os elementos "legítimos" da sociedade sul-vietnamita e dirigir o desenvolvimento de instituições sociais e políticas de nossa própria escolha nesse infeliz país. É vergonhoso mas inegável que toda a polêmica em torno da guerra, nos Estados Unidos, nunca teria passado de um sussurro caso tivéssemos obtido êxito em nossa tentativa "de reforçar as forças policiais e de segurança e outras instituições geradoras de um moderno Estado policial" no Vietnã do Sul.[50] Já nem ficamos surpresos ao ler, da parte de um correspondente muito bem informado e dos mais liberais, a recomendação de que "os Estados Unidos deviam enviar [ao Vietnã] os melhores talentos de que dispõem nessa sensível questão da reorientação política", para que o campo não fique aberto para a FLN.[51] Ele assinala que nossos vietnamitas "estão entregues a um jogo de poder, tanto em termos locais quanto em Saigon, para assegurar seus próprios privilégios e interesses", com isso ostentando "pouco mais que desprezo pelos aldeões". Assim, *nós* temos de encontrar uma maneira de obter apoio para eles entre os camponeses. Imaginem como Saville Davis reagiria ao ler semelhante recomendação no *Pravda*. Mas o fato é que tanto ele quanto seus leitores presumem que os Estados Unidos têm o direito de promover a "reorientação política" (para não falar do direito de emprego da força militar) em qualquer parte do mundo.

Os revolucionários vietnamitas podem conseguir ou não libertar seu país da dominação americana, mas já conseguiram abalar a complacência americana a respeito de nosso papel no cenário internacional. O poder americano é tamanho que nenhuma força externa pode exigir que prestemos contas; donde a enorme urgência da tentativa de superar os efeitos de toda uma geração de doutrinação e de uma longa história de auto-adulação. Estaremos simplesmente agravando a tragédia do Vietnã se não aproveitarmos esta oportunidade de nos libertar da camisa-de-força ideológica e da tradição de conformismo que zombam dos valores que afirmamos honrar.

O primeiro passo em direção à sanidade política deve ser um intensivo auto-exame, expondo claramente não apenas o que fazemos e o que representamos no mundo de hoje como também as atitudes que matizam e distorcem nossa percepção de nosso próprio comportamento no cenário internacional. Uma notável expressão dessas atitudes pode ser encontrada em artigo justificadamente famoso de Neil Sheehan, escrito depois de passar três anos como correspondente de guerra no Vietnã.[52] Com base em suas próprias observações diretas, ele conclui que, "em nome de seus objetivos estratégicos e políticos, os Estados Unidos estão (...) protegendo uma estrutura social vietnamita não-comunista que não é capaz de se defender e que talvez não mereça ser defendida". "Idealismo e dedicação são quase sempre prerrogativa do inimigo"; "no Vietnã, somente os comunistas representam a revolução e a mudança social", e "não obstante sua brutalidade e impostura, continuam sendo os únicos vietnamitas capazes de arregimentar milhões de seus compatriotas para o sacrifício e a provação em nome da nação, e o único grupo que não depende das baionetas estrangeiras para sobreviver". Do nosso lado estão os militares e os "mandarins originários das famílias de comerciantes e proprietários fundiários", que haviam colaborado com os franceses, exatamente como colaboram conosco.[53] Ele assinala que o atual sistema social defende o privilégio e que "muitos jovens vietnamitas de origem camponesa juntam-se ao Vietcong porque os comunistas (...) representam para eles a maior esperança de escapar de uma vida no degrau da escada onde começaram — o primeiro". Ele descreve as obras em andamento em Saigon, praticamente todas de "apartamentos, hotéis e prédios de escritórios de luxo financiados por empresários chineses ou vietnamitas ricos com parentes ou ligações dentro do regime (...) e destinados a serem alugados a americanos", enquanto "os trabalhadores de Saigon vivem, como sempre viveram, em bairros miseráveis e fétidos nas imediações da cidade". E no entanto estes ainda estão com sorte — em comparação com os mais de um milhão de refugiados, a maioria dos quais abandonou suas casas "porque não podiam mais agüentar bombas e bombardeios americanos e sul-vietnamitas", ou com as centenas de milhares de mortos e feridos, em grande parte vítimas do "extraordinário poder de fogo do arsenal americano", não raro apontado contra aldeões indefesos por cínicas autoridades sul-vietnamitas.[54] Ele considera que a estratégia americana consiste em "criar uma máquina mortífera (...) para em seguida voltá-la contra o inimigo, na esperança de que, ao longo dos anos, a matança será suficiente para induzi-lo ao colapso pela exaustão e o desespero"[55] — sendo o inimigo, quase sempre, a população rural do Vietnã do Sul.

Sheehan conclui assim o seu relato: "Não obstante esses percalços, não vejo como poderemos fazer algo que não seja dar continuidade à guerra", embora não possa deixar de se perguntar "se os Estados Unidos ou qualquer outro país têm direito de infligir tanto sofrimento e degradação a um outro povo em nome de seus próprios objetivos". O motivo: qualquer outra alternativa "poderia minar toda a nossa posição no Sudeste Asiático".

Muitas pessoas têm comentado sobre a disparidade entre o conteúdo deste artigo e as conclusões a que chega Sheehan. Mas uma questão mais importante mereceu muito pouca atenção. Sheehan começa seu relato afirmando que, ao chegar ao Vietnã,

> acreditava no que meu país estava fazendo no Vietnã. Com ajuda militar e econômica e alguns milhares de pilotos e especialistas do exército, os Estados Unidos estavam tentando ajudar os vietnamitas não-comunistas a construir um Estado-nação viável e independente e a derrotar uma insurgência de guerrilheiros comunistas que poderia submetê-los a uma terrível tirania.

Ele só ficou contrariado por causa das devastadoras conseqüências dessa tentativa para o Vietnã e o seu povo. Mas continua convencido de que temos todo o direito de recorrer à força militar para determinar a estrutura da sociedade sul-vietnamita e derrotar um movimento de insurgência que, segundo havíamos decidido, "haveria de submetê-los a uma terrível tirania". Nenhum agressor na história deixaria de apresentar semelhante "justificação" para seus atos — e foram muitos os que apresentaram exatamente este tipo de justificativa. A suposição de que temos o direito de impor nossa vontade aos vietnamitas (para seu próprio bem, é claro) é quase universal. Por isto é que não podemos ser demasiado otimistas quanto às possibilidades de realmente afetar a opinião pública americana liberal em questões fundamentais como a guerra e a paz, a liberdade e a autodeterminação nacional.

São poucos os que contestam a suposição de que temos todo o direito de determinar quem são os elementos legítimos da sociedade sul-vietnamita ou de recorrer à força para impor as instituições sociais e políticas que nós, em nossa sabedoria e benevolência, escolhemos para o Vietnã do Sul — desde que este empenho não deixe de valer a pena por ser oneroso demais. O espectro da opinião pública "responsável" estende-se daqueles que proclamam abertamente que temos este direito aos que enunciam nossas metas de uma forma que o pressupõe. Quanto a estes, veja-se o relatório final enviado ao Congresso pelo secretário de defesa McNamara, provavelmente a voz mais próxima da razão que será possível ouvir hoje em dia em Washington. Estamos lutando no Vietnã, diz ele, "para defender o princípio de que a mudança política não deve ser promovida pela violência e a força militar comandadas de fora de um país". De seu ponto de vista, contudo, é perfeitamente legítimo que a "violência e a força militar comandadas de fora de um país" sejam utilizadas para assegurar a estabilidade política — ou seja, quando são os Estados Unidos que exercem esta força. Na realidade, ele ainda vai mais longe. Temos inclusive o direito de usar nosso poderio militar para promover a mudança política e social. Assim é que o programa de pacificação, acionado sob controle militar americano, "envolve nada menos que a reestruturação da sociedade vietnamita", mas não deixa de ser, em sua opinião, um programa legítimo e mesmo louvável.[56] Desse modo, o princípio que lutamos para preservar não é o da não-intervenção pela força militar nos assuntos de outros países. Trata-se, isto sim, do princípio de que os Estados Unidos, e somente os Estados Unidos, podem intervir nas questões internas de outros países para garantir a estabilidade política e até mesmo para reestruturar sua sociedade. Naturalmente, o secretário McNamara tem consciência de que o papel do Vietnã do Norte na "violência comandada de fora do país" sempre foi e continua sendo muito menor que o nosso; foi exatamente o departamento por ele chefiado — o Departamento de Defesa — que mais contribuiu para isto. Mas a intervenção norte-vietnamita tem saído em socorro de um tipo de mudança social que consideramos ilegítimo, ao passo que a nossa serve para dar sustentação à estabilidade (ou, eventualmente, à reestruturação) que decidimos ser perfeitamente adequada. Para resumir, estamos combatendo no Vietnã para cumprir nosso papel de juiz e oficial de justiça internacional — nem mais, nem menos.

A formulação de nossas metas no Vietnã por parte do secretário McNamara é vazada em termos calmos e equilibrados, parecendo por isto mesmo enganosamente tranqüilizadora. Os mesmos pressupostos eram expressos com menos sutileza nas palavras de um congressista do Texas vinte anos atrás:

> Quaisquer que sejam as armas ofensivas e defensivas de que disponhamos, sem um poderio aéreo superior a América será sempre um gigante amarrado e manietado, presa fácil e impotente para qualquer anão amarelo armado de canivete.[57]

O que importa em declarações dessa natureza não é o tom racista — que já é suficientemente ruim por si mesmo —, mas a idéia de que somos "presa fácil" desses anões amarelos com seus canivetes. Naturalmente, constituímos "presa fácil" para eles apenas em *seus próprios países*, onde temos todo o direito de estar.

Por que temos esse direito? A resposta tem sido dada por muitos estadistas e estudiosos: é do nosso interesse nacional. O presidente Johnson tem se manifestado a este respeito com toda clareza, por exemplo, na seguinte declaração (2 de novembro de 1966):

> Existem no mundo 3 bilhões de habitantes, e nós temos apenas 200 milhões. A desproporção é de 15 para 1. Se o direito fosse determinado pela força, eles tomariam de assalto os Estados Unidos e levariam tudo que temos. Nós temos o que eles querem.

Em conseqüência, "teremos de nos posicionar com firmeza e afirmar: 'A força não confere direitos'" — exatamente como estamos fazendo no Vietnã do Sul, por exemplo. Ou na Guatemala, onde, segundo o vice-presidente guatemalteco, Marroquín Rojas, "aviões americanos com base no Panamá participam de operações militares" nas quais "o *napalm* é freqüentemente usado em zonas sob suspeita de servirem de refúgio aos rebeldes".[58]

Quando o presidente Johnson sustenta que estamos nos defendendo de uma força superior, que *nós* temos de agir no Vietnã, caso contrário *eles* "tomariam de assalto os Estados Unidos e levariam tudo que temos", está, infelizmente, falando em nome de correntes da opinião pública americana não só substanciais como provavelmente dominantes. Para nós, hoje, pode parecer difícil entender como alguém seria capaz de acreditar realmente, há trinta anos, que uma conspiração judaico-bolchevique punha em risco a sobrevivência da Alemanha, portadora dos valores espirituais da civilização ocidental.[59] Para outros, hoje, pode ser igualmente difícil levar a sério a imagem do país mais poderoso e rico do mundo encolhido de pavor por trás de seus mísseis e ogivas nucleares, temendo que "o que temos" seja levado se permitirmos que um minúsculo país do outro lado do mundo siga seu próprio caminho livre da dominação americana. Mas não se trata, aqui, de uma caricatura. Os militantes do chamado "movimento pacifista" tendem a considerar Lyndon Johnson como um usurpador ilegítimo que não representa as correntes centrais da opinião pública americana. Provavelmente estão enganando a si mesmos. Declarações como as que acabam de ser citadas podem perfeitamente refletir atitudes americanas predominantes, e quem quer que pretenda refletir de maneira realista sobre o papel imperial dos Estados Unidos no mundo deve tê-lo em mente — como também o fato de que estamos num país em que um eminente comentarista liberal, depois de tudo que aconteceu nos três últimos anos, é capaz de descrever nos seguintes termos a guerra americana no Vietnã:

> [A América] está promovendo uma guerra com base no princípio de que o poderio militar não será capaz de obrigar o Vietnã do Sul a fazer o que não quer fazer, de que o homem não pertence ao Estado. Trata-se da mais profunda convicção da Civilização Ocidental, fundamentada na velha doutrina de que o indivíduo não pertence ao Estado, mas a seu Criador, tendo portanto, como pessoa, "direitos inalienáveis" que não podem ser violados por nenhum juiz ou força política.[60]

Como acabei de assinalar, não somos o primeiro país que se considera em luta para defender as "mais profundas convicções da civilização ocidental". Quando James Reston, com todo o acesso à informação de que dispõe, é capaz de sustentar que estamos lutando para preservar os direitos inalienáveis do povo do Vietnã contra o "poderio militar" ou a "força política", podemos ver o quanto falta caminhar até que surja a esperança de que este país recupere sua sanidade política.

A mentalidade colonialista que matiza a maneira como os americanos encaram a guerra no Vietnã fica perfeitamente evidente nas reações dos que começam a se voltar contra a guerra à medida que seu caráter monstruoso fica evidente demais para ser ocultado. Meses atrás, por exemplo, os principais líderes do Serviço Internacional de Voluntariado (SIV) pediram demissão — alguns deles depois de toda uma década de trabalho em aldeias vietnamitas — "por acreditarem que nossas ações militares estavam se revelando contraproducentes, ameaçando indispor a maioria dos vietnamitas com seus salvadores americanos".[61] O grupo de integrantes do SIV pinta um quadro desolador das conseqüências de nossa intervenção militar no Vietnã, em termos já conhecidos dos leitores da imprensa americana. Sua demissão tinha o objetivo de protestar contra políticas que, advertiam, servirão apenas para levar contingentes ainda maiores da população a apoiar a FLN. Eles sustentam que nosso "compromisso" no Vietnã tem sido sempre para com um mesmo elemento da sociedade vietnamita, "as camadas urbanas instruídas, que consideram que um governo independente e não-comunista é que melhor atenderia a seus interesses e aos interesses de seus compatriotas nas aldeias rurais do Vietnã do Sul". Sua declaração não questiona que tenhamos o direito de assumir semelhante compromisso e de agir de acordo com ele. A "tragédia em andamento no Vietnã" a que se refere o senador Morton é que não sejamos capazes de dar cumprimento a este compromisso, de instaurar um governo estável que representasse os interesses dos vietnamitas, tal como interpretados pelas "camadas urbanas instruídas".

Não estão em questão a sinceridade ou as boas intenções dos líderes do SIV, nem muito menos as inegáveis contribuições que puderam dar em sua atuação no Vietnã do Sul. Mas temos todos os motivos para questionar a suposição de que temos o direito de reestruturar e organizar a sociedade sul-vietnamita, se necessário pela força (a demissão deles foi pedida no outono de 1967), de acordo com parâmetros por nós estabelecidos. Em essência, a posição deles não é diferente da de lorde Cornwallis, cujo "acordo permanente" para a Índia em 1793 reestruturou a sociedade nas aldeias, criando uma aristocracia fundiária segundo o modelo britânico. Não há motivos para duvidar da sinceridade de sua convicção de que, a longo prazo, esse acerto civilizado só poderia beneficiar os indianos. Naturalmente, a hierarquia aristocrática assim criada também servia aos interesses britânicos; explicava o governador-geral britânico, lorde William Bentinck: "Se havia carência de segurança frente ao tumulto ou à revolução popular, devo declarar que o 'acordo permanente' (...) tem a grande vantagem (...) de ter estabelecido um amplo contingente de proprietários de terras ricos profundamente interessados na continuidade do Domínio Britânico e dispondo de total domínio da massa da população" (1829). Nossos motivos para querer controlar o Vietnã não são os mesmos dos britânicos na Índia em 1829, mas no Vietnã, assim como nas Filipinas e na América Latina, nosso empenho está voltado no sentido de organizar (ou reestruturar) a sociedade de maneira a garantir a dominação dos elementos dispostos a entrar em parceria conosco. Não surpreende que assim façamos, não pelo menos a quem esteja familiarizado com a história do imperialismo. O que é extraordinário é que ainda hoje sejamos capazes de agir com tão pouca consciência do que estamos fazendo, de assim nos enganar a nós mesmos, embora a não muitos outros,[62] com a clássica retórica de um imperialismo há muito decaído.

Antes de dar prosseguimento a este esboço das reações americanas à guerra no Vietnã, gostaria de citar outra fonte militar americana, que muito nos esclarece sobre a natureza do sucesso do Vietcong frente à titânica força militar com que tentamos arrasá-lo:

> O sucesso desse sistema bélico ímpar depende de uma unidade de ação quase absoluta de toda a população. A existência dessa unidade é por demais evidente para ser discutida; já não parece tão claro como é obtida e preservada. A intimidação certamente tem cumprido importante papel neste sentido, mas o medo dificilmente seria suficiente, como única motivação, para explicar a mobilização coesa e aparentemente espontânea de vários milhões de pessoas. Bastaria um traidor em cada aldeia para efetivamente destruir uma organização tão complexa.

Esta avaliação foi feita em relatório do Departamento da Guerra dos Estados Unidos no ano de 1900; o autor é o general Arthur

MacArthur, e seu comentário diz respeito, naturalmente, à campanha de repressão da guerra de libertação nacional das Filipinas, então em pleno avanço. Mas suas observações são perfeitamente aplicáveis hoje em dia. Reproduzo-as aqui para acabar com a idéia de que o Vietnã não passa de uma aberração sem paralelo, um mero tropeço, resultante da "política da inadvertência", sem raízes em nossa história e sem relevância para o futuro.

Os críticos liberais não deixam de ter certa razão, naturalmente, quando se referem à guerra do Vietnã como uma "aberração". No Vietnã, perdemos o controle. Os vietnamitas recusaram-se a fazer o jogo que se esperava que fizessem quando a guerra foi simulada nos computadores da RAND Corporation. Não se deram conta de que deveriam ceder quando a pressão chegasse a um certo ponto. Desse modo, vimo-nos forçados a promover uma escalada além de qualquer nível razoável, num grau cujos custos nossa economia e nossa sociedade mal podem suportar. Neste sentido, é verdade, o Vietnã é uma aberração. Em qualquer outro sentido, é uma conseqüência natural da política profeticamente descrita há três quartos de século por Brooks Adams, quando proclamou: "Nossa posição geográfica, nossa riqueza e nossa energia nos predispõem primordialmente a participar do desenvolvimento do Leste Asiático e reduzi-lo a uma parte de nosso sistema econômico." A eliminação do movimento pela independência das Filipinas, pouco depois, constituiu apenas a primeira tentativa de pôr em prática a política de redução do Leste Asiático a uma parte de nosso sistema econômico. Na época, defendíamos o cristianismo diante dos selvagens mouros. Hoje, estamos defendendo o mundo livre frente à Conspiração Comunista Internacional. Sob outros aspectos, muito pouco mudou, exceto no que diz respeito à escala de nosso ataque.

Mais uma vez, o exemplo da guerra nas Filipinas ilustra a necessidade de voltar nossa atenção dos problemas do Sudeste

Asiático para os dos Estados Unidos — para os compromissos ideológicos em que se baseiam as iniciativas americanas e a auto-imagem nacional que permite que sejam toleradas com tanta serenidade; em particular, a crença na boa vontade e na generosidade americanas que se mostra inabalável a cada nova calamidade — especialmente entre os autoproclamados "liberais rigorosos e pragmáticos" — e que desacredita o pensamento político e avilta o discurso político. Podemos, por exemplo, aprender muito sobre as origens da política americana no Vietnã observando como os intelectuais acadêmicos americanos encaram a repressão da luta filipina pela independência — na qual, por sinal, morreram muito mais de 100 mil filipinos. Assim, Louis Halle argumenta que "não podíamos devolver as Filipinas à tirania espanhola, e os filipinos não estavam em condições de governar a si mesmos ou de garantir sua própria defesa. Se simplesmente nos retirássemos e voltássemos para casa, deixaríamos para trás um verdadeiro caos", com alemães e japoneses à espreita. Desse modo, os Estados Unidos, "tendo-se tornado inadvertidamente responsáveis pelas Filipinas, não tinham alternativa senão assumir a obrigação de governar e defender aquele que, em conseqüência, veio a tornar-se o primeiro elemento de um império americano em outras terras" [63]

Nem seria preciso assinalar que era frente à força expedicionária americana que os filipinos precisavam de "defesa". Nem discutirei aqui o tipo de sociedade que a eles legamos,[64] a não ser para observar que, por motivos que talvez sejam óbvios, os guerrilheiros Huk mais uma vez parecem ter assumido o controle de amplas áreas da região central de Luzon, abrindo caminho para o que pode vir a tornar-se uma sangrenta repetição da tragédia do Vietnã.

Também podemos aprender muito com as reações de observadores americanos às tensões surgidas entre os Estados Unidos e as Filipinas no período pós-guerra. Vejam-se, por exemplo, as observações de David Sternberg,[65] perguntando "que aconteceu com o manancial de boa vontade e amizade dos filipinos em relação aos americanos" desde a formalização da independência de nossa colônia? Aos olhos desse ex-assessor da AID que há muito se tornou residente nas Filipinas, parece que havia "poucos problemas complexos" na época da ocupação americana, "uma vez cicatrizadas as feridas da guerra e restabelecida a credibilidade das boas intenções da América" e "capacitando-se a massa dos filipinos a relacionar a concretização de suas esperanças e aspirações pessoais com uma presença americana benéfica". Mas agora "o comerciante americano, embora continue sendo um patrão benéfico, tornou-se também um possível concorrente". A antiga relação "mentor-discípulo", mutuamente satisfatória, impregnada do afeto do patrão benéfico por seus tutelados, é difícil de reconstruir nas condições da independência formal. Naturalmente, existe a esperança, por exemplo, na "predisposição cultural para a empresa privada" e na existência de "um pequeno mas altamente competente conjunto de planejadores e administradores no mais alto nível do setor econômico privado". A esperança não é comprometida pelo fato de que, setenta anos depois de a "presença americana benéfica" ter sido estabelecida pela força, três quartos da população vivem em condições que não mudaram desde a ocupação espanhola, sempre submetidos a uma elite política e econômica que foi "cooptada pelo regime colonial" e evidencia "um cordial respeito pelo estilo americano de vida",[66] o que terá talvez alguma relação com os enormes privilégios de que desfruta em conseqüência da conquista americana.[67]

É extraordinário constatar com que facilidade os observadores mais perspicazes e bem informados conseguem se iludir quanto ao caráter das ações e políticas americanas. Por exemplo, Roger Hilsman, em seu recente estudo sobre as políticas adotadas pelo governo Kennedy, *To Move a Nation*, analisa a tentativa de concentrar o campesinato em "povoados estratégicos" no início da década de 1960, sustentando que "o papel primordial do povoado estratégico consistia em proporcionar [aos camponeses] (...) a possibilidade da livre escolha entre o Vietcong e o governo". Como ele próprio deixa bem claro, esta "livre escolha" devia ser assegurada por um cuidadoso trabalho policial no interior dos povoados ("pois parecia evidente que cercar a aldeia de defesas de nada adiantaria se dentro delas houvesse agentes do Vietcong"); ele atribui o fracasso do programa ao fato de que "não houve um efetivo empenho de isolar a população do Vietcong através da eliminação de agentes e simpatizantes do Vietcong no interior dos povoados estratégicos e a imposição de controles sobre a movimentação de pessoas e suprimentos (...) os agentes e simpatizantes do Vietcong (...) não encontravam dificuldades para voltar a penetrar no povoado e dar prosseguimento às atividades de subversão". Assim, o programa não foi capaz de "proporcionar segurança física ao aldeão, de tal maneira que ele tivesse a possibilidade de se recusar a cooperar com o Vietcong", uma "livre escolha" que naturalmente lhe haverá de ser negada enquanto se permitir a existência de simpatizantes do Vietcong em sua aldeia.

Existe sem dúvida uma importante diferença entre este tipo de vontade de enganar a si mesmo e a do marechal Ky, que considera que a filosofia de seu governo é "100% social-revolucionária",[68] ou do analista da CIA George Carver, que nos fala da "autêntica revolução social atualmente em curso nas regiões urbanas do Vietnã do Sul".[69] A reação natural a declarações dessa natureza só pode ser de zombaria, mas a graça desaparece quando nos lembramos dos custos humanos.

Voltemos ao estudo de Howard Zinn (cf. nota 1), tendo em mente algumas dessas observações de caráter geral. Zinn faz algumas observações das mais oportunas sobre a cegueira moral que permite que a América se mantenha insensível à agonia do Vietnã. "Ficamos ouvindo com a apatia de um povo que nunca foi bombardeado, que sempre foi apenas aquele que bombardeava." "Não temos uma Hiroshima, nenhuma cidade de cegos e estropiados, nem professores abatidos depois de longos períodos no cárcere (...) nunca fomos obrigados (...) a reconhecer o que fizemos, a nos inclinar, a pedir desculpas, a prometer uma vida de paz. Em outras palavras, nunca fomos apanhados." Com isto, os protestos são abafados e difusos no momento em que "Tio Sam, o financista da contra-revolução, tirou suas luvas brancas, empunhou o revólver e adentrou a selva", lentamente criando "um gigantesco movimento de devastação que, observado globalmente, não poderia deixar de ser descrito como um dos atos de maior perversidade cometidos por qualquer país na era moderna".

Encontro algumas falhas na análise de Zinn sobre os fatores que impedem a retirada desse que só podemos chamar de nosso exército de ocupação. Veja-se a questão do prestígio. Zinn descarta facilmente a alegação de que nosso prestígio nacional seria prejudicado com uma retirada, observando que isto atenderia às expectativas de uma série de tendências políticas, que vão de Adenauer à esquerda japonesa. Mas há também a questão do prestígio interno — fator a que se referia Eric Hobsbawm ao observar que os responsáveis pelo traçado das políticas americanas freqüentemente parecem menos preocupados com as áreas vermelhas do mapa do que com os rostos vermelhos do Pentágono.

Além disso, é possível que sob certos aspectos Zinn subestime a sutileza daqueles cujos argumentos contradiz. Por exemplo, ele observa que "enxergamos em qualquer rebelião o resultado de algum complô tramado em Moscou ou Pequim", e que os russos cometem o mesmo erro, atribuindo revoltas "na Hungria ou em

Poznan (...) à influência burguesa ou a manipulações americanas". Embora certamente seja possível tornar-se prisioneiro da própria propaganda, parece difícil acreditar que os dirigentes russos tenham enxergado de maneira tão equivocada os acontecimentos de 1956; é mais provável que não estivessem dispostos a tolerar a erosão do próprio poder numa perigosa zona tampão, encontrando na "influência burguesa" e na "manipulação americana" um útil pretexto de propaganda. Da mesma forma, carece de credibilidade a suposição de que nosso atual secretário de Estado simplesmente se iludia ao se referir ao "regime de Peiping", em 1951, como "um governo colonial russo — espécie de Manchukuo eslavo em escala maior". Havia à sua disposição vasta documentação demonstrando o absurdo de semelhante avaliação, por exemplo, no Livro Branco do Departamento de Estado sobre a China publicado não muito antes. Como no caso da revolução húngara, é mais provável que fosse necessário encontrar uma maneira de justificar toda uma série de políticas de longo alcance: fortalecer a aliança ocidental e rearmar a Alemanha, ampliar o arsenal nuclear, conter revoluções populares no Terceiro Mundo e subverter ou estrangular as que já houvessem ocorrido. Da mesma forma, não parece fácil convencer-nos de que o diretor da CIA, Allen Dulles, realmente acreditasse que Mossadegh estivesse deliberadamente "criando um Estado comunista" ou que o subsecretário de Estado para questões interamericanas, Thomas Mann, fosse ignorante das questões internacionais a ponto de supor que a revolução dominicana de 1965 resultara de maquinações de um "bloco militar sino-soviético". Precisamos, isto sim, adaptar-nos aos atuais estilos de comportamento internacional aceitável. Não funcionaria, hoje, usar a fraseologia do secretário de Estado Philander Knox, que, ao enviar fuzileiros navais a Cuba em 1908, declarou que "os Estados Unidos não se preocupam em consultar inicialmente o governo cubano quando surge uma crise que exige desembarque temporário em algum lugar". E, de maneira geral, a "conspiração comunista internacional" é um perfeito instrumento de propaganda para justificar ações que reforçam e ampliam a hegemonia americana, servindo a nossos objetivos exatamente como "influência burguesa e maquinações americanas" servem aos do imperialismo russo. Em ambos os casos, naturalmente, existe todo um contexto factual que confere plausibilidade superficial às invenções do propagandista.

Da mesma forma, considero que Zinn não vai suficientemente longe na análise da justificação da guerra apresentada pelos liberais insatisfeitos, questão das mais relevantes se quisermos erigir uma fundamentação política interna para iniciativas de desengajamento no Vietnã, ou, de maneira mais geral, para uma significativa reorientação do comportamento internacional dos Estados Unidos, distanciando-o das políticas de repressão e "reestruturação" em termos americanos, disfarçadas de "anticomunismo" e "preservação da ordem". Já forneci algumas ilustrações dos antolhos ideológicos que precisam ser removidos para simplesmente possibilitar a abertura de um debate em termos que façam sentido. Seria fácil enumerar outras.

Veja-se, por exemplo, o ensaio de Richard Goodwin citado na nota 47. Goodwin erige toda uma sólida argumentação contra a guerra, mas acaba concluindo que a guerra, em última análise, se justifica, em parte com base nos interesses americanos, em parte em vista da necessidade de "proteger a Ásia da dominação ou da conquista por uma potência hostil". No primeiro caso, "o interesse vital básico dos Estados Unidos", que deve servir de "referencial único" para testar quaisquer políticas a serem adotadas, é "deixar claro que o poderio militar americano, uma vez empenhado na defesa de outro país, não pode ser afastado do campo de luta" — ainda que, como no caso em questão, a retirada americana se desse frente a um "inimigo" eminentemente autóctone.[70] Se generalizarmos este "interesse vital básico" para a esfera de outras grandes potências, as perspectivas futuras serão sombrias. A União Soviética, por exemplo, poderia ter empregado este argumento para justificar a intervenção militar na Hungria (para apoiar aquele que considerava o governo legítimo, frente a rebeldes incitados do exterior e entre os quais se encontravam elementos fascistas etc.) ou para manter os seus mísseis em Cuba (lá instalados para defender contra uma invasão americana), e neste caso não estaríamos aqui agora discutindo o Vietnã ou qualquer outra coisa.

Ainda mais interessante, contudo, é o segundo argumento: o de que precisamos proteger a Ásia da dominação externa ou da conquista por parte de uma potência hostil. Não me detenho aqui no fato de que qualquer autoridade respeitável no assunto considera que os vietnamitas são fortemente antichineses,[71] de modo que, se estivéssemos realmente interessados em conter o expansionismo chinês, estaríamos presumivelmente apoiando Ho Chi Minh, juntamente com todas as forças autóctones e populares na fronteira da China, qualquer que fosse seu caráter na política interna. O que mais me parece revelador, todavia, é o motivo que Goodwin enxerga por trás de nosso empenho de proteger a Ásia de forças externas. Trata-se da "convicção incontornável, quase idealista, de que um país com o poder para impedi-lo não pode manter-se de braços cruzados enquanto outros países são submetidos à dominação estrangeira". Assim é que não devemos "solapar o principal propósito mundial dos Estados Unidos — o estabelecimento de uma ordem internacional de Estados independentes". Não lhe ocorre que, ao reprimir uma insurreição vitoriosa, estamos exatamente solapando este "principal propósito mundial" e obrigando um país a "submeter-se à dominação estrangeira". Como tampouco toma nota do fato de que não somos capazes de formar um governo fantoche que sequer possa ostentar a legitimidade dos criados pela Alemanha e o Japão — não conseguimos, por exemplo, encontrar uma personalidade nacional da estatura de Pétain ou Wang Ching-wei para encobrir nossa agressão. Esta crença sentimental na benevolência americana, com seus vários corolários ("a política da inadvertência", "o caráter insondável da história"), é um obstáculo decisivo no caminho da proposta realista e de senso comum defendida por Zinn.

A análise da analogia com Munique feita por Zinn também poderia ser ampliada pelo exame dos pontos de vista dos liberais ligados a Kennedy. Goodwin, por exemplo, é por demais sofisticado para aceitar a analogia com Munique, mas não se exime de apresentar um revelador contra-argumento. Ele argumenta, para começo de conversa, que no Vietnã não estamos combatendo uma agressão, mas uma "agressão interna" — interessante formulação, que aparentemente se refere a uma "agressão" de um movimento revolucionário contra um governo sustentado no poder pelas armas estrangeiras. E conclui que o que temos pela frente não é Munique, e sim "mais um episódio (...) num longo e permanente conflito". Entre os demais episódios estão o nosso "sucesso" na Grécia e na Turquia, a intervenção soviética em Cuba, a invasão da Coréia, o bombardeio de Quemoy e Matsu, a subversão no Congo e na República Centro-Africana, os combates na Malásia e nas Filipinas e na fronteira da Índia. E agora, acrescenta ele, "eles estão começando na Tailândia".

Mas a quem estamos enfrentando neste "longo e permanente conflito"? Certamente que não a União Soviética, que pouco tinha a ver com a disputa fronteiriça sino-indiana; nem a China, que não deu início à guerra civil na Grécia; nem Ho Chi Minh, que, não obstante todos os seus pecados, não é responsável pela subversão no Congo. Tampouco o "comunismo internacional" parece um demônio muito convincente, considerando-se o racha sino-soviético, os gestos de independência na Europa oriental e na Coréia do Norte e a reconhecida recusa do Vietnã do Norte, mesmo em sua atual situação desesperadora, de bater cabeça para seus poderosos aliados. Na realidade, não existe um adversário identificável. Defrontamo-nos com uma força misteriosa mas perigosa, que não pode ser situada ou especificada em termos concretos, mas que lá está, ameaçando-nos. Embora rejeite a analogia com Munique, Goodwin, o crítico liberal, aceita tacitamente a suposição em que se baseia, e que lhe confere grande plausibilidade. Pois se esta força existe, certamente devemos contê-la no Vietnã, antes que venha a desembarcar nas praias da Flórida ou de Cape Cod.

O que é desagradável é que, se quisermos levar adiante a analogia com Munique, haverá apenas um candidato plausível ao papel de Hitler. E se a China ou a Rússia efetivamente se envolverem numa Terceira Guerra Mundial por causa do Vietnã, podemos ter certeza de que a lembrança de Munique desempenhará um papel importante em seus cálculos.[72] Arnold Toynbee expôs a questão sucintamente: "O presidente evidentemente sente estar falando com a voz de Churchill — o Churchill de 1940 —, mas aos ouvidos dos povos que sofreram no passado com a dominação ocidental, sua voz se parece com a do *kaiser* e a de Hitler."

Certamente não há maior ironia que a exigência de que, para garantir a paz mundial, os Estados Unidos devam desenvolver uma estratégia para conter a China. A China está cercada de mísseis e gigantescas bases militares americanos que servem de apoio a um exército estacionado a dez mil quilômetros do país de origem. Está submetida a bombardeios periódicos lançados de uma ilha quase costeira, para não falar dos sobrevôos e incursões de comandos aéreos, tudo sob a proteção da Sétima Frota, que reconhecidamente intervém numa guerra civil. Há dois anos aviões americanos vêm bombardeando a única ferrovia que liga o sudoeste da China, onde se encontra o pólo industrial de Kunming, ao resto do país — e que por acaso passa perto de Hanói. E no entanto até mesmo um Roger Hilsman, um dos comentaristas mais equilibrados das questões asiáticas, é capaz de se referir à "formidável ameaça" representada pela China comunista, concluindo que "certamente de nada adiantou aos Estados Unidos recompensar a agressão reconhecendo a China comunista ou estimulando sua admissão na ONU".[73]

Será esclarecedor examinar detalhadamente a demonstração da "beligerância chinesa" feita por Hilsman. O principal exemplo de "agressão chinesa" (à parte a "agressão" na Coréia) é o apoio às insurreições "toscas e ingênuas" "na Birmânia, na Tailândia, na Malásia, nas Filipinas e na Indochina francesa", às quais os chineses conseguiram imprimir "um rumo mais eficiente e politicamente sofisticado" (p. 285). A história da "beligerância chinesa", da agressão que devemos ter o cuidado de não recompensar, é completada com os seguintes casos: (1) o cancelamento de contratos comerciais com o Japão quando o governo Kishi não permitiu que a bandeira chinesa fosse hasteada sobre a representação em Tóquio; (2) várias ameaças não cumpridas a Hong Kong, entre elas uma exortação "aos líderes nacionalistas para que entrassem em acordo"; (3) a repressão da revolta tibetana; (4) a crise na fronteira sino-indiana; (5) "incitar os comunistas locais ao emprego direto da força militar, inicialmente no Laos e em seguida no Vietnã do Sul" (pp. 288 e segs.).

Não é fácil decidir qual destes seria o mais eloqüente exemplo de agressão chinesa; talvez a Birmânia, onde, segundo U Thant declarava em 1965, "não houve um único caso de ajuda externa aos comunistas birmaneses", num período em que as forças nacionalistas chinesas cruzavam a região norte da Birmânia, a grande custo para os birmaneses. Também seria interessante descobrir de que provas dispunha o diretor de inteligência do Departamento de Estado sobre o controle chinês, ou até mesmo qualquer ajuda material, nos casos da Tailândia, da Malásia e das Filipinas — e também descobrir por que tais provas nunca foram trazidas a público. Naturalmente, a "agressão chinesa" na Indochina está muito bem documentada, em contraste com a postura responsável e puramente defensiva das potências ocidentais. Quanto ao Laos, o próprio Hilsman repete boa parte da conhecida história da tentativa americana de subverter o governo legítimo, substituindo-o por "neutralistas pró-ocidentais" seguidos de uma ditadura militar de direita — tentativa que teve prosseguimento até 1962, quando Kennedy, numa dramática e sensata mudança de orientação, finalmente concordou em apoiar os elementos neutros que até então haviam sido apoiados apenas pelas potências comunistas. Das mais reveladoras, em tal contexto, é a opinião manifestada por Hilsman de que a verdadeira "ameaça" comunista no Laos "parece ter sido mais provavelmente uma expansão do controle político baseado na conquista do apoio dos camponeses nas aldeias" (p. 112) — ameaça bastante semelhante à que representavam em 1954 os acordos de Genebra, os quais, acreditava o Vietminh, "conceder-lhes-iam seguramente metade do Vietnã e uma excelente oportunidade de conquistar a outra metade através da subversão política", ou seja, de uma vitória eleitoral (p. 103).

Hilsman também faz relevantes comentários sobre a disputa fronteiriça sino-indiana. Ele observa (p. 322) que "os indianos imprudentemente proporcionaram aos chineses farta provocação ao adotar uma estratégia agressiva — estabelecendo postos avançados isolados *por trás* dos postos avançados chineses que a Índia considerava encravados em território de sua legítima propriedade — e o primeiro-ministro Nehru, no início do outono de 1962, anunciou publicamente que o exército indiano recebera ordens para expulsar os agressores chineses do território da Índia". Ele frisa que a retirada unilateral dos exércitos vitoriosos chineses demonstrou que estamos diante "de um inimigo não só poderoso, mas também politicamente hábil" (p. 338). Infelizmente, não examina o pano de fundo do conflito, embora existam excelentes fontes ocidentais que refutam categoricamente a visão simplista — que, até onde sei, não é defendida por um único estudioso ocidental — de que o conflito fronteiriço foi meramente e mesmo primordialmente uma questão de "agressão chinesa". Não seria necessário aqui discutir a questão do Tibete, pois, quaisquer que sejam os fatos — e, a darmos crédito aos estudos ocidentais, eles não se reduzem ao que é alegado pela propaganda americana —, o Tibete é internacionalmente reconhecido como uma região da China; também seria lógico acusar os Estados Unidos de agressão em Watts, ou no delta do Mississippi, onde, segundo os relatos conhecidos, milhares de pessoas passam fome enquanto Washington se entrega ao jogo político.

Em outro momento, Hilsman demonstra a agressividade chinesa com base no princípio do *post hoc ergo propter hoc*:

> Foi em novembro de 1957, após o êxito dos soviéticos com o Sputnik, que Mao proclamou que "o vento leste sobrepuja o vento oeste", abrindo caminho para o recuo da política de coexistência pacífica de "Bandung" para a de linha dura. Começaram então a proliferar no Vietnã do Sul os incidentes de terrorismo e assassinato promovidos pela guerrilha. [pp. 418-19]

A mesma alegação é feita no contexto da análise das dificuldades enfrentadas pelo "neutralista pró-ocidental" Phoui Sananikone, que chegou ao poder no Laos escorado nas intrigas americanas:

> Phoui e sua política também tiveram o azar de serem postos à prova exatamente quando a política comunista trocava a "coexistência pacífica" do espírito de Bandung pela linha dura anunciada por Mao Tsé-tung em seu discurso sobre o predomínio do vento leste sobre o vento oeste, pronunciado em Moscou em novembro de 1957. Foi no decorrer do ano seguinte que Hanói, seguindo esta nova linha-dura, tomou a decisão de dar início à guerra de guerrilha contra o sul. [p. 119]

A hipótese de que foi a linha dura chinesa a responsável pelo fracasso da política americana de subversão no Laos é das mais interessantes. Segundo o repórter americano Arthur Dommen, que é aparentemente a principal fonte de informações sobre o Laos com que conta Hilsman, os chineses não tomaram qualquer iniciativa no Laos até o fim de 1959, apesar das violações dos acordos de Genebra por parte dos Estados Unidos, com o fornecimento de armas e treinamento militar através de oficiais americanos à paisana;[74] e depois disto sua "interferência" consistiu em oferecer apoio ao governo neutro de Souvanna Phouma, que os Estados Unidos tentavam desesperadamente substituir, inicialmente pelo "neutralista pró-ocidental" Phoui e logo pelo declarado fascista Phoumi Nosavan. Mas não é esta a questão. Para Hilsman, a agressividade da China e da Rússia fica demonstrada no fato de que apoiaram o neutralista Souvanna Phouma contra a tentativa patrocinada pelos americanos de derrubar seu governo, mediante contínuos e intensivos atos de subversão.

Quanto à alegação de que Hanói decidiu dar início à guerra de guerrilha no sul em obediência à nova linha dura adotada por Mao Tsé-tung, Hilsman não faz qualquer tentativa de comprovação, estando a alegação em conflito com tudo que se sabe dos registros históricos.[75]

Vale lembrar que Hilsman foi diretor dos serviços de inteligência do Departamento de Estado e posteriormente subsecretário de Estado para o Extremo Oriente; é um liberal da linha Kennedy e especialista acadêmico em relações internacionais. A maneira como trata os acontecimentos históricos e o raciocínio sobre o qual baseia conclusões a respeito de questões como a "agressividade chinesa" parecem estarrecedores. E no entanto temos aqui as idéias melhores e mais sofisticadas que podemos encontrar perto do centro do poder, pelo que indicam as informações disponíveis. Não podemos nos eximir de uma certa apreensão à leitura do estudo de Hilsman sobre a maneira como as decisões eram tomadas no governo Kennedy.

Ao debater a questão da agressividade chinesa, devemos ter em mente que existe claramente a noção de que a China já se mostrou extremamente agressiva:

> Devemos reconhecer que um ato declarado de guerra foi cometido por um inimigo quando este inimigo monta uma força militar voltada para nossa eventual destruição, sendo a destruição dessa força, antes que possa ser ativada ou utilizada, um ato de defesa, e não de agressão. Devemos entender, como nação, que um ato declarado de guerra foi cometido muito antes de ser desferido esse primeiro golpe.[76]

Ficamos imaginando quanto tempo levará para que a força aérea americana empreenda ações defensivas contra semelhantes atos declarados de guerra por parte dos chineses.

Não teria cabimento deixar para trás esta questão da "contenção" da China por parte dos Estados Unidos sem fazer referência a alguns fatos dos mais simples que raramente parecem permear a consciência americana. Há algo de particularmente revoltante na reação americana à tentativa chinesa de conquistar a unidade nacional, de livrar-se da penúria e da fome, de deixar para trás um século de degradação. K. S. Karol[77] expõe a questão limpidamente, em palavras que os americanos bem fariam em meditar:

> (...) ao tentar estrangular a China, que está permanentemente à beira da fome, e ao ameaçá-la com bombas, a América contribuiu para "endurecer" os chineses e torná-los o que hoje são. (...) A propaganda antichinesa americana (...) acaba voltando como um bumerangue. Editorialistas farisaicos como Joseph Alsop e outros periodicamente anunciam com desprezível prazer surtos de fome na China que, felizmente, existem apenas na imaginação deles; mas seus editoriais freqüentemente são lidos em países com governos pró-americanos nos quais a fome realmente grassa. Mais cedo ou mais tarde a verdade virá à tona e ela será então duplamente desfavorável aos americanos, primeiro porque é revoltante ver o país mais superalimentado do mundo se rejubilar pelo fato de que outros — ainda que comunistas — estejam passando fome, e depois porque descobrimos que não é na China, mas no seu próprio campo — na América Central ou do Sul, por exemplo — que há gente morrendo de desnutrição (...) hoje um camponês de Kwantung come muito melhor que um camponês de Kerala, na Índia — o que é perfeitamente sabido na Ásia.[78]

Mesmo simpatizando com os problemas da China, podemos reagir com desalento e talvez mesmo indignação ante o caráter autoritário e repressivo do Estado chinês, exatamente como é possível ter diferentes tipos de reação à sociedade que ele fomenta. Mas nada justifica o vergonhoso tratamento que temos dado à China nos anos do pós-guerra.

Apesar de todo o cinismo deste meado do século XX, não deixa de ser espantosa a facilidade com que a retórica do imperialismo aflora em lábios americanos, por vezes abafada, outras, escancarada. Arthur Schlesinger escreve que se nossa máquina mortífera obtiver uma vitória no Vietnã, "poderemos todos render homenagem à sabedoria e ao senso político do governo americano".[79] Que uma vitória militar americana constituísse uma tragédia, já isto parece inconcebível. Roger Hilsman considera "a guerra da Coréia, Dienbienphu, as duas crises do Laos e o Vietnã [como] apenas os primeiros disparos de algo de pode perfeitamente transformar-se numa luta de um século pela Ásia".[80] Fica perfeitamente claro de que tipo de luta se trata se tomarmos o Laos e o Vietnã como precedentes. Escreve o editor internacional da revista *Look*:

> O Extremo Oriente é agora o nosso Extremo Ocidente. A fronteira ocidental do poder americano encontra-se hoje na extremidade do oceano Pacífico. (...) Ela se estende pela sucessão de ilhas ao largo do continente asiático, onde encontra três pontos de apoio, na Coréia, no Vietnã e na Tailândia. (...) Somos uma potência do Pacífico — a única potência do Pacífico. E lá estamos para ficar. (...) É lá que temos mercados e, à parte o Japão, nenhum produtor como concorrente.[81]

São sentimentos bem conhecidos. Há muito tempo se tem manifestado a convicção — foi o que fizeram Cordell Hull, Henry Wallace, Dean Acheson e muitos outros — de que só podemos escapar da recorrente estagnação econômica ou arregimentação interna com a constante expansão dos mercados. São palavras que lembram as formulações inconfundivelmente diretas de Harry Truman, que proclamou em 1947 (parafraseando James Warburg) que "o mundo inteiro deveria adotar o sistema americano [que] só pode sobreviver na América se se tornar um sistema mundial",[82] observando ainda que, a menos que se possa reverter a tendência para a nacionalização, a "América e a paz" e a "maneira pacífica" estarão ameaçadas.

E a natural contrapartida desta doutrina é expressa com clareza no ensaio que obteve em 1967 o prêmio do Instituto Naval dos Estados Unidos, de autoria do professor Harold Rood, do Claremont College, que raciocina da seguinte maneira:

> A posição americana no Pacífico não é mais a mesma de 1941. O território que foi diretamente atacado pelos japoneses no início da guerra, as ilhas do Havaí e as Aleutas, constituem hoje Estados soberanos. (...) Mas o Havaí está mais próximo de Pequim que de Washington. Em sua extremidade ocidental, as ilhas Aleutas estão mais próximas da China que de Seattle, no estado de Washington. Ao passo que, em outros tempos, a segurança dos Estados Unidos podia convenientemente escorar-se, ao que parecia, no Alasca e no Havaí, no Pacífico, hoje esses dois estados têm o direito de exigir a mesma segurança que outrora contribuíam para assegurar ao território continental dos Estados Unidos.

Imaginemos as implicações disto. Nossos aliados e nossas bases em Formosa, na baía de Camranh e na Tailândia têm o direito de exigir o mesmo tipo de segurança que cada um deles hoje contribui para proporcionar ao Alasca e ao Havaí. E assim por diante, indefinidamente. Naturalmente, já ouvimos tudo isto antes. O Japão já precisou da Mandchúria para sobreviver — sem a Mandchúria, era uma "planta de vaso", sem raízes. E para garantir a Mandchúria era necessário, obviamente, assegurar-se de que o norte da China fosse "amistoso", e também toda a China, e o Sudeste Asiático, e assim embarcamos na guerra do Pacífico. Em termos de segurança ou interesses econômicos, nossa reivindicação de direitos especiais na Ásia é muito mais fraca que a do Japão. Mas o Japão podia ser considerado um anão, em termos de riqueza e poderio, frente ao colosso com que se defrontava do outro lado do mar, o que não acontece conosco.

Nesses termos de raciocínio, poderíamos desenvolver instrutivos desdobramentos da análise de Howard Zinn sobre "Munique, dominós e contenção".

Quais seriam as conseqüências de uma retirada das forças americanas do Vietnã? Se os acontecimentos do passado podem servir de parâmetro, a suspensão das ações militares agressivas por parte dos Estados Unidos levará a uma desmobilização das unidades norte-vietnamitas, tal como aparentemente aconteceu durante a pausa de bombardeios em janeiro de 1966. É digno de nota que nenhum grupo do Vietnã do Sul venha preconizando o envolvimento norte-vietnamita em alguma solução política imediata, e a mesma liderança norte-vietnamita que há uma década se dispunha a encontrar um *modus vivendi* com Diem muito provavelmente aceitaria negociar os problemas do Vietnã com um governo que pelo menos respondesse a suas mensagens diplomáticas. Ninguém poderia prever com alguma segurança o que surgiria dos destroços da sociedade sul-vietnamita. Parece claro, contudo, que sob a ocupação americana a única possibilidade é uma infindável tragédia. Alguns anos atrás, o primeiro-ministro do Ceilão comentava que "a melhor forma de ajuda que os Estados Unidos podem conceder a países pequenos consiste em se abster de interferir em suas questões". No que diz respeito ao Vietnã, pelo menos, esta sombria avaliação já não pode ser objeto de debate.

Pós-escrito

Pouco antes de morrer, Bernard Fall contou numa entrevista a história de um vietnamita que ouvia um general americano gabar-se de uma das mais recentes vitórias na campanha do Vietnã. "Sim, general, compreendo", dizia o vietnamita, "mas essas suas vitórias não estão ficando cada vez mais próximas de Saigon?"[83] O ensaio que antecede foi concluído em janeiro de 1968. Em questão de uma semana, as vitórias americanas chegaram à própria Saigon. Meses depois, tudo indica que a ofensiva do Tet representa uma virada decisiva na guerra.

Ao longo da última década, temos conhecido duas versões da tragédia do Vietnã. A primeira é a dos correspondentes de guerra. A mensagem que têm transmitido é de que a resistência vietnamita está tão profundamente entranhada no tecido da sociedade vietnamita que a "vitória" americana só pode ser alcançada através da aniquilação. A segunda é a história oficial, por demais conhecida para ser aqui repetida. Com monótona reiteração, a versão dos correspondentes tem sido corroborada pelos acontecimentos. Hoje, no rastro da ofensiva do Tet, a história é uma só. À parte relíquias isoladas como Joseph Alsop e uns poucos estudiosos do Sudeste Asiático, todos parecem entender atualmente que só existem dois desfechos prováveis para a tragédia do Vietnã: aniquilação ou retirada do exército americano de ocupação. A aniquilação foi a perspectiva descortinada por Bernard Fall na mencionada entrevista. Ele cita um prisioneiro de guerra, que afirma: "Morreremos todos, mas não nos renderemos"; e conclui que "o Vietnã será destruído". Porta-vozes da FLN e do Vietnã do Norte, contudo, há muito sustentam que podem vencer no campo de batalha. Suas estimativas mostraram-se realistas no passado. É possível que a ofensiva do Tet — que deixou claro para o público americano que a versão oficial da história vietnamita era uma ilusão ou uma mentira — também tenha convencido os responsáveis pela política americana de que não restam alternativas militares, a não ser alterar drasticamente a natureza da guerra e dar um largo passo em direção à Terceira Guerra Mundial. Neste caso, descortinam-se perspectivas de paz, ou seja, de retirada das tropas americanas. A retirada pode levar o nome de "acordo negociado"; pode ser chamada também de "vitória". O importante não são as palavras, mas a substância: a devolução do Vietnã aos vietnamitas.

Caberia supor, embora seja improvável, que a resistência vietnamita aceite menos. Uma lição que puderam aprender ao longo dos últimos vinte anos é que as únicas vitórias que duram são as militares. Não se pode confiar nas grandes potências. Elas são capazes de recorrer à traição e à subversão para solapar qualquer acordo diplomático. Parece improvável que a FLN deponha armas enquanto for capaz de manter o controle de partes consideráveis do Vietnã do Sul, ou que aceite uma participação *pro forma* num governo de coalizão, exatamente como era improvável que a resistência francesa de 25 anos atrás tivesse posto fim à luta ante uma oferta de assumir o Ministério da Saúde no governo de Vichy.

Nos últimos dias de janeiro, cerca de 50 mil a 60 mil vietcongues, dos quais aproximadamente 10% eram norte-vietnamitas,[84] ocuparam a maior parte das zonas urbanas do Vietnã do Sul, naturalmente com a cooperação de centenas de milhares de moradores. A reação americana foi: destruir. De acordo com a Associated Press, "bombas pesadas, foguetes, artilharia naval, *napalm*, gás lacrimogêneo e todas as armas terrestres habituais, dos obuses de oito polegadas aos canhões de tanques, estão sendo usados em áreas urbanas de alta densidade populacional".[85] Robert Shaplen informava de Saigon:

> Cerca de uma dúzia de áreas distintas, abarcando talvez 60 ou 70 quarteirões, haviam sido totalmente incendiadas. Eram quase todas áreas residenciais. (...) A maioria dos estragos resultou de ataques com foguetes desfechados por helicópteros armados e outros aeroplanos americanos, embora também houvesse utilização de artilharia e combates terrestres. (...) Uma moderna fábrica têxtil orçada em 10 milhões de dólares, contendo 40 mil fusos, foi completamente destruída pelas bombas, pois se suspeitava que fosse um esconderijo dos vietcongues.

O correspondente do *Le Monde* — obrigado pouco depois a deixar o país — informava que

> nos subúrbios populares, a Frente demonstrou que a única maneira de eliminar o seu controle é através da destruição sistemática. Para desalojá-la, a força aérea teve de arrasar muitas áreas residenciais. Fugindo dos bombardeios, dezenas de milhares de refugiados amontoam-se no centro da cidade.[86]

Hué foi praticamente destruída pelas tropas americanas, quarteirão por quarteirão, casa por casa. Segundo uma fonte militar americana, 119 fuzileiros navais americanos foram mortos nessa operação, juntamente com 1.584 "norte-vietnamitas" e cerca de 3.000 civis.[87] Charles Mohr informava que "em cidades como Hué, Vinhlong, Bentre e Mytho, uma terrível destruição foi desencadeada quando as forças aliadas, sob cerco, decidiram aniquilar as forças vietcongues atacantes, destruindo os lugares onde se haviam instalado".[88]

O cientista político americano Milton Sacks tem a dizer apenas o seguinte, num artigo sobre esses acontecimentos: "Em termos convencionais, parece agora claro que os comunistas sofreram uma derrota militar em sua ofensiva do Tet. Sacrificaram a vida de milhares de seus soldados sem garantir o controle de uma única província ou cidade importante" — sem uma única palavra, por parte deste especialista no Sudeste Asiático, sobre os meios empregados para conseguir esta "derrota" ou seu significado político.[89] Os funcionários americanos em serviço na região conseguem transmitir uma visão mais global. Um deles, citado por Charles Mohr, declarava: "O governo venceu as recentes batalhas, mas é importante levar em consideração como venceu. Inicialmente, o Vietcong estava vencendo e controlando tudo em certas cidades, exceto o complexo militar americano e uma posição sul-vietnamita." O senador Mansfield também se mostra consciente da realidade: "(...) os povoados, aldeias e cidades são considerados integrados em caráter alveolar a uma infra-estrutura da Frente de Libertação Nacional que sem dúvida existe há muitos anos, continua intacta e pode muito bem estar mais forte que nunca"; não existe no Vietnã do Sul "sequer o esboço de uma situação política estável".[90]

Numa transmissão radiofônica de Saigon, Howard Tuchner, da NBC, afirmava que "não resta dúvida de que a posição militar americana no Vietnã é hoje mais fraca do que nunca. Hoje os oficiais americanos em Saigon sentem pela primeira vez que os Estados Unidos podem perder a guerra militarmente".[91] A situação militar não é amplamente debatida, mas, segundo um despacho, "informa-se que mais de 1.000 aviões e helicópteros foram destruídos ou danificados, principalmente por foguetes de 122mm de fabricação russa com alcance de dez quilômetros ou mais". Segundo um congressista não identificado, "um terço dos helicópteros americanos no Vietnã foi destruído ou tirado de combate indefinidamente (...) as perdas foram quase tão pesadas em aviões, especialmente os de carga". Informava-se que a marinha teria enviado uma porta-helicópteros à região norte do Vietnã do

Sul, aparentemente na esperança de que infiltradores da FLN pelo menos não conseguissem penetrar este santuário.[92]

No delta do Mekong, as principais cidades sofreram pesados danos — em certos casos, foram praticamente destruídas —, à medida que os americanos decidiam, caso após caso, "destruir a cidade para salvá-la", nas palavras do major americano responsável pela vitória em Ben Tre.[93] Ainda assim, em abril, as informações procedentes do interior são confusas. Mas a situação geral está clara pelo fato de que o SIV retirou a maior parte de seus voluntários em vista das "condições de segurança". Um deles informava em fevereiro: "Diminuiu muito nos últimos meses o número de lugares em que podemos posicionar voluntários com segurança"; um outro afirmava que "nós todos sabíamos que a segurança no interior estava cada vez pior".[94] De acordo com o senador sul-vietnamita Vong A Sang, atualmente o governo controla "apenas um terço do país", estando o restante ocupado pelo Vietcong.[95] A natureza da guerra americana é assim indicada por um funcionário americano: "O que o Vietcong fez foi ocupar os povoados que havíamos pacificado, simplesmente para que os aliados chegassem e os bombardeassem. Por causa de sua presença, os povoados foram destruídos."[96] O mesmo relato indica que, na província de Binh Dinh — a província "modelo" da pacificação —, isto vinha acontecendo há meses, sem que fosse noticiado: "As manobras do inimigo em dezembro — encaradas por vários militares como uma 'preparação' para a ofensiva — provocaram uma onda de ataques aéreos aliados nas aldeias. Centenas de casas foram destruídas." O semanário *Newsweek* descreve detalhadamente a situação, citando um voluntário do SIV lotado em Can Tho, segundo o qual quase todas as baixas foram causadas por fogo americano, no contra-ataque: "Por mais incrível que pareça, nem um único vietnamita que encontrei em Saigon ou no delta responsabiliza o Vietcong pelos acontecimentos das duas últimas semanas."[97] É mesmo surpreendente.

A ofensiva do Tet provocou uma importante mudança na situação política nos Estados Unidos. O presidente Johnson anunciou que não se candidatará à reeleição. Alguns "candidatos pacifistas" — que ainda precisam discutir as questões políticas fundamentais — receberam considerável apoio. Pela primeira vez, o governo americano parece disposto a ensaiar alguns passos na direção de negociações sérias. O fato de que somente uma grave derrota militar tenha sido capaz de promover tais mudanças no clima político equivale a uma devastadora condenação do estado da democracia americana. A julgar por nosso histórico, só a persistência dos reveses militares no Vietnã e a ameaça de um grave desequilíbrio interno serão capazes de incitar o governo a tomar medidas concretas que levem à paz. Pela primeira vez, parece haver uma esperança concreta de que a guerra terminará sem o extermínio dos vietnamitas. Entretanto, aqueles que têm se dedicado a trabalhar pela paz no Vietnã não podem deixar de entristecer-se ao constatar que não conseguiram criar no país a consciência de que não temos o direito de conquistar uma vitória militar. Foi o milagroso heroísmo da resistência vietnamita que nos obrigou a dar esses passos hesitantes em direção à paz no Vietnã. Isto não representa um julgamento político das diferentes correntes da sociedade vietnamita, mas apenas a constatação pura e simples de fatos incontornáveis. Para o chamado "movimento pacifista", os recentes acontecimentos representam um grande desafio. O "movimento pacifista" há muito se vem escorando em piadas baratas sobre Lyndon Johnson e na focalização de questões marginais como o bombardeio do Vietnã do Norte. O desafio que agora enfrenta é o de criar o entendimento de que não temos o direito de estabelecer quaisquer condições para um acordo político no

Vietnã; de que as forças militares americanas devem ser retiradas do Vietnã, assim como dos outros Vietnãs em ebulição pelo mundo; de que o poder, os recursos e as capacidades técnicas da América devem ser usados para construir, e não para reprimir ou "conter" ou destruir.

Notas

1. Howard Zinn, *Vietnam: The Logic of Withdrawal* (Boston, Beacon Press, 1967).
2. *Congressional Record*, 12 de junho de 1967.
3. Citado em *I. F. Stone's Weekly*, 3 de abril de 1967.
4. William Johnstone, "United States Policy in Southern Asia", *Current History*, vol. 46 (fevereiro de 1965), pp. 65-70.
5. *New York Times*, 13 de maio de 1967.
6. *Ibid.*, 24 de maio de 1967.
7. *Christian Science Monitor*, 26 de maio de 1967.
8. *Congressional Record*, 13 de abril de 1967, S5054-7.
9. *Ibid.*, 3 de maio de 1967.
10. Denis Warner, *The Last Confucian* (Nova York, The Macmillan Company, 1963), p. 312.
11. Ver Roger Hilsman, *To Move a Nation* (Garden City, N.Y., Doubleday & Company, Inc., 1967), p. 529. O senador Fulbright, baseando-se em dados oficiais do Pentágono, concluiu que o Vietcong "recrutara 160 mil ao longo de 1965" (*The Truth about Vietnam, Report on the U.S. Senate Hearings of March 1966* [San Diego, Califórnia, Greenleaf Classics, Inc., 1966], p. 320). A testemunha, o general Maxwell Taylor, não questionou esta conclusão. O total relativo a 1964 é de 45 mil.
12. Akioka Ieshige, "Youth and Nationalism in Asia: South Vietnam", *Japan Quarterly*, vol. 14 (janeiro-março de 1967), pp. 38-39.
13. *Christian Science Monitor*, 24 de abril de 1967.
14. Ver Carl Rowan, em coluna jornalística de circulação nacional, 26 de março de 1967.

15. Um "alto funcionário" em Washington, comentando declaração neste sentido do embaixador Lodge, *New York Times*, 13 de agosto de 1965.
16. John Oakes, *New York Times*, 3 de abril de 1967.
17. *New York Times*, 6 de abril de 1967.
18. Shizuo Maruyama, "The Other War in Vietnam: The Revolutionary Development Program", *Japan Quarterly*, vol. 14 (julho-setembro de 1967), pp. 297-303.
19. As resenhas sobre *The Village of Ben Suc*, de Jonathan Schell (Nova York, Alfred A. Knopf, 1967), sem dúvida se destacam. John Dillin, em *Christian Science Monitor*, 2 de dezembro de 1967, considera o livro "lamentavelmente incompleto", por não tirar "conclusões quanto à eficácia desses maciços e dispendiosos esforços americanos". De seu ponto de vista, o livro apresenta "uma crítica branda do papel dos Estados Unidos e do Vietnã do Sul", conclusão que não pode deixar de espantar o leitor, até que ele se dá conta de que Dillin nada vê de condenável na "evacuação e total destruição de quatro aldeias controladas pelo Vietcong, entre elas Bensuc", "uma próspera aldeia" de agricultores "saudáveis e relativamente prósperos".

    John Mecklin (*New York Times Book Review*, 29 de outubro de 1967) pelo menos se dá conta de que o leitor provavelmente sentirá "violenta repulsa à medida que se for delineando a brutalidade do quadro descrito por Schell", e se vê obrigado a reconhecer que "boa parte da denúncia de Schell (...) é justificada, correta e necessária". Mas ele a considera injusta; por exemplo, por não mencionar os "monstruosos problemas com que se defronta o esforço dos Estados Unidos", especificamente, a falta de autoridade de comando sobre o regime de Saigon (o que naturalmente não tem a menor relevância para esta operação puramente americana, levada a efeito sem que os vietnamitas fossem informados) e "os períodos lamentavelmente curtos de prestação de serviço (...) dos americanos no Vietnã, o que impossibilita a aquisição da experiência tão necessária em situações como as de Bensuc". Ainda assim, ele considera que o livro "devia ser leitura obrigatória do Pentágono (...) pela tão rara identificação das áreas críticas em que os Estados Unidos poderiam estar-se saindo melhor no Vietnã", presumivelmente, levando a efeito operações como esta de maneira mais eficiente ainda no futuro.

Reações desta natureza refletem um abjeto eichmanismo que na realidade também deve explicar a reação limitada à notícia sobre a operação em Ben Suc originalmente publicada no *New York Times* em 11 de janeiro de 1967. A pacificação em Ben Suc fora um total fracasso, de tal maneira que "a única solução militar ou política para este lugar", de acordo com o coronel americano no comando, era o reassentamento forçado. Naturalmente, nem todos os habitantes ficaram satisfeitos. "Suponho que haverá muito choro e ranger de dentes, mas eles terão de fazer o que for ordenado", declarou o coronel. Naturalmente, era possível que nem todos se dispusessem a obedecer. "Quarenta e um aldeões não obedeceram. No decorrer do dia, foram caçados e mortos." Conclusão? "Muito em breve o governo não precisará se esforçar para conquistar corações e mentes em Bensuc. Simplesmente não haverá Bensuc."

Fica até difícil decidir o que é mais escandaloso, os acontecimentos em si mesmos ou a reação fria diante deles.

Mecklin, por sinal, é o autor de alguns dos mais espantosos comentários sobre o Vietnã. Em resenha publicada na *New York Times Book Review*, 4 de junho de 1967, ele atribui a Thich Nhat Hanh a proposta absurda de que "tanto os americanos quanto os comunistas (...) se retirem e permitam que os vietnamitas resolvam tudo". Caberia esperar que ele se desse conta, na qualidade de oficial graduado da missão americana em Saigon de 1962 a 1964, de que os vietcongues eram vietnamitas, especialmente levando-se em conta que, pelo fim de 1962, os funcionários americanos em Saigon estimavam que "cerca de metade dos sul-vietnamitas apóiam a FLN" (Robert Scigliano, *South Vietnam: Nation Under Stress* [Boston, Houghton Mifflin Company, 1963], p. 145). Em seu livro *Mission in Torment* (Garden City, N.Y., Doubleday & Company, Inc. 1965), Mecklin refere-se ao camponês vietnamita como um homem cujo "vocabulário é limitado a algumas centenas de palavras", cujo "poder de raciocínio (...) vai apenas um pouco além do nível de um americano de seis anos de idade", cuja "mente é destreinada, e portanto se atrofia" (p. 76); estranhamente, no entanto, as táticas políticas e militares dos vietcongues, recorrendo a técnicas "habilidosamente entrelaçadas na vida e no temperamento do camponês vietnamita", "desarmavam não só a missão americana como os dirigentes aristocráticos do regime de

Diem" (pp. 78-79). Suas forças "eram surpreendentemente sofisticadas (...) dispondo de fábricas de armas nas selvas, redes de radiofonia, hospitais clandestinos, gráficas para a impressão de material de propaganda (...) operadores de câmera filmando a ação" durante emboscadas (p. 79); para as forças governamentais, os vietcongues pareciam "verdadeiros gigantes". E assim por diante. Para maiores informações sobre as conquistas dessas mentes atrofiadas, ver Malcolm Browne, *The New Face of War* (Indianápolis, The Bobbs-Merrill Co., Inc., 1965).

20. Kyozo Mori, "The Logic and Psychology of North Vietnam", *Japan Quarterly*, vol. 14 (julho-setembro de 1967), pp. 286-96. Segundo Bernard Fall, "os indefesos refugiados", em sua maioria fugindo de "bombardeios aéreos e de artilharia", é que "constituem a totalidade dos 5% da população que teriam ficado sob o controle do governo" em 1966. Ver seu livro *Last Reflections on a War* (Garden City, N.Y., Doubleday & Company, Inc., 1967), p. 157. Por meios assim é que aumentamos o nosso "controle" da população do Vietnã do Sul.
21. R. W. Apple, *New York Times*, 22 de julho de 1967.
22. *Christian Science Monitor*, 8 de julho de 1967.
23. Ver a matéria principal de *Christian Science Monitor*, 20 de setembro de 1967, tentativa de definir o que aconteceu nos bastidores.
24. Para uma criteriosa análise das eleições por parte de um especialista americano em Sudeste Asiático que se concentra em problemas de política e eleitoral, ver *Dr. David Wurfel Reports on Vietnam*, Methodist Division of Peace and World Order, 100 Maryland Ave. N.E., Washington, D.C., 21 de setembro de 1967.
25. *New York Times*, 23 de setembro de 1967.
26. *Christian Science Monitor*, 21 de dezembro de 1967.
27. Citado em *New Republic*, 6 de janeiro de 1968, p. 29, de uma entrevista com Henry Brandon, do *Sunday Times* de Londres.
28. *New York Times*, 18 de dezembro de 1967.
29. Ver *Christian Science Monitor*, 18 de dezembro de 1967, contendo muitos detalhes.
30. *New York Times*, 18 de dezembro de 1967.
31. *Congressional Record*, 24 de agosto de 1965, S20654.
32. *New York Times*, 8 de dezembro de 1967.

33. *Ibid.*, 6 de dezembro de 1967.
34. *Christian Science Monitor*, 10 de janeiro de 1967.
35. *New York Times*, 21 de novembro de 1967.
36. *Christian Science Monitor*, 24 de novembro de 1967.
37. Ver *Congressional Record*, 18 de setembro de 1967, H11979, H12030-8, contendo uma síntese.
38. Muselier residente ao superior residente, dezembro de 1897, citado em *Vietnam: Fundamental Problems* (Vietnamese Studies, nº 12; Hanói, *Foreign Languages Publishing House*, 1966), p. 35.
39. Lawrence Morrison, chefe da Divisão Industrial e da Mineração, U.S.O.M., Saigon, 1955-1957, em Richard W. Lindholm, org., *Vietnam: The First Five Years* (East Lansing, Michigan State University Press, 1959), p. 215.
40. Ver, por exemplo, o relato de David Halberstam, "Return to Vietnam", *Harper's*, dezembro de 1967, pp. 47-58.
41. *Boston Globe*, 12 de janeiro de 1967. Em maio de 1968, Ton That Thien foi nomeado ministro da informação em Saigon.
42. *Last Reflections on a War*, pp. 33, 47. A analogia estabelecida por Ton That Thien com as guerras indígenas aparentemente sensibiliza os militares. Segundo Mecklin (*Mission in Torment*, p. 27), do lado de fora da sala de comando do quartel-general do almirante Felt em Honolulu havia uma notificação que supostamente representava as ordens permanentes dos Rogers' Rangers nas guerras com a França e os índios. Em depoimento na Comissão de Relações Exteriores do Senado, o general Maxwell Taylor considerava que nosso problema no Vietnã era basicamente de "segurança": "Tenho dito com freqüência que é muito difícil plantar o milho fora da paliçada quando os índios ainda estão por perto. Em muitas províncias, precisamos afastar mais os índios para realmente conseguir algum progresso" (*The Truth about Vietnam*, p. 267). Ver também Anthony Harrigan, *A Guide to the War in Vietnam* (Boulder, Colorado, Panther Publications, 1966), com uma visão da guerra que provavelmente é representativa de um significativo segmento da opinião pública americana. Ele frisa que as tropas americanas estão "recuperando um estado de espírito que caracterizava as tropas americanas na conquista de um continente às turbulentas tribos indígenas", no momento em que se empe-

nham numa guerra na qual "o soldado americano não é capaz de distinguir um vietcongue dos 'amigos'", na qual "o rosto sorridente do agricultor em seu búfalo da Índia, do outro lado da cerca da pista de pouso, pode ser o de um vietcongue planejando jogar uma granada em você ou no seu avião", na qual os budistas de Tri Quang se "transformaram num instrumento nas mãos dos inimigos do povo do Vietnã do Sul", na qual "a agitação em torno dos gases lançados mais uma vez serve para lembrar que proteger um povo contra a agressão comunista geralmente é uma tarefa ingrata" etc. etc.

43. Richard A. Falk *et al.*, *Vietnam and International Law* (Flanders, N.J., O'Hare Books, 1967), p. 85.

44. "United States Policy and Vietnamese Political Viability", 1954-1967, *Asian Survey*, vol. 7 (agosto de 1967), pp. 507-14. Ele acrescenta a confusa observação de que se este Vietnã do Sul independente fosse viável, forte, popular, esclarecido e eficaz, "seria mais fácil lidar com as repercussões internacionais e diplomáticas da existência *de facto* de dois Vietnãs, especialmente no que diz respeito à regulamentação das relações entre o Vietnã do Norte e o do Sul em futuras consultas e eleições que nós em Washington prevíamos para algum momento, talvez em 1956 ou talvez um pouco depois". Mas os acordos de Genebra que nos comprometemos a observar nada dizem sobre "a existência *de facto* de dois Vietnãs", nem sobre um "Vietnã do Sul independente" como um "Estado forte e viável". Naturalmente, é um absurdo falar de um Estado independente e viável delimitado por uma linha de demarcação provisória que "de modo algum deve ser interpretada como fronteira política ou territorial". É interessante, por sinal, que o sr. Young seja capaz de resumir o empenho americano em "promover a viabilidade política" no Vietnã entre 1954 e 1967 sem uma única menção ao que aconteceu com aquelas eleições que "prevíamos para (...) 1956 ou talvez um pouco depois".

Richard Falk chamou a atenção para a hipocrisia da acusação de que o Vietnã do Norte desafiou a ordem mundial com sua "agressão indireta" ao Vietnã do Sul na década de 1960, observando que "no Vietnã, foi o estabelecimento por parte de Saigon de uma fronteira política no paralelo 17, e não a subseqüente tentativa de removê-la, que representou um desafio coercitivo à ordem mundial", já que o "acerto político obtido em Genebra em 1954 continha uma fórmula para a eliminação (e não para a manutenção) da divisão" ("International Law and the United States Role in Vietnam", *Yale Law Journal*, vol. 76 [maio de 1967], p. 1118). Da mesma forma, o empenho americano de aumentar o poderio militar do regime de Saigon, capacitando-o a esmagar a oposição interna e instituir a "sombria ditadura" que posteriormente seria deplorada pelos partidários do envolvimento americano, constituía clara violação do compromisso por nós assumido em Genebra de não recorrer à força ou à ameaça de usá-la em desrespeito aos acordos. O secretário Dulles mostrou-se tão sincero quanto Kenneth Young a respeito de nossa intenção de não respeitar os acordos de Genebra, anunciando que pretendíamos armar "os Estados verdadeiramente independentes do Camboja, do Laos e do Vietnã do Sul" (*Department of State Bulletin*, 2 de agosto de 1954, citado em George M. Kahin e John W. Lewis, *The United States and Vietnam* [Nova York, The Dial Press, 1967], p. 61).

É por sinal extraordinário que nossa declarada insatisfação com os acordos e nossa proclamada intenção de descumpri-los de certa maneira pareçam hoje com freqüência eximir-nos da obrigação de honrá-los, assim como de quaisquer ônus por sua violação.

45. Citado em R. Scigliano, *op. cit.*, p. 196, extraído de Philippe Devillers e Jean Lacouture, *La Fin d'une guerre: Indochina, 1954* (Paris, Éditions du Seuil, 1960).
46. "Vietnam: the Agonizing Reappraisal", *Current History*, vol. 48 (fevereiro de 1965), pp. 95-102. Em seu livro *The Two Vietnams*, ed. rev. (Nova York, Frederick A. Praeger, Inc., 1964), Fall afirma (p. 402) que "a infiltração de grupos guerrilheiros" no norte "tem sido reiteradamente tentada nos últimos anos, fracassando redondamente. (...) As perdas são estimadas atualmente em torno de 85% dos contingentes envolvidos em tais operações". Isto apesar do "clima de total tranqüilidade" que ele mesmo pôde observar em visita ao Vietnã do Norte no outono de 1962, quando essas operações estavam em andamento: "(...) não havia guardas nas torres de observação, nem patrulhas aéreas. Os policiais de Hanói sequer usam revólveres" (*Saturday Evening Post*, 24 de novembro de 1962, pp. 18-21). Cf. os recentes relatos de David Schoenbrun e outras teste-

munhas oculares, observando o mesmo fenômeno, considerado por Fall "uma das realidades mais terríveis do Vietnã do Norte".

47. Richard Goodwin, *Triumph or Tragedy* (Nova York, Vintage Books, 1966), p. 26. São muitos os relatos como este. Para citar um dos mais recentes, Louis Heren escreve no *Times* de Londres, 20 de abril de 1968, de Washington, que a CIA "efetivamente mobilizou sabotadores no norte a partir de 1959. Eles eram lançados de pára-quedas ou desembarcados no litoral por embarcações de patrulha, e em 1962 e 1963 a ala de transporte aéreo da força aérea sul-vietnamita estava sob o comando do vice-presidente Ky. Sabe-se que o lançamento de pára-quedistas estava sob sua responsabilidade. Os agentes eram sul-vietnamitas e treinados pela CIA em campos para forças especiais, particularmente o 77º Grupamento de Forças Especiais. Os homens-rã eram treinados em Da Nang. Além de destruir pontes e outros pontos vulneráveis, ele deviam organizar a guerra de guerrilha, especialmente nas regiões católicas. Ambas as operações foram um completo fiasco, tendo sido reconhecido em 1963 um índice de 95% de baixas, mas o comércio de ópio florescia". Heren passa então a analisar as possíveis ligações dessas operações com o comércio de ópio, assim como os relatos, que estão sendo investigados por uma subcomissão do Senado, de que o marechal Ky foi desligado da operação por causa de seu envolvimento no contrabando de ópio.

48. Dean Rusk, 5 de dezembro de 1966. Citado em Theodore Draper, *Abuse of Power* (Nova York, The Viking Press, Inc., 1967), p. 45. Seria difícil exagerar o caráter espantoso do material reunido por Draper, especialmente no que diz respeito aos pronunciamentos de Dean Rusk.

49. *New York Times*, 7 de junho de 1965. Pesquisas realizadas para a CBS em novembro de 1966 e fevereiro de 1967 indicam que até mesmo "entre sul-vietnamitas fortemente anticomunistas (...) expostos basicamente a propaganda governamental ainda existe aparentemente uma rejeição da idéia americana de que a guerra é conseqüência de uma 'agressão do norte'" (Richard Falk, "International Law and the United States Role in Vietnam", p. 1102 n.). Os resultados são reproduzidos no *Times*, 22 de março de 1967. Até mesmo nessa amostragem tendenciosa da opinião pública sul-vietnamita, 83% declaravam-se a favor (5% declaravam-se contra) da reunificação com o norte após o fim da guerra, sendo mani-

festada preferência pela ênfase nas negociações, contra a ampliação das operações militares para o norte, numa proporção de 4 para 1.

A pesquisa entre prisioneiros vietcongues mencionada acima demonstrava que "poucos se consideravam comunistas ou eram capazes de dar uma definição do comunismo" e confirmava a avaliação de muitos observadores de que "o Vietcong funciona muito mais através da persuasão e da doutrinação que do autoritarismo dos exércitos tradicionais". Muito tem sido enfatizado, inclusive por parte daqueles que apóiam o envolvimento americano no Vietnã, que "seria um grave erro considerar que o poder comunista no Vietnã do Sul baseia-se sobretudo no terrorismo ou no poderio militar, ou mesmo na indiferença de um campesinato ignorante" (Scigliano, *op. cit.*, p. 158). Fora do Departamento de Estado, é quase unânime a convicção de que "o fato, em termos históricos, é que a força, na luta pelo sul, foi usada inicialmente pelo regime de Diem, e não pelos comunistas", de que estes, além disso, mostraram-se muito mais contidos, de que embora "a orientação e a assistência do norte" possam ter constituído um fator importante no "impressionante êxito" da FLN, "não teriam avançado muito sem apoio popular" e de que "a guerra começou como uma guerra civil no sul", muito antes de ter início a alegada infiltração (Joseph Buttinger, *Vietnam: A Dragon Embattled* [Nova York, Frederick A. Praeger, Inc. 1967], vol. 2, pp. 976 seg., 981-82). O estudo de Buttinger é muito interessante, não só por sua ampla e criteriosa seriedade acadêmica mas também pelo fato de ter sido ele, durante muitos anos, um decidido adepto do regime de Diem e do envolvimento americano em seu apoio. Ele explica, por exemplo, por que Diem não foi capaz de evoluir para estruturas democráticas e representativas: "A realização de eleições locais teria proporcionado ao Vietminh o controle da maioria das comunidades rurais. O Vietminh não só era popular e estava efetivamente no controle político de amplas regiões como era o único a dispor de colaboradores com a necessária capacidade organizacional para explorar quaisquer oportunidades de expressão democrática propiciadas pelo regime." Desse modo, "quaisquer organizações livremente constituídas também teriam sido dominadas pelo Vietminh" (p. 856); ele acrescenta que "a FLN era na realidade o Vietminh ressuscitado" e fala da "semelhança, ou melhor, quase identidade entre o

Vietminh e a FLN". Analisa igualmente o progresso econômico muito mais acentuado do norte (cf. pp. 928, 966 e seg.), observando que a repressão da dissidência no norte era menos severa que no sul, em grande medida, segundo acredita, porque a dissidência era menos perigosa (cf. pp. 964 e seg.).

50. A motivação de "boa parte do empenho americano no Vietnã", segundo Scigliano, que participou do Grupo Consultivo sobre o Vietnã da Universidade Estadual de Michigan. Em compensação, "muito pouco dos recursos e energias americanos tem sido dedicado a metas políticas, em contraste com os objetivos militares e econômicos". Sua detalhada análise das estatísticas relativas à ajuda demonstra a esmagadora predominância da ajuda militar, até mesmo no "desenvolvimento econômico e social", e que até a autêntica ajuda econômica era em grande parte encaminhada para partes relativamente afluentes da população. Ver resumo às pp. 135 e seg.
51. Saville Davis, *Christian Science Monitor*, 21 de outubro de 1967.
52. "Not a Dove, But No Longer a Hawk", *New York Times Magazine*, 9 de outubro de 1966.
53. Quanto aos militares, Jonathan Randal assinala no *New York Times*, 11 de junho de 1967, que "um único oficial de patente superior à de tenente-coronel não serviu no exército francês contra o Vietminh durante a guerra da Indochina". Talvez seja em parte por isto que o exército do ARVN tenha pouco interesse pela guerra, ao passo que "o Vietcong é capaz de transformar o mesmo recruta recalcitrante num tigre em seis meses" (assessor regimentar americano), e talvez também explique em parte os índices de deserção citados por Randal no caso dos batalhões de elite em 1966: 22% nas forças armadas como um todo, 31% nas tropas de assalto, 33% entre os fuzileiros navais e 45% nos batalhões aerotransportados.
54. Ver Halberstam, *op. cit.*, contendo algumas indicações da inacreditável corrupção daqueles a que se refere como "nossos vietnamitas", cujo cinismo tem permanentemente escandalizado os jornalistas americanos. Malcolm Browne, por exemplo, informa que oficiais militares vietnamitas têm ordenado que povoados sejam "apagados do mapa a bomba" por pilotos americanos para acobertar casos de suborno (*op. cit.*, p. 210).

55. Kahin, *op. cit.* (ver nota 8), informa que o pessoal médico do hospital de Hué estimava que "quase 90% das baixas de guerra eram provocadas por bombardeios aéreos e artilharia americanos e sul-vietnamitas", e que um americano que trabalhava no hospital de Quangnai "estimou que cerca de 70% de todas as baixas civis haviam sido infligidos por bombardeios e artilharia americanos, sul-coreanos e sul-vietnamitas". Note-se que estas estimativas referem-se a áreas mais ou menos sob controle americano, nas quais as vítimas têm esperança de ser levadas a hospitais. O espantoso é que haja nessas áreas um número substancial de baixas causadas por forças americanas e aliadas. Até mesmo no hospital de Saigon, Kahin viu muitas vítimas de *napalm*, a maioria crianças — tendo sido informado por estudantes de medicina de que "o governo adota a política de dispersar ao máximo as vítimas de *napalm* que são levadas a hospitais, para que os visitantes não sejam levados à conclusão de que elas são em tão grande número".

As reações americanas diante de constatações dessa natureza muitas vezes são espantosas. A título de exemplo, o senador Proxmire incluiu no *Congressional Record* (26 de maio de 1965, S 11799-801) uma coonestação da política do governo assinada por Thomas Ross no *Chicago Sun-Times*, 3 de maio de 1965, para mostrar como os autênticos especialistas apóiam o governo. Apoiar o governo é efetivamente o que ele faz. Frisa também que "o Vietcong adquiriu um alto grau de imunidade" e "se movimenta livremente pela maior parte do país, muito pouco temendo que a população venha a traí-lo frente ao governo". Assim é que tem sido necessário mudar a estratégia militar da contra-insurgência para a guerra clássica. Entretanto, observa ele, "ainda é muito cedo para dizer se as armas sofisticadas e as tropas terrestres convencionais terão êxito numa situação em que fracassou a contra-insurgência. Na realidade, há indicações de descontentamento popular com o crescente emprego do *napalm*, o que não surpreende quem tenha observado uma ala de hospital cheia de mulheres e crianças sangrando e queimadas da cabeça aos pés". Embora o sr. Ross e o senador Proxmire possam exigir provas, outros serão capazes de tirar suas próprias conclusões, mesmo antes do inevitável estudo da RAND Corporation.

56. Trechos de seu depoimento secreto são reproduzidos no *New York Times*, 2 de fevereiro de 1968. O Vietcong vai gostar de saber, com base em seu depoimento, que nós não "buscamos a rendição das forças vietcongues; seria suficiente que depusessem armas e assumissem seu lugar como cidadãos pacíficos do Vietnã do Sul, ou que se transferissem para o norte, se assim desejarem". Caberia presumir que a diferença entre "rendição" e "deposição de armas" seja explicada na parte censurada do depoimento.

   A observação evoca a de um outro eminente *pacifista*, Arthur Goldberg, que, em declaração nas Nações Unidas amplamente considerada "conciliatória", assim descreveu nossa posição: "Não serão mantidos no Vietnã do Sul ou do Norte contingentes armados, forças militares nem bases, senão os que estiverem sob controle dos respectivos governos" (*New York Times*, 22 de setembro de 1967). Em outras palavras, o Vietcong não precisa render-se; pedimos apenas que deixe de existir como força militar. E uma vez que o governo que houvermos instaurado estabeleça total controle militar da situação, não teremos mais interesse em manter nosso exército no Vietnã. O alto comando alemão poderia delinear nos mesmos termos os seus objetivos na França.

57. Lyndon B. Johnson, *Congressional Record*, 15 de março de 1948, House, p. 2883.

58. Marcel Niedergang no *Le Monde hebdomadaire*, 18-24 de janeiro de 1968. O mesmo discurso foi citado em *New Statesman*, 1º de dezembro de 1967, por Hugh O'Shaughnessy, acrescentando que "coisas semelhantes estão acontecendo na Nicarágua, que é praticamente uma colônia americana onde a guerra de guerrilha teve início este ano". Em *The Nation*, 5 de fevereiro de 1968, pp. 166-67, Norman Diamond rememora a aplicação na Nicarágua de "técnicas avançadas de contra-insurgência que estão sendo desenvolvidas no Vietnã", entre elas bombardeios pesados em vastas regiões do país, "pacificação" e até o desvio de rios "para encobrir os rastros de bombardeios e massacres, além da devastação de florestas e da destruição de aldeias" — tudo sob a orientação paternalista dos "assessores" americanos. A imprensa americana ainda não se deu o trabalho de cobrir esses acontecimentos. De modo geral, a maneira como a imprensa ignora os acontecimentos da América Latina é escandalosa. A cobertura da América Latina no *Le Monde* tem alcance maior (e profundi-

dade incomparavelmente maior) que qualquer coisa encontrável na imprensa americana, a qual, exatamente como os estudos acadêmicos americanos, pouco se preocupa com a violência de origem americana praticada em outros países, desde que seja razoàvelmente bem-sucedida.

A mencionada declaração do vice-presidente da Guatemala muito provavelmente provocaria comoção nos círculos liberais se fosse publicada na imprensa americana. E no entanto, dificilmente se poderia ver a menor sombra de espanto diante de outros trechos do relato de Niedergang, como este por exemplo: "Segundo o sr. Antonio Palacios, do Banco da Guatemala, 'dois terços da população vivem em condições primitivas; o índice de mortalidade infantil é assustador'. Setenta por cento dos guatemaltecos com menos de 20 anos nunca foram à escola; a média de expectativa de vida mal ultrapassa os 40 anos; a fome e a falta de higiene são um verdadeiro flagelo; incontáveis destilarias clandestinas fabricam uma causticante aguardente chamada 'guaro', alimentando um destrutivo alcoolismo; 80% dos médicos concentram-se na capital; fora dela vigoram as leis do 'curandeiro' e as encantações associando o cristianismo às tradições maias. Finalmente, o índice de analfabetismo é de 83%, um dos mais elevados de toda a América Latina."

Cabe lembrar que em 1954 o povo da Guatemala estava dando alguns passos no sentido de se livrar desse tormento.

59. O que se pode depreender, por exemplo, da argumentação tortuosa e obscura de Martin Heidegger, o qual, numa conferência em 1935, considerava a Alemanha como "o país com maior número de vizinhos e portanto o mais ameaçado" pelas "grandes tenazes", pelo "caráter mundial" representado em sua forma mais grosseira na Rússia e na América, onde "o domínio (...) de um setor da massa indiferente tornou-se (...) uma furiosa arremetida que destrói toda ordem e todo impulso do espírito para a criação" (*Introduction to Metaphysics*, trad. Ralph Manheim, [New Haven, Connecticut, Yale University Press, 1959], pp. 45-46). A Alemanha, "a mais metafísica das nações", tem o dever de fazer frente ao "perigo do escurecimento do mundo", de "assumir sua missão histórica". "Se a grande decisão a respeito da Europa consiste em não promover o aniquilamento, esta decisão deve ser tomada em termos de novas energias espirituais emanando historicamente do centro", ou seja, da Alemanha — em 1935.

Para Heidegger, em 1935, a missão cultural da Alemanha é recapturar e fomentar a "suprema possibilidade do ser humano, tal como delineada pelos gregos" — o que parece perfeitamente natural, já que, ao lado do grego, "a língua alemã é (no que diz respeito às possibilidades do pensamento) ao mesmo tempo a mais poderosa e a mais espiritual de todas as línguas" (p. 57). Veja-se, comparativamente, o comportamento de Thomas Mann, que deixou a Alemanha em 1933 porque não podia, como "escritor alemão, que conheceu o que é a responsabilidade através do uso que faz da língua, manter-me calado, perfeitamente calado, diante de todo o mal irreparável que tem sido cometido diariamente, e que está sendo cometido em meu país, contra o corpo, a alma e o espírito, contra a justiça e a verdade, contra os homens e a humanidade" (citado em George Steiner, *Language and Silence* [Nova York, Atheneum Publishers, 1967], p. 102).

60. James Reston, *New York Times*, 24 de novembro de 1967. Reston não questiona que seja "na defesa desta doutrina" que estão morrendo homens no Vietnã, que este "princípio" é na realidade o que motiva Washington; mas reconhece que na "profunda perplexidade espiritual" causada pela imensa destruição, vem-se tornando difícil "acreditar na causa". Dias antes (15 de novembro), ele se perguntava sobre um dos grandes "mistérios e tragédias do Vietnã", "a reiterada recusa do governo de Hanói de falar de um acordo negociado". Em sua opinião, o motivo dessa "reiterada recusa" (que haverá de surpreender os leitores das colunas de notícias do *Times* nos últimos três anos) está no fato de que "Ho Chi Minh e seus colaboradores simplesmente não acreditam que os Estados Unidos seriam capazes de sacrificar tantos homens e recursos simplesmente para defender o princípio da resistência à agressão militar — para em seguida retirar-se, uma vez garantida a observância desse princípio"; Reston está convencido de que "o presidente Johnson é perfeitamente sincero" em "sua oferta de fazer a paz e se retirar".
61. Thruston Morton, que inseriu a declaração do SVI "Vietnam: An Inside View", da qual citamos trechos a seguir, em *Congressional Record,* 13 de dezembro de 1967, S18499. O próprio senador Morton ficou desiludido com a guerra porque nossas "atuais operações militares" aparentemente não estão conseguindo "conquistar corações e mentes dos vietnamitas".

Ele considera que não seremos capazes de alcançar esta meta quando "pelo menos um terço de toda a população do Vietnã é de refugiados expulsos de suas terras e de suas casas por ações militares americanas". O incrível é que reaja a esta atrocidade levantando questões sobre a possibilidade de que tenhamos êxito, em momento algum questionando a legitimidade de nossa tentativa de conquistar corações e mentes.

62. Uma pesquisa internacional divulgada pelo Instituto Gallup no dia 8 de novembro de 1967 ilustra como anda a opinião pública mundial sobre esta questão. Em 11 países, foi feita a pergunta: "Qual dessas afirmações mais se aproxima da maneira como você se sente a respeito da guerra no Vietnã?" A. Os Estados Unidos devem começar a retirar suas tropas; B. Os Estados Unidos devem manter o atual nível de seu envolvimento em combate; C. Os Estados Unidos devem aumentar o poderio de seus ataques contra o Vietnã do Norte; D. Sem opinião.

Foram os seguintes os percentuais:

	A	B	C	D
Finlândia	81	4	5	10
Suécia	79	10	4	7
Brasil	76	5	5	14
França	72	8	5	15
Índia	66	4	8	22
Alemanha Ocidental	58	11	14	17
Argentina	57	6	6	31
Inglaterra	45	15	15	25
Canadá	41	16	23	20
Estados Unidos	31	10	53	6
Austrália	29	18	37	16

A pesquisa foi mencionada no *New York Times* de 27 de novembro, em matéria sobre uma pesquisa nacional intitulada "Johnson vê reação positiva em pesquisa". A maneira como se informava a seu respeito era tal que poucos leitores poderiam tomar consciência desses fatos altamente relevantes, e os percentuais não eram fornecidos. Em novembro, o diário britânico *Daily Mail* informava que 66% dos entrevistados numa pesquisa consideraram que a Grã-Bretanha não devia apoiar os Estados Unidos, e que 21% diziam que devia.

É uma pena que a imprensa não considere necessário divulgar prontamente este tipo de informação. Nos países em que o governo se mostra de alguma forma sintonizado com a opinião pública, esta enorme onda de oposição aos Estados Unidos mais cedo ou mais tarde haverá de se traduzir em isolamento diplomático e talvez também numa tentativa de erigir uma contraforça para conter o poderio americano. As conseqüências poderiam ser desastrosas. A longo prazo, ninguém sai ganhando com a omissão desses fatos.

63. Louis Halle, "Overestimating the Power of Power", *New Republic*, 10 de junho de 1967, pp. 15-16. Os comentários de Halle pouco mais são que uma paráfrase da famosa declaração de McKinley sobre a maneira como a orientação divina levou-o à solução para o problema do trato com as Filipinas:

> Não sei como aconteceu, mas ela veio; 1) que não poderíamos devolvê-las à Espanha — o que seria covarde e desonroso; 2) que não poderíamos entregá-las à França ou à Alemanha — nossas rivais comerciais no Oriente — o que seria um mau negócio e desmoralizante; 3) que não poderíamos deixá-las por conta própria — pois não eram capazes de governar a si mesmas — e logo haveria de implantar-se lá uma anarquia e um desgoverno piores que os da Espanha; e 4) que a única coisa que nos restava fazer era assumir tudo e educar os filipinos, promovê-los, *civilizá-los* e *cristianizá-los*, e pela graça de Deus fazer por eles o máximo que estivesse ao nosso alcance, como semelhantes pelos quais Cristo também morreu. E então fui para a cama, fui dormir e dormi profundamente...

Citado em Hernando J. Abaya, *The Untold Philippine Story* (Quezon City, Filipinas, Malaya Books, Inc., 1967), p. 3.

64. Ver pp. 255, 364.
65. "The Philippines: Contour and Perspective", *Foreign Affairs*, vol. 44 (abril de 1966), pp. 501-11.
66. Onofre D. Corpuz, *The Philippines* (Englewood Cliffs, Nova Jersey, Prentice-Hall, Inc., 1965), pp. 66, 70.
67. Ver referências na nota 64.

68. Ver John Oakes, *New York Times*, 3 de abril de 1967.
69. "The Faceless Viet Cong", *Foreign Affairs*, vol. 44 (abril de 1966), pp. 347-72. Carver é identificado aqui apenas como um "estudante de teoria política e questões asiáticas, graduado em Yale e Oxford; ex-oficial na missão americana de ajuda em Saigon; autor de *Aesthetics and the Problem of Meaning*".
70. Goodwin cita estimativas do Departamento de Estado segundo as quais, "de um total de aproximadamente 330 mil vietcongues, mortos ou vivos, somente 63 mil eram infiltradores". O que ele não acrescenta, contudo, é que até o início dos bombardeios americanos no norte em fevereiro de 1965, esses infiltradores eram em sua esmagadora maioria, e talvez exclusivamente, sul-vietnamitas, e em grande parte estavam aparentemente desarmados. Para um resumo dos fatos relevantes, ver Draper, *op. cit.*, e I. F. Stone, "A Reply to the White Paper", em *I. F. Stone's Weekly*, 8 de março de 1965, reproduzido em Marcus G. Raskin e Bernard B. Fall, orgs., *The Vietnam Reader* (Nova York, Vintage, 1965), pp. 155-62. O "Livro Branco" propriamente dito é reproduzido, juntamente com a devastadora análise de Stone, em Martin E. Gettleman, org., *Vietnam: History, Documents, and Opinions on a Major World Crisis* (Greenwich, Connecticut, Fawcett, 1965), pp. 284-316.
71. Ver por exemplo P. J. Honey, "The Foreign Policy of North Vietnam", em John D. Montgomery e Albert O. Hirschman, orgs., *Public Policy* (Cambridge, Massachusetts, Harvard University Press, 1967), vol. 16, pp. 160-80. Honey menciona como um dos "principais requisitos da política externa norte-vietnamita" "resistir às tentativas chinesas de dominar o Vietnã". Da mesma forma, em seu livro *Communism in North Vietnam* (Cambridge, Massachusetts, The M.I.T. Press, 1963), observa que Pham Van Dong, o segundo na cadeia de comando do Vietnã do Norte, não é "um extremista político, e sim um cauteloso moderado" que "declarou acreditar que os problemas da Ásia só podem ser resolvidos através da cooperação com as raças brancas", e que Vo Nguyen Giap é violentamente antichinês — por este motivo, prossegue, é que continua no controle do exército. Na realidade, conclui Honey, "existem sólidos fundamentos para a convicção de que a principal *raison d'être* da existência de um exército tão poderoso no Vietnã do Norte hoje em dia é proteger o país contra uma

possível agressão chinesa". Pontos de vista semelhantes são expressos por praticamente qualquer um que tenha examinado a questão. É particularmente interessante que sejam compartilhados por Honey, cujo militante anticomunismo chega a níveis extravagantes, levando-o freqüentemente à pura invenção — por exemplo, na afirmação de que os norte-vietnamitas recusaram-se a aceitar negociações no início de 1965 (*Public Policy*, vol. 16, p. 180) — e a alegações espantosas, como a de que boa parte da militância contra a guerra na Grã-Bretanha e nos Estados Unidos é promovida pelos partidos comunistas e financiada por Hanói — com direito a viagens gratuitas ao Vietnã do Norte para premiar os partidários mais leais (*ibid.*, p. 168). Ficamos imaginando se suas análises sobre o Vietnã do Norte, aparentemente levadas a sério pelos responsáveis por nossas políticas, evidenciam o mesmo senso da realidade que sua visão dos acontecimentos na Grã-Bretanha e nos Estados Unidos.

72. Vale a pena lembrar que a União Soviética tem muito mais motivos que nós para levar a sério a lição de Munique.
73. *Op. cit.*, p. 298.
74. Ver Arthur J. Dommen, *Conflict in Laos: The Politics of Neutralization* (Nova York, Frederick A. Praeger, Inc., 1964), p. 136.
75. Ver Buttinger, *op. cit.*; Kahin e Lewis, *op. cit.* É interessante examinar os relatos do período em questão, antes que surgisse a necessidade de reescrever a história para justificar posteriores atos declarados de agressão por parte dos Estados Unidos. Por exemplo, William Henderson, na época executivo do Conselho de Relações Exteriores e especializado em questões do Extremo Oriente, escrevia: "Desde o início, Diem geria seu governo como um Estado policial", recorrendo a vigorosa repressão da oposição política, métodos totalitários de arregimentação de apoio popular e assim por diante. "Em meados de 1956 (...) ainda não havia provado que sua declarada dedicação à causa democrática representava mais que uma simples fachada para disfarçar a realidade cada vez mais patente de uma rígida ditadura." Em 1958, verificava-se "pouco abrandamento da feroz ditadura desde o início exercida por Diem". "Um dos resultados [dessa feroz ditadura] tem sido a crescente alienação da *intelligentsia.* (...) Outro é o reinício da dissidência armada no sul" (Lindholm, *op. cit.*, pp. 343 seg.). No mesmo volume, David Hotham, correspondente do *Times* de Londres e da *Economist*

no Vietnã de 1955 a 1957, descreve os métodos de "pacificação" do exército sul-vietnamita: "Eles consistem em matar ou deter sem provas nem julgamento grande quantidade de pessoas suspeitas de pertencerem ao Vietminh ou de serem 'rebeldes' (p. 359). Esses acontecimentos provavelmente terão tido tanta influência no reinício da insurgência quanto as lucubrações de Mao sobre os ventos leste e oeste.

Quanto ao abandono da política de "coexistência pacífica", é interessante notar que no terceiro congresso do partido Lao Dong do Vietnã do Norte, em setembro de 1960, foi anunciado um importante corte nos gastos de defesa para financiar o desenvolvimento econômico. Na época, P. J. Honey considerava que os resultados do congresso indicavam que "o Vietnã adotará a política russa de coexistência pacífica baseada na possibilidade de evitar a guerra" ("North Vietnam's Party Congress", *China Quarterly*, nº 4 [outubro-dezembro de 1960], p. 74; citado em Kahin e Lewis, *op. cit.*, p. 116). Bernard Fall sustenta a mesma tese (*Last Reflections on a War*, p. 203). Hoje, no entanto, a posição oficial sustenta que nesse congresso o partido Lao Dong deu início a sua tentativa de conquistar o sul, e, na formulação de Hilsman (*op. cit.*, p. 419), a FLN veio a ser "devidamente constituída" poucos meses depois. Para uma análise da formação da FLN com base em fontes algo mais independentes, ver Buttinger, *op. cit.*, Kahins e Lewis, *op. cit.*, e mesmo Douglas Pike, *Viet Cong* (Cambridge, Massachusetts, The M.I.T. Press, 1966), que apresentam documentação capaz de refutar esta alegação, conveniente para o Departamento de Estado mas sem nenhum mérito.

76. *Air Campaigns of the Pacific War*, publicação da Força Aérea Americana, 1947.
77. *China: The Other Communism* (Nova York, Hill and Wang, Inc., 1967), pp. 339-40.
78. O fato de que isto seja conhecido na Ásia é aparentemente o que assusta planejadores americanos como Walt Rostow, segundo quem uma das ameaças primordiais apresentadas pela China é "a possibilidade de que os comunistas chineses venham a provar aos asiáticos, através do progresso na China, que os métodos comunistas são melhores e mais rápidos que os métodos democráticos" — como os métodos democráticos adotados pelo Vietnã do Sul, Formosa e a Coréia do Sul, por exemplo

(Walt W. Rostow e R. W. Hatch, *An American Policy in Asia* [Nova York, Technology Press and John Wiley & Sons, Inc., 1955], p. 6). A realidade dessa "ameaça" fica clara na ambivalência das reações ao desenvolvimento da China nos países asiáticos, uma mistura de medo e admiração. Frederick Clairmonte afirma: "Entrando na corrida da industrialização com níveis de produção mais baixos que os da Índia, com uma estrutura administrativa desfeita, uma população maior que a da Índia e dispondo de muito menos ajuda externa, os espetaculares êxitos que catapultaram a China na corrente de ar do crescimento evidenciaram a vital importância da revolução agrária" (*Economic Liberalism and Underdevelopment* [Bombaim e Londres, Asia Publishing House, 1960], p. 309). Ele cita relatórios enviados da China em meados da década de 1950 por delegações indianas, atribuindo o sucesso da coletivização chinesa (que "parecia simplesmente um milagre") a "uma fermentação na mente das pessoas", e não ao medo; ele próprio conclui que o verdadeiro sucesso dos chineses é o estabelecimento de uma base de apoio de massa, com a participação de militantes rurais das associações de camponeses — algo de que carecia a Índia.

A ambivalência da reação burguesa asiática ao caso chinês reflete-se claramente em balanço da jornalista Carmen Guerrero-Nakpil sobre uma visita à China, publicado na *Asia Magazine*, 4 de setembro de 1966. Ao mesmo tempo pasma e assustada, ela descreve com evidente repulsa a onipresente "figurinha vestida de azul, nunca desacompanhada", que surgiu "do insuperável caos da guerra civil, da fome e da injustiça social" e já agora "não é um indivíduo, mas o homem social", cujos atos não são determinados pelo terror ou a polícia de Estado, mas pelo medo da "desgraça social", pelo próprio fato de que "é um homem público", comprometido com um horizonte de "verdade social definitiva e intransigente". A reportagem termina com uma entrevista com um gerente de fábrica, que acha graça ao conversar sobre produção comunitária e questões internacionais. "É um riso incômodo. Por que estarão tão felizes?"

79. *The Bitter Heritage: Vietnam and American Democracy* (Boston, Houghton Mifflin Company, 1967), p. 34.

80. *Op. cit.*, p. 150.
81. J. Robert Moskin, "Our New Western Frontier", *Look*, 30 de maio de 1967, pp. 36-37.
82. Citado em D. F. Fleming, *The Cold War and Its Origins* (Garden City, N.Y., Doubleday & Company, Inc., 1967), vol. 1, p. 436.
83. Bronson Clark, "With Bernard Fall in Saigon", *The Progressive*, vol. 31 (maio de 1967), pp. 34-35.
84. Segundo Robert Shaplen, "Letter from Saigon", *New Yorker*, 2 de março de 1968, pp. 44-81.
85. Tom Wicker, *New York Times*, 20 de fevereiro de 1968.
86. Jean-Claude Pomonti, *Le Monde hebdomadaire*, 4-8 de fevereiro de 1968.
87. Reuters, 25 de fevereiro de 1968. É possível que as estatísticas não sejam exatas. De qualquer maneira, são muito esclarecedoras quanto à natureza da batalha de Hué.

    A imprensa americana muito pouco tem informado diretamente de Hué. Marc Riboud informa no *Le Monde*, 13 de abril de 1968, que nos dez dias que passou em Hué, no início de abril, viu apenas dois jornalistas — ambos japoneses —, de um corpo de correspondentes estrangeiros que totaliza 495. Ele reproduz os seguintes dados como sendo estatísticas oficiais: 4.100 civis mortos, 4.500 gravemente feridos, 18.000 das 20.000 casas da cidade danificadas ou, em sua maioria, destruídas. Riboud tentou ver uma das "valas comuns" das vítimas das tropas norte-vietnamitas, segundo a denúncia da missão americana, mas não conseguiu. De acordo com as informações que pôde reunir, o comportamento do ARVN saía muito mal na comparação com o dos norte-vietnamitas e do Vietcong, embora a raiva e o ressentimento mais fortes sejam dirigidos contra os americanos, cujo "bombardeio cego e sistemático" transformou Hué numa "cidade assassinada".
88. *New York Times*, 14 de fevereiro.
89. *Boston Globe*, 14 de fevereiro de 1968.
90. *New York Times*, 12 de fevereiro de 1968.
91. *Boston Globe*, 24 de fevereiro de 1968.
92. *Ibid.*, 25 de fevereiro de 1968.
93. Ver o relato de Peter Arnett, AP, 7 de fevereiro de 1968.

94. Bernard Weinraub, *New York Times*, 20 de fevereiro de 1968.
95. *New York Times*, 4 de abril de 1968.
96. *Ibid.*, 28 de fevereiro de 1968.
97. 19 de fevereiro de 1968, p. 39. Por causa dessa reportagem, a *Newsweek* foi expulsa de Saigon. O chefe de sua sucursal em Saigon já fora expulso do Vietnã do Sul.

HERANÇA AMARGA

UMA RESENHA

Como contribuição a nosso entendimento da guerra do Vietnã, *Bitter Heritage* [*Herança trágica*, na edição brasileira], de Arthur Schlesinger, não me parece merecer muita discussão. Como contribuição a nosso entendimento da ideologia americana, é de certa forma de maior relevância, antes como espécime do que como comentário. É comum, e perfeitamente legítimo, identificar uma corrente central de pensamento político (ilegitimamente designada como "pensamento responsável") que se confina nos estreitos limites da ideologia dominante, sem desafiar as concepções, ou racionalizações, daqueles que têm influência direta nas decisões. A posição de Schlesinger representa um "extremo", a ala liberal dessa "abordagem responsável". Ele manifesta com grande clareza a crítica liberal da guerra do Vietnã que ganhou corpo quando se tornou evidente que a força americana provavelmente não seria capaz de acabar com a insurreição vietnamita a um custo "aceitável", para nós mesmos ou para o Vietnã. Há um interesse mais do que histórico em entender esta crítica, determinar os pressupostos que a fundamentam e avaliar a atitude que ela revela em

---

Este ensaio foi originalmente publicado na *Ramparts*, vol. 5 (abril de 1967), sendo aqui reproduzido com algumas observações adicionais.

relação ao papel americano no cenário internacional. Existiu sempre a possibilidade de que a questão vietnamita acabasse numa guerra global ou numa tentativa de nossos antigos aliados de estabelecer uma contrapartida ao poderio americano. Por outro lado, se as conseqüências forem algo próximo do efetivo extermínio dos vietnamitas (sem repercussões internacionais) ou a devolução do Vietnã a sua própria população, com a retirada do exército americano de ocupação, é provável que voltemos a adotar políticas integradas às correntes responsáveis de pensamento e ideologia, e que são esclarecidas pelo tipo de crítica da aberração do Vietnã — onde a situação escapou a nosso controle — representado pela análise de Schlesinger.

A característica essencial da crítica da escalada americana no Vietnã feita por Schlesinger é o fato de ter fundamentação puramente tática. Em outra parte desses ensaios citei sua observação de que, contrariando suas próprias expectativas, a tentativa americana de "eliminar a resistência" pela ampliação da guerra ainda poderia ter êxito, de tal maneira que "poderemos todos render homenagem à sabedoria e ao senso político do governo americano". A crítica da política de escalada enunciada por Schlesinger é "pragmática", na medida em que não questiona nossos objetivos, mas apenas a probabilidade de que possamos alcançá-los. Neste sentido, é uma "crítica responsável"; diverge da abordagem do governo Johnson, e mesmo da posição dos críticos "responsáveis" que assumem uma posição imperialista mais forte, apenas em sua avaliação da possível eficácia de certos métodos que estão sendo empregados na tentativa de organizar a sociedade vietnamita segundo aqueles que consideramos nossos interesses e aqueles que decidimos ser os interesses dos vietnamitas. A análise dessa crítica liberal demonstra como está distante da opinião pública americana, essa mesma opinião pública que poderia influenciar as decisões, um ponto de vista que poderia ser considerado dos mais moderados no espectro da opinião mundial: a saber, que os Estados Unidos não têm o direito unilateral de determinar pela força os rumos do desenvolvimento dos países do Terceiro Mundo.

Como espécime da ideologia liberal americana, o livro de Schlesinger também lança luzes sobre um aspecto bastante significativo da complexa questão da expansão imperialista. Não resta dúvida de que a ideologia origina-se de interesses reais ou pelo menos supostos; entretanto, não é novidade que a ideologia pode ter vida própria, contribuindo para a concepção e a aplicação de políticas de uma forma que pode até mesmo, eventualmente, entrar em conflito com os interesses de que emana. A paranóia anticomunista americana do pós-guerra fornece muitos exemplos disto. Em parte, ela forneceu uma conveniente — e por vezes plausível — justificação do tipo de intervencionismo que há muito caracterizava as políticas americanas, em domínios cada vez mais amplos. Em parte, ela sem dúvida funcionou como fundamentação quase independente de decisões específicas de políticas, levando a iniciativas que ultrapassam o que é exigido pelos interesses que a política externa de maneira geral tenta servir. Nossa política em relação à China contém alguns exemplos deste fenômeno. Outro é o comportamento do governo de Eisenhower em Cuba em 1960 (descrito pelo embaixador Philip Bonsal em *Foreign Affairs*, janeiro de 1967), quando o governo de Fidel Castro exigiu que as refinarias americanas e britânicas processassem petróleo soviético, e não venezuelano. Embora "as empresas provavelmente se dispusessem, ainda que com relutância, a atender à solicitação do governo [cubano]", foram induzidas a rejeitá-la por forte pressão de Washington, o que levou à desapropriação e a um acentuado agravamento das relações cubano-americanas. Incidentes dessa natureza, que são muitos, são interessantes para quem se interessa pela dinâmica do imperialismo no período moderno. A abordagem da guerra do Vietnã abraçada por Schlesinger lança luzes sobre os fatores culturais envolvidos nessa complexa interação entre interesses materiais reais ou supostos, ideologia e iniciativas governamentais.

A crítica da atual política para o Vietnã enunciada por Schlesinger também é interessante em vista do papel de seu autor no governo Kennedy, quando se lançaram em grande parte as bases da atual tragédia no Vietnã. Neste sentido, tem certo interesse para os "olheiros de Washington", aqueles que se interessam em identificar como se desdobra a política externa americana e como é encarada pelos envolvidos em sua aplicação.

Interessa, por exemplo, descobrir em que medida Schlesinger atribui nossas atuais tribulações à estultice burocrática, e não a intenções maquiavélicas. Ele levanta a questão, "que já ronda a consciência americana", de saber se estamos "realmente promovendo esta política, como constantemente proclamamos, para salvar o povo que metodicamente tratamos de aniquilar", ou se "a adotamos por motivos menos nobres de nosso próprio interesse". A questão não merece uma resposta direta, mas o subentendido é que a estultícia e a ignorância, e não a promoção de interesses egoístas, é que são responsáveis pela amarga herança. Observando de fora o desdobramento da política americana, não parece muito difícil elaborar uma justificativa. Mas a avaliação de Schlesinger tem o seu peso. Afinal, ele estava lá.

Ainda assim, cabe questionar em que grau é compartilhada a visão da inocência americana exposta por Schlesinger. Por exemplo, ele reconhece que pode parecer que existe "um gigantesco esforço americano para assediar e estrangular a China". Entretanto, prossegue, "não é assim que encaramos o que estamos fazendo; nem é isto, na realidade, o que estamos fazendo", embora "não nos devesse surpreender que um bando de marxistas-leninistas dogmáticos interprete dessa maneira a extraordinária disseminação de exércitos, armadas e bases militares americanos a milhares de quilômetros dos Estados Unidos, mobilizados (...) contra ninguém mais, senão eles mesmos". Na realidade, não é preciso ser um marxista-leninista dogmático para chegar à conclusão de que estamos interessados em assediar a China. É este precisamente, por exemplo, o ponto de vista de Charles Wolf, economista da RAND Corporation, que considera que nossa principal missão de política externa é fazer com que a China "disponha-se a conviver com este medo" do assédio americano (ver as audiências parlamentares da Subcomissão do Extremo Oriente e do Pacífico, 27 de janeiro de 1966). Schlesinger com toda evidência considera sua interpretação coerente com nossa "herança filosófica — empírica, pragmática, irônica, pluralista e competitiva". Mas também pode ser que um adjetivo mais adequado seja "inútil".

Schlesinger está tão consciente do que estamos fazendo no Vietnã quanto qualquer leitor do *New York Times* ou de *I. F. Stone's Weekly*. Ele frisa que "a guerra começou como uma insurreição no Vietnã do Sul, a qual, à medida que ganhava impulso, passou a atrair apoio e orientação cada vez maiores do norte", e que a conseqüência dos bombardeios que promovemos no Vietnã do Norte "foi levar forças norte-vietnamitas a atravessar a fronteira em direção ao sul", embora em escala infinitamente menor que a de nossa própria invasão do país. Ele se dá conta de que "se continuarmos buscando uma vitória militar total, deixaremos o trágico país eviscerado e devastado por bombas, queimado pelo *napalm*, transformado num deserto pela esfoliação química, uma terra de ruínas e destroços", pulverizada "sua trama política e institucional". Sabe que "nossos bombardeiros rondam do alto o país indefeso, despejando mensalmente mais toneladas de explosivos do que jogávamos em toda a Europa e na África durante a Segunda Guerra Mundial — mais explosivos em um ano do que lançamos em todo o Pacífico durante a Segunda Guerra Mundial". E percebe os efeitos que essa investida — de escala inédita na história das guerras — tem na população civil. Tudo isto suscita no autor sentimentos de grande compaixão... pelo presidente Johnson. ("Nenhum americano consciente será capaz de negar sua solidariedade no momento em que o presidente Johnson considera as sombrias alternativas que tem pela frente.")

Não é que Schlesinger seja incapaz de se indignar. Mostra-se devidamente enfurecido com a "guerra na sombra" do Vietcong, suas práticas de "emboscada, assassinato e tortura, deixando um rastro de aldeias incendiadas, famílias destruídas e mulheres em prantos" (o "rastro de aldeias incendiadas" não é mais claramente identificado, mas é possível que a esta altura os personagens tenham ficado algo confusos); e não lhe falta desprezo pelos que atacam o secretário de defesa ou queimam em público seus cartões de recrutamento militar. Ficamos imaginando se ele teria ficado igualmente ofendido com equivalentes "extravasamentos emocionais" na Itália de 1935 ou na Rússia de 1956. No que diz respeito a iniciativas americanas, contudo, "não seria apenas inútil, mas injusto sair em busca de culpados". Johnson e Humphrey não passam de "imperialistas sentimentais", sujeitos essencialmente honrados com uma "visão asiática" que "não é desonesta", interessados na "salvação da Ásia".

Como se poderia esperar, o governo Kennedy é eximido de qualquer censura, exceto por não ter acompanhado o noticiário da imprensa sobre o que realmente estava acontecendo. É verdade que Kennedy mobilizou um exército de mais de 15 mil homens, quase três vezes o tamanho da Legião Condor enviada por Hitler para "combater o comunismo" numa anterior guerra civil. Mas este era meramente um caso de "política de inadvertência". Quanto à "crise de credibilidade", fica subentendido que também se trata de um fenômeno pós-Kennedy — ninguém seria capaz de imaginar, à leitura deste livro, que um Livro Branco de dezembro de 1961 levava o título de "Uma ameaça à paz: a tentativa do Vietnã do Norte de ocupar o Vietnã do Sul". Nem seria provável que o leitor de *The Bitter Heritage* adivinhasse que não muito antes seu autor se referia a 1962 como "um ano que não foi dos piores", tendo sido a "agressão contida no Vietnã", ou reiterava, aparentemente aprovando-a, uma caracterização do Vietnã do Norte como "a fonte da agressão" (*A Thousand Days*).

Ainda assim, em certas questões básicas, a ótica de Schlesinger sobre o encaminhamento das questões internacionais tem uma certa coerência interna. Ele se opôs à fracassada tentativa de invasão de Cuba em 1961, não por uma questão de princípios contra semelhante iniciativa, mas pela sensação de que o planejado embuste não tinha chances de êxito. Da mesma forma, comenta hoje com ceticismo a previsão de Joseph Alsop de que não levará muito tempo para que "a guerra vietnamita pareça bem-sucedida" do ponto de vista americano, mas acrescenta que "rezamos todos para que o sr. Alsop esteja certo". A visão liberal estilo Schlesinger difere da exposta por Alsop em dois aspectos importantes: primeiro, em seu ceticismo quanto à iminência de uma vitória americana; depois, na incapacidade de sequer conceber que qualquer americano consciente pudesse deixar de ser favorável a uma total vitória americana, desde que pudesse ser alcançada pelos meios atualmente empregados (que certamente transformarão o país numa "terra de ruínas e destroços"). "Rezamos todos", portanto, para que o poderio armado americano tenha êxito, mas os mais experientes dentre nós duvidamos que a previsão de Alsop possa concretizar-se.

Embora Schlesinger insista agora em que "a agressão promovida pelo norte" não pode bastar como explicação para a guerra no Vietnã do Sul, os velhos hábitos transparecem na maneira como emprega a expressão "os sul-vietnamitas". Assim, nosso objetivo no Vietnã "deveria ser a criação e a estabilização de áreas seguras nas quais os sul-vietnamitas pudessem eles próprios empreender o desenvolvimento social e institucional". Na realidade, as áreas em que os sul-vietnamitas empreenderam eles mesmos o desenvolvimento social e institucional são as controladas pelo Vietcong, por exemplo, em amplas regiões do delta do Mekong antes das brutais campanhas americanas e sul-coreanas dos últimos meses. Em seu recente livro *Viet Cong,* Douglas Pike (que é, na avaliação de Schlesinger, "o mais atento pesquisador do Vietcong") corrobora esta conclusão com ampla documentação. Parece, assim, que se nosso objetivo é permitir que os próprios sul-vietnamitas empreendam o desenvolvimento social e institucional, deveríamos simplesmente nos retirar, ou pelo menos permitir negociações entre forças autóctones sul-vietnamitas, à exclusão de quaisquer potências externas, entre as quais, como se sabe, dominamos por avassaladora margem.

Mas os sul-vietnamitas que Schlesinger tem em mente são aqueles cujas pretensões de legitimidade escoram-se nas armas americanas (entre eles os "sul-vietnamitas" da junta militar). Em seu léxico, portanto, "sul-vietnamita" deve ser entendido mais ou menos no sentido da terminologia japonesa de um quarto de século atrás, na qual o "governo chinês legítimo" era o de Wang Ching-wei, o governante fantoche por eles instalado. O único comentário adequado sobre esta concepção de Rusk, Schlesinger *et al.* é o da nota diplomática americana enviada ao Japão a 30 de dezembro de 1938, negando que houvesse "necessidade ou justificação para que qualquer Potência se arvore o direito de determinar quais serão os termos e condições de uma 'nova ordem' em áreas que não estejam sob sua soberania e de se constituir em repositório de autoridade e agente do destino a este respeito".

No mesmo sentido, a "via do meio" proposta por Schlesinger proporcionaria ao Vietcong a perspectiva de participar da futura vida política do Vietnã, "com a condição de que depusessem armas, abrindo seus territórios e obedecendo às regras fundamentais das eleições livres". Como não existe uma correspondente exigência de que os americanos se retirem e de que o exército de Saigon deponha suas armas e abra seus territórios, a via do meio proposta por Schlesinger, sob certos aspectos essenciais, nem sequer chega aonde vai o Pentágono, o qual, pelo menos na superfície, nos compromete com uma retirada após "a desativação das unidades militares do Vietcong". Ambas as propostas requerem apenas que o outro lado se renda, para que em seguida possamos assegurar-lhe direitos políticos.

A adoção de uma verdadeira "via do meio", que não implicasse a capitulação de qualquer das facções da luta civil, significaria a retirada de todas as tropas estrangeiras (americanas, sul-coreanas, norte-vietnamitas e de outros contingentes menores) e negociações entre as forças políticas presentes no Vietnã do Sul — ou seja, a Frente de Libertação Nacional e quaisquer outras forças que ainda não tenham sido esmagadas pelas tropas de choque do marechal Ky apoiadas pelos americanos — para formar um governo de coalizão. Como reconhecem todos os lados, a adoção dessa via intermediária levaria ao colapso do regime de Saigon, o que, associado à generalizada resistência do exército de Saigon a lutar e mesmo a permanecer uniformizado, deveria levar-nos, na formulação de Schlesinger, a "tanto mais nos questionar sobre o aspecto político da guerra".

Esta solução na realidade tem sido reiteradamente proposta pela FLN, não obstante a afirmação tapa-olhos de Schlesinger de que "Hanói e o Vietcong não negociarão enquanto acreditarem que podem vencer". É possível que as reiteradas iniciativas de Hanói e da FLN no sentido da negociação e sua exigência de um governo de coalizão revelem-se um embuste, mas não resta dúvida de que é um embuste simplesmente negar a existência de tais iniciativas ou ignorar o conteúdo do programa da FLN — programa que desde 1960 exorta à formação de "um amplo governo nacional democrático de coalizão (...) incluindo representantes de todas as camadas da população, nacionalidades, partidos políticos, comunidades religiosas e personalidades patrióticas" (ver Kahin e Lewis, *U.S. in Vietnam*, Apêndice 6-B).

Da mesma forma, é um embuste afirmar distraidamente, como Schlesinger, que "Hanói tem dado tanta ênfase à retirada das tropas americanas como precondição para negociações", em virtude da freqüente insistência de Hanói de que a exigência de retirada seja apresentada como "uma base" de negociações.

Jean Lacouture comentou no *Le Nouvel Observateur*, em janeiro de 1967, que os funcionários do governo americano são as últimas pessoas do planeta que não têm conhecimento dos elementos essenciais do programa proposto pela FLN em 1962. Poderia ter acrescentado que Arthur Schlesinger parece ser a última pessoa do planeta que não tomou conhecimento ainda da posição de Hanói e da FLN a respeito de negociações (enunciada, por exemplo, pelo primeiro-ministro Pham Van Dong; cf. *New York Times*, 14 de abril de 1965), de que o reconhecimento dos famosos quatro pontos como "base" para um acordo político criará "condições favoráveis" para um tal acordo, permitindo "considerar a convocação de uma nova conferência internacional nos padrões da conferência de Genebra de 1954 sobre o Vietnã".

Tampouco naquele momento, como agora, a retirada das tropas americanas foi exigida como precondição para as negociações.

Assim é que a "via do meio" preconizada por Schlesinger parece diferir apenas em matéria de ênfase tática da abordagem do estado-maior e do Departamento de Estado. Todos partem do pressuposto de que o envio de uma força expedicionária americana de meio milhão de homens para tomar a frente da guerra constitui uma defesa dos interesses dos sul-vietnamitas, ao passo que a infiltração proveniente do norte é um ataque agressivo ao Vietnã do Sul. No caso de Schlesinger, o pressuposto assume a forma de uma proposta de que os guerrilheiros capitulem, para que depois possamos conferir-lhes direitos políticos. De forma análoga, o presidente e seus porta-vozes apresentam cinicamente a exigência de que os norte-vietnamitas restrinjam ou encerrem suas atividades no sul sem qualquer contrapartida de nossa parte no Vietnã do Sul. Este mesmo pressuposto assume sua forma mais absurda quando um porta-voz do Departamento de Estado considera que as operações de reabastecimento dos norte-vietnamitas durante a trégua do Tet constituíam "mais uma comprovação de que não eram sinceros em suas declarações sobre negociações", ao mesmo tempo em que sustentava que as operações logísticas promovidas pelos Estados Unidos durante a trégua eram diferentes porque "não implicaram que homens e suprimentos atravessassem a fronteira para entrar no Vietnã do Norte, permanecendo apenas no Vietnã do Sul" (*New York Times*, 17 de fevereiro de 1967). Para relembrar certos precedentes, é a mesma atitude que permite a Schlesinger (em seu livro *A Thousand Days*) manifestar seu horror ante a descoberta de armas cubanas secretamente armazenadas na Venezuela, sem estranhar a ampla ajuda militar americana que tem sido usada para instituir ou apoiar regimes repressores em todo o continente. O que fica subentendido é que os Estados Unidos efetivamente estão autorizados a "determinar quais serão os termos e condições de uma 'nova ordem' em áreas que não estejam sob sua soberania e de se constituir em repositório de autoridade e agente do destino a este respeito".

Qualquer observador qualificado sabe que "a guerra no Vietnã do Sul opõe o exército profissional e numeroso de um governo impopular à ala militar amadorística de um forte movimento político de bases nacionalistas no qual os comunistas constituem a ponta de lança" (Michael Field, *The Prevailing Wind*). Por este motivo, as autoridades de Saigon jamais cederam em sua exigência, contida numa declaração de 1º de março de 1965, de que nem sequer será possível pensar em negociações se os "comunistas" não demonstrarem sua sinceridade "retirando antecipadamente suas unidades armadas *e seus quadros políticos* do território sul-vietnamita" (os grifos são meus). A exigência tem fundamento; como elas mesmas têm admitido reiteradamente, as autoridades de Saigon não têm esperanças de se sustentar numa arena política aberta. Não é propriamente necessário comprovar o fato de que tem sido esta também a posição americana dominante, com efeito, como enfatiza o próprio Schlesinger.

Além disso, Schlesinger não se ilude sobre o caráter do regime fantoche de Saigon. Propõe, assim, que "estimulemos a criação de um regime pró-camponeses", "um governo capaz de arregimentar entusiástico apoio popular no campo". Ele não se preocupa em saber como isto seria possível, com o país sob ocupação militar americana, ou por que haveríamos de esperar que os responsáveis pelos governos Kennedy-Johnson fossem capazes de uma tão radical reorientação. Mas é possível que alguma luz seja lançada sobre a maneira como Schlesinger entende os processos democráticos quando sabemos que ele considera que as eleições de 1966 no Vietnã do Sul constituíram uma "valorosa tentativa de autogoverno" que "despertou tantas esperanças idealistas nos Estados Unidos". Ele não considera necessário mencionar que nessa tentativa valorosa de autogoverno os comunistas e neutralistas cujas iniciativas pudessem ser vantajosas para os comunistas foram proibidos por lei de se candidatar, como tampouco comenta as condições, amplamente veiculadas na imprensa, em que transcorreram a campanha e a votação. Na realidade, sua avaliação dessas eleições lembra as observações de seu eventual adversário Dean Rusk, segundo quem as eleições provinciais de maio de 1965, "do nosso ponto de vista (...) foram eleições livres" (25 de agosto de 1965). De acordo com o conceito Rusk-Schlesinger de "eleições livres", não seria inconcebível promover "eleições livres" debaixo de ocupação militar americana.

Schlesinger reconhece que o regime que impusemos ao Vietnã é o de "uma nova classe de *nouveaux* mandarins", que está "impregnado de nepotismo, corrupção e cinismo", e admite que nossa política militar consiste simplesmente em devastar o país e aniquilar a população indefesa. Caberia supor, então, que propusesse a retirada americana. Na realidade, ele muito pouco diz sobre esta possibilidade, descartando-a porque "provocaria terríveis reverberações em toda a Ásia", porque seria "humilhante" e por causa de nossas "obrigações morais" em relação àqueles que temos apoiado e estimulado. O argumento não é propriamente convincente. Nossas obrigações morais, se é que existem, podem ser cumpridas mediante o reassentamento daqueles a quem Schlesinger se refere como "os monstros Frankenstein que adoramos criar em nossos países clientes", assim como seus asseclas, no Arizona, por exemplo. A "humilhação" da retirada nem de longe se compara com a desgraça nacional de uma política de terra arrasada e assassinatos em massa. Seria difícil imaginar algo mais "terrível" para países asiáticos atrasados que uma presença militar permanente como a que vimos rapidamente erigindo nas fronteiras da China. A "via do meio" proposta por Schlesinger, se bem-sucedida, deixaria os Estados Unidos em posição tão dominante quanto nas Filipinas, o que não é propriamente uma perspectiva das mais atraentes. Se alguma coisa poderá levar nosso país a "conspurcar os seus mais antigos ideais e se desmoralizar aos olhos do mundo e perante a posteridade", será a disposição de tolerar qualquer forma de barbárie, desde que tenha êxito, e produzir nossos chilreios de protesto somente quando a vitória total não parecer ao nosso alcance.

ALGUMAS CONSIDERAÇÕES SOBRE OS INTELECTUAIS E AS ESCOLAS

Em épocas mais felizes, eu gostaria de tratar do tema deste simpósio de uma forma bem técnica e profissional, tentando imaginar a melhor maneira de familiarizar os alunos com as principais idéias e os pensamentos mais estimulantes e profundos nos terrenos que me interessam em particular, como ajudá-los a vivenciar os prazeres da descoberta e do aprofundamento da percepção e a ter uma oportunidade de dar suas contribuições individuais à cultura contemporânea. Neste momento específico da história, contudo, há outras questões mais urgentes.

No momento em que escrevo, o rádio transmite as primeiras informações sobre o bombardeio de Hanói e Haiphong. Em si mesmo, ele não chega a ser uma atrocidade, pelos padrões contemporâneos — não, certamente, em comparação com a investida americana contra a população rural do Vietnã do Sul ao longo do

---

Este ensaio foi publicado originalmente na *Harvard Educational Review*, vol. 36 (outono de 1966), pp. 484-91, em edição especial dedicada ao simpósio sobre "Os intelectuais americanos e as escolas".

último ano. Mas o simbolismo deste ato lança sua sombra sobre qualquer crítica das instituições americanas. Quando tiveram início os bombardeios do Vietnã do Norte, Jean Lacouture comentou muito apropriadamente que esses atos, assim como os documentos apresentados para justificá-los, simplesmente revelam que os dirigentes americanos se consideram no direito de atacar quando e onde bem entenderem. Revelam, com efeito, que esses dirigentes consideram que o mundo é uma reserva americana, a ser governada e organizada de acordo com a superior sabedoria americana e a ser controlada, se necessário, pelo poderio americano. Neste momento de desgraça nacional, quando a tecnologia americana é possuída de furor homicida no Sudeste Asiático, uma análise das escolas americanas não poderia esquivar-se ao fato de que são os primeiros campos de treinamento das tropas que haverão de impor o acobertado e infindável terror do *status quo* nos anos vindouros do esperado século americano; dos técnicos que desenvolverão os recursos para a ampliação do poder americano; dos intelectuais com os quais será possível contar, em considerável medida, para elaborar a justificação ideológica dessa forma específica de barbárie e vituperar a irresponsabilidade e a falta de sofisticação daqueles que considerarem tudo isto intolerável e revoltante.

Trinta anos atrás, Franz Borkenau concluía uma brilhante análise do esmagamento da revolução popular na Espanha com este comentário: "Neste tremendo contraste com anteriores revoluções, reflete-se um fato. Antes desses últimos anos, a contrarevolução geralmente dependia do apoio de forças reacionárias, que eram técnica e intelectualmente inferiores às forças da revolução. Isto mudou com o advento do fascismo. Hoje, toda revolução provavelmente enfrentará o ataque da mais moderna, eficiente e implacável maquinaria jamais montada. O que significa que chegou ao fim a era das revoluções livres para avançar de acordo com suas próprias leis."[1]

Seria necessária então muita pré-cognição para perceber que a previsão haveria de revelar-se correta, substituindo-se "fascismo" por "imperialismo liberal", e que, em questão de uma geração, os Estados Unidos estariam empregando a mais eficiente e implacável maquinaria já montada para garantir que os movimentos revolucionários não avancem de acordo com suas próprias leis, para se assegurar de que seu próprio conceito particular de civilização, justiça e ordem prevalecerá. E teria sido necessária muita capacidade de previsão, no fim da década de 1930, para perceber que não demoraria muito para que um governo americano reformista, com uma orientação interna de tipo "*welfare state*", estaria fazendo tudo a seu alcance para provar a correção da sombria observação de Marx a respeito desse conceito de civilização, justiça e ordem: "A civilização e a justiça da ordem burguesa revelam-se em sua sinistra verdade sempre que seus escravos e servos se insurgem contra os senhores; é aí que essa civilização e essa justiça mostram-se como a selvageria indisfarçada e a vingança sem lei que efetivamente são."

É possível que as ações americanas no Vietnã sejam simplesmente uma explosão única de insanidade criminosa, sem significado geral ou de grande alcance, senão para os miseráveis habitantes dessa infeliz terra. É difícil, todavia, dar muito crédito a esta possibilidade. Em meia dúzia de países latino-americanos existem movimentos guerrilheiros que se aproximam dos primeiros estágios da segunda guerra vietnamita, e aparentemente a reação americana é comparável. Ou seja, armas americanas são empregadas para atacar forças guerrilheiras e "secar o mar no qual nadam", de acordo com a terminologia maoísta simulada pelos militares; e são "consultores" americanos que treinam e orientam as tropas que, como observam os liberais latino-americanos, são necessárias apenas para ocupar seus países de acordo com os interesses das classes dominantes nacionais e do capital do norte. Nesses países, ainda não se tornou necessário, como no Vietnã, transformar o envolvimento comunista, que é um fato, no mito da agressão comunista, para justificar o declarado controle americano das forças contra-revolucionárias, como tampouco chegou ainda o momento de aplicar todo o arsenal do terror em apoio ao regime escolhido como o mais favorável aos interesses americanos. Mas parece que este passo é perfeitamente esperado. O semanário francês *Le Nouvel Observateur* citou recentemente uma declaração em que o líder camponês Francisco Julião dizia-se convencido de uma intervenção americana quando estourar a rebelião nos estados do nordeste brasileiro. Outros, menos conhecidos, manifestaram-se no mesmo sentido. Não há muitos fundamentos, na história ou na lógica, para supô-los equivocados — exceto o sentimentalismo que costuma ver nos Estados Unidos o único país que pode ser considerado um benfeitor público altruísta (embora algo aparvalhado), dedicado exclusivamente a projetos de "boa vontade internacional", embora não raro metendo os pés pelas mãos em seus excessos de calorosa generosidade. Sem dúvida devemos levar a sério a insistência com que os porta-vozes do governo afirmam que um dos objetivos da atual violência é provar que as guerras de libertação nacional não podem ter êxito; ou seja, demonstrar nos termos mais claros e explícitos que qualquer movimento revolucionário que nós — unilateralmente, tal como no Vietnã — considerarmos ilegítimo terá de enfrentar a mais eficiente e implacável maquinaria que a tecnologia moderna pode desenvolver.

Ainda que secundariamente, a opinião pública mundial pode servir de freio à plena utilização da tecnologia do terror e da destruição. Não houve até o momento a utilização de armas nucleares no Vietnã; e embora os ataques militares contra populações rurais sejam considerados parte do jogo, as áreas urbanas, onde a carnificina ficaria mais evidente para o resto do mundo, ainda estão relativamente imunes. Da mesma forma, o recurso a ataques com gases e à guerra química só lentamente tem sido ampliado, pois o hábito permite que cada passo gradual na intensificação passe despercebido.[2] Em última análise, contudo, o único freio eficaz seria uma manifestação de inconformismo em massa nos próprios Estados Unidos. Em conseqüência, o grau de cultura que pode ser alcançado no país é uma questão de vida ou morte para grandes massas sofredoras da humanidade. Este também é um fato que precisa matizar qualquer debate sobre as instituições americanas contemporâneas.

É fácil deixar-se levar pelo puro e simples horror do que a imprensa revela diariamente e perder de vista que se trata apenas do brutal aspecto exterior de um crime mais profundo, de comprometimento com uma ordem social que assegura infindável sofrimento e humilhação e a negação de direitos humanos elementares. É trágico que os Estados Unidos se tenham tornado, nas palavras de Toynbee, "o líder de um movimento anti-revolucionário mundial em defesa de interesses adquiridos". Para os intelectuais americanos e para as escolas, não pode haver questão mais vital que esta indescritível tragédia.

Ninguém pretenderia seriamente que as escolas tentassem tratar diretamente de acontecimentos contemporâneos como o ataque americano contra populações rurais do Vietnã ou a contextualização na história recente das atrocidades detalhadas nos meios de comunicação de massa. Ninguém no uso pleno de seu juízo esperaria que as escolas da França, por exemplo, explorassem o caráter e a justificação da guerra da Argélia, ou que as escolas da Rússia tratassem com franqueza do esmagamento da revolução húngara, ou que as escolas da Itália analisassem a invasão da Etiópia com objetividade, ou que as escolas da Inglaterra denunciassem a repressão do nacionalismo irlandês em nossa época. Mas talvez não seja ridículo propor que as escolas voltem-se para algo mais abstrato, para uma tentativa de oferecer aos alunos meios de se defender do massacre promovido pelo aparato governamental de propaganda maciça, da natural parcialidade dos meios de comunicação de massa e — para tratar especificamente do nosso tema do momento — da não menos natural tendência de substanciais segmentos da comunidade intelectual americana de oferecer solidariedade, não à verdade e à justiça, mas ao poder e ao efetivo exercício do poder.

É assustador constatar a relativa indiferença dos intelectuais americanos aos atos do governo e a suas políticas de longo prazo, assim como sua freqüente disposição — e não raro avidez — de desempenhar algum papel na aplicação dessas políticas. Não cabe aqui exemplificar em detalhes; seja como for, não disponho do talento retórico para falar, com a necessária precisão e adequação, da maneira como a guerra é conduzida e tolerada em nosso país. Mas é possível chegar aonde queremos com exemplos mais superficiais.

Só grupos marginais do mundo acadêmico americano reagiram ao fato de que, embora os Estados Unidos se oponham à única possibilidade de negociações proveitosas, ou seja, negociações entre forças políticas sul-vietnamitas, sem participação dos invasores estrangeiros americanos e coreanos, e (em escala completamente diferente) do Vietnã do Norte, ainda assim continuam simulando interesse por um "acordo negociado", sem que se ouçam protestos contra semelhante farsa. Quando o secretário Rusk reconhece abertamente que não podemos aceitar as propostas norte-vietnamitas de abril de 1965, por exigirem que o governo de Saigon fosse suplantado por uma ampla coalizão democrática nacional representando as forças políticas vivas do país, o cinismo da posição por ele assumida não é denunciado publicamente. Quando a imprensa informa que a comissão da lei eleitoral do Vietnã do Sul enfrenta a "desafiadora missão" de promover "eleições limpas" ao mesmo tempo em que tenta se assegurar de que os comunistas não vençam e de que não haja candidatos comunistas ou "neutralistas cujas ações sejam vantajosas para os comunistas", quase não encontramos editoriais a respeito, são poucas as cartas aos jornais, não se vê uma consternação geral. Não teria sentido multiplicar aqui os exemplos. Mas não podemos deixar de ficar abismados com a disposição dos intelectuais americanos — que afinal de contas têm acesso aos fatos — de tolerar e mesmo aprovar semelhante embuste e hipocrisia. Em vez de denúncias manifestando justificado choque, lemos e ouvimos análises supostamente sérias dos motivos da tentativa americana de obrigar os norte-vietnamitas a aceitar pela força negociações que eles mesmos vêm exigindo; do sincero desejo americano de permitir que o povo sul-vietnamita eleja livremente o governo de sua escolha (agora que a oposição interna foi esmagada, sendo excluídos todos os candidatos comunistas e neutralistas); da "grande complexidade" das questões internacionais (que, estranhamente, não serviram ao que parece para justificar o domínio da Rússia sobre a Europa Oriental ou a tentativa japonesa de impor uma nova ordem na Ásia); da criteriosa moderação do governo, provavelmente por se eximir de promover um genocídio de um só golpe; e assim por diante. Ou, o que é pior, ficamos sabendo do "vital e inabalável interesse dos Estados Unidos" em demonstrar que seu poderio militar, uma vez mobilizado, seja qual for o motivo, não pode ser forçado a se retirar — um ponto de vista que, se também fosse aceito na segunda maior potência mundial, teria levado a história da civilização ocidental a seu fim em 1962, e que, levado às últimas conseqüências, acabará conduzindo a uma *Pax Americana* ou a um devastador conflito mundial.

Tradicionalmente, o papel do intelectual, ou pelo menos sua auto-imagem, tem sido de crítica desapaixonada. Na medida em que este papel se perdeu, a relação das escolas com os intelectuais deveria passar a ser de autodefesa. É uma questão a ser encarada seriamente. Seria efetivamente ridículo propor que as escolas, em qualquer país, tratassem objetivamente da história contemporânea — para isto, elas não seriam capazes de se libertar suficientemente das pressões ideológicas. Mas não será necessariamente absurdo supor que pelo menos nas democracias ocidentais seja possível analisar de maneira razoavelmente objetiva os escândalos nacionais do passado. Nos Estados Unidos, pode ser possível, digamos, analisar a ocupação americana das Filipinas, deixando implícita a mensagem que legaram ao presente. Suponhamos que colegiais tivessem acesso ao melhor dos estudos acadêmicos americanos contemporâneos, por exemplo, o recente estudo realizado por George Taylor para o Conselho de Relações Externas, *The Philipines and the United States*. Ficariam assim sabendo de que maneira, meio século depois da sangrenta repressão do movimento independentista local, ao custo de bem mais que 100 mil vidas, no período de 1898 a 1900, o país conquistou nominalmente a independência e as formas de fachada da democracia. Saberiam também que aos Estados Unidos foram assegurados privilégios econômicos sem equivalente e a utilização de bases militares a longo prazo; que o padrão de vida de três quartos da população não melhorou desde a ocupação espanhola; que se estima que 70% da população tem tuberculose; que em todos os anos do pós-guerra os lucros remetidos para os Estados Unidos ultrapassaram os novos investimentos; que as formas democráticas conferem legitimidade a uma velha elite, hoje aliada aos interesses americanos. Poderiam ler que "a política colonial tendia a consolidar o poder de uma oligarquia que se prevalecia (...) das relações de livre comércio e tinha toda probabilidade de respeitar, depois da independência, os direitos e privilégios dos americanos"; que, em termos econômicos, "o contraste entre a pequena classe superior e o resto da população (...) [é] (...) um dos mais extremos da Ásia"; que, em conseqüência da política colonial americana, "pouco foi feito para melhorar a situação do filipino médio e a economia das Filipinas ficou vinculada à americana, para benefício de poucos"; e assim por diante. Poderiam, finalmente, ler a recomendação conclusiva do livro, de que prossigamos com nossas boas obras: "Apesar de nossos muitos defeitos, os fatos mostram que estamos perfeitamente à altura da missão." Seria pelo menos possível que um espírito jovem, ainda não contaminado pela hipocrisia e o sofisma, aprendesse uma reveladora lição com um estudo como este, não apenas sobre o que o domínio americano provavelmente significa em termos concretos, no Terceiro Mundo, mas também sobre a maneira como os intelectuais americanos tendem a interpretar este impacto.

De maneira geral, a história do imperialismo e da apologia imperialista, especialmente quando encarada do ponto de vista daqueles que estão do lado errado da mira das armas, deveria ser uma questão central de qualquer currículo civilizado. Mas existem outros aspectos no que diz respeito a um programa de autodefesa intelectual que não pode ser ignorado. Numa era de ciência e tecnologia, é inevitável que seu prestígio seja utilizado como instrumento ideológico — especificamente, que as ciências sociais e comportamentais sejam das mais diversas maneiras postas a serviço da defesa das políticas nacionais ou usadas para mascarar interesses específicos. Não é apenas que os intelectuais sejam fortemente tentados, numa sociedade que lhes oferece prestígio e afluência, a assumir o que hoje se costuma chamar de uma "atitude pragmática" (num sentido perverso de "pragmatismo", que infelizmente não deixa de ter certa justificação histórica, como ficou evidente no debate Dewey-Bourne durante a Primeira Guerra Mundial — ver Introdução, neste livro), ou seja, uma atitude segundo a qual devemos "aceitar" e não analisar criticamente ou lutar para mudar a distribuição de poder que prevalece, no país e internacionalmente, assim como as realidades políticas que dela decorrem, devendo atuar apenas pela adoção de "medidas graduais de aperfeiçoamento" de uma forma tecnológica e pontual. Não é apenas que, tendo assumido esta posição (possivelmente com alguma justificativa, em determinado momento histórico), é grande a tentação de dotá-la de uma justificativa ideológica de caráter bem geral. O que devemos esperar igualmente, isto sim, é que as elites políticas utilizem a terminologia das ciências sociais e comportamentais para proteger seus atos de qualquer análise crítica — afinal de contas, o leigo não se sente na obrigação de dizer aos físicos e engenheiros como construir um reator atômico. E certamente será possível encontrar nas universidades, para qualquer iniciativa específica, especialistas capazes de atestar solenemente sua adequação e realismo. Não é uma questão de especulação; já encontramos por exemplo, em depoimento no Congresso, a proposta de um eminente cientista político de que tentemos impor a fome a um quarto da espécie humana, se os diferentes governos envolvidos não aceitarem nossos ditames. E é comum o argumento de que o intelectual livre-pensador, hoje ultrapassado, não tem nada que ficar questionando as conclusões do especialista profissional, equipado com as ferramentas da ciência moderna.

Mais uma vez, esta situação comporta uma lição para as escolas, uma lição à qual os professores, especialmente, deveriam mostrar-se sensíveis, bombardeados como têm sido nos últimos anos pelas conclusões autorizadas a respeito do que tem sido "demonstrado" no terreno do aprendizado humano, da linguagem, e assim por diante. As ciências sociais e comportamentais deveriam ser estudadas seriamente, não apenas por seu interesse intrínseco, mas para que o estudante possa adquirir perfeita consciência do pouco que têm a dizer sobre os problemas que realmente importam para o homem e a sociedade. Deveriam, além disso, ser estudadas no contexto das ciências físicas, para que o estudante possa ter clara noção dos limites de seu conteúdo intelectual. Pode ser uma forma decisiva de proteger os estudantes da propaganda do futuro, capacitando-os a entender a verdadeira natureza dos recursos que certamente serão utilizados para ocultar o real significado das políticas nacionais e externas.

Suponhamos, contudo, que, ao contrário de todas as indicações atuais, os Estados Unidos se abstenham de utilizar seus impressionantes recursos de violência e devastação para impor em extensas regiões do mundo a ideologia que apaixonadamente defendem e a forma de organização social que aprovam. Vale dizer, suponhamos que as políticas americanas deixem de ser dominadas pelos princípios expressos sem rodeios pelo presidente Truman há quase vinte anos, quando afirmou, num discurso famoso e importante, que a liberdade fundamental é a liberdade de empreendimento, e que o mundo inteiro deveria adotar o sistema americano, que só seria capaz de sobreviver na América se se tornasse um sistema mundial (ver nota 82 de "A lógica da retirada"). Ainda assim, continuaria sendo verdade que o nível de cultura que pode ser atingido nos Estados Unidos é uma questão de gravíssima importância para o resto do mundo. Se quisermos ser realmente utópicos, podemos considerar a possibilidade de que os recursos americanos venham a ser usados para aliviar o terrorismo que parece ser um inevitável corolário da modernização, a julgar pela história passada e presente. Podemos imaginar a possibilidade de que as escolas, ou os intelectuais, atentem seriamente para as questões que vêm sendo colocadas há séculos, que questionem se a sociedade deve efetivamente ser um *bellum omnium contra omnes* e investiguem o significado contemporâneo da denúncia feita por Rousseau, de que vai de encontro ao direito natural que "um punhado de homens se empanturre de coisas supérfluas enquanto a multidão faminta carece do essencial". Poderiam levantar a questão moral enfrentada — ou evitada — por aquele que desfruta de sua riqueza e de seus privilégios sem se importar em saber que metade das crianças que nascem na Nicarágua não chegarão aos cinco anos de idade, ou que a poucos quilômetros de distância existe pobreza indescritível, brutal repressão dos direitos humanos e quase nenhuma esperança de futuro; e poderiam também colocar a questão intelectual de saber como isto pode ser mudado. Poderiam perguntar, com Keynes, por quanto tempo teremos de continuar "elevando algumas das mais desagradáveis qualidades humanas à posição das mais altas virtudes", designando "a avareza, a usura e a precaução (...) [como] (...) nossos deuses" e fingindo acreditar que "o justo é odioso e o odioso é justo, pois o odioso é útil e o justo não é". Se os intelectuais americanos forem capazes de se preocupar com questões como estas, poderão exercer uma inestimável influência civilizatória na sociedade e nas escolas. Se, como é mais provável, encararem-nas com desprezo, como mero sentimentalismo sem sentido, nossos filhos terão de buscar esclarecimento e orientação em outras fontes.

Notas

1. *The Spanish Cockpit* (1938; reimpressão Ann Arbor, University of Michigan Press, 1963), pp. 288-89.
2. Este ensaio foi escrito em junho de 1966; volta agora a ser impresso em maio de 1968. Sobre a utilização de gás no Vietnã, ver Seymour Hersh, "Poison Gas in Vitenam", *New York Review of Books*, 9 de maio de 1968. Sobre planos atuais de guerra química, *Science*, 24 de maio de 1968, contém a seguinte nota (p. 863):

> *Guerra química ampliada:* A Força Aérea informou ao Congresso que gastará 70,8 milhões de dólares em 45 milhões de litros de agentes químicos a serem utilizados na esfoliação e na destruição de colheitas no Vietnã no ano fiscal que tem início a 1º de julho, configurando aumento de 24,9 milhões de dólares em relação a este ano. A ampliação das iniciativas no próximo ano está de acordo com o constante aumento do programa de guerra química americana no Vietnã. Nos nove primeiros meses de 1967, 341.400 hectares do Vietnã foram banhados com esfoliantes e 49.130 hectares, com produtos químicos para destruição de colheitas, extensões que superaram ligeiramente os totais relativos a todo o ano de 1966.

Em sua edição de 10 de maio de 1968, a *Science* publica uma carta de Thomas O. Perry, do Departamento Florestal da Universidade de Harvard, comentando da seguinte maneira a guerra química (p. 601):

> O Departamento de Defesa pode acenar com o fantasma dos efeitos de "longo prazo", mas não pode haver dúvida quanto aos efeitos de curto prazo: 2,4-D e 2,4,5-T são suficientes para matar a vegetação. Quando seu lançamento é seguido de fogo de artilharia, as ramagens e folhagens mortas entram em combustão, como aconteceu em cerca de 40.000 hectares no "Triângulo de Ferro" na última primavera.
>
> Pela simples privação de alimento, a terra sem folhagens rapidamente fica também sem insetos, pássaros ou vida animal de qualquer espécie. Fotografias recentes e descrições de testemunhas oculares indicam que certas regiões foram repetidamente banhadas para garantir a total destruição da vegetação. Não resta dúvida de que, a curto prazo, o

Departamento de Defesa está indo além do mero genocídio, chegando ao biocídio. A ele foi destinada toda a produção americana de 2,4,5-T relativa a 1967 e 1968 [6,36 milhões de quilos, segundo informações da Comissão de Tarifas do governo americano]. Se a isto somarmos os outros produtos químicos que o Departamento de Defesa reconhece estar utilizando, temos uma quantidade suficiente para matar 97% da vegetação de superfície em mais de 10 milhões de acres de terras (cerca de 4 milhões de hectares) — uma área tão grande que seriam necessários mais de 60 anos para que um homem atravessasse a pé cada acre.

A longo prazo, os efeitos do lançamento desses produtos numa área como esta podem ser imponderáveis, mas os efeitos de curto prazo são certos: muitas folhas, árvores, plantas da família do arroz e outras formas de vegetação estão mortas ou morrendo; e muitos insetos, pássaros, animais e alguns seres humanos migraram ou morreram de fome. Os norte-vietnamitas têm sorte: enfrentam apenas bombas.

A RESPONSABILIDADE DOS INTELECTUAIS

Vinte anos atrás, Dwight Macdonald publicou em *Politics* uma série de artigos sobre a responsabilidade dos povos, e, especificamente, a responsabilidade dos intelectuais. Li-os pela primeira vez quando ainda estava na faculdade, nos anos imediatamente posteriores à guerra, e tive a oportunidade de voltar a lê-los há alguns meses. A mim parece que nada perderam de sua força de persuasão. Macdonald preocupa-se com a questão da culpa da guerra. Pergunta ele: Em que medida o povo alemão ou o japonês foram responsáveis pelas atrocidades cometidas por seus governos? E, muito apropriadamente, devolve a pergunta a nós: Em que medida o povo britânico ou o americano são responsáveis pelo hediondo terrorismo do bombardeio de civis aperfeiçoado como técnica de guerra pelas democracias ocidentais e que chegou a sua culminância em Hiroshima e Nagasaki, que certamente estão entre

Esta é uma versão revista de palestra proferida em Harvard e publicada em *Mosaic*, junho de 1966. Foi reproduzida em sua atual forma, basicamente, no *New York Review of Books*, 23 de fevereiro de 1967. A atual versão é reproduzida de Theodore Roszak, org., *The Dissenting Academy* (Nova York, Pantheon Books, 1968).

os crimes mais inomináveis da história? Para um formando de 1945-1946 — para qualquer um cuja consciência política e moral tivesse sido formada pelos horrores da década de 1930, pela guerra na Etiópia, os expurgos na Rússia, o "incidente chinês", a Guerra Civil Espanhola, as atrocidades nazistas, a reação ocidental a esses acontecimentos e também, em certa medida, a sua cumplicidade —, tais questões tinham especial significado e pungência.

Quanto à responsabilidade dos intelectuais, caberia ainda levantar outras questões, não menos inquietantes. Os intelectuais estão em condições de denunciar as mentiras dos governos, de analisar os atos de acordo com suas causas, seus motivos e não raro suas intenções ocultas. Pelo menos no mundo ocidental, detêm um poder decorrente da liberdade política, do acesso à informação e da liberdade de expressão. Nas democracias ocidentais, uma minoria privilegiada desfruta do lazer, dos equipamentos e do treinamento que permitem buscar a verdade oculta por trás do véu de distorções e deformações, da ideologia e dos interesses de classes, através do qual nos são apresentados os acontecimentos da história em curso. Assim é que a responsabilidade dos intelectuais é muito mais profunda que a "responsabilidade dos povos" a que se refere Macdonald, considerando os privilégios a que têm acesso.

As questões levantadas por Macdonald têm hoje a mesma pertinência que há vinte anos. Dificilmente teremos como nos eximir de questionar em que medida o povo americano é responsável pela selvagem agressão americana a populações rurais vietnamitas em grande medida indefesas, mais uma atrocidade dessa que os asiáticos consideram a "era Vasco da Gama" da história mundial. Quanto àqueles dentre nós que se mantiveram calados e apáticos enquanto esta catástrofe ia lentamente tomando forma ao longo dos 12 últimos anos, em que página da história encontraremos nosso devido lugar? Só os mais insensíveis podem eximir-se desse questionamento. Quero voltar a eles mais adiante, depois de algumas observações dispersas sobre a responsabilidade dos intelectuais e a maneira como assumem esta responsabilidade na prática no meado da década de 1960.

Os intelectuais têm a responsabilidade de dizer a verdade e denunciar mentiras. Pelo menos isto pode ser considerado um truísmo que dispensa comentários. Não é, contudo, o que acontece. Para o intelectual moderno, não é assim tão óbvio. Assim é que temos Martin Heidegger escrevendo, em uma declaração pró-Hitler de 1933, que "a verdade é a revelação daquilo que torna um povo certo, claro e forte em sua ação e em seu conhecimento"; é exclusivamente este tipo de "verdade" que se tem a responsabilidade de enunciar. Os americanos tendem a se mostrar mais francos. Quando o *New York Times* pediu a Arthur Schlesinger, em novembro de 1965, que explicasse a contradição entre o relato que publicara sobre o incidente da baía dos Porcos e a versão que fornecera à imprensa no momento do ataque, ele declarou simplesmente que mentira; e, dias depois, não hesitou em cumprimentar o *Times* por também ter ocultado informações sobre a pretendida invasão, em nome do "interesse nacional", tal como definido pelo grupo de indivíduos arrogantes e iludidos de que ele próprio oferece perfil tão lisonjeiro em seu recente relato sobre o governo Kennedy. Não tem grande interesse o fato de que um homem se sinta tão à vontade para mentir em nome de uma causa que sabe ser injusta; mas é significativo que tais fatos suscitem tão pouca reação na comunidade intelectual — nenhuma impressão, por exemplo, de que há algo estranho na oferta de uma importante cadeira de ciências humanas a um historiador que considera seu dever convencer o mundo de que a invasão de um país próximo patrocinada pelos Estados Unidos não é em absoluto invasão. E que pensar da inacreditável sucessão de mentiras por parte de nosso governo e de seus porta-vozes a respeito de questões como as negociações no Vietnã? Os fatos são conhecidos de quem quer que se disponha a conhecê-los. A imprensa, tanto estrangeira quanto nacional, tem apresentado provas para refutar cada invenção no momento em que é divulgada. Mas o poder do aparato de propaganda do governo é tamanho que o cidadão que não empreende por conta própria uma pesquisa sobre a questão dificilmente poderá contestar pronunciamentos governamentais com fatos.[1]

As distorções e imposturas em torno da invasão americana do Vietnã já são tão conhecidas que não chocam mais. Cabe portanto lembrar que, embora novos níveis de cinismo estejam constantemente sendo atingidos, seus flagrantes antecedentes foram aceitos no país com tranqüila tolerância. É ilustrativo comparar as declarações do governo na época da invasão da Guatemala, em 1954, com a declaração de Eisenhower uma década mais tarde, reconhecendo, ou antes, vangloriando-se de que os aviões americanos haviam sido mandados "para ajudar os invasores".[2] E tampouco é apenas em momentos de crise que a duplicidade é considerada perfeitamente adequada. Os "novos colonizadores", por exemplo, não se têm propriamente distinguido por uma apaixonada preocupação com a precisão histórica, mesmo quando não são chamados a fornecer uma "fachada de propaganda" para as ações em curso. A título de exemplo, Arthur Schlesinger considera que o bombardeio do Vietnã do Norte e a maciça escalada do envolvimento militar no início de 1965 baseavam-se num "argumento perfeitamente racional": "(...) enquanto achava que venceria a guerra, o Vietcong naturalmente não se interessava por qualquer acordo negociado."[3] A data é importante no caso. Se a declaração tivesse sido feita seis meses antes, seria possível atribuí-la à ignorância dos fatos. Mas esta declaração foi publicada depois de meses de manchetes de primeira página detalhando as iniciativas das Nações Unidas, dos norte-vietnamitas e dos soviéticos que antecederam a escalada de fevereiro de 1965 e na realidade tiveram prosseguimento por várias semanas após o início dos bombardeios, depois de meses de angustioso questionamento de correspondentes de Washington que tentavam desesperadamente encontrar circunstâncias atenuantes para o espantoso embuste que vinha de ser revelado. (Chalmers Roberts, por exemplo, escreveu com involuntária ironia que os últimos dias de fevereiro de 1965 "não pareciam propriamente a Washington o momento adequado para negociações [pois o] presidente Johnson (...) acabava de ordenar o primeiro bombardeio do Vietnã do Norte, na tentativa de obrigar Hanói a sentar à mesa de negociações, com trunfos mais equilibrados de ambos os lados para a barganha".)[4] Feita no referido momento, a declaração de Schlesinger parece menos um caso de embuste que de desprezo — desprezo por um público do qual se pode esperar que tolere semelhante comportamento com silêncio, senão aprovação.[5]

Voltando-nos para alguém mais próximo da efetiva concepção e implementação das políticas, examinemos certas reflexões de Walt Rostow, alguém que, segundo Schlesinger, conferiu uma "ampla visão histórica" à condução das relações internacionais no governo Kennedy.[6] De acordo com sua análise, a guerra de guerrilha na Indochina em 1946 foi iniciada por Stalin,[7] e foi Hanói que deu início à guerra de guerrilha contra o Vietnã do Sul em 1958 (*The View from the Seventh Floor*, pp. 39 e 152). Da mesma forma, os planejadores comunistas é que resolveram sondar as "possibilidades de defesa do mundo livre" no norte do Azerbaijão e na Grécia (onde Stalin "apoiou consideráveis ações de guerra de guerrilha" — *ibid.*, pp. 36 e 148), atuando com base em planos detalhadamente estabelecidos em 1945. E por sua vez a União Soviética não "aceitaria uma solução voltada para a eliminação de tensões perigosas na Europa Central mediante uma corrosão, ainda que lentamente aplicada, do comunismo na Alemanha Oriental" (*ibid.*, p. 156).

É interessante comparar essas observações com análises efetuadas por especialistas acadêmicos efetivamente preocupados com os acontecimentos históricos. A observação de que Stalin deu início à primeira guerra vietnamita em 1946 nem sequer merece ser refutada. Quanto à alegada iniciativa de Hanói em 1958, a situação é mais confusa. Mas até mesmo fontes do governo[8] reconhecem que em 1959 Hanói recebeu as primeiras informações diretas daquela a que Diem se referia[9] como a sua guerra da Argélia, e que só depois disto traçou planos de envolvimento na luta. Na realidade, em dezembro de 1958 Hanói fez mais uma de suas muitas tentativas — mais uma vez rechaçada por Saigon e os Estados Unidos — de estabelecer relações diplomáticas e comerciais com o governo de Saigon, com base no *status quo*.[10] Rostow não apresenta qualquer prova do apoio de Stalin aos guerrilheiros gregos: na realidade, embora os registros históricos longe estejam de ser claros, parece que Stalin não estava de modo algum satisfeito com o aventureirismo dos guerrilheiros gregos, que, de seu ponto de vista, perturbavam os acertos imperialistas do pós-guerra.[11]

As observações de Rostow sobre a Alemanha são ainda mais interessantes. Ele não julga necessário mencionar, por exemplo, as notas diplomáticas russas de março-abril de 1952, propondo a unificação da Alemanha nos termos de eleições a serem realizadas sob supervisão internacional, com a retirada de todas as tropas no prazo de um ano, *caso* houvesse a garantia de que a Alemanha reunificada não poderia integrar uma aliança militar ocidental.[12]

E também esqueceu momentaneamente sua própria descrição da estratégia dos governos Truman e Eisenhower: "evitar qualquer negociação séria com a União Soviética até que o Ocidente pudesse defrontar Moscou com o rearmamento da Alemanha num contexto europeu bem estabelecido, como um fato consumado"[13] — na realidade, em violação dos acordos de Potsdam.

Mas o mais interessante é a referência de Rostow ao Irã. O que aconteceu foi uma tentativa da Rússia de impor pela força, no Azerbaijão do Norte, um governo pró-soviético que proporcionasse à União Soviética acesso ao petróleo iraniano. A tentativa foi rechaçada pela superioridade das forças anglo-americanas em 1946, e nesse momento o imperialismo mais poderoso obteve para si plenos direitos sobre o petróleo iraniano, com a instalação de um governo pró-ocidental. Todos lembramos o que aconteceu quando, por um breve período no início da década de 1950, o único governo iraniano com algo parecido com uma base popular brincou com a estranha idéia de que o petróleo iraniano devia pertencer aos iranianos. O que é interessante, todavia, é a referência ao Azerbaijão do Norte como parte do "campo de defesa do mundo livre". Já nem é necessário, a esta altura, insistir no aviltamento da expressão "mundo livre". Mas por que lei da natureza cairia o Irã, com seus recursos, nos domínios ocidentais? A simples suposição de que isto seja possível é das mais reveladoras das atitudes arraigadas no que diz respeito à conduta das relações internacionais.

Além desse crescente desprezo pela verdade, encontramos em declarações recentes uma ingenuidade em relação às iniciativas americanas que pode ser real ou fingida, mas atinge proporções espantosas. Arthur Schlesinger, por exemplo, definiu recentemente nossas políticas para o Vietnã em 1954 como "parte de nosso programa global de boa vontade internacional".[14] A menos que tenha fundo irônico, semelhante observação evidencia um colossal cinismo ou a incapacidade, em escala que desafia a compreensão, de entender fenômenos elementares da história contemporânea. Da mesma forma, que pensar do depoimento de Thomas Schelling na Comissão de Relações Exteriores da Câmara a 27 de janeiro de 1966, falando dos dois grandes perigos caso toda a Ásia "se torne comunista"?[15] Em primeiro lugar, isto excluiria "os Estados Unidos e aquilo que chamamos de civilização ocidental de uma grande parte do mundo que é pobre, de pele escura e potencialmente hostil". Em segundo lugar, "um país como os Estados Unidos provavelmente não poderá manter a autoconfiança se aquela que é provavelmente a coisa mais importante que jamais tentou, ou seja, lançar as bases da honestidade, da prosperidade e do governo democrático no mundo subdesenvolvido, tivesse de ser declarada um fracasso ou uma tentativa que não repetiríamos". Não dá para acreditar que uma pessoa com mínimo conhecimento histórico da política externa americana seja capaz de dizer coisas assim.

Não dá para acreditar, quero dizer, a menos que consideremos a questão de um ponto de vista mais histórico, situando declarações dessa natureza no contexto do moralismo hipócrita do passado; o moralismo, por exemplo, de Woodrow Wilson, que se empenhava em ensinar a arte do bom governo aos latino-americanos, e que escreveu (1902) que é "do nosso exclusivo dever" ensinar aos povos colonizados "ordem e autocontrole (...) [e] (...) a prática e o hábito do direito e da obediência". Ou o dos missionários da década de 1840, que consideravam as hediondas e degradantes guerras do ópio como "resultado de um superior desígnio da Providência no sentido de fazer com que a maldade dos homens favorecesse seus objetivos de misericórdia em relação à China, derrubando sua muralha de isolamento e proporcionando ao império um contato mais imediato com as nações ocidentais e cristãs". Ou ainda, para nos aproximarmos do presente, o de A. A. Berle, que, comentando a intervenção na República Dominicana, tem a impertinência de atribuir os problemas dos países do Caribe ao imperialismo — o imperialismo *russo*.[16]

Como derradeiro exemplo dessa ausência de ceticismo, vejamos as observações de Henry Kissinger ao concluir sua exposição num debate televisivo sobre as políticas americanas para o Vietnã envolvendo as universidades de Harvard e Oxford. Observava ele, com certa tristeza, que o que mais o inquieta é que outros países não questionem o nosso bom senso, mas a nossa motivação — um comentário digno de nota, da parte de alguém profissionalmente dedicado à análise política, ou seja, a análise de iniciativas governamentais do ponto de vista das motivações não-expressas na propaganda oficial e talvez só vagamente percebidas por aqueles cujos atos são por elas governados. Ninguém se sentiria perturbado por uma análise do comportamento político de russos, franceses ou tanzanianos, questionando suas motivações e interpretando seus atos do ponto de vista dos interesses de longo prazo, possivelmente ocultos por trás da retórica oficial. Mas a pureza das motivações americanas e o fato de que não estão sujeitas a análise constitui um artigo de fé (ver nota 1). Embora nada tenha de novo na história intelectual americana — ou na história geral da apologia imperialista —, esta inocência torna-se cada vez mais nauseabunda, na medida em que a potência a que serve vai-se tornando mais dominante nas relações internacionais e portanto mais capaz de exercer a malignidade inabalável de que diariamente nos dão testemunho os meios de comunicação. Nem de longe somos a primeira potência da história a associar interesses materiais, grande capacidade tecnológica e extremo desprezo pelo sofrimento e a miséria das camadas inferiores. Todavia, a longa tradição de ingenuidade e presunção que desfigura nossa história intelectual deve servir de advertência ao Terceiro Mundo, se é que uma advertência é necessária, quanto à maneira como devem ser interpretados nossos protestos de sinceridade e boas intenções.

Os pressupostos básicos dos "novos colonizadores" deveriam ser criteriosamente examinados pelos que anseiam pelo envolvimento dos intelectuais acadêmicos na política. Por exemplo, mencionei anteriormente as objeções de Arthur Schlesinger à invasão da baía dos Porcos, mas a referência era imprecisa. Ele efetivamente considerava tratar-se de uma "idéia terrível", mas "não porque pudesse parecer intolerável em si mesma a idéia de patrocinar uma tentativa dos exilados de derrubar Fidel". Semelhante reação seria de banal sentimentalismo, inimaginável tratando-se de um realista que sabe o que quer. A dificuldade estava, isto sim, em que parecia improvável que o embuste tivesse êxito. Em sua opinião, a operação foi mal concebida, mas não era condenável.[17] Da mesma forma, Schlesinger aprova a avaliação "realista" da situação decorrente do assassinato de Trujillo feita por Kennedy: "Existem três possibilidades, em ordem decrescente de preferência: um conveniente regime democrático, a continuação do regime de Trujillo ou um regime castrista. Devemos ter o primeiro como meta, mas não podemos renunciar ao segundo enquanto não nos assegurarmos de que é possível evitar o terceiro."[18] A razão de ser tão intolerável a terceira possibilidade é explicada algumas páginas adiante: "O êxito do comunismo na América Latina desferiria um golpe muito mais sério contra o poder e a influência dos Estados Unidos." Naturalmente, nunca teremos certeza realmente de que será possível evitar a terceira possibilidade; na prática, portanto, estaremos sempre aceitando a segunda, como fazemos atualmente no Brasil e na Argentina, por exemplo.[19]

Ou então vejamos as opiniões de Walt Rostow sobre a política americana na Ásia.[20] As bases sobre as quais devemos erigir esta política estão em que "somos abertamente desafiados e nos sentimos ameaçados pela China comunista". Naturalmente, nem é necessário demonstrar que sofremos alguma ameaça, e a questão passa em branco; basta que nos sintamos ameaçados. Nossa política deve basear-se em nossa herança nacional e em nossos interesses nacionais. Nossa herança nacional é sucintamente explicada nos seguintes termos: "Ao longo do século XIX, os americanos podiam em boa fé dedicar-se à ampliação tanto de seus princípios quanto de seu poder no continente", valendo-se do "conceito algo elástico da doutrina Monroe" e, naturalmente, estendendo "os interesses americanos ao Alasca e às ilhas do Pacífico (...) Tanto nossa insistência na rendição incondicional quanto a idéia de uma ocupação no pós-guerra (...) representavam uma formulação dos interesses americanos de segurança na Europa e na Ásia". Isto quanto a nossa herança. No que diz respeito a nossos interesses, a questão não é menos simples. O que é fundamental é o nosso "profundo interesse em que as sociedades de outros países desenvolvam e fortaleçam em suas respectivas culturas os elementos que elevam e protegem a dignidade do indivíduo frente ao Estado". Ao mesmo tempo, devemos fazer frente à "ameaça ideológica", a saber, "a possibilidade de que os comunistas chineses demonstrem aos asiáticos, graças ao progresso na China, que os métodos comunistas são melhores e mais rápidos que os métodos democráticos". Nada se diz a respeito dos povos de culturas asiáticas para os quais nossa "concepção da adequada relação do indivíduo com o Estado" talvez não seja o valor mais importante, povos que talvez se preocupem, por exemplo, em preservar a "dignidade do indivíduo" frente a concentrações do capital estrangeiro ou nacional ou estruturas semifeudais (como as ditaduras do tipo Trujillo) introduzidas ou mantidas no poder pelas armas americanas. Tudo isto vem temperado em alusões a "nossos sistemas de valores religiosos e éticos" e nossos "difusos e complexos conceitos", "tão mais difíceis de entender" para a mente asiática do que o dogma marxista e tão "perturbadores para certos asiáticos" precisamente por "sua falta de dogmatismo".

Contribuições intelectuais desse calibre parecem indicar a necessidade de corrigir a observação feita por de Gaulle em suas memórias, a respeito da "vontade de poder [americana] que se disfarça de idealismo". Já hoje, essa vontade de poder não se mostra tão disfarçada de idealismo, mas chafurdada na cegueira. E os intelectuais do mundo acadêmico contribuíram de maneira ímpar para esse triste quadro.

Voltemos, no entanto, à guerra no Vietnã e à reação que tem suscitado entre os intelectuais americanos. Um dos aspectos mais marcantes do atual debate sobre as políticas para o Sudeste Asiático tem sido a distinção geralmente estabelecida entre "crítica responsável", por um lado, e críticas "sentimentais", "emocionais" ou "histéricas", de outro. Há muito a aprender com uma análise atenta dos termos em que é estabelecida essa distinção. Os "críticos histéricos" aparentemente podem ser identificados pela recusa irracional de aceitar um axioma político fundamental, o de que os Estados Unidos têm o direito de estender ilimitadamente seu poder e seu controle, desde que seja viável. A crítica responsável não questiona esse pressuposto, antes argumentando que provavelmente não poderemos "nos sair com esta" nesse lugar e nesse momento específicos.

É uma distinção dessa natureza que Irving Kristol parece ter em mente, por exemplo, em sua análise dos protestos contra a política para o Vietnã publicada em *Encounter*, agosto de 1965. Ele compara os críticos responsáveis, como Walter Lippmann, o

New York Times e o senador Fullbright, com o "movimento de protestos nas universidades". "Ao contrário dos manifestantes universitários", sustenta, "o sr. Lippmann não se entrega a suposições presunçosas do tipo 'o que o povo vietnamita realmente quer' — é claro que ele não se importa muito — ou a exegeses legalistas para saber se existe no Vietnã do Sul 'agressão' ou 'revolução', e em que medida. Seu ponto de vista é o da *realpolitik*; e aparentemente ele seria capaz inclusive de contemplar a possibilidade de uma guerra *nuclear* contra a China, em circunstâncias extremas." O que é elogiável, contrastando favoravelmente, segundo Kristol, com a conversa "ideológica de sujeitos destituídos de bom senso" do movimento universitário, que freqüentemente parecem motivados por absurdos como "um simples e virtuoso 'antiimperialismo'", se entregam a "catilinárias sobre 'a estrutura de poder'" e às vezes chegam ao cúmulo de ler "artigos e reportagens da imprensa estrangeira sobre a presença americana no Vietnã". Além disso, esses indivíduos perniciosos muitas vezes são psicólogos, matemáticos, químicos ou filósofos (exatamente como, por coincidência, os que protestam mais alto na União Soviética são em geral físicos, escritores e outros personagens distantes do exercício do poder), e não pessoas com contatos em Washington, naturalmente cientes de que "sempre que tiverem uma boa idéia sobre o Vietnã, prontamente poderão ser ouvidas com respeito" em Washington.

Não estou interessado aqui em saber se a maneira como Kristol encara os protestos e a dissidência tem fundamento, e sim nos pressupostos que manifesta a respeito de questões como estas: a pureza das motivações americanas estaria acima de qualquer discussão, seria irrelevante? Seria o caso de deixar as decisões para os "especialistas" com contatos em Washington? Ou seja, ainda que partamos do princípio de que eles estão imbuídos dos necessários conhecimentos e princípios para tomar a "melhor" decisão, será que serão invariavelmente capazes de fazê-lo? E — uma pergunta logicamente anterior — faz sentido contar com "especialistas" no caso? Vale dizer: existiria um corpo teórico e de informações relevantes que não é de domínio público mas pode ser aplicado à análise da política externa ou demonstra que as atuais iniciativas estão corretas, de uma forma que os psicólogos, matemáticos, químicos e filósofos não são capazes de entender? Embora Kristol não examine diretamente essas questões, suas atitudes pressupõem respostas, em todos os casos erradas. Por mais que seja mascarada por uma retórica piedosa, a agressividade americana é uma força dominante nas relações internacionais e precisa ser analisada do ponto de vista de suas causas e motivações. Não existe um corpo teórico ou qualquer conjunto significativo de informações relevantes que, estando além do entendimento do homem comum, torne as políticas de Estado imunes a críticas. Sempre que "conhecimentos especializados" forem aplicados às relações internacionais, certamente caberá — e será necessário, para qualquer pessoa de mínima integridade — questionar sua qualidade e os objetivos a que serve. São fatos por demais óbvios para merecer demorada consideração.

A estranha crença de Kristol na abertura do governo para novas idéias a respeito do Vietnã vem a ser posta no devido lugar em recente artigo de McGeorge Bundy.[21] Este observa, corretamente, que "no frigir dos ovos (...) o debate em torno do Vietnã é uma questão de tática, e não de princípios fundamentais". No centro do palco estão, naturalmente, o presidente (que em sua recente viagem à Ásia acabara de "reiterar magistralmente" nosso interesse "no progresso dos povos do outro lado do Pacífico") e seus assessores, que merecem "o apoio compreensivo daqueles que querem moderação". São esses homens que merecem crédito pelo fato de que "o bombardeio do norte tem sido o mais preciso e mais moderado da guerra moderna" — uma solicitude que sem dúvida será reconhecida pelos habitantes, ou antes, pelos antigos habitantes de Nam Dinh, Phu Ly e Vinh. São igualmente esses homens que merecem crédito pelo que já em maio de 1965 era informado por Malcolm Browne: "No sul, vastas regiões do país foram declaradas 'zonas de livre bombardeio', nas quais qualquer coisa que se mova pode ser tomada como alvo. Dezenas de milhares de toneladas de bombas, foguetes, *napalm* e fogo de artilharia são despejadas semanalmente nessas vastas regiões. No mínimo pelas leis da probabilidade, acredita-se que o derramamento de sangue seja enorme nessas investidas."

Felizmente para os países em desenvolvimento, tranqüiliza-nos Bundy, "a democracia americana não gosta de se comprazer no imperialismo", e, "considerado em conjunto, o cabedal de experiência, compreensão, solidariedade e simples conhecimento acumulado pelos Estados Unidos é hoje sem dúvida o mais impressionante do mundo". É verdade que "quatro quintos de todo o investimento estrangeiro hoje existente no mundo são de origem americana" e que "os planos e políticas mais admirados (...) dificilmente deixarão de ter alguma relação com o interesse americano" — exatamente como também é verdade, segundo podemos ler na mesma edição de *Foreign Affairs*, que os planos de ação armada contra Cuba foram postos em movimento poucas semanas depois da visita de Mikoyan a Havana, "invadindo território que por tanto tempo fora esfera de influência quase exclusivamente americana". Infelizmente, fatos como este freqüentemente são vistos por intelectuais asiáticos de horizontes limitados como indicadores de algum "gosto pelo imperialismo". Por exemplo, alguns indianos manifestaram um sentimento de "quase exasperação" pelo fato de que "temos feito tudo que está a nosso alcance para atrair capital estrangeiro para fábricas de fertilizantes, mas as empresas privadas americanas e de outros países ocidentais sabem que estamos em cima de um barril de pólvora, e por isto impõem condições as mais rigorosas, que simplesmente não podemos cumprir",[22] ao passo que "Washington (...) obstinadamente insiste em que sejam feitos acordos no setor privado, com empresas privadas".[23] Mas esta reação sem dúvida revela mais uma vez, simplesmente, que a mente asiática não consegue entender os "difusos e complexos conceitos" do pensamento ocidental.

Pode ser interessante analisar detalhadamente as "boas idéias sobre o Vietnã" que hoje em dia merecem ser "prontamente ouvidas com respeito" em Washington. A imprensa oficial do governo dos Estados Unidos é uma fonte inesgotável para a exploração do padrão moral e intelectual desse aconselhamento especializado. Em suas publicações, podemos ler, por exemplo, o depoimento do professor David N. Rowe, diretor de estudos de pós-graduação em relações internacionais da Universidade de Yale, na Comissão de Relações Exteriores da Câmara (ver nota 15). O professor Rowe propõe (p. 266) que os Estados Unidos comprem todo o excedente da produção canadense e australiana de trigo, para que haja um surto de fome em massa na China. Eis suas palavras: "Naturalmente, não estou falando disso como uma arma contra o povo chinês. Ela será. Mas só incidentalmente. Será uma arma contra o governo, pois a estabilidade interna do país não pode ser mantida por um governo inamistoso ante uma situação de fome generalizada." O professor Rowe não se atrapalha com essa espécie de moralismo sentimental que nos poderia levar a comparar sua proposta, por exemplo, com a *Ostpolitik* de Hitler na Alemanha.[24] Como tampouco teme o impacto de políticas como esta em outros países asiáticos, como por exemplo o Japão. Ele nos garante, com base em sua "longuíssima familiaridade com as questões japonesas", que "os japoneses são acima de tudo um povo que respeita o poder e a determinação". Assim, "não se haverão de alarmar tanto com uma política americana no Vietnã que parta de uma posição de poder e pretenda buscar uma solução baseada na imposição de nosso poderio sobre populações locais às quais nos opomos". Os japoneses ficariam inquietos, isto sim, ante "uma política de indecisão, uma política de recusa de enfrentar os problemas [na China e no Vietnã] e cumprir nossas responsabilidades na região de maneira positiva", como na alternativa que acabamos de citar. Constatar que acaso não nos dispuséssemos "a fazer uso do poderio que sabem que nós temos" poderia "alarmar muito intensamente o povo japonês, abalando suas relações amistosas conosco". Na realidade, a plena utilização do poderio americano seria particularmente tranqüilizadora para os japoneses, pois eles tiveram uma demonstração "do tremendo poder dos Estados Unidos em ação (...) pois puderam sentir diretamente o nosso poderio". Trata-se com certeza de um exemplo primordial do saudável "ponto de vista da *realpolitik*" tão admirado por Irving Kristol.

Mas por que então, caberia perguntar, restringir-se a recursos indiretos como a fome em massa? Por que não bombardeios? Não resta dúvida de que esta mensagem está implícita nas observações feitas diante da mesma comissão pelo reverendo R. J. de Jaegher, membro do conselho do Instituto de Estudos do Extremo Oriente, da Universidade de Seton Hall, segundo quem, como todos os povos que viveram debaixo do comunismo, os norte-vietnamitas "ficariam perfeitamente felizes de serem bombardeados para conquistar a liberdade" (p. 345).

Naturalmente, deve haver aqueles que apóiam os comunistas. Mas não é motivo de grande preocupação, como assinala em depoimento diante da mesma comissão Walter Robertson, subsecretário de Estado para questões do Extremo Oriente entre 1953 e 1959. Ele nos assegura que "o regime de Peiping (...) representa algo em torno de menos de 3% da população" (p. 402).

Veja-se então como são felizes os líderes comunistas chineses, em comparação com os líderes do Vietcong, os quais, segundo Arthur Goldberg, representam cerca de "metade de um por cento da população do Vietnã do Sul", ou seja, aproximadamente metade do número de novos recrutas sul-vietnamitas mobilizados pelo Vietcong em 1965, se dermos crédito às estatísticas do Pentágono.[25]

Diante de especialistas desse calibre, os cientistas e filósofos de que fala Kristol com toda evidência fariam bem em continuar riscando círculos na areia.

Tendo resolvido a questão da irrelevância política do movimento de protesto, Kristol volta-se para o tema de suas motivações — ou, de maneira mais geral, o que fez com que estudantes e professores mais jovens "se virassem para a esquerda", tal como ele o formula, em meio a uma generalizada prosperidade e sob governos liberais empenhados na sustentação do *welfare state*. Temos aqui, observa ele, "um enigma para o qual nenhum sociólogo foi capaz até hoje de fornecer resposta". Como esses jovens pertencem a famílias prósperas, têm um belo futuro pela frente etc., seus protestos só podem ser irracionais. Devem ser conseqüência do tédio, de excesso de segurança, alguma coisa do gênero.

É possível pensar em outras possibilidades. Pode ser, por exemplo, que, como homens de bem que são, os estudantes e jovens professores estejam tentando descobrir a verdade por si mesmos, em vez de transferir a responsabilidade a "especialistas" ou ao governo; e é possível também que reajam com indignação ao que descobrem. Kristol não rejeita propriamente essas possibilidades. Elas são simplesmente inconcebíveis, não merecem consideração. Mais precisamente, tais possibilidades são inexprimíveis; as categorias em que são formuladas (homens de bem, indignação) simplesmente não existem para o cientista social que sabe o que quer.

Nesse implícito descrédito de valores intelectuais tradicionais, Kristol reflete atitudes bastante disseminadas nos círculos acadêmicos. Não tenho dúvida de que tais atitudes derivam em parte de uma tentativa desesperada das ciências sociais e comportamentais de imitar as características superficiais de ciências que efetivamente têm um conteúdo intelectual respeitável. Mas também decorrem de outras fontes. Qualquer um pode ser um indivíduo de horizontes morais, preocupado com os direitos e os problemas humanos; mas somente um professor universitário, um especialista devidamente capacitado pode resolver problemas técnicos recorrendo a métodos "sofisticados". *Ergo*, só essa última ordem de problemas é que pode ser considerada importante ou real. Os especialistas responsáveis e não-ideológicos fornecem aconselhamento sobre questões táticas; já os "indivíduos ideológicos" e irresponsáveis distilam sua "lengalenga" sobre princípios e se preocupam com questões morais e de direitos humanos, ou ainda com os problemas tradicionais do homem e da sociedade, a cujo respeito as "ciências sociais e comportamentais" só têm a oferecer trivialidades. Naturalmente, esses indivíduos emocionais e ideológicos são irracionais, já que, vivendo na prosperidade e tendo o poder ao seu alcance, não deviam preocupar-se com questões como estas.

Há momentos em que essa afetação pseudocientífica atinge níveis quase patológicos. Veja-se por exemplo o fenômeno Herman Kahn. Ele tem sido ao mesmo tempo denunciado como imoral e louvado por sua coragem. Seu livro *On Thermonuclear War* foi considerado, por homens de quem se poderia esperar mais experiência, "sem qualquer ressalva (...) uma das obras mestras de nossa época" (Stuart Hughes). A verdade nua e crua é que se trata com toda certeza de umas das obras mais ocas de nossa época, como se pode verificar ao submetê-la aos padrões intelectuais de qualquer disciplina conhecida, indo buscar nos "estudos objetivos" em que se pauta a origem das "bem documentadas conclusões" que apresenta e seguindo sua linha de raciocínio, quando pode ser identificada. Kahn não propõe qualquer teoria, qualquer explicação ou qualquer dedução empírica que possa ser testada no confronto com suas conseqüências, como fazem as ciências que tenta macaquear. Ele simplesmente sugere uma terminologia e fornece uma fachada de racionalidade. As conclusões de políticas a serem adotadas que vêm a ser extraídas escoram-se exclusivamente em observações *ex cathedra* para as quais nem mesmo chega a ser sugerido algum embasamento (por exemplo: "Os gastos com a defesa civil provavelmente deveriam ficar abaixo de 5 bilhões de dólares por ano", para que os russos não se sintam provocados; por que não 50 bilhões de dólares ou 5 dólares?). Pior ainda, Kahn tem perfeita consciência dessa vacuidade; em seus momentos de maior lucidez, alega apenas que "não há motivos para crer que modelos relativamente sofisticados sejam mais provavelmente equivocados que modelos e analogias simples freqüentemente usados como elemento de apoio no ajuizamento". Aqueles cujo humor tende para o macabro terão facilidade em jogar o jogo do "pensamento estratégico" à Kahn, com isto provando o que desejam provar. Por exemplo, um dos pressupostos básicos de que parte Kahn é que "um maciço ataque de surpresa mobilizando todos os recursos contra alvos não-convencionais seria tão irracional que, exceto na hipótese de uma incrível falta de sofisticação ou de pura e simples loucura da parte dos dirigentes soviéticos, pode ser considerado altamente improvável". Um argumento dos mais simples pode provar o contrário. Premissa 1: os dirigentes americanos pensam nos termos expostos por Herman

Kahn. Premissa 2: Kahn considera que mais valeria serem todos comunistas do que estarem mortos. Premissa 3: se os americanos reagissem a um ataque maciço contra alvos não-convencionais, todo mundo estaria morto. Conclusão: os americanos não reagirão a um ataque maciço contra alvos não-convencionais, que portanto deve ser lançado sem demora. Naturalmente, o argumento pode ser levado um passo mais adiante. Fato: os russos não empreenderam um ataque maciço contra alvos não-convencionais. Conseqüentemente, não são racionais. Se não são racionais, o "pensamento estratégico" não tem sentido. Logo...

Naturalmente, tudo isto não passa de *nonsense*, mas um *nonsense* que só difere do de Kahn por exibir um conteúdo ligeiramente mais complexo que qualquer coisa que possa ser encontrada em seu trabalho. O que é digno de nota é que pessoas sérias efetivamente dêem atenção a semelhantes absurdos, sem dúvida por causa da fachada de firmeza de propósitos e pseudociência.

É curioso e deprimente que o "movimento contra a guerra" com muita freqüência seja presa de conclusões semelhantes. No outono de 1965, por exemplo, realizou-se uma Conferência Internacional sobre Perspectivas Alternativas para o Vietnã, que distribuiu um panfleto aos possíveis participantes, expondo seus pressupostos. O objetivo era criar grupos de estudo nos quais estivessem representados três "tipos de tradição intelectual": (1) especialistas em áreas específicas; (2) "teoria social, com especial ênfase em teorias do sistema internacional, de mudança e desenvolvimento sociais, de conflito e solução de conflitos ou de revolução"; (3) "análise das políticas públicas em termos de valores humanos básicos, enraizados em diferentes tradições teológicas, filosóficas e humanistas". A segunda tradição intelectual contribuirá com "propostas gerais, derivadas da teoria social e testadas no confronto com dados históricos, comparativos ou experimentais"; a terceira "fornecerá o arcabouço a partir do qual será possível levantar questões fundamentais de valor e analisar as implicações morais das ações societárias". A expectativa era que, "abordando as questões [da política para o Vietnã] a partir das perspectivas morais de todos os sistemas filosóficos e das grandes religiões, possamos encontrar soluções mais coerentes com os valores humanos fundamentais do que se tem revelado a atual política americana no Vietnã".

Resumindo, os especialistas em valores (vale dizer, porta-vozes dos grandes sistemas filosóficos e religiões) contribuirão com novas percepções sobre as perspectivas morais e os especialistas em teoria social entrarão com propostas gerais empiricamente corroboradas, além de "modelos gerais de conflito". Dessa interação surgirão novas propostas de políticas a serem adotadas, presumivelmente em conseqüência da aplicação dos cânones do método científico. O único ponto questionável, ao que me parece, é saber se seria mais ridículo recorrer a especialistas em teoria social para obter propostas já corroboradas de caráter geral ou a especialistas nas grandes religiões e nos sistemas filosóficos para percepções sobre os valores humanos fundamentais.

Muito mais poderia ser dito a este respeito, mas eu gostaria apenas de enfatizar que, como sem dúvida já parece óbvio, o culto do especialista é ao mesmo tempo de interesse próprio, para os que o preconizam, e fraudulento. Naturalmente, devemos aprender com a ciência social e comportamental o que seja possível; naturalmente, esses campos do conhecimento devem ser cultivados com toda a seriedade possível. Mas seria uma lástima, e muito perigoso, se não fossem aceitos e avaliados de acordo com seus próprios méritos e realizações concretas, e não supostas. Particularmente, se existe efetivamente um corpo teórico, testado e verificado, que possa ser aplicado à conduta das relações internacionais ou à resolução de conflitos nacionais ou internacionais, o fato é que sua existência tem sido muito bem mantida em segredo. No caso do Vietnã, se aqueles que se consideram especialistas têm acesso a princípios ou informações que pudessem justificar o que o governo americano está fazendo naquele desgraçado país, mostram-se singularmente incapazes de dar conhecimento deste fato. Para qualquer um minimamente familiarizado com as ciências sociais e comportamentais (ou as "ciências políticas"), a alegação de que certas considerações e princípios são demasiado profundos para serem compreendidos por um leigo não passa de um absurdo, que não merece comentários.

Ao tratar da responsabilidade dos intelectuais, nossa principal preocupação deve ser o seu papel na criação e na análise da ideologia. E, com efeito, o contraste estabelecido por Kristol entre os discursos ideológicos de sujeitos sem bom senso e os dos especialistas responsáveis é formulado em termos que imediatamente trazem à lembrança o interessante e influente ensaio de Daniel Bell sobre o "fim da ideologia",[26] ensaio tão importante pelo que deixa de dizer quanto por seu efetivo conteúdo. Bell expõe e discute a análise marxista da ideologia como fachada para os interesses de classe, citando em particular o conhecido comentário de Marx sobre a crença da burguesia "de que as condições *especiais* de sua emancipação são as condições *gerais* que só elas permitirão que a sociedade moderna seja salva e que seja evitada a luta de classes". Sustenta então que a era das ideologias acabou, tendo sido suplantada, pelo menos no Ocidente, pela generalizada convicção de que cada questão deve ser resolvida de acordo com seus próprios termos, no contexto de um Estado de bem-estar social no qual, presumivelmente, os especialistas no encaminhamento das questões públicas desempenharão papel proeminente. Bell toma o cuidado, no entanto, de definir o exato sentido da palavra "ideologia" em que se pode considerar que "as ideologias se exauriram". Ele se refere à ideologia apenas como "a transformação de idéias em alavancas sociais", "um conjunto de crenças, impregnado de paixão (...) [que] (...) busca transformar um modo de vida como um todo". As palavras cruciais aqui são "transformar" e "transformação em alavancas sociais". Segundo ele, os intelectuais ocidentais perderam o interesse na conversão de idéias em alavancas sociais para a radical transformação da sociedade. Agora que alcançamos a sociedade pluralista do Estado de bem-estar social, eles já não vêem a necessidade de uma radical transformação da sociedade; podemos aqui e ali retocar nosso modo de vida, mas seria equivocado tentar modificá-lo significativamente. Ante este consenso dos intelectuais, a ideologia morreu.

Várias coisas chamam a atenção no ensaio de Bell. Em primeiro lugar, ele não esclarece em que medida este consenso dos intelectuais serve em causa própria. Não relaciona a observação de que, em grande medida, os intelectuais perderam o interesse em "transformar todo o modo de vida" ao fato de que desempenham um papel cada vez mais proeminente na gestão do Estado de bem-estar social; como tampouco relaciona a satisfação que evidenciam com o Estado de bem-estar social ao fato de que, como ele mesmo observa em outro momento, "a América tornou-se uma sociedade afluente, oferecendo colocação (...) e prestígio (...) aos radicais de outrora". Em segundo lugar, não demonstra seriamente que os intelectuais de certa maneira estão "certos" ou "objetivamente justificados" no consenso a que se refere, com a rejeição da idéia de que a sociedade deve ser transformada. Com efeito, embora se mostre muito crítico da retórica vazia da "Nova Esquerda", Bell parece alimentar a fé utópica de que os especialistas técnicos serão capazes de resolver os poucos problemas que ainda restam; por exemplo, o fato de que o trabalho seja tratado como mercadoria, e os problemas da "alienação".

Parece perfeitamente claro que os problemas clássicos continuam aqui; caberia mesmo sustentar que se ampliaram em escala e gravidade. Por exemplo, o clássico paradoxo da pobreza em meio à abundância tornou-se hoje um problema cada vez maior em escala internacional. Embora fosse possível imaginar, pelo menos em princípio, uma solução dentro das fronteiras nacionais, dificilmente poderia surgir no contexto do consenso intelectual descrito por Bell alguma perspectiva judiciosa para a transformação da sociedade internacional de maneira a enfrentar a questão da vasta e talvez crescente miséria humana.

Pode portanto parecer natural que descrevamos o consenso dos intelectuais em termos algo diferentes dos utilizados por Bell. Recorrendo à terminologia da primeira parte de seu ensaio, poderíamos dizer que o técnico do Estado de bem-estar social encontra justificação para sua posição social especial e proeminente em sua "ciência", especificamente, na alegação de que a ciência social pode alicerçar uma tecnologia de promoção de retoques sociais em escala nacional e internacional. Ele dá então mais um passo, passando a alegar, de uma maneira que já conhecemos, que tem validade universal aquilo que na realidade é um interesse de classe: sustenta que as condições especiais em que se baseiam suas pretensões de poder e autoridade constituem na realidade as condições gerais que só elas permitirão que a sociedade moderna seja salva; que os retoques sociais no contexto de um Estado de bem-estar social devem tomar o lugar do compromisso com as "ideologias totais" do passado, ideologias que se empenhavam na transformação da sociedade. Tendo encontrado sua posição de poder, obtendo segurança e afluência, ele já não precisa de ideologias que buscam uma mudança radical. O especialista acadêmico substitui o "intelectual livre-pensador" que "considerava que os valores errados é que eram valorizados, e rejeitava a sociedade", e que hoje perdeu sua função política (hoje, vale dizer, quando os valores certos são valorizados).

É possível imaginar que os especialistas técnicos que gerirão (ou esperam gerir) a "sociedade pós-industrial" sejam capazes de enfrentar os problemas clássicos sem uma transformação radical da sociedade. Da mesma forma, também pode ser verdade que a burguesia estivesse certa em considerar que as condições especiais de sua emancipação fossem as condições gerais que só elas permitiram salvar a sociedade moderna. Em ambos os casos, sustenta-se uma argumentação, e só pode haver ceticismo quando não se dispõe de nenhuma.

No mesmo contexto de utopismo generalizado, Bell vem então a colocar nos termos mais curiosos a questão da oposição entre especialistas acadêmicos do *welfare state* e ideólogos do Terceiro Mundo. Ele assinala, muito acertadamente, que não existe uma questão do comunismo, tendo o conteúdo desta doutrina sido "há muito esquecido por adeptos e adversários". A questão que se coloca, prossegue, é "mais antiga: a de saber se é possível promover o surgimento de novas sociedades através da construção de instituições democráticas e da possibilidade de que os povos escolham alternativas — e sacrifícios — voluntariamente, ou se as novas elites, embriagadas com o poder, imporão meios totalitários para transformar seus países". A questão é interessante; mas já parece estranho que seja considerada "mais antiga". Ele certamente não estará sugerindo que o Ocidente escolheu o caminho democrático — por exemplo, que na Inglaterra da revolução industrial os agricultores voluntariamente se dispusessem a abandonar a terra, desistindo de fabricar requeijão, transformando-se em proletariado industrial, e decidissem voluntariamente, no contexto das instituições democráticas existentes, fazer os sacrifícios terrivelmente relatados na literatura clássica da sociedade industrial do século XIX. Caberia discutir se é necessário um controle autoritário para permitir a acumulação de capital no mundo subdesenvolvido, mas o modelo ocidental de desenvolvimento não é propriamente motivo de orgulho. Talvez não surpreenda que um Walt Rostow fale dos "processos mais humanos [de industrialização] sugeridos pelos valores ocidentais".[27] Aqueles que se preocupam seriamente com os problemas enfrentados pelos países atrasados e o papel que as sociedades industrializadas avançadas podem desempenhar, em princípio, no desenvolvimento e na modernização devem mostrar-se mais cautelosos na interpretação do significado da experiência ocidental.

Voltando à pertinente questão de saber se é possível "promover o surgimento de novas sociedades através da construção de instituições democráticas" ou somente por meios totalitários, creio que, por uma questão de honestidade, temos de reconhecer que a pergunta deve ser endereçada antes aos intelectuais americanos que aos ideólogos do Terceiro Mundo. Os países atrasados têm problemas incríveis e talvez mesmo insuperáveis, dispondo de poucas alternativas; os Estados Unidos contam com um amplo leque de possibilidades e com os recursos econômicos e tecnológicos necessários, embora com toda evidência não disponham dos recursos intelectuais e morais para enfrentar pelo menos alguns desses problemas. Para um intelectual americano, é fácil passar sermões sobre as virtudes da liberdade, mas se estiver efetivamente preocupado, por exemplo, com o totalitarismo chinês ou os sofrimentos impostos ao campesinato da China no processo de industrialização forçada, terá de enfrentar uma tarefa infinitamente mais importante e desafiadora — a missão de criar, nos Estados Unidos, o clima intelectual e moral, assim como as condições sociais e econômicas, que permitam ao país participar da modernização e do desenvolvimento de maneira condizente com sua riqueza material e sua capacidade técnica. Maciças doações de capital a Cuba e à China talvez não bastem para aliviar o autoritarismo e o terror que tendem a acompanhar os primeiros estágios da acumulação de capital, mas é muito mais provável que tenham este efeito do que sermões sobre valores democráticos. É possível que mesmo sem um "assédio capitalista" em qualquer de suas manifestações os elementos verdadeiramente democráticos dos movimentos revolucionários — em certos casos, por exemplo, sovietes e coletivos — sejam solapados por uma "elite" de burocratas e membros da *intelligentsia* técnica; mas é praticamente certo que o assédio capitalista, hoje enfrentado por todos os movimentos revolucionários, promova este resultado. Para quem está preocupado em fortalecer os elementos democráticos, espontâneos e populares das sociedades em desenvolvimento, a lição não podia ser mais clara. Sermões sobre o sistema bipartidário ou mesmo sobre os valores democráticos efetivamente substanciais que têm sido em parte promovidos na sociedade ocidental são de monstruosa irrelevância ante o esforço necessário para elevar o nível cultural da sociedade ocidental de tal maneira que ele possa proporcionar uma "alavanca social" para o desenvolvimento tanto econômico quanto de autênticas instituições democráticas no Terceiro Mundo — e, para dizer a verdade, internamente também.

É perfeitamente possível chegar à conclusão de que efetivamente existe um consenso entre os intelectuais que já alcançaram poder e afluência, ou que se sentem capazes de alcançá-los "aceitando a sociedade" como é e promovendo os valores que "são respeitados" na sociedade. E também é verdade que esse consenso manifesta-se sobretudo entre os especialistas acadêmicos que vêm substituindo os intelectuais livres-pensadores do passado. Na universidade, esses especialistas constroem uma "tecnologia isenta de valores" para a solução de problemas técnicos que se manifestam na sociedade contemporânea,[28] assumindo em relação a eles uma "posição responsável", no sentido acima assinalado. Esse consenso entre os especialistas responsáveis representa a contrapartida nacional do que é proposto, no cenário internacional, por aqueles que justificam a aplicação do poderio americano na Ásia, quaisquer que sejam os custos humanos, sob a alegação de que é necessário para conter a "expansão da China" (uma "expansão" com toda certeza hipotética, por enquanto)[29] — para traduzir em burocratês do Departamento de Estado, sob a alegação que é essencial para reverter as revoluções nacionalistas asiáticas, ou pelo menos impedir que se propaguem. A analogia fica evidente quando examinamos atentamente as maneiras como a proposta é formulada. Com sua habitual lucidez, Churchill expôs a posição, em termos gerais, em observação feita ao colega da época, Josef Stalin, em Teerã, 1943: "(...) o governo do mundo deve ser confiado a nações satisfeitas, que nada mais desejam para si mesmas além do que já têm. Se o governo do mundo ficasse nas mãos de nações famintas, sempre haveria perigo. Mas nenhum de nós tinha motivos para buscar algo mais. A paz seria mantida pelos povos que vivessem do seu próprio jeito e não fossem ambiciosos. Nosso poder nos situava acima dos demais. Éramos como homens ricos vivendo em paz em suas residências."[30]

Se quisermos uma tradução da retórica bíblica de Churchill para o jargão da ciência social contemporânea, podemos voltar-nos para o depoimento de Charles Wolf, economista da RAND Corporation, nas audiências do Congresso anteriormente mencionadas:

> Não estou certo de que os temores de assédio da China venham a ser a longo prazo minorados, atenuados ou acalmados no futuro. Mas gostaria que o que fizermos no Sudeste Asiático contribua para aumentar no corpo político chinês antes o realismo e a disposição de conviver com este medo do que de se mostrar complacente com ele apoiando movimentos de libertação, os quais, é preciso reconhecer, dependem de muito mais que apoio externo (...) a questão operacional a ser encarada pela política externa americana não é saber se esse medo pode ser eliminado ou substancialmente aliviado, mas se a China pode ser posta diante de uma estrutura de incentivos, de penalidades e recompensas, de estímulos que a disponham a conviver com esse medo.[31]

A questão é complementarmente aclarada por Thomas Schelling: "Vem aumentando o número de experiências de que os chineses podem tirar proveito, no sentido de que, embora os Estados Unidos possam estar interessados em assediá-los, possam estar interessados em defender deles certas regiões próximas, também estão dispostos a se comportar pacificamente, se assim também fizerem eles."[32]

Em suma, estamos dispostos a viver pacificamente em nossas residências — que certamente são bem amplas. E é perfeitamente natural que fiquemos ofendidos com os ruídos inconvenientes que chegam da área de serviço. Se, digamos, um movimento revolucionário de base camponesa tenta conquistar a independência do domínio estrangeiro ou derrubar estruturas semifeudais apoiadas por potências estrangeiras, ou se os chineses recusam-se de maneira irracional a reagir adequadamente ao programa de fortalecimento que preparamos para eles, se se opõem ao assédio dos pacíficos e bem-intencionados "homens ricos" que controlam os territórios próximos de suas fronteiras como se fosse um direito natural, é claro que temos de responder a esta beligerância com a força adequada.

É esta mentalidade que explica a franqueza com que o governo dos Estados Unidos e seus apologistas acadêmicos defendem a recusa americana de permitir um acerto político de caráter local no Vietnã, com base no efetivo equilíbrio das forças políticas. Até mesmo especialistas do governo admitem abertamente que a Frente de Libertação Nacional constitui o "único partido político com autêntica sustentação de massas do Vietnã do Sul";[33] que a FLN fizera "um esforço maciço e consciente para ampliar a participação política em nível local, ainda que de forma manipulada, de modo a envolver a população numa revolução dotada de autonomia e bases próprias" (p. 374); e que este empenho fora tão bem-sucedido que nenhum outro grupo político, "com a possível exceção dos budistas, se considerava com suficiente força e poder para se arriscar a participar de uma coalizão, temendo que se o fizesse a baleia engoliria o peixinho" (p. 362). Além disso, eles reconhecem que, até a introdução de forças americanas em escala esmagadora, a FLN insistia em que a luta "fosse levada a efeito no nível político, considerando ilegítimo em si mesmo o uso de poderio militar maciço. (...) O campo de batalha seriam as mentes e lealdades dos camponeses vietnamitas, as armas seriam as idéias" (pp. 91-92; cf. também pp. 93, 99-108, 155 e seg.); e, paralelamente, que até meados de 1964 a ajuda de Hanói "limitava-se essencialmente a duas áreas: conhecimento doutrinário e equipes de liderança" (p. 321). Documentos capturados à FLN contrastam a "superioridade militar" do inimigo com sua própria "superioridade política" (p. 106), corroborando plenamente a análise de porta-vozes militares americanos para os quais nosso problema consiste em, "com uma considerável força armada mas pouco poder político, conter um adversário que tem enorme força política mas poderio militar apenas modesto".[34]

No mesmo sentido, o resultado mais impressionante tanto da conferência de Honolulu em fevereiro quanto da conferência de Manila em outubro foi a límpida admissão, por altos funcionários do governo de Saigon, de que "não sobreviveriam a um 'acordo pacífico' que deixasse montada a estrutura *política* do Vietcong, ainda que fossem desmanteladas suas unidades guerrilheiras", de que "não podem competir *politicamente* com os comunistas vietnamitas".[35] Assim, prossegue Mohr, os vietnamitas exigem um "programa de pacificação" que tenha como "núcleo (...) o desmantelamento da estrutura política clandestina do Vietcong e a criação de um férreo sistema de controle político governamental sobre a população". Escrevendo de Manila, o mesmo correspondente cita, a 23 de outubro, a seguinte declaração de um alto funcionário sul-vietnamita: "Para ser franco, não temos força suficiente para competir com os comunistas em termos puramente políticos. Eles são organizados e disciplinados. Os nacionalistas não-comunistas não são — não temos partidos políticos grandes e bem organizados e ainda não somos unidos. Não podemos permitir que o Vietcong continue existindo." Os funcionários em Washington entendem perfeitamente a situação. Assim, o secretário Rusk frisou que, "se o Vietcong sentar-se à mesa de conferências como interlocutor de pleno direito, em certo sentido estará saindo vitorioso naquelas mesmas metas que o Vietnã do Sul e os Estados Unidos comprometeram-se a impedir" (28 de janeiro de 1966). No mesmo sentido, Max Frankel informava de Washington: "A idéia de uma conciliação não chegou a se impor aqui, pois há muito tempo o governo chegou à conclusão de que as forças não-comunistas do Vietnã do Sul não sobreviveriam por muito tempo em Saigon numa coalizão com os comunistas. Por este motivo — e não por algum respeito excessivamente rígido ao protocolo — é que Washington se tem recusado obstinadamente a tratar com o Vietcong ou reconhecê-lo como força política independente."[36]

Resumindo, poderemos magnanimamente permitir que representantes do Vietcong participem de negociações, mas somente se aceitarem apresentar-se como agentes de uma potência estrangeira, com isto abrindo mão do direito de participar de um governo de coalizão, um direito que reivindicam há seis anos. Bem sabemos que em qualquer coalizão representativa, os delegados de nossa escolha não durariam um dia sequer sem o apoio das armas americanas. Desse modo, temos de aumentar a força americana e resistir à idéia de negociações efetivas, até o dia em que um governo cliente seja capaz de controlar a população tanto militar quanto politicamente — um dia que pode não chegar nunca, pois, como assinalou William Bundy, jamais poderemos estar certos da segurança de um Sudeste Asiático "em que tenha sido eliminada efetivamente a presença ocidental". Assim, se viéssemos a "negociar com vistas a soluções voltadas para a neutralização", seria uma capitulação aos comunistas.[37] De acordo com este raciocínio, portanto, o Vietnã do Sul deverá continuar permanentemente como uma base militar americana.

Tudo isto é perfeitamente razoável, desde que aceitemos o axioma político fundamental de que os Estados Unidos, com sua tradicional preocupação com os direitos dos fracos e oprimidos, e sua percepção sem equivalente dos desejáveis caminhos de desenvolvimento dos países atrasados, devem ter a coragem e a persistência de impor sua vontade pela força, até que outros países disponham-se a aceitar essas verdades — ou simplesmente renunciar a qualquer esperança.

Se é da responsabilidade do intelectual insistir na verdade, também é dever seu enxergar os acontecimentos em sua perspectiva histórica. Devemos portanto aplaudir a insistência do secretário de Estado na importância das analogias históricas, por exemplo, a analogia com Munique. Como Munique deixou claro, um país poderoso e agressivo, com uma convicção fanática de seu destino manifesto, encarará cada vitória, cada ampliação de seu poder e autoridade, como prelúdio para o passo seguinte. A questão foi muito bem colocada por Adlai Stevenson quando falou do "antigo, muito antigo caminho no qual as potências expansivas vão empurrando cada vez mais portas, acreditando que haverão de abrir-se, até que, na última de todas, a resistência é inevitável e irrompe uma grande guerra". É aí que reside o perigo da conciliação, como os chineses não se cansam de indicar à União Soviética, que segundo eles está fazendo o papel de Chamberlain frente ao Hitler por nós desempenhado no Vietnã. Naturalmente, a agressividade do imperialismo liberal não é a mesma da Alemanha nazista, embora a distinção possa parecer das mais irrelevantes para o camponês vietnamita que está sendo incinerado ou sufocado em gases. Não queremos ocupar a Ásia; queremos apenas, para voltar ao sr. Wolf, "ajudar os países asiáticos a avançar para a modernização econômica na condição de sociedades relativamente 'abertas' e estáveis, às quais seja livre e confortável o nosso acesso, como país e como cidadãos individuais".[38] A formulação é perfeitamente adequada. A história recente mostra que pouca diferença faz para nós a forma de governo adotada por um país, desde que ele continue sendo uma "sociedade aberta", no sentido muito peculiar que conferimos à expressão — uma sociedade que se mantenha aberta à penetração econômica ou ao controle político dos Estados Unidos. Se for necessário chegar perto do genocídio no Vietnã para alcançar este objetivo, será o preço que temos de pagar em defesa da liberdade e dos direitos humanos.

Seria com certeza supérfluo analisar longamente as maneiras como ajudamos outros países a avançar para sociedades abertas "às quais seja livre e confortável o nosso acesso". Um exemplo dos mais elucidativos é analisado nas recentes audiências parlamentares que várias vezes já citei, em depoimento de Willem Holst e Robert Meagher, representando o Comitê Permanente sobre a Índia do Conselho Empresarial para o Entendimento Internacional.[39] Observa o sr. Meagher: "Se fosse possível, a Índia provavelmente preferiria importar técnicos e *know-how* em vez de corporações estrangeiras. Mas isto não é possível; assim, a Índia aceita o capital estrangeiro como um mal necessário." Naturalmente, "a questão do investimento de capitais privados na Índia (...) não passaria de um exercício teórico" se as bases para este investimento não tivessem sido lançadas pela ajuda externa, e se não soubéssemos que "a necessidade determinou uma modificação na maneira como a Índia trata o capital privado estrangeiro". Hoje, no entanto, "a atitude da Índia em relação aos investimentos privados estrangeiros está mudando consideravelmente, evoluindo da posição de ressentimento e ambivalência para a aceitação de sua necessidade. À medida que esta necessidade se torna mais evidente, a ambivalência provavelmente será substituída por uma atitude mais conciliatória". O sr. Holst apresenta então "um caso provavelmente típico", a saber, "o plano pelo qual se propôs que o governo indiano, em parceria com um consórcio privado dos Estados Unidos, aumentasse a produção de fertilizantes em um milhão de toneladas por ano, o que corresponde exatamente ao dobro da atual capacidade instalada em toda a Índia. O lamentável fracasso desse ambicioso plano pode ser atribuído em grande medida à incapacidade tanto do governo quanto dos meios empresariais de encontrar uma solução viável e mutuamente aceitável no contexto dos muito divulgados dez incentivos empresariais". A dificuldade aqui tinha a ver com os percentuais de lucro líquido. Naturalmente, "a Índia precisa desesperadamente de fertilizantes". E não é menos óbvio que o consórcio "insistiu em que, para exercer o controle adequado, era necessário deter a maioria das ações". Mas "o governo indiano insistiu oficialmente em deter o controle majoritário", e, "numa questão tão complexa, considerou-se que seria contrário aos nossos interesses".

Felizmente, esta história específica tem um final feliz. As observações que acabo de reproduzir foram feitas em fevereiro de 1966, e em questão de poucas semanas o governo indiano fora chamado à razão, como pudemos ler numa série de reportagens no *New York Times*. Foi reduzida ao silêncio na Índia a crítica de que "o governo americano e o Banco Mundial querem arrogar-se o direito de estabelecer as bases de funcionamento de nossa economia" (24 de abril); e o governo indiano aceitou as condições para o restabelecimento da ajuda econômica, ou seja, "que a Índia estabeleça condições mais propícias para o investimento privado estrangeiro em usinas de fertilização" e que os investidores americanos "disponham de consideráveis direitos de gerenciamento" (14 de maio). Os acontecimentos são assim resumidos em despacho de Nova Délhi datado de 28 de abril:

> São indícios de mudança. O governo estabeleceu condições de facilidade para os investidores privados estrangeiros na indústria de fertilizantes, estuda abrir mão do controle de várias outras indústrias e dispõe-se a liberalizar sua política de importação se conseguir suficiente ajuda externa. (...) Boa parte do que está acontecendo decorre de firme pressão dos Estados Unidos e do Banco Internacional de Reconstrução e Desenvolvimento, que há um ano vêm exortando a uma substancial liberalização da economia indiana e à abertura de maior espaço para a iniciativa privada. A pressão dos Estados Unidos, em particular, tem-se mostrado altamente produtiva, pois os Estados Unidos são de longe os maiores fornecedores das divisas estrangeiras necessárias para financiar o desenvolvimento da Índia e manter funcionando os mecanismos da indústria. Pode-se falar de "puxar as cordinhas", de "condicionantes" ou do que se quiser, mas o fato é que a Índia não tem muita alternativa senão concordar com muitas das condições que os Estados Unidos vêm impondo para fornecer ajuda, através do Banco Mundial. Pois a Índia simplesmente não tem mais para onde se voltar.

No título da reportagem, diz-se que a Índia operou uma "mudança do socialismo para o pragmatismo".

Mas não era suficiente. Alguns meses depois, podemos ler no *Christian Science Monitor* (5 de dezembro) que os empresários americanos insistem "em importar todos os equipamentos e maquinarias, quando a Índia já demonstrou sua capacidade de atender a algumas de suas necessidades. Eles insistem em importar amônia líquida, matéria-prima básica, em vez de utilizar a nafta indiana, da qual existe abundante disponibilidade. E estabelece ram restrições em matéria de preços, distribuição, lucros e controle gerencial". Já mencionei a reação indiana anteriormente.

É com medidas dessa natureza que ajudamos a Índia a se desenvolver na direção de uma sociedade aberta, uma sociedade que, nas palavras de Walt Rostow, seja capaz de entender convenientemente "o cerne da ideologia americana", ou seja, "o caráter intocável do indivíduo frente ao Estado". E é também assim que refutamos a visão simplista dos asiáticos que, para continuar na formulação de Rostow, "acham ou acham em certa medida que o Ocidente foi levado a criar suas possessões imperiais e a aferrar-se a elas pelo inevitável funcionamento das economias capitalistas".[40]

Na realidade, o que está ocorrendo na Índia é um dos grandes escândalos deste pós-guerra, no empenho dos Estados Unidos, cinicamente capitalizando o atual sofrimento indiano, de mobilizar seu poderio econômico para promover a mudança da Índia "do socialismo para o pragmatismo".

Em nosso empenho de ajudar outros países a avançar em direção a sociedades abertas, sem ambicionar conquistas territoriais, não estamos inovando. Hans Morgenthau muito apropriadamente considerou que nossa política em relação à China é de favorecimento "do que se poderia chamar de liberdade de concorrência no que diz respeito à exploração da China".[41] Na realidade, poucas potências imperialistas têm ambições territoriais declaradas. Assim, em 1784, o parlamento britânico anunciou que "empreender planos de conquista e ampliação dos domínios na Índia é algo que repugna aos desejos, à honra e à política de nosso país". Pouco depois, a conquista da Índia ia a pleno vapor. Um século mais tarde, a Grã-Bretanha anunciou suas intenções no Egito com o lema "Intervenção, reforma, retirada". Nem é preciso dizer que partes dessa programação foram cumpridas ao longo do meio século subseqüente. Em 1936, às vésperas das hostilidades no norte da China, os japoneses divulgaram seus Princípios Básicos da Política Nacional. Entre eles estava o recurso a meios pacíficos e moderados para ampliar o poderio nacional, promover o desenvolvimento social e econômico, erradicar a ameaça do comunismo, corrigir as políticas agressivas das grandes potências e garantir a posição do país como força estabilizadora no Leste Asiático. Nem mesmo em 1937 o governo japonês tinha "quaisquer ambições territoriais na China". Em suma, estamos num caminho bem conhecido.

É interessante lembrar, de passagem, que os Estados Unidos, ao que tudo indica, estavam perfeitamente dispostos, ainda em 1939, a negociar um tratado comercial com o Japão e chegar a um *modus vivendi* se este país decidisse "mudar sua atitude e suas práticas em relação a nossos direitos e interesses na China", na colocação do secretário Hull. O bombardeio de Chungking e o brutal ataque contra Nanquim foram muito desagradáveis, é bem verdade, mas o que importava realmente eram nossos direitos e interesses na China, como podiam entender com toda clareza os homens responsáveis e não-histéricos da época. Foi a decisão japonesa de fechar a Porta Aberta que levou inevitavelmente à guerra do Pacífico, exatamente como o fechamento da Porta Aberta pela própria China "comunista" poderá levar à próxima guerra do Pacífico, que sem dúvida será a última.

Muitas vezes, as declarações dos especialistas técnicos mais sinceros e zelosos propiciam surpreendente percepção das atitudes intelectuais que estão por trás das mais recentes selvagerias. Veja-se, por exemplo, o seguinte comentário do economista Richard Lindholm, em 1959, manifestando sua frustração com o fracasso do desenvolvimento econômico no "Vietnã livre": "(...) a utilização da ajuda americana é determinada pela maneira como os vietnamitas usam suas rendas e sua poupança. O fato de uma grande parte das importações vietnamitas financiadas com ajuda americana ser de produtos de consumo ou matérias-primas usados de maneira bastante direta para atender a necessidades dos consumidores constitui uma indicação de que o povo vietnamita deseja esses bens, já que manifestaram seu desejo com a disposição de utilizar o dinheiro para comprá-los."[42]

Em suma, o *povo* vietnamita deseja Buicks e aparelhos de ar-condicionado, e não equipamentos de refinação de açúcar ou maquinaria para construção de estradas, como demonstraram com seu comportamento num mercado livre. E por mais que lamentemos a escolha livre que fizeram, o fato é que os povos devem ter liberdade de ação. Naturalmente, também existem essas bestas de carga de duas pernas com que nos deparamos no interior, mas, como sabe qualquer estudante universitário de ciências políticas, elas não fazem parte da elite modernizadora responsável, tendo portanto apenas uma superficial semelhança biológica com a espécie humana.

Em grande medida, são atitudes como esta que estão por trás da carnificina no Vietnã, e é melhor que tratemos de encará-las com franqueza, ou nosso governo acabará nos conduzindo para uma "solução final" no Vietnã, assim como nos muitos Vietnãs que inevitavelmente haverão de se seguir.

Quero aqui retornar a Macdonald e a responsabilidade dos intelectuais. Macdonald cita uma entrevista com o tesoureiro de um campo de extermínio que prorrompe em lágrimas ao ser informado de que será enforcado pelos russos. "Somente aqueles que se mostram capazes de resistir à autoridade quando ela entra em conflito de maneira intolerável com seu código moral pessoal têm o direito de condenar o tesoureiro do campo de extermínio, e somente eles." A pergunta "Que foi que eu fiz?" é o tipo de pergunta que podemos perfeitamente fazer a nós mesmos diariamente, ao lermos sobre novas atrocidades no Vietnã — à medida que vamos criando, vociferando ou tolerando as imposturas que serão usadas para justificar o próximo ato de defesa da liberdade.

Notas

1. Este projeto de pesquisa foi levado a efeito e publicado sob o título "Citizens' White Paper": F. Schurmann, P. D. Scott e R. Zelnik, *The Politics of Escalation in Vietnam* (Nova York, Fawcett World Library, e Boston, Beacon Press, 1966). Outras provas da rejeição americana das iniciativas das Nações Unidas em favor de um acordo diplomático, pouco antes da grande escalada de fevereiro de 1965, podem ser encontradas em Mario Rossi, "The US Rebuff to U Thant", *New York Review of Books*, 17 de novembro de 1966. Ver também Theodore Draper, "How Not To Negotiate", *New York Review of Books*, 4 de maio de 1967. Existem outras provas documentais das tentativas da FLN de criar um governo de coalizão e neutralizar a região, todas rejeitadas pelos Estados Unidos e seus aliados de Saigon, em Douglas Pike, *Viet Cong* (Cambridge, Massachusetts, The M.I.T. Press, 1966). Lendo documentos como estes é preciso ter extremo cuidado para distinguir entre as provas apresentadas e as "conclusões" expostas, por motivos sucintamente explicados mais adiante (ver nota 33).

   É interessante observar as primeiras críticas tornadas públicas, de maneira algo oblíqua, a *The Politics of Escalation*, por parte daqueles que defendem nosso direito de conquistar o Vietnã do Sul e ali instaurar um governo por nós escolhido. Por exemplo, Robert Scalapino (*New York Times Magazine*, 11 de dezembro de 1966) sustenta que a tese do livro subentende que nossos dirigentes são "diabólicos". Como nenhuma pessoa de boa índole pode acreditar em semelhante coisa, a tese é refutada. Pensar de outra forma trairia uma "irresponsabilidade", num sentido ímpar da palavra — um sentido que confere um travo irônico ao título deste capítulo. Ele passa então a expor aquele que é supostamente o principal ponto fraco na tese do livro, a saber, a incapacidade de perceber que qualquer tentativa séria de nossa parte de explorar as possibilidades de um acordo diplomático teria sido interpretada por nossos adversários como sinal de fraqueza.

2. *New York Times*, 14 de outubro de 1965.
3. *Ibid.*, 6 de fevereiro de 1966.
4. *Boston Globe*, 19 de novembro de 1965.
5. Em outras oportunidades, Schlesinger efetivamente demonstra admirável cautela acadêmica. Por exemplo, em sua introdução a *The Politics of Escalation*, ele reconhece que pode ter havido "lampejos de interesse por negociações" da parte de Hanói. Quanto às mentiras do governo sobre as negociações e seus reiterados gestos para solapar iniciativas hesitantes na direção de negociações, comenta apenas que os autores podem ter subestimado os imperativos militares, e que futuros historiadores poderão provar que estavam errados. Todo este distanciamento e esta cautela devem ser comparados com a atitude de Schlesinger em relação a um novo escrutínio das origens da guerra fria: em carta publicada na *New York Review of Books*, 20 de outubro de 1966, ele observa que chegou a hora de "botar a boca no trombone" contra as tentativas revisionistas de demonstrar que a guerra fria pode ter sido conseqüência de algo mais que a simples beligerância comunista. Devemos então acreditar que a questão relativamente simples das origens da guerra fria está resolvida e fora de qualquer discussão, ao passo que a questão muito mais complexa de saber por que os Estados Unidos se eximem de buscar um acordo negociado no Vietnã deve ser deixada ao exame de futuros historiadores.

   É útil ter em mente que o próprio governo dos Estados Unidos mostra-se eventualmente muito menos hesitante ao explicar por que se recusa a contemplar para valer a possibilidade de um acordo negociado. Como se reconhece abertamente, esta solução deixá-lo-ia sem poder para controlar a situação. Ver, por exemplo, a nota 37.
6. Arthur M. Schlesinger, Jr., *A Thousand Days: John F. Kennedy in the White House* (Boston, Houghton Mifflin Company, 1965), p. 421.
7. Walt W. Rostow, *The View from the Seventh Floor* (Nova York, Harper & Row, Publishers, 1964), p. 149. Ver também seu livro *United States in*

the World Arena (Nova York, Harper & Row, Publishers, 1960), p. 244: "Stalin, explorando o dilaceramento e a debilidade do mundo do pós-guerra, procurou ampliar ainda mais as bases expandidas que conquistara na Segunda Guerra Mundial, na tentativa de levar a melhor no equilíbrio do poder na Eurásia (...) voltando-se para o Leste, para apoiar Mao e inflamar os comunistas norte-coreanos e indochineses."

8. Por exemplo, o artigo do analista da CIA George Carver, "The Faceless Viet Cong", em *Foreign Affairs*, vol. 44 (abril de 1966), pp. 347-72. Ver também nota 33.
9. Cf. Jean Lacouture, *Vietnam: Between Two Truces* (Nova York, Random House, 1966), p. 21. A análise da situação feita por Diem era compartilhada na época por observadores ocidentais. Ver por exemplo os comentários de William Henderson, especialista em questões do Extremo Oriente no Conselho de Relações Exteriores, em Richard W. Lindholm, org., *Vietnam: The First Five Years* (East Lansing, Michigan State University Press, 1959). Ele observa "a crescente alienação da *intelligentsia*", "o reinício da dissidência armada no sul", o fato de que "a segurança deteriorou-se a olhos vistos nos dois últimos anos", tudo em conseqüência da "feroz ditadura" de Diem, prevendo "um constante agravamento do clima político no Vietnã livre, culminando em desastres imprevisíveis".
10. Ver Bernard Fall, "Vietnam in the Balance", *Foreign Affairs*, vol. 45 (outubro de 1966), pp. 1-18.
11. Stalin não gostava nada das tendências titoístas no interior do partido comunista grego nem da possibilidade de uma federação balcânica sob a liderança de Tito. Cabe supor, contudo, que apoiasse os guerrilheiros gregos em dado momento da rebelião, apesar da dificuldade de obter neste sentido claras provas documentais. Nem é preciso dizer que não se faz necessário um estudo muito aprofundado para documentar o papel da Grã-Bretanha ou dos Estados Unidos nesse conflito civil, a partir do fim de 1944. Ver D. G. Kousoulas, *The Price of Freedom* (Syracuse, Nova York, Syracuse University Press, 1953), e *Revolution and Defeat* (Nova York, Oxford University Press, 1965), contendo análises aprofundadas desses acontecimentos, de um ponto de vista fortemente anticomunista.

12. Para um relato detalhado, ver James Warburg, *Germany: Key to Peace* (Cambridge, Massachusetts, Harvard University Press, 1953), pp. 189 e seg. Warburg conclui que aparentemente "o Kremlin dispunha-se agora a aceitar a criação de uma democracia pan-germânica no sentido ocidental da palavra", ao passo que as potências ocidentais, em sua reação, "admitiam francamente seu plano 'para garantir a participação da Alemanha numa comunidade européia puramente defensiva'" (ou seja, a Otan).
13. *The United States in the World Arena*, pp. 344-45. Por sinal, aqueles que com toda razão lamentam a brutal repressão das revoluções na Alemanha Oriental e na Hungria deveriam lembrar-se que esses escandalosos acontecimentos poderiam ter sido evitados se os Estados Unidos se tivessem mostrado dispostos a examinar propostas de neutralização da Europa Central. Certas declarações recentes de George Kennan constituem um interessante comentário a este respeito; por exemplo, suas observações sobre a falta de fundamentos, desde o início, da pressuposição de que a União Soviética pretendia atacar ou intimidar pela força a metade ocidental do continente, tendo sido dissuadida pela força americana, e seu comentário sobre a inutilidade e o caráter absurdo da exigência de uma retirada soviética unilateral da Alemanha Oriental, paralelamente à "inclusão de uma Alemanha unida como componente fundamental de um sistema ocidental de defesa baseado primordialmente nas armas nucleares" (Edward Reed, org., *Peace on Earth* [Nova York, Pocket Books, 1965]).

    Cabe observar que fantasias históricas dessa natureza, ilustradas pelas observações de Rostow, tornaram-se uma especialidade do Departamento de Estado. Assim é que Thomas Mann justifica nossa intervenção na República Dominicana como reação a iniciativas do "bloco militar sino-soviético". Ou então, voltando-nos para um comentário mais ponderado, temos a análise das etapas do desenvolvimento da ideologia comunista feita por William Bundy em sua fala de 12 de fevereiro de 1966 no Pomona College, na qual considera que na década de 1920 e no início da década de 1930 a União Soviética estava "numa fase altamente militante e agressiva". O que assusta na fantasia, naquilo em que se diferencia da pura e simples falsificação, é a possibilidade de que seja sincera e efetivamente sirva de fundamento para a adoção de políticas de Estado.

14. *New York Times*, 6 de fevereiro de 1966.
15. *United States Policy Toward Asia*, audiências da Subcomissão do Extremo Oriente e do Pacífico da Comissão de Relações Exteriores, Câmara dos Deputados (Washington, Government Printing Office, 1966), p. 89.
16. *New York Times Book Review*, 20 de novembro de 1966. Comentários assim evocam o extraordinário espetáculo do presidente Kennedy aconselhando Cheddi Jagan sobre os riscos de uma parceria comercial "capaz de levar um país a uma situação de dependência econômica". Referia-se, naturalmente, aos riscos contidos em relações comerciais com a União Soviética. Ver Schlesinger, *A Thousand Days*, p. 776.
17. *A Thousand Days*, p. 252.
18. *Ibid.*, p. 769.
19. Embora também aqui haja imprecisão. É necessário ter em mente o verdadeiro caráter do regime de Trujillo para entender plenamente o cinismo da análise "realista" de Kennedy.
20. Walt W. Rostow e R. W. Hatch, *An American Policy in Asia* (Nova York, Technology Press e John Wiley & Sons, Inc., 1955).
21. "End of Either/Or", *Foreign Affairs*, vol. 45 (janeiro de 1967), pp. 189-201.
22. *Christian Science Monitor*, 26 de novembro de 1966.
23. *Ibid.*, 5 de dezembro de 1966.
24. Embora, para manter equilibrada a argumentação, devamos lembrar que, em seus momentos de maior delírio, Alfred Rosenberg falava da eliminação de 30 milhões de eslavos, e não de reduzir à fome um quarto da espécie humana. Por sinal, a analogia aqui estabelecida é altamente "irresponsável", no sentido técnico deste neologismo, anteriormente discutido. Ou seja, baseia-se na pressuposição de que as declarações e atos dos americanos estão sujeitos aos mesmos padrões e às mesmas interpretações que os de quaisquer outros povos.
25. *New York Times*, 6 de fevereiro de 1966. Pior ainda, prossegue Goldberg, os Estados Unidos não têm certeza de que todos tenham aderido voluntariamente. Não será a primeira demonstração de falsidade da parte dos comunistas. Outro exemplo pôde ser observado em 1962, quando, segundo fontes do governo americano, 15 mil guerrilheiros sofreram 30 mil baixas. Ver Arthur Schlesinger, *A Thousand Days*, p. 982.

26. Reproduzido numa coletânea de ensaios intitulada *The End of Ideology: On the Exhaustion of Political Ideas in the Fifties* (Nova York, The Free Press, 1960), pp. 369-75. Não pretendo aqui examinar todas as questões que têm sido levantadas no debate sobre o "fim da ideologia" nos últimos 12 anos. Parece difícil entender como uma pessoa racional poderia contestar muitas das teses que têm sido enunciadas, como por exemplo as de que em dado momento histórico a "política da civilidade" pode ser considerada apropriada, e talvez mesmo eficaz; aquele que propugna a ação (ou a inação — questão menos freqüentemente observada) tem a responsabilidade de avaliar o seu custo social; o fanatismo dogmático e as "religiões seculares" devem ser combatidos (ou, se possível, ignorados); devem ser encontradas soluções técnicas para os problemas, sempre que possível; "*le dogmatisme idéologique devait disparaître pour que les idées reprissent vie* (Aron); e assim por diante. Como esta é por vezes considerada expressão de uma posição "antimarxista", vale a pena ter em mente que sentimentos dessa natureza não têm ascendência sobre o marxismo não-bolchevique, tal como representado, por exemplo, em personalidades como Rosa Luxemburgo, Pannekoek, Korsch, Arthur Rosenberg e muitos outros.
27. Rostow e Hatch, *op. cit.*, p. 10.
28. Até que ponto esta "tecnologia" é isenta de valores não chega a ser muito importante, considerando-se os claros compromissos assumidos pelos que a aplicam. Os problemas enfrentados pela pesquisa são os colocados pelo Pentágono ou as grandes corporações, e não, por exemplo, pelos revolucionários do nordeste do Brasil ou pelo SNCC. Nem tenho conhecimento de qualquer projeto de pesquisa dedicado ao problema de saber como guerrilheiros mal armados poderiam resistir mais eficazmente a uma tecnologia militar brutal e devastadora — certamente um tipo de problema que teria interessado os intelectuais livres-pensadores hoje definitivamente ultrapassados.
29. Tendo em vista o permanente matraquear da propaganda sobre o "expansionismo chinês", caberá talvez aqui um comentário. Bem característica da propaganda americana a este respeito é a avaliação feita por Adlai Stevenson pouco antes de morrer (cf. *New York Times Magazine*, 13 de março de 1966): "Até agora, a nova 'dinastia' tem-se mos-

trado bastante agressiva. O Tibete foi engolido, a Índia, atacada, os malásios tiveram de combater durante 12 anos para resistir a uma 'libertação nacional' que poderiam obter dos britânicos por via mais pacífica. Hoje, o aparato de infiltração e agressão já está em funcionamento no norte da Tailândia."

Quanto à Malásia, Stevenson provavelmente confunde os habitantes de etnia chinesa com o governo da China. Aqueles que estejam preocupados com o que realmente aconteceu provavelmente concordariam com Harry Miller, em *Communist Menace in Malaya* (Nova York, Frederick A. Praeger, Inc., 1954), p. 230, em que "a China comunista continua a demonstrar pouco interesse pela questão malásia, à parte as habituais imprecações através da Rádio de Pequim". Muitas coisas duras poderiam ser ditas sobre o comportamento da China naquilo a que o Tratado Sino-Indiano de 1954 refere-se como "a região tibetana da China", mas não temos aí mais clara prova de uma tendência para o expansionismo do que no comportamento do governo indiano em relação às tribos Naga e Mizo. Quanto ao norte da Tailândia, "o aparato de infiltração" pode efetivamente estar funcionando, mas não há muitos motivos para supor que seja chinês — e certamente não deixa de ter relação com a utilização da Tailândia pelos Estados Unidos como base para seu ataque ao Vietnã. Esta referência constitui a mais pura hipocrisia.

O "ataque à Índia" surgiu de uma disputa fronteiriça que teve início vários anos depois de terem os chineses concluído uma rodovia unindo o Tibete a Sinkiang, em região tão distante do controle indiano que os indianos só tomaram conhecimento da operação através da imprensa chinesa. De acordo com mapas da Aeronáutica americana, a área disputada encontra-se em território chinês. Cf. Alastair Lamb, *China Quarterly*, nº 23 (julho-setembro de 1965), pp. 202-7. Para esta eminente autoridade no assunto, "parece improvável que os chineses venham executando algum plano (...) para se apoderar de tudo no subcontinente indiano". Em vez disso, ele considera provável que os chineses ignorassem até mesmo que a Índia reivindicava o território pelo qual passava a rodovia. Após a vitória militar chinesa, as tropas das China foram retiradas, na maioria das áreas, para além da Linha McMahon, uma fronteira que os britânicos haviam tentado impor à China em 1914, mas que nunca foi reconhecida pela China (nacionalista ou comunista), os Estados Unidos ou qualquer outro país.

Não deixa de ser notável que uma pessoa em cargo de responsabilidade possa referir-se a tudo isto como expansionismo chinês. Na realidade, é um absurdo discutir a hipotética agressividade de uma China cercada por mísseis americanos e uma rede que ainda se expande de bases militares apoiada por uma enorme força expedicionária americana no Sudeste Asiático. Cabe supor que em algum momento do futuro uma China investida de grande poderio venha a tornar-se expansionista. Podemos especular sobre tais possibilidades, se assim quisermos, mas é a agressividade americana o fato central do atual momento político.

30. W. S. Churchill, *The Second World War*, vol. 5, *Closing the Ring* (Boston, Houghton Mifflin Company, 1951), p. 382.
31. *United States Policy Toward Asia*, p. 104. Ver nota 15.
32. *Ibid.*, p. 105.
33. Douglas Pike, *op. cit.*, p. 110. Este livro, escrito por um oficial de um serviço estrangeiro que trabalhava no Centro de Estudos Internacionais do Massachusetts Institute of Technology, estabelece um contraste entre o nosso lado, que simpatiza com "os habituais impulsos revolucionários (...) em todo o mundo porque refletem padrões de vida inadequados ou governos corruptos e opressores", e aqueles que apóiam a "guerra de guerrilha revolucionária", que "vai de encontro às aspirações do povo embora aparentemente as promova, manipulando o indivíduo ao convencê-lo a se manipular a si mesmo". A guerra de guerrilha revolucionária é "um produto importado, a revolução feita do exterior" (outros exemplos, além do Vietcong, são "a exportação da revolução armada por parte de Stalin", o Haganah na Palestina e o Exército Republicano Irlandês — ver pp. 32-33). O Vietcong não podia ser um movimento autóctone, pois apresenta "um projeto de promoção social de tal alcance e ambição que deve necessariamente ter sido gerado em Hanói" (p. 76 — mas, às pp. 77-79, podemos ler que "a atividade organizacional vinha sendo promovida de maneira intensiva e sistemática há vários anos", antes que o partido Lao Dong tivesse decidido em Hanói "começar a construir uma organização"). Na p. 80, ficamos sabendo que "semelhante iniciativa só podia ter sido gerada no norte", embora em outros momentos possamos ler a respeito

do destacado papel do Cao Dai (p. 74), "o primeiro grupo social importante que começou a se opor ativamente ao governo de Diem" (p. 222), e da seita Hoa Hao, "outra destacada integrante da FLN desde os primeiros tempos" (p. 69). Pike considera uma prova da falsidade comunista o fato de que, no sul, o partido afirmasse que era "marxista-leninista", com isto "indicado uma filiação filosófica mas não política", ao passo que no norte se apresentava como uma "organização marxista-leninista", "indicando que se integrava à corrente principal do movimento comunista internacional" (p. 150). E assim por diante. Não menos revelador é o desprezo por "Cinderela e todos os outros tolos [que] ainda eram capazes de acreditar na existência de magia no mundo adulto, murmurando-se a encantação secreta: solidariedade, união, concórdia"; pelas "pessoas ingênuas e induzidas em erro" que estavam "transformando o campo num pandemônio, derrubando governo após governo em Saigon, confundindo os americanos"; pela "poderosa força do povo", que, em sua desmiolada inocência, acreditava que "os mansos finalmente herdariam a terra", que "as riquezas cairiam em suas mãos, e tudo em nome da justiça e da virtude". Dá para imaginar a consternação de um sofisticado cientista político ocidental diante desse "triste e assustador espetáculo".

34. Lacouture, *op. cit.*, p. 188. O mesmo porta-voz militar acrescenta, ameaçadoramente, que é este o problema que enfrentamos em toda a Ásia, na África e na América Latina, e que devemos encontrar a "solução adequada".
35. Charles Mohr, *New York Times*, 11 de fevereiro de 1966. (Os grifos são meus.)
36. *New York Times*, 18 de fevereiro de 1966.
37. William Bundy, "The United States and Asia", em Alastair Buchan, org., *China and the Peace of Asia* (Nova York, Frederick A. Praeger, Inc., 1965), pp. 29-30.
38. *Op. cit.*, p. 80.
39. *United States Policy Toward Asia*, pp. 191-201, *passim*.
40. *An American Policy in Asia*, p. 10.
41. *United States Policy Toward Asia*, p. 128.
42. Lindholm, *op. cit.*, p. 322.

DA RESISTÊNCIA

Várias semanas depois das manifestações em Washington, ainda estou tentando organizar minhas impressões sobre uma semana de conteúdo difícil de entender e expressar. Talvez algumas reflexões pessoais sejam úteis, aqui, para aqueles que compartilham minha instintiva aversão à militância, e no entanto vêem aproximar-se uma crise quase inevitável.

Para muitos dos participantes, as manifestações de Washington simbolizaram a transição "da dissidência para a resistência".

Este artigo foi originalmente publicado na *New York Review of Books* em 7 de dezembro de 1967. É reproduzido aqui com algumas modificações. As manifestações mencionadas ocorreram no Departamento de Justiça e no Pentágono, no fim de semana de 19 a 21 de outubro de 1967. A devolução dos cartões de convocação militar ao Departamento de Justiça foi um dos acontecimentos que levaram à condenação do dr. Benjamin Spock, do reverendo William Sloane Coffin, de Mitchell Goodman e Michael Ferber a penas de dois anos de prisão por "conspiração". Para maiores detalhes, ver Noam Chomsky, Paul Lauter e Florence Howe, "Reflections on a Political Trial", *New York Review of Books*, 22 de agosto de 1968, pp. 23-30. A manifestação no Pentágono, que segundo certas estimativas mobilizou centenas de milhares de pessoas, foi uma notável e inesquecível demonstração de oposição à guerra. O espírito e o caráter dessas manifestações estão reproduzidos com extraordinária precisão e percepção em Norman Mailer, *The Armies of the Night* (Nova York, New American Library, 1968).

Voltarei a este lema e seu significado, mas quero deixar claro desde já que o considero não só exato, no que diz respeito ao clima das manifestações, como também, se adequadamente interpretado, apropriado ao atual momento de protestos contra a guerra. Este protesto é movido por uma irresistível dinâmica. Podemos começar escrevendo artigos e fazendo discursos sobre a guerra, ajudando de muitas maneiras a criar um clima de preocupação e indignação. Uns poucos corajosos passarão à ação direta, recusando-se a se alinhar com os "bons alemães" que todos aprendemos a desprezar. Alguns serão forçados a tomar esta decisão quando forem convocados para o serviço militar. Os senadores, escritores e professores dissidentes poderão ver os jovens que se recusam a servir nas forças armadas, numa guerra que detestam. E que acontecerá então? Poderão aqueles que escrevem e falam contra a guerra refugiar-se por trás do fato de que não exortaram à resistência à convocação nem a estimularam, limitando-se a contribuir para a criação na opinião pública de um clima no qual qualquer indivíduo honrado deseje recusar-se a participar de uma guerra miserável? Trata-se de uma fronteira muito exígua. E tampouco é fácil ficar observando de uma posição segura enquanto outros são obrigados a dar um passo difícil e doloroso. O fato é que a maioria dos 1.000 cartões de convocação e outros documentos devolvidos ao Departamento de Justiça no dia 20 de outubro pertenciam a homens que podem eximir-se do serviço militar mas fizeram questão de compartilhar o destino dos menos privilegiados. É assim que se amplia o círculo da resistência. De um ponto de vista muito diferente, no entanto, ninguém deixará de se dar conta de que, na medida em que restringir seu protesto, na medida em que recusar iniciativas a que pode ter acesso, estará aceitando a cumplicidade com o que o governo faz. Em alguns, esta percepção levará à ação e ao agudo confronto com uma questão moral de que não pode eximir-se nenhuma pessoa consciente.

Na segunda-feira, 16 de outubro, pude ouvir Howard Zinn explicar no Boston Common por que sentia vergonha de ser americano. E estava lá quando várias centenas de rapazes, alguns deles meus alunos, tomaram uma terrível decisão com que nenhum jovem devia ter de defrontar-se: romper relações com o Sistema de Recrutamento Seletivo. A semana culminou, na segunda-feira seguinte, num tranqüilo debate em Cambridge, no qual um consultor acadêmico do Departamento de Defesa fez estimativas da megatonelagem nuclear que seria necessária para "eliminar" o Vietnã do Norte ("Haverá quem considere isto chocante, mas (...)"; "Nenhum membro civil do governo está propondo que isto seja feito, que eu saiba (...)"; "Não devemos usar palavras carregadas de emocionalismo como 'destruição'"; etc.) e um eminente especialista em questões soviéticas explicou que os homens do Kremlin estão muito atentos para descobrir se as guerras de libertação nacional podem ter êxito — se tiverem, haverão de apoiá-las em todo o mundo. (Tente mostrar a um especialista como este que, partindo de tais pressupostos, se os homens do Kremlin forem racionais, certamente haverão de apoiar dezenas de guerras como esta neste preciso momento, já que, a um custo muito baixo, poderão neutralizar os militares americanos e reduzir a trapos nossa sociedade — e a resposta será que você não entende a alma russa.)

O fim de semana de manifestações pela paz em Washington deixou impressões vívidas e intensas, mas que para mim não parecem claras em suas implicações. A lembrança mais forte é a da própria paisagem, dezenas de milhares de jovens cercando aquela que consideram — e devo acrescentar que concordo — a mais terrível instituição do planeta, exigindo que ela deixe de espalhar miséria e destruição. Dezenas de milhares de *jovens.* Acho difícil de entender. É grotesco mas verdadeiro que, por esmagadora maioria, são os jovens que estão clamando horrorizados ante o que todos nós estamos vendo acontecer, os jovens que estão sendo espancados quando firmam posição, os jovens que têm de decidir entre aceitar a cadeia ou o exílio ou participar de uma guerra odiosa. Eles têm de encarar esta decisão sozinhos, ou quase sozinhos. Devíamos perguntar-nos por que isto acontece.

Por que será, por exemplo, que o senador Mansfield se sente "envergonhado pela imagem que eles transmitiram de nosso país", não se sentindo envergonhado pela imagem de nosso país transmitida pela instituição contestada por esses jovens, uma instituição dirigida por um indivíduo sensato, moderado e perfeitamente razoável, capaz de declarar com toda tranqüilidade, perante o Congresso, que a quantidade de material bélico utilizada no Vietnã já superou o total empregado na Alemanha e na Itália durante a Segunda Guerra Mundial? Por que será que o senador Mansfield é capaz de se referir em frases altissonantes àqueles que não estão à altura de nosso compromisso com "um governo do direito" — tendo em mente um pequeno grupo de manifestantes, e não os noventa e tantos homens responsáveis do plenário do Senado que se limitam a observar, com pleno conhecimento, enquanto o Estado a que servem clara e flagrantemente viola os preceitos explícitos da Carta das Nações Unidas, a suprema lei? Ele sabe muito bem que antes de invadirmos o Vietnã não tivera lugar qualquer ataque armado a qualquer Estado. Afinal, foi o senador Mansfield que nos informou que "quando o acentuado aumento do esforço militar americano começou no início de 1965, estimou-se que havia entre as forças inimigas no Sul, então totalizando 140 mil homens, apenas cerca de 400 soldados norte-vietnamitas"; e é no Relatório Mansfield que ficamos sabendo que na época já havia

34 mil soldados americanos no Vietnã do Sul, violando o "compromisso solene" que assumimos em Genebra em 1954.

A questão deve ser aprofundada. Depois das primeiras Jornadas Internacionais de Protesto, em outubro de 1965, o senador Mansfield criticou a "extrema irresponsabilidade" demonstrada pelos manifestantes. Nada disse então, nem diria depois, sobre a "extrema irresponsabilidade" demonstrada pelo senador Mansfield e outros que tranqüilamente cruzam os braços e votam verbas enquanto as cidades e aldeias do Vietnã do Norte são destruídas, enquanto milhões de refugiados do Vietnã do Sul são expulsos de suas casas pelos bombardeios americanos. Nada tem a declarar sobre os padrões morais ou o respeito às leis por parte daqueles que permitiram esta tragédia.

Falo aqui do senador Mansfield precisamente porque ele não é um desses superpatriotas de bater no peito estufado que querem que a América domine o mundo, e sim um intelectual americano no melhor sentido da expressão, um homem culto e ponderado — o tipo do sujeito que é o terror de nossa época. Talvez seja apenas uma reação pessoal, mas quando vejo o que está acontecendo com nosso país, o que me parece mais terrível não é Curtis Le May, com sua alegre proposta de que bombardeemos nossos "inimigos" até voltarem à Idade da Pedra, mas as tranqüilas dissertações dos cientistas políticos sobre o grau de força que será necessário para alcançar nossos objetivos, ou a forma de governo que será aceitável para nós no Vietnã. O que considero assustador é o distanciamento e a serenidade com que encaramos e discutimos uma tragédia intolerável. Todos sabemos que se a Rússia ou a China tivessem feito o que fizemos no Vietnã, estaríamos explodindo de indignação moral com crimes tão monstruosos.

Em minha opinião, houve um sério erro de cálculo no planejamento das manifestações de Washington. Esperava-se que a marcha até o Pentágono fosse seguida por uma série de discursos, e que aqueles que estavam envolvidos na campanha de desobediência civil seguiriam para o Pentágono, a algumas centenas de metros, do outro lado de um campo aberto, separando-se do resto da multidão. Eu decidira não me envolver na campanha de desobediência civil, e não sei em detalhes o que fora planejado. Todo mundo deve saber que é muito difícil distinguir racionalização de racionalidade em questões dessa natureza. Mas eu sentia que os primeiros atos de desobediência civil em massa deveriam ser mais especificamente definidos, apoiando mais claramente os que se recusam a servir no Vietnã, sobre os quais cairá inevitavelmente o verdadeiro peso da deserção. Embora entendesse o ponto de vista dos que desejavam manifestar mais explicitamente seu ódio à guerra, eu não estava convencido de que a desobediência civil no Pentágono fosse algo eficaz ou realmente significativo.

Seja como for, o que realmente aconteceu foi muito diferente daquilo que todos previam. Alguns milhares de pessoas convergiram para ouvir os discursos, mas o grosso dos manifestantes seguiu direto para o Pentágono, alguns porque estavam interessados na ação direta, muitos simplesmente porque foram arrastados. Do palanque onde me encontrava, era difícil saber exatamente o que estava acontecendo no Pentágono. Víamos apenas o movimento da multidão. Dos relatos que ouvi, depreendo que os manifestantes passaram pela frente das tropas em formação e através delas, tomando posição nas escadarias do Pentágono e ali permanecendo. Logo ficou evidente que era um equívoco que os poucos organizadores da marcha e o grupo de militantes majoritariamente de meia-idade que se formara perto deles permanecessem no palanque, enquanto os manifestantes, em sua maioria muito jovens, ficavam no Pentágono. (Lembro-me de ter visto perto do palanque Robert Lowell, Dwight Macdonald, monsenhor Rice, Sidney

Lens, Benjamin Spock com a mulher, Dagmar Wilson, Donald Kalish.) Dave Dellinger propôs que tentássemos aproximar-nos do Pentágono. Encontramos um ponto que ainda não estava bloqueado pelos manifestantes e caminhamos em direção às tropas em formação a poucos metros do prédio. Dellinger propôs que aqueles de nós que ainda não havíamos falado no comício nos dirigíssemos aos soldados através de um pequeno sistema portátil de som. A partir daí, minhas impressões são bastante fragmentárias. Monsenhor Rice discursou, seguindo-se a minha vez. Enquanto falava, a formação de soldados avançou, passando por mim — uma experiência das mais estranhas. Não lembro o que eu estava dizendo. Suponho que o essencial era que ali estávamos porque não queríamos que os soldados matassem e fossem mortos, mas o que lembro é a sensação de que a maneira como eu o dizia parecia tola e irrelevante.

Os soldados que avançavam em formação haviam conseguido parcialmente dispersar o pequeno grupo que chegara com Dellinger. Nós que havíamos ficado por trás da formação de soldados nos reagrupamos, e o dr. Spock começou a falar. Quase imediatamente, mais soldados surgiram de alguma parte, dessa vez em formação compacta, empunhando fuzis, e foram lentamente avançando. Nós nos sentamos. Como disse anteriormente, eu não pretendia participar de qualquer ato de desobediência civil, até aquele momento. Mas quando aquele grotesco organismo começou a avançar lentamente — mais grotesco ainda porque suas células eram seres humanos perfeitamente identificáveis —, ficou evidente que não se podia permitir que aquela coisa determinasse o que íamos fazer. Nesse momento, fui detido por um policial federal, presumivelmente por obstruir o caminho dos soldados (a expressão técnica para este tipo de comportamento é "perturbação da ordem"). Devo acrescentar que os soldados, até onde eu podia ver (não muito longe), pareciam bastante contrariados com tudo aquilo e tratavam de agir com a possível moderação, tendo em vista as ordens (suponho que eram estas) de dar pontapés e cacetadas em indivíduos parados e em atitude passiva que se recusam a sair do lugar. Os policiais federais, como se poderia esperar, agiam de outra maneira. Lembravam-me os policiais que eu encontrara vários anos antes numa prisão de Jackson, Mississippi, e que riram quando um velho mostrou-nos na perna um curativo ensangüentado, tentando descrever como fora espancado pela polícia. Em Washington, os que mais sofreram nas mãos dos policiais foram os mais jovens, especialmente rapazes de cabelo comprido. Todavia, embora eu tenha presenciado atos de violência por parte dos policiais, seu comportamento oscilava eminentemente entre a indiferença e as pequenas maldades mesquinhas. Por exemplo, fomos mantidos num furgão da polícia durante uma hora ou duas com as portas fechadas e apenas alguns buracos para a ventilação — todo cuidado é pouco com criminosos tão ferozes.

No dormitório da prisão e depois de minha libertação ouvi muitas histórias, que tenho certeza seriam verdadeiras, sobre a coragem dos jovens, muitos dos quais ficaram bastante amedrontados com o terrorismo que teve início tarde da noite, depois que as câmeras de TV e a maioria dos jornalistas haviam partido. Ficaram tranqüilamente sentados, hora após hora, no frio da noite; muitos foram chutados, espancados e arrastados pelas formações de policiais (mais "perturbação da ordem"). Também ouvi histórias, realmente perturbadoras, sobre provocação dos policiais por parte dos manifestantes — geralmente, ao que parece, os que não estavam nas primeiras fileiras. Algo realmente indefensável. Os soldados são instrumentos involuntários do terror; ninguém culpa nem ataca o cassetete que é usado para espancar alguém até a morte. Eles também são seres humanos, dotados de uma sensibilidade para a qual talvez possamos apelar. Existem, com efeito, fortes indícios de que um soldado, talvez três ou quatro, recusou-se a cumprir ordens e foi detido. Os soldados, afinal, estão praticamente na mesma posição que os que resistem à convocação para a guerra. Se obedecem às ordens, acabam brutalizados pelo que fazem; se não obedecem, as conseqüências pessoais são graves. É uma situação que merece compaixão, e não maus-tratos. Mas é preciso guardar o senso das proporções. Tudo que pude ver ou ouvir indica que os manifestantes desempenharam apenas um pequeno papel na provocação da considerável violência que ocorreu.

O argumento de que a resistência à guerra deve manter-se estritamente fora dos limites da violência parece-me irrespondível. Como tática, a violência é absurda. Ninguém pode competir com o governo nesse terreno, e o recurso à violência, certamente fadado ao fracasso, simplesmente assustará e alienará algumas pessoas que podem ser interessadas, estimulando ainda mais os ideólogos e gestores da repressão violenta. Mais importante ainda é que se espera que os participantes de atos não-violentos de resistência venham eles próprios a se tornar seres humanos mais dignos de admiração. É impossível deixar de ficar impressionado com as qualidades pessoais daqueles que amadureceram no movimento dos direitos civis. Quaisquer que tenham sido suas demais realizações, o movimento dos direitos civis deu uma contribuição inestimável à sociedade americana ao transformar a vida e o caráter daqueles que dele participaram. Talvez um programa de resistência não-violenta e fundamentada em princípios possa fazer o mesmo com muitas outras pessoas, nas circunstâncias específicas com que hoje nos deparamos. Não é impossível que isto venha a salvar o país de um futuro terrível, de mais uma geração de homens que se consideram espertos por discutir o bombardeio do

Vietnã do Norte como uma questão de tática e relação custo-benefício, ou que apóiam nossa tentativa de conquistar o Vietnã do Sul, com os custos humanos que bem conhecem, afirmando simplesmente que "nossa motivação primordial é o interesse próprio — o interesse próprio de nosso país num mundo que encolhe" (Comitê dos Cidadãos pela Paz e a Liberdade, *New York Times*, 26 de outubro de 1967).

Voltando às manifestações, devo reconhecer que fiquei aliviado ao encontrar no dormitório da prisão pessoas que há anos eu respeitava: Norman Mailer, Jim Peck, Dave Dellinger e vários outros. Imagino que deve ter sido tranqüilizador para muitos dos garotos que ali se encontravam perceber que não estavam totalmente desligados de um mundo que conheciam e de pessoas que admiravam. Foi comovente ver que jovens indefesos que tinham muito a perder dispunham-se a ser mandados para a cadeia por algo em que acreditavam — jovens professores de universidades públicas, universitários que têm pela frente um brilhante futuro se se dispuserem a andar na linha e muitos outros que não pude identificar.

Que virá em seguida? Naturalmente, é a pergunta que todos se fazem. O lema "Da dissidência à resistência" faz sentido, em minha opinião, mas espero que não seja interpretado no sentido de que a dissidência deve cessar. Dissidência e resistência não são alternativas, mas atividades que se devem reforçar reciprocamente. Não existe motivo para que aqueles que participam da recusa de pagar impostos, da resistência à convocação militar e de outras formas de resistência não devam dirigir-se também a grupos religiosos ou comunitários ou envolver-se em política eleitoral para apoiar candidatos comprometidos com a paz ou referendos sobre a guerra. Em minha experiência, os elementos mais comprometidos com a resistência é que se têm muitas vezes mostrado mais profundamente envolvidos nessas tentativas de persuasão. Deixando de lado por um momento a questão da resistência, creio que se deve enfatizar que longe estão de ter terminado os dias de "paciente explicação". À medida que os caixões voltam para casa e os impostos vão subindo, muitas pessoas que até então se dispunham a aceitar a propaganda governamental passarão a se preocupar cada vez mais em tentar pensar por si mesmas. Os motivos da mudança são lamentáveis; mas as oportunidades de atividade educacional são muito boas.

Além disso, a recente mudança na estratégia de propaganda do governo oferece importantes oportunidades de análise crítica da guerra. Há uma sensação de estridente desespero na recente defesa da guerra americana no Vietnã. Fala-se menos de "levar a liberdade e a democracia" aos sul-vietnamitas e mais do "interesse nacional". O secretário Rusk medita sobre os perigos que nos são colocados por um bilhão de chineses; o vice-presidente diz-nos que estamos combatendo "o comunismo asiático militante" que tem "sede em Pequim" e acrescenta que uma vitória do Vietcong representaria ameaça direta aos Estados Unidos; Eugene Rostow sustenta que "não tem sentido construir cidades-modelo para serem bombardeadas vinte anos depois", e assim por diante (tudo isto "um frívolo insulto à Marinha dos Estados Unidos", como acertadamente comentou Walter Lippmann).

Essa mudança de linha na propaganda torna muito mais fácil para a análise crítica atacar o problema do Vietnã bem no centro, ou seja, em Washington e Boston, e não em Saigon e Hanói. Existe algo de ridículo, afinal, na cerrada atenção que os adversários da guerra dão aos problemas políticos e sociais do Vietnã. Os que se opunham à conquista japonesa da Mandchúria há uma geração não enfatizavam os problemas políticos, sociais e econômicos da Mandchúria, mas os do Japão. Não se entregaram à farsa de um debate sobre o preciso grau de apoio desfrutado pelo imperador fantoche, tratando, isto sim, de examinar as origens do imperialismo japonês. Hoje, os adversários da guerra podem muito mais facilmente desviar a atenção para as origens da agressão, para nosso próprio país, sua ideologia e suas instituições. Podemos perguntar quem tem "interesse" em 100 mil baixas e um gasto de 100 bilhões de dólares para tentar subjugar um pequeno país do outro lado do mundo. Podemos denunciar o absurdo da idéia de que estamos "contendo a China" ao destruir forças populares e independentes em suas fronteiras, e também o cinismo da alegação de que estamos no Vietnã porque, "para os americanos, a paz e a liberdade são inseparáveis" e porque "a repressão das liberdades" não pode "ficar sem resposta" (mais uma vez o Comitê dos Cidadãos). Podemos perguntar por que será que aqueles que assim se expressam não propõem o envio de uma força expedicionária americana a Formosa, à Rodésia, à Grécia ou ao Mississippi, mas apenas ao Vietnã, onde, segundo querem fazer-nos crer, o grande agressor Mao Tsé-tung está seguindo o exemplo hitlerista à sua astuciosa maneira, cometendo agressão sem tropas e anunciando a conquista do mundo ao insistir, através de Lin Piao, em que as guerras de libertação nacional pouco deverão esperar da China além de aplauso. Podemos perguntar por que o secretário McNamara encara tais declarações como um novo *Mein Kampf* — ou por que aqueles que reconhecem que "um regime comunista vietnamita provavelmente seria (...) antichinês" (Ithiel de Sola Pool, *Asian Survey*, agosto de 1967) assinam declarações afirmando que no Vietnã estamos enfrentando os agressores expansionistas de Pequim. Podemos perguntar quais os fatores da ideologia americana que tornam tão fácil para homens bem informados e inteligentes dizer que "nada queremos para o Vietnã do Sul, senão que tenha liberdade para escolher seu próprio futuro" (Comitê dos Cidadãos), embora saibam perfeitamente que o regime por nós imposto excluía todos que haviam lutado contra o colonialismo francês, "e muito adequadamente" (secretário Rusk, 1963); que desde então estamos tentando acabar com uma "insurreição civil" (general Stillwell) comandada pelo único "partido político autenticamente de massa do Vietnã do Sul" (Douglas Pike); que supervisionamos a eliminação da oposição budista; que oferecemos aos camponeses uma "livre escolha" entre o governo de Saigon e a Frente de Libertação Nacional, ao conduzi-los para povoados estratégicos nos quais a polícia pôde eliminar militantes e simpatizantes da FLN (Roger Hilsman); e assim por diante. A história é bem conhecida. E devemos aqui enfatizar algo que só pode ser óbvio para qualquer pessoa com um mínimo de inteligência política: que o problema do mundo atualmente não é "conter a China", mas conter os Estados Unidos.

Mais importante é que podemos fazer a pergunta realmente fundamental. Suponhamos que fosse do "interesse nacional" americano reduzir a cinzas um pequeno país que se recusa a se submeter a nossa vontade. Será que seria legítimo e adequado de nossa parte agir "segundo este interesse nacional"? Os Rusk e os Humphrey e os Comitês de Cidadãos dizem que sim. Nada poderia deixar mais claro que estamos tomando o caminho dos agressores fascistas de uma geração atrás.

Naturalmente, vivemos num ambiente político interno muito diferente dos que eram vivenciados pelos cidadãos da Alemanha e do Japão. Aqui, não é preciso ser heróico para protestar. Dispomos de muitos canais para deixar bem clara a lição de que não existe uma lei para os Estados Unidos e outra para o resto da humanidade, de que ninguém nos nomeou juiz e executor em nome do Vietnã ou de quem quer que seja. Muitos canais de educação política, na universidade e fora dela, têm sido explorados nos dois últimos anos. Não pode haver dúvida de que este empenho deve prosseguir e ampliar-se até o limite que for permitido pelo grau de compromisso.

Alguns aparentemente consideram que a resistência "escurecerá" o movimento pacifista, dificultando a conquista de possíveis simpatizantes através de canais mais conhecidos. Não concordo com esta objeção, mas sinto que ela não deve ser descartada levianamente. Os resistentes que desejam salvar o povo do Vietnã da destruição precisam escolher as questões que enfrentam e os meios que empregam, de maneira a atrair para seus esforços o maior apoio popular possível. Certamente não faltam questões claramente definidas e recursos honrosos, não havendo, portanto, motivos para sermos compelidos a atos condenáveis em torno de questões ambíguas. Particularmente, parece-me que a resistência à convocação militar, sendo bem conduzida (como tem sido até aqui), não só constitui um ato de princípios elevados e altamente corajoso como é suscetível de receber amplo apoio e tornar-se politicamente eficaz. Pode, além disso, contribuir para levantar as questões de cumplicidade passiva na guerra, hoje muito facilmente escamoteadas. Aqueles que encararem essas questões podem inclusive acabar por se libertar das pressões ideológicas intelectualmente daninhas da vida americana, fazendo algumas perguntas muito sérias sobre o papel da América no mundo e as origens desse comportamento criminoso na sociedade americana.

Além disso, sinto que esta objeção à resistência não é adequadamente formulada. O "movimento pacifista" só existe na fantasia da direita paranóica. Aqueles que consideram contestáveis alguns dos meios empregados ou dos objetivos perseguidos podem opor-se à guerra de outras maneiras. Não serão expulsos de um movimento que não existe; serão os únicos responsáveis se não fizerem uso das outras formas de protesto disponíveis.

Deixei para o fim a questão mais importante, aquela sobre a qual menos tenho a dizer. Trata-se da questão das formas a serem assumidas pela resistência. Todos participamos da guerra em maior ou menor grau, no mínimo pagando impostos e permitindo que em nível nacional a sociedade funcione de maneira fluida. Cada um deve escolher por si mesmo a partir de que momento simplesmente se haverá de recusar a continuar participando. Ao chegar a este ponto, será levado à resistência. Acredito que os motivos de resistência que já mencionei são prementes, contendo um irredutível elemento moral que dá margem a pouca discussão. A questão se coloca da maneira mais aguda para o rapaz confrontado com o recrutamento e de uma forma algo mais complexa para o que deve decidir se participa de um sistema de serviço militar seletivo que pode transferir o encargo dele para outros, menos afortunados e menos privilegiados. Parece-me difícil enxergar como alguém poderia recusar-se a se envolver de alguma maneira no dilema desses jovens. Há muitas maneiras de fazê-lo: apoio jurídico e financeiro; participação em manifestações de apoio; aconselhamento na questão do alistamento, organização da resistência ao recrutamento em sindicatos e comunidades; ajuda aos que quiserem fugir do país; os passos propostos pelos sacerdotes que recentemente anunciaram estarem dispostos a compartilhar o destino dos que foram mandados para a prisão. Sobre este aspecto do programa de resistência, nada tenho a dizer que não pareça óbvio para qualquer um que se tenha disposto a pensar detidamente no assunto.

Encarada como tática política, a resistência exige cuidadoso equacionamento, e não posso dizer que tenha idéias muito claras a respeito. Muito depende da maneira como os acontecimentos venham a desdobrar-se nos próximos meses. A guerra de desgaste planejada por Westmoreland pode simplesmente prosseguir sem perspectiva de conclusão, mas a situação política interna torna isto improvável. Se os republicanos não decidirem perder mais uma vez a eleição, podem adotar uma estratégia vitoriosa: afirmar que acabarão com a guerra, mantendo-se ao mesmo tempo vagos quanto aos meios para isto. Em tais circunstâncias, é improvável que Johnson permita que continue o atual impasse militar. Haverá, então, várias alternativas. A primeira é a retirada americana, seja lá em que termos vier a ser estabelecida. Pode ser disfarçada como uma retirada para "enclaves", a partir dos quais seria possível então remover as tropas. Poderia ser providenciada por uma conferência internacional, ou então permitindo-se a instauração em Saigon de um governo que buscasse a paz entre os sul-vietnamitas em confronto, para em seguida solicitar nossa retirada. Este caminho poderia ser politicamente viável; a mesma empresa de relações públicas que inventou expressões como "desenvolvimento revolucionário" será capaz de apresentar a retirada como uma vitória. Não posso saber se existe no Executivo alguém com coragem ou imaginação suficiente para propor esta alternativa. Alguns senadores têm proposto, basicamente, que é este o caminho a ser tomado, o mesmo fazendo críticos da guerra como Walter Lippmann e Hans Morgenthau, se bem os entendi. Philippe Devillers apresenta no *Le Monde hebdomadaire* de 26 de outubro de 1967 um plano detalhado e sensato para a convergência da retirada com novas e mais sérias eleições no sul. Pode-se fatalmente imaginar variantes. O principal é a decisão de aceitar o princípio, adotado em Genebra, de que os problemas do Vietnã sejam resolvidos pelos vietnamitas.

Uma segunda possibilidade seria o aniquilamento. Ninguém tem dúvida de que dispomos da capacidade tecnológica para isto, e só os sentimentais duvidam de que tenhamos igualmente a capacidade moral. Bernard Fall previu este desfecho em entrevista concedida pouco antes de morrer. "Os americanos são capazes de destruir, mas não de pacificar", disse ele. "Podem vencer a guerra, mas será a vitória do cemitério. O Vietnã será destruído."

Uma terceira alternativa seria a invasão do Vietnã do Norte, o que serviria para nos atolar em duas guerras de guerrilha impossíveis de vencer, em vez de uma apenas, mas se o momento for bem escolhido, é possível que se tenha aí um instrumento para arregimentar a cidadania em torno da bandeira.

Uma quarta possibilidade é um ataque à China. Poderíamos então abandonar o Vietnã e nos voltarmos para uma guerra passível de ser vencida, contra a capacidade industrial chinesa. Semelhante iniciativa permitiria vencer a eleição. A perspectiva certamente também é atraente para a racionalidade insana que costuma ser chamada de "pensamento estratégico". Se pretendemos manter um exército de ocupação ou mesmo importantes bases militares no continente asiático, é bom que nos asseguremos de que os chineses não têm meios para ameaçá-los. Naturalmente, existe o perigo de um holocausto nuclear, mas não parece claro que isto fosse capaz de inquietar aqueles a que John McDermott chama de "gestores de crise", os mesmos indivíduos que se dispunham em 1962 a aceitar a alta probabilidade de uma guerra nuclear para firmar o princípio de que nós, e somente nós, temos o direito de manter mísseis nas fronteiras de um possível inimigo.

Muitos consideram que "negociações" seriam uma alternativa realista, mas eu não entendo a lógica nem sequer o conteúdo de semelhante proposta. Se pararmos de bombardear o Vietnã do Norte, poderíamos entrar em negociações com Hanói, mas nesse caso haveria muito pouco a discutir. Quanto ao Vietnã do Sul, a única questão passível de negociações é a retirada das tropas estrangeiras; as demais só poderão ser resolvidas entre grupos vietnamitas que acaso tenham sobrevivido ao massacre americano. A exortação a "negociações" parece-me não só vã como, na verdade, uma armadilha para os que se opõem à guerra. Se não concordarmos em retirar as tropas, as negociações entrarão em impasse, os combates terão prosseguimento, militares americanos serão alvejados e mortos e o comando terá um argumento persuasivo para promover uma escalada, para salvar vidas americanas. Em suma, a solução Symington: propomos a paz em nossos termos, e se eles recusarem... teremos a vitória do cemitério.

Dentre as alternativas realistas, somente a retirada (ainda que disfarçada) parece-me tolerável, e a resistência, como tática de protesto, deve ser concebida de maneira a aumentar a probabilidade de que esta alternativa seja escolhida. Além disso, o tempo disponível para tomar esta iniciativa pode ser muito curto. A lógica do recurso à resistência como tática para pôr fim à guerra é perfeitamente clara. Não existem motivos para supor que aqueles que tomarão as grandes decisões sejam acessíveis à razão nas questões fundamentais, especialmente na de saber se nós, únicos entre todos os países do mundo, temos autoridade e competência para determinar as instituições políticas e sociais do Vietnã. Mais ainda, é pequena a probabilidade de que o processo eleitoral influa nas grandes decisões. Como já assinalei, a questão pode ser resolvida antes da próxima eleição. Ainda que não o seja, dificilmente uma alternativa séria será oferecida nas urnas. E ainda que por milagre uma alternativa assim seja oferecida, que crédito poderemos dar às promessas de campanha de um "candidato pacifista" depois da experiência de 1964? Considerando-se os enormes riscos de uma escalada e seu caráter odioso, faz sentido, numa situação assim, tentar encontrar maneiras de aumentar o custo interno da agressão americana, elevando-o a um grau em que não possa ser ignorado por aqueles que têm de calcular esses custos. É preciso então considerar de que maneiras será possível apresentar uma ameaça séria. Muitas possibilidades vêm ao espírito: uma greve geral, greves universitárias, tentativas de comprometer a produção e o abastecimento de guerra, e assim por diante.

Pessoalmente, considero que iniciativas de perturbação como estas seriam justificadas se pudessem impedir uma tragédia iminente. Mas me sinto cético sobre sua possível eficácia. No momento, não consigo imaginar uma ampla fundamentação para iniciativas dessa natureza, pelo menos na comunidade branca, fora das universidades. Assim, a repressão pela força não seria muito difícil. Imagino que, por outro lado, iniciativas assim envolveriam primordialmente estudantes e alunos mais jovens de humanidades e das escolas teológicas, com uns poucos das áreas de ciências. As escolas profissionalizantes, de engenheiros e especialistas em tecnologia de manipulação e controle (boa parte das ciências sociais) provavelmente ficariam em relativo distanciamento. Assim, a ameaça de mais longo alcance pesaria sobre a cultura humanística e científica americana. Duvido que isto parecesse importante aos que ocupam posições decisórias. Rusk, Rostow e seus cúmplices no mundo acadêmico não parecem conscientes da grave ameaça que suas políticas já representam nessas esferas. Não creio que sejam capazes de avaliar o grau ou a importância do desperdício das energias criativas e do crescente descontentamento entre os jovens revoltados com a violência e a impostura que constatam no exercício do poderio americano. Para eles, assim, o agravamento das perturbações nessas áreas poderia ser um custo negligenciável.

A resistência é em parte uma responsabilidade moral, e em parte uma tática para influir nas políticas do governo. No que diz respeito ao apoio à resistência ao recrutamento, em particular, sinto que é uma responsabilidade moral que não pode ser esquivada. Por outro lado, como tática, parece-me de duvidosa eficácia, tal como se apresentam hoje as coisas. Digo-o com cautela e considerável hesitação.

O que quer que aconteça no Vietnã, certamente haverá importantes repercussões internas. Já é um axioma que nenhum exército jamais perde uma guerra; seus valorosos soldados e oniscientes generais é que são apunhalados nas costas pelos traiçoeiros civis. É provável, assim, que a retirada americana traga à superfície as piores características da cultura americana, levando talvez a uma grave repressão interna. Por outro lado, uma "vitória" americana poderia ter conseqüências perigosas, tanto internamente quanto no exterior. Poderia aumentar o prestígio de um Executivo já excessivamente poderoso. Existe, além disso, a questão enfatizada por A. J. Muste: "(...) o problema depois de uma guerra é com o vitorioso. Ele acha que acabou de provar que a guerra e a violência valem a pena. Quem poderá agora ensinar-lhe uma lição?" Para o país mais poderoso e agressivo do mundo, é efetivamente um perigo. Se formos capazes de nos livrar da crença ingênua de que de alguma forma somos diferentes e mais puros — crença que também tiveram os britânicos, os franceses e os japoneses em seus respectivos momentos de glória imperial —, poderemos encarar honestamente a verdade contida nesta observação. Cabe apenas esperar que enfrentaremos esta verdade antes que sofram e morram inocentes demais de todos os lados.

Finalmente, considero necessário enfatizar certos princípios, no momento em que tentamos mobilizar uma oposição a esta e a futuras guerras. Creio que não devemos incitar outras pessoas impensadamente a praticar a desobediência civil, e devemos tomar cuidado para não criar situações capazes de induzir os jovens, quem sabe até violando suas convicções mais fundamentais, a praticar a desobediência civil. A resistência é um ato de livre-arbítrio. Também espero, com mais sinceridade do que sou capaz de expressar, que ela possa criar laços de amizade e confiança recíproca que venham a dar sustentação e força àqueles que certamente haverão de sofrer.

COMPLEMENTO A "DA RESISTÊNCIA"

Após a publicação de "Da resistência" na *New York Review of Books*, recebemos algumas cartas muito interessantes que tratavam de várias das questões levantadas no artigo. Duas delas foram publicadas na edição de 1º de fevereiro de 1968, acompanhadas de comentários meus. A primeira, de um professor universitário que aqui identificarei apenas como sr. Y, chamava a atenção para "uma discreta mas constante mudança de opinião" entre cidadãos de classe média, muitos deles conservadores ou apolíticos, que "estão chegando à conclusão de que a guerra simplesmente não justifica seus custos". O sr. Y considera que essas pessoas podem ser convencidas, não de que a guerra é errada, mas de que é "um total absurdo", sustentando que "o paciente esforço no sentido de conquistar milhões de pessoas que encaram a guerra em termos antes pragmáticos que morais pode ser mais importante" que diferentes formas de resistência que, embora possam revelar uma "consciência pura", talvez "não contribuam efetivamente para pôr fim à guerra". A segunda carta é de um antigo membro de "A Resistência", hoje na clandestinidade e que naturalmente não se identifica e que assina simplesmente William X. Em sua análise da situação, "a guerra terá fim quando a classe média americana quiser", e "o que levará a classe média a querer que a guerra acabe será a *conjunção* da resistência vietnamita com o alto custo para a classe média, em energia e dinheiro, dos impostos, da inflação, da desintegração e dos obstáculos dentro do país". Segue-se que "as atividades mais eficazes de combate à guerra são as mais desintegradoras, as mais onerosas, as que mais solapam a autoridade do governo no país e em sua política bélica": rebeliões em guetos ("os elementos da classe média branca que se opõem à guerra devem atuar na proteção dos participantes"), manifestações como as que se realizaram no Pentágono e nos centros de alistamento de Nova York e Oakland e outras que levem a autoridade do governo a ser questionada e signifiquem para ele uma "escalada de custos". Ele é contrário, assim, aos atos individuais de "confronto", considerando que a "descrição de alternativas (militar, prisão ou exílio)" esboçada em meu artigo é "demasiado limitada, restringida pela falta de experiência e de uma plena compreensão do que deve ser feito". "Temos um trabalho a fazer, ou simplesmente vidas para viver, e não pretendemos facilitar as coisas para eles, nem tornar nossas vidas mais infelizes." Ele recomenda que "pague o pato quem fez por onde. É o que os negros estão cansados de saber".

Minhas observações a essas cartas não pretendiam ser uma "resposta", mas simplesmente uma terceira reação, de alguma forma diferente, às mesmas questões. Acrescentei alguns parágrafos na versão que se segue.

O sr. Y e William X concordam em que as atitudes da classe média serão decisivas no resultado da guerra americana no Vietnã, e também em que essas atitudes não serão determinadas por considerações morais, mas "pragmáticas", considerações de custo. Mas chegam a conclusões diametralmente opostas no que diz respeito à escolha das táticas adequadas: o sr. Y opõe-se a qualquer forma de resistência, considerando que se deve tentar convencer o povo americano "de que a guerra é um absurdo total", e o sr. X conclui que "as atividades mais eficazes de combate à guerra são as mais desintegradoras". Encarando a situação de uma perspectiva bastante semelhante, chego ainda assim a conclusões igualmente diferentes. O que não chega a surpreender. Ninguém é capaz de avaliar a eficácia de diferentes táticas com alguma precisão. Além disso, nenhuma das possibilidades que temos diante de nós oferece grande esperança de impedir que a tragédia no Vietnã adquira proporções ainda mais assustadoras. Infelizmente, o que estamos discutindo são táticas de eficácia limitada e conseqüências em parte imprevisíveis.

Creio que o sr. Y e o sr. X superestimam a importância política da opinião da classe média. Ainda que 65% ou 99% do povo americano estivessem convencidos "de que a guerra é um absurdo total", faltaria traduzir esta convicção em uma ação política efetiva. Cabe duvidar que o sistema político seja capaz de proporcionar esta oportunidade de forma realista. Assim, aqueles que consideram que uma "vitória" americana no Vietnã constituiria uma tragédia política e moral enfrentam dois tipos de problemas táticos: primeiro, como fazer com que a "opinião pragmática de classe média" oponha-se à guerra; segundo, como dar efetiva expressão política à oposição que já existe. Não estou convencido de que qualquer dos dois leitores se mostre inteiramente realista na avaliação dessas questões.

Examinemos inicialmente a questão da dissidência. Não é necessário tentar convencer alguém de que seus impostos estão aumentando, de que o filho do vizinho foi morto e de que ele mesmo não gosta de nada disso. Considero, isto sim, que a dissidência deve estar voltada para questões políticas e morais. O governo americano indubitavelmente dispõe de recursos para pôr fim à guerra através do aniquilamento, e o sr. Y ignora o fato de que aqueles que consideram a guerra "um total absurdo" podem perfeitamente aceitar esta maneira de lhe dar fim. Suponhamos, por exemplo, que os militares decidissem que o emprego de armas nucleares táticas seria a maneira mais barata de acabar com a estrutura política e administrativa da FLN no delta do Mekong (com a inevitável declaração solene da Freedom House aplaudindo este exercício de contenção no emprego dos recursos, para mostrar que a violência não compensa). O objetivo da dissidência é mobilizar a opinião pública contra o emprego da força americana para impor uma solução política no Vietnã — nas terríveis dimensões em que é utilizada hoje, nas dimensões ainda mais bárbaras de amanhã ou, na realidade, em quaisquer dimensões —, quaisquer que possam ser os custos. É este o problema crucial a ser enfrentado pela dissidência, tanto no que diz respeito ao Vietnã quanto nos outros países onde a força americana está sendo usada de maneira direta, ou nos quais armas e treinamento militar americanos contribuam para a repressão interna. Ao contrário do sr. Y, portanto, considero que a dissidência *deve efetivamente* tentar convencer o povo americano de que a guerra é um equívoco, explicando por que este ou qualquer outro uso semelhante da força constitui um erro.

Examinemos agora a pressuposição de que a oposição à guerra aumentará à medida que visivelmente se elevarem os seus custos. Segue-se que devemos tentar fazer com que esses custos aumentem. Devidamente conduzida, a resistência pode servir para aumentar o custo interno da agressão americana, podendo contribuir para moldar as atitudes dessas "classes médias pragmáticas" a que se refere o sr. Y, assim como as decisões daqueles que são obrigados a calcular esses custos ao estabelecer os rumos da política externa americana. O sr. Y certamente se equivoca ao supor que aqueles que se mobilizam na resistência fazem-no para preservar sua pureza moral. A carta do sr. X é uma prova cabal de que a resistência pode ser e em minha opinião geralmente é abraçada como um ato político. Pode-se argumentar que é equivocada, mas não que seja apolítica. Naturalmente, aquele que resiste deve escolher suas táticas de maneira a aumentar ao máximo a probabilidade de que a oposição que se vai formando assuma uma forma civilizada — no caso do Vietnã, retirada em vez de aniquilamento —, devendo acompanhar sua resistência de um tipo de dissidência que se empenhe em elevar o nível geral de consciência política e moral. São estas, em minha opinião, as conclusões a serem extraídas da análise da situação proposta pelo sr. Y.

A mim parece que a resistência à convocação militar preenche essas condições. O princípio é claro e inequívoco. O indivíduo que se recusa a praticar os atos criminosos de seu governo abre caminho, da maneira mais eficaz possível, para a tentativa de demonstrar a natureza criminosa de tais atos. Além disso, a resistência representa um "custo", tanto para o governo quanto para as "classes médias pragmáticas". Vejamos um exemplo concreto. No momento, a resistência à convocação militar é mais forte entre os estudantes das melhores universidades. No mês passado, por exemplo, 320 estudantes de direito e várias centenas de estudantes de Yale assinaram declarações da série "Não iremos". Logo o governo terá de decidir se convoca ou não estudantes universitários. Se a resistência continuar aumentando, a decisão será difícil, como quer que seja tomada. Por motivos óbvios, é politicamente difícil conceder isenção geral aos estudantes. Por outro lado, a tentativa de convocar estudantes deixará o governo, em caso de resistência, na posição de tolerar uma aberta violação da lei ou tomar graves medidas punitivas contra os filhos da elite econômica e social. Um dos custos da guerra é o desprezo pelo governo, por sua violência e suas mentiras, sentido por muitos jovens. A punição dos que resistem agravará esse descontentamento, podendo canalizá-lo em novas direções. O envolvimento de adultos no apoio aos que resistem aumenta ainda mais os custos. Se examinarmos a questão para além do Vietnã, os custos podem ser ainda maiores, não só em vista dos efeitos imprevisíveis de uma repressão em larga escala daqueles que deveriam em tese gerir a sociedade nos anos vindouros, mas também por causa do "perigo" inerente no fato de que o cidadão ouse questionar se deve obedecer mecanicamente, levantando questões sobre o alcance de uma efetiva ação política.

Existem várias maneiras de tentar afetar as decisões tomadas pelo governo. Uma delas consiste em procurar influenciar as alternativas que serão oferecidas pelos dois principais partidos políticos e exercitar essa escolha nas urnas. Outro tipo de abordagem muito diferente é tentar modificar as condições objetivas que qualquer político eleito deve levar em conta ao tomar suas decisões. Não quero aqui entrar na questão geral da legitimidade dessas alternativas, e sim levantar duas questões. Primeiro, os que optam pelo primeiro método naturalmente considerarão que a ação política desse último tipo — a resistência à convocação, por exemplo — constitui um perigo, cujo custo devem procurar reduzir. Segundo, para ser realista, no momento o sistema parlamentar praticamente não oferece qualquer oportunidade para ações decisivas em questões como o Vietnã. Naturalmente, não podemos ter certeza. Todavia, podemos perfeitamente encarar a esmagadora probabilidade de que em novembro a escolha deva ser feita entre propostas políticas quase indiferenciadas. A candidatura do senador McCarthy pode ser importante como esforço educativo (dificilmente poderia ser considerada um esforço político) *caso* ele levante questões sérias e se liberte das apertadas amarras daquilo que hoje é considerado debate político em nosso país, mas até o momento não é o que ele tem feito. É impressionante que, em nossa democracia, nem uma única personalidade pública, nenhum segmento dos meios de comunicação de massa propugne a posição que, de acordo com recentes pesquisas internacionais do Instituto Gallup, é a da maioria esmagadora em quase todo o "mundo livre": que os Estados Unidos se retirem do Vietnã. As questões fundamentais não são discutidas nos meios de comunicação nem levantadas na arena política. São estas as realidades que devemos encarar ao determinar um modo apropriado de ação política.

Resumindo, a resistência à convocação militar pode utilizar a natureza desigual da sociedade americana como técnica para aumentar o custo da agressão americana, e também ameaça valores que são importantes para os que ocupam posições decisórias. (Aquele que compartilha tais valores deve então perguntar-se como eles beneficiam nossas vítimas e que preço nossas vítimas devem pagar para proteger tais valores de quaisquer riscos.) É difícil saber que peso esses custos terão na balança, mas considero que o sr. Y não tem motivos para sustentar que o objetivo da resistência só pode ser proteger a pureza de consciência.

Naturalmente, a resistência pode dar errado; pode levar a "oposição pragmática" a exigir uma vitória brutal. Mas o risco parece-me pequeno. Não há por que temer que um ato escorado em princípios, e com toda evidência corajoso e de elevado teor moral, tenha semelhante conseqüência. Creio, pelo contrário, que provavelmente levará outras pessoas a examinar sua própria cumplicidade, no trabalho, no pagamento dos impostos de guerra e na preservação da paz interna, permitindo que os guerreiros ajam livremente. Além disso, é importante ter em mente que qualquer ato político contém potencialmente um risco dessa natureza. Por exemplo, não é improvável que o presidente Johnson reagisse a uma ameaça nas urnas com uma forte escalada, com base na teoria (provavelmente correta) de que com isto obteria pelo menos um apoio de curto prazo. Não vejo motivos para crer que a resistência não-violenta teria mais provavelmente esta conseqüência do que a política eleitoral. Muito pelo contrário.

Embora concorde com o sr. X em que a resistência pode ser um ato político eficaz, considero que sua análise se equivoca em três aspectos. Primeiro, acho que ele se equivoca quanto ao efeito que essas ações desestabilizadoras terão sobre a classe média que ele desejaria conduzir à oposição. Segundo, penso que confere ao conceito de "custo" um sentido por demais estreito. E, terceiro, acredito que subestima a força ao alcance do governo. Na primeira questão, ele não leva em consideração a forte probabilidade de que os atos de desestabilização aumentem a necessidade de vencer a guerra pelo puro e simples terror, talvez com a passagem a uma repressão violenta no interior do país igualmente. No que diz respeito aos custos, leva em conta apenas "energia e dinheiro". Mas estes, quero crer, são custos desprezíveis quando pensamos nas ações desestabilizadoras que poderiam ser promovidas por membros da classe média branca, estudantes ou adultos. O milhão de dólares gasto pelo governo no dia 21 de outubro representa para ele um valor banal — mas as somas consideravelmente maiores gastas para organizar a manifestação nada têm de banais para o "movimento pacifista". Assim, se o critério são os custos neste sentido, a manifestação teria de ser considerada um grande fracasso. De maneira geral, considero que os custos mais importantes que podem ser elevados pela resistência dos estudantes e da classe média são os custos mais abstratos anteriormente mencionados. Não podem ser calculados em dólares ou centavos, mas nem por isto são menos reais.

Quanto à questão da força de que dispõe o governo, creio que certamente é suficiente para controlar com facilidade quaisquer atos desestabilizadores que hoje possamos prever. Como observou recentemente Hans Morgenthau, houve um salto qualitativo no equilíbrio de forças entre governos e massas populares, e esta disparidade só poderá aumentar. Um relatório divulgado em junho pelo Instituto de Análises de Defesa apresentava enorme variedade de deliciosas idéias para "controle de multidões" (pó de sarna, "líquidos viscosos para grudar manifestantes uns nos outros", agentes químicos, "cordas e faixas aderentes ou adesivos lançados mecanicamente para tornar mais lenta a movimentação da multidão, amarrando as pessoas umas às outras ou atando-as", geradores de espuma que provocam "perturbação psicológica mediante perda de contato com o ambiente", dardos com tranqüilizantes etc. — despacho da AP, 11 de novembro de 1967), idéias que dão uma interessante noção do que podemos esperar, além de constituírem útil informação sobre o que há de melhor na pesquisa universitária. Meu palpite é que essa conversa de atos de desestabilização não passa de fantasia.

Nada falei ainda sobre as rebeliões em guetos. Elas podem afetar a guerra, de uma maneira ou de outra, mas não constituem atos praticados com o objetivo de provocar a retirada americana do Vietnã, devendo em minha opinião ser consideradas num contexto completamente diferente.

Embora hoje o contexto continue bastante diferente, ainda assim é de se esperar que a resistência contra a guerra no Vietnã e as forças imperialistas mais profundas de que ela é uma manifestação possa contribuir para a luta contra a opressão interna. Não resta dúvida de que uma das pressões sofridas pelo governo no sentido de pôr fim à guerra é o medo de que seja necessário mobilizar tropas para ocupar cidades americanas e impor o respeito ao *status quo* dentro do país. A mentalidade da "guerra limitada" que está por trás do estudo do Instituto de Análises de Defesa há pouco mencionado revela-se ainda mais explicitamente em longa reportagem de Homer Bigart publicada a 22 de março de 1968 no *New York Times*, sob o título "Exército ajuda polícia a controlar manifestações violentas". Reproduzo aqui alguns parágrafos, para dar uma idéia:

> Cerca de 60 policiais das forças municipal e estadual e oficiais da Guarda Nacional reuniram-se ontem numa colina coberta de pinheiros para assistir aos testes de "agentes não-letais" que podem ser usados neste verão para dispersar manifestações violentas nas cidades do país. (...) Robins cantou, café e biscoitos foram servidos e a banda local tocou "The Stars and Stripes Forever" enquanto a sexta turma do Curso de Orientação sobre Desobediência Civil descia de um ônibus do exército para começar um curso de 20 horas sobre a anatomia de uma manifestação violenta (...) [na] (...) escola de controle de manifestações violentas do exército, instituição apressadamente criada há alguns meses para transmitir as duras lições aprendidas com os distúrbios de Detroit e Newark.

A reportagem descreve então os novos e "mais devastadores" tipos de gás lacrimogêneo à disposição no mercado, assim como as maneiras como granadas e helicópteros podem ser usados para controlar "a turba". Numa foto, podemos ver uma "batalha simulada entre manifestantes dos direitos civis e guardas nacionais". Os manifestantes empunham um cartaz com a palavra de ordem "Venceremos", e os soldados, fortemente armados, com máscaras de gás e baionetas, demonstram como o *slogan* pode ser refutado. Prossegue a reportagem:

> O confronto é encenado numa comunidade cenográfica de tipo hollywoodiano chamada Riotsville. (...) "Baby", um alterado militante (...), discursa para a multidão, denunciando a brutalidade policial. A multidão agita cartazes contra a guerra. Num deles, pode-se ler: "Venceremos". Tijolos e pedras (...) são atirados no "prefeito" quando ele tenta acalmar a multidão.
>
> Chega então a Guarda Nacional. Recorrendo a gás lacrimogêneo, baionetas, um veículo blindado de transporte de pessoal e táticas clássicas contra distúrbios, as tropas levam a melhor. "Baby" é detido e levado no carro blindado.

Enquanto a cena chega ao fim, cabe presumir que o distinto público dê um suspiro de alívio, tomando seu café e saboreando seus biscoitos ao som de "The Stars and Stripes Forever" e tranqüilo na convicção de que aqueles que denunciam a guerra e a pobreza e o racismo não levarão a melhor — certamente valendo tudo isto como uma boa antecipação do que nos reserva o futuro.

Concordo com o sr. X em sua crítica da tática de escalada no confronto que foi proposta, a certa altura, pelo grupo informal denominado "A Resistência". Os confrontos não demorarão a surgir. No momento, a verdadeira tarefa consiste em organizar a mais ampla base de apoio à resistência — uma proliferação de grupos locais de apoio unidos em rede nacional, com a participação de militantes brancos e negros da resistência, apoio de adultos da classe média dentro e fora das universidades, substancial assistência financeira e o envolvimento de pessoas que consideram que a resistência pode ser politicamente eficaz, que se sentem na responsabilidade moral de dar assistência concreta aos que se recusam a servir no Vietnã e desejam elevar o custo político da repressão, posicionando-se ao lado dos jovens que inevitavelmente sofrerão mais severamente as conseqüências. Pensando em termos de ainda mais longo prazo, é possível que os passos mais importantes para uma reforma da sociedade americana sejam os esforços dos poucos mas muito corajosos e esquecidos elementos que se dedicam à organização comunitária, freqüentemente valendo-se da convocação militar e de suas iniqüidades como porta de entrada para comunidades que representam a base de massas da repressão americana, e tentando ao mesmo tempo promover a conscientização e criar uma estrutura organizacional para a resistência entre aqueles sobre os quais recaem os encargos mais pesados, mas que até aqui têm sido vítimas passivas de uma ideologia coercitiva incontestada. A organização RESIST, de implantação nacional, tenta montar o arcabouço para toda uma série de atividades dessa natureza, usando como ponto de partida a *Convocação para resistir à autoridade ilegítima* (texto em sua maior parte publicado como anúncio na *New York Review of Books* de 12 de outubro de 1967). Com todas as necessárias ressalvas, sinto que o envolvimento nesse esforço é a forma mais efetiva de ação política contra esta e futuras guerras que qualquer cidadão participante tem ao seu alcance.

Aqueles dentre nós que não estamos sob ataque direto e podemos escolher com relativa liberdade o rumo a tomar temos uma responsabilidade em relação às vítimas do poderio americano, uma responsabilidade a ser assumida com inquebrantável seriedade. Ao examinar táticas de protesto ou resistência, devemos ponderar quais podem ser suas conseqüências para os povos do Vietnã, da Guatemala ou do Harlem, e que efeitos terão na construção de um movimento contra a guerra e a opressão, um movimento que ajudará a criar uma sociedade na qual possamos viver sem medo nem vergonha. Temos de encontrar maneiras de convencer uma grande quantidade de americanos a se comprometerem com esta tarefa, e precisamos saber como transformar esse compromisso em ação efetiva. A meta pode parecer tão remota que se aproxime da fantasia, mas é a única estratégia a ser considerada pelos que estão investidos de alguma seriedade. A persuasão pode ser uma questão tanto de atos quanto de palavras; pode envolver, ainda que apenas num microcosmo, a construção de instituições e formas sociais capazes de transcender a competitividade e a obsessiva busca dos interesses egoísticos que vem a ser um mecanismo de controle social tão eficaz quanto o de um Estado totalitário. Mas o objetivo deve ser conceber e concretizar alternativas às instituições sociais e à ideologia do presente que sejam mais convincentes em termos intelectuais e morais e sejam capazes de atrair as massas de americanos que consideram que essas alternativas satisfazem suas necessidades humanas — inclusive a necessidade humana de demonstrar compaixão, de estimular e assistir aqueles que tentam erguer-se da miséria e da degradação que nossa sociedade ajudou a impor e hoje tenta perpetuar.

Seria criminosa loucura deixar de agir quando existem oportunidades para caminhar em direção a essas metas, ou agir de modo a torná-las mais distantes. Não é fácil encontrar uma maneira de evitar esses dois riscos. Não resta dúvida de que no passado recente o erro tem sido cometido constantemente pelo lado da cautela e da moderação, do medo e da cegueira moral. Mas é preciso ter em mente, à medida que aumenta a tensão, que o erro oposto não é menos grave. É fácil conceber táticas que ajudem a consolidar as forças latentes de um potencial fascismo americano. Para citar apenas um exemplo óbvio, os abusos verbais e físicos cometidos pela polícia, por maior que seja a provocação, só podem ter este efeito. Semelhantes táticas podem parecer "radicais" e, num sentido muito limitado, justificadas pela magnitude da infâmia e do mal que buscam superar. Mas não são.

Na realidade, não tem sentido classificar táticas e ações — como fazem muitos no momento — como "radicais", "liberais", "conservadoras" ou "reacionárias". Em si mesma, uma ação não pode ser em absoluto situada numa dimensão política. Pode ter êxito ou não na consecução de um objetivo que pode ser descrito em termos políticos. Mas é útil lembrar que a mesma tática proposta por alguém com elevada consciência e profundo compromisso com a mudança social radical também pode ser impingida por um bem posicionado espião policial, empenhado em destruir um movimento dessa natureza e aumentar o apoio popular às forças da repressão. Veja-se por exemplo o incêndio do Reichstag, para voltar a uma época menos remota do que desejaríamos crer. Ou então o ato de um refugiado judeu de dezessete anos de origem polonesa trinta anos atrás — o ato de Herschel Grynszpan, que assassinou um oficial alemão em Paris em novembro de 1938. Parece difícil condenar esse ato de desespero, que desencadeou violentos *pogroms* em toda a Alemanha, contribuindo para enraizar ainda mais profundamente o regime nazista de terror; mas as vítimas do terror nazista nada teriam a agradecer a Herschel Grynszpan. Não devemos abandonar as vítimas do poderio americano, nem brincar com seu destino. Não devemos permitir que a mesma repressão seja imposta a vítimas ainda mais indefesas ou que a mesma fúria cega seja desencadeada contra elas. Atos que parecem perfeitamente justificados em si mesmos quando considerados de um ponto de vista limitado podem ser perfeitamente equivocados se examinados à luz de suas prováveis conseqüências. E a omissão, quando se trata de abordar os que estão ao nosso alcance, de agir com força e determinação quando isto é possível de maneira construtiva, não será menos leviana e indefensável. É possível fazer observações bem genéricas, que talvez não sejam de grande ajuda, quando estamos diante da questão concreta de saber o que é possível fazer precisamente agora. Ainda assim, creio que linhas mestras de orientação como estas devem constituir o arcabouço dessas decisões.

Uma última observação. A guerra do Vietnã é o exemplo mais obsceno de um fenômeno assustador da história contemporânea: a tentativa de nosso país de impor seu conceito particular de ordem e estabilidade em boa parte do mundo. Por quaisquer critérios objetivos, os Estados Unidos tornaram-se a potência mais agressiva do mundo, a maior ameaça à paz, à autodeterminação e à cooperação internacional. Simultaneamente, desfrutamos de um alto grau de liberdade interna. Podemos falar, escrever, organizarnos. Aqueles que resistem podem ser severamente punidos, mas não serão mandados para campos de trabalhos forçados nem para câmaras de gás. Considerando-se estes fatos, a resistência é viável inclusive para quem não é herói por natureza, sendo em minha opinião uma obrigação para aqueles que temem as conseqüências e detestam a realidade da tentativa de impor a hegemonia americana. A resistência não será capaz de esgotar significativamente a trama de energias humanas que possibilita a utilização do poderio americano para a repressão global, nem poderá no momento impedir realmente as atividades de pesquisa, produção e abastecimento em que repousa esse exercício do poder. Mas pode contribuir significativamente para elevar os custos internos dessa tentativa e eliminar a apatia e a passividade que podem fazer com que ela tenha êxito. Tem potencialmente, portanto, uma importância que vai muito além do Vietnã. Pode contribuir para salvar outros países pequenos do destino do Vietnã, e mesmo para salvar o mundo de uma catástrofe indescritível.

EPÍLOGO

No momento em que as grandes revoluções camponesas se alastravam na China há mais de um século, Karl Marx escreveu no *New York Tribune* sobre

> o efeito que a revolução chinesa provavelmente terá no mundo civilizado. Pode parecer uma afirmativa estranha e muito paradoxal que a próxima rebelião do povo da Europa, e seu próximo movimento pela liberdade republicana e a economia de governo, dependa mais do que acontece atualmente no Império Celestial — o exato oposto da Europa — do que de qualquer outra causa política hoje existente. (...) Então, tendo a Inglaterra provocado a revolução na China, a questão é saber como essa revolução acabará com o tempo repercutindo na Inglaterra, e através da Inglaterra na Europa.

Alguns anos depois, ele analisava o "curioso espetáculo" que era "a China exportando desordem para o mundo ocidental, enquanto as potências ocidentais, através dos vapores ingleses, franceses e americanos, estão levando a 'ordem' a Xangai, Nanquim e aos deltas do Grande Canal".

Como aconteceria em outros casos, os desdobramentos no tempo previstos por Marx estavam equivocados, e o elenco hoje também é algo diferente. Além disso, o que Marx tinha em mente era a possibilidade de que uma revolução bem-sucedida na China provocasse uma crise econômica no Ocidente, pondo em risco o comércio chinês, cuja importância, à maneira da maioria dos autores até bem recentemente, ele tendia a exagerar. Ainda assim, vale a pena contemplar hoje o extraordinário espetáculo da desordem criada no mundo ocidental no momento em que a tentativa de levar a ordem aos países asiáticos — o exato oposto do Ocidente — revela-se fora do alcance do imperialismo ocidental. Em certa medida, a desordem origina-se numa revulsão, e neste sentido constitui o reconhecimento de um padrão de integridade na cultura ocidental, por mais difícil que seja pronunciar tais palavras em meio à barbárie da guerra no Vietnã. A desordem que se dissemina pelo mundo ocidental não é unicamente nem sequer primordialmente uma reação à frustração do poderio ocidental na Ásia, mas não resta dúvida de que as maciças convulsões na Ásia e a heróica resistência vietnamita ao poderio americano serviram como agentes catalisadores, liberando forças que poderiam ter ficado latentes. Em si mesma, essa desordem não é boa nem má, não gerando esperança nem desespero. Resta ver se pode ser transformada numa força capaz de revitalizar a sociedade americana ou se não passará da esfera da repressão ou simplesmente desaparecerá, sem deixar muitos rastros.

Nenhum indivíduo racional poderá deixar de perceber que as chances de sobrevivência, para não falar de existência decente, são muito poucas se o poder americano continuar a ser usado com a mesma desenvoltura dos últimos anos ou mesmo a ser ostentado tão abertamente. A capacidade de violência e coerção do Estado nacional e a ameaça que ele representa para a sobrevivência de seus cidadãos são tão extremas que outros problemas, em comparação, parecem insignificantes. Mas essa violência não pode ser enfrentada e superada sem levar em conta suas raízes sociais. Pouco antes da Segunda Guerra Mundial, a América estava mergulhada na depressão, com nove milhões de desempregados. Seria difícil desacreditar esta avaliação das políticas sociais e econômicas da década de 1930: "O New Deal não foi capaz de resolver o problema da depressão, de melhorar a condição dos pobres, de redistribuir a renda nem de ampliar as condições de igualdade, tendo de maneira geral favorecido a discriminação e a segregação raciais. Não foi capaz, de modo geral, de tornar as empresas mais responsáveis em relação ao bem-estar social nem de desafiar o preeminente poder político das empresas" (Barton J. Bernstein, "The New Deal: The Conservative Achievements of Liberal Reform", em B. J. Bernstein, org., *Towards a New Past* [Nova York, Pantheon Books, 1968]). Desde a mobilização nacional na Segunda Guerra Mundial, gastamos mais de um trilhão de dólares em "defesa". Nem seria preciso recorrer à "nova economia" para demonstrar que tais medidas podem reduzir o desemprego e manter a economia funcionando, assim como não é necessária muita percepção política para ver que o governo provavelmente gastará seus recursos em pesquisa e desenvolvimento que não resulta em ganhos imediatos, em mísseis e "navios logísticos de rápida mobilização", em vez de sistemas de transporte coletivo que entrariam em conflito com as necessidades das empresas petrolíferas e da indústria de automóveis, em gás mostarda e laboratórios orbitais tripulados em vez da exploração produtiva dos oceanos (enquanto fazendeiros ricos e indústrias do setor agrícola são subsidiados para diminuir a produção agrícola). Parece razoavelmente claro que, se o sistema comercial e industrial não for submetido a algum controle democrático popular, a democracia política será uma impostura e o poder de Estado continuará servindo a finalidades desumanas. É fácil dizer que novas idéias e a experimentação social são necessárias para nos libertar da paralisia e dos medos que estreitam nossa visão e direcionam nossas energias nacionais para a destruição e o desperdício, que é necessário desenvolver a consciência social e política através da participação e do controle popular nas tomadas de decisão. E também está certo dizê-lo. Existem hoje oportunidades de mudança que não terão grande probabilidade de voltar a ocorrer. Em certa medida, suas origens podem ser encontradas na estranha e paradoxal convergência de extremos mencionada por Marx. A questão de saber como as revoluções asiáticas acabarão com o tempo repercutindo na América, e, através da América, na Europa, é das mais concretas. É uma questão que não requer especulação, mas comprometimento, idéias e ação.

Este livro foi composto na tipologia AGaramond,
em corpo 11,5/15,5, e impresso em papel
off-white 80g/m² no Sistema Cameron da
Divisão Gráfica da Distribuidora Record.